駿台

京大入試詳解 20年

日本史 第2版

2022～2003

JN068477

問題編

駿台文庫

I　日本史B問題　　　　　　　　　　　　　　　　　　　　　　　　(20点)

次の史料（A～C）を読み，問(1)～(19)に答えよ。解答はすべて所定の解答欄に記入せよ。なお，史料の表記は便宜上，改めたところがある。

A

民部省符す　大和国司

　　まさに弘福寺（くふくじ）に返入すべき田一町　　ア　　段五十六歩のこと
　　(a)

　　　在りどころ，高市郡路東二十八条一里二十八坪，百六十一歩
　　　　　　　　(注)

　　　　　　　　　　　　　　　　　　三十四坪，四段百十一歩

　　　　　　　　　　　三十条三里五坪，五段

　　　　　　　　　　　　　　　　六坪，四段百四十四歩

右，（中略）かの寺の牒を得るにいわく，謹んで案内を検ずるに，件の田，ある坪は先皇の御願により，施入せらるるところなり。明らかに図帳に載せたり。ある坪は寺家の四至の内として，領掌すること，その来れるや尚し（ひさ）。しかるに，去る元慶四年，　　イ　　するの日，収公して百姓の戸の田に授給せらるるなり。（中略）乞うらくは，衙，状を察し，早く言上を経て，大安寺の例に准（注）　　　　　　　　　　　　　　　　　　　　　　　　　　(b)じ，旧に任せて寺家に返入せられ，まさに伽藍の田とせんことを，といえり。（中略）大納言正三位兼行民部卿藤原朝臣清貫宣すらく，勅（みことのり）を奉る（うけたまわ）に，請う　　　　　　　　　　　　　　　　　　　　　　(c)に依れ，といえり。（中略）

　　延長四年二月十三日
　(d)

　　（注）　「高市郡」は，大和国の郡で，飛鳥地域を含んでいた。

　　　　　　「寺家の四至の内」は，寺院の敷地内ということ。

　　　　　　「衙」は，ここでは弘福寺が連絡した先である大和国衙のこと。

問

⑴　下線部(a)の「弘福寺」は，平安時代以降，東寺の支配下におかれた。東寺と
　　ある寺院を行き来する際，弘福寺はほぼ中間地点にあって便利なので，空海
　　が天皇からもらい受けたとされる。この「ある寺院」の名を記せ。

⑵　　　ア　　に入る数字を漢字で記せ。

⑶　　　イ　　に入る語句を記せ。

⑷　下線部(b)の「大安寺」の僧であった行教は，豊前国宇佐に鎮座する神を平安
　　京南方の男山でもまつるため，新たに神社を建てた。この神社の名を漢字6
　　字で答えよ。

⑸　下線部(c)の「勅」によって，弘福寺の申請が認可されたが，その翌年，史料
　　Aの文書によって大和国へ指令がなされたと考えられる。この「勅」を発した
　　天皇は誰か。

⑹　下線部(d)の「延長四年」について，

　㋐　この年に渤海を滅ぼした国家の名を記せ。

　㋑　この翌年に『延喜式』が完成し，編纂を命じた天皇に奏上されたが，それ
　　まで に存在した「式」を2つ挙げよ。

B

　　　　ウ　　人請状の事

一，この小兵衛と申す者，当七月より一ヶ年の間，給銀四枚にて相定め，御
　　　ウ　　に遣し申すところ実正也。この仁，生国はよく存じ，慥かなる人
故，我等請人に相立ち申し候。
　(注)

一，御公儀様御法度の　　エ　　宗門にても御座無く候。宗旨は代々浄土宗に
　(注)　　　　　　　　　　　　　　　　　　　　　　　　　　　　　　(f)
て，寺請状我等方に取り置き申し候。かつ又，御家の御作法の通り急度相勤
めさせ申すべく候。万一何ヶ様の出入り出来候とも，我等罷り出，急度埒
　　　　　　　　　(g)　　　　　　　　　　　　　(注)
明け申すべく候。後日の為，よって件の如し。

　宝暦三癸酉七月　　　　　　　　　　　　　　請人
　(h)

　　　　　　　　　　　　　　　　　　　伊勢屋

　　　　　　　　　　　　　　　　　　　甚兵衛(印)

ウ　　人

小兵衛

近江屋庄兵衛殿

(注)　「請人」は，保証人のこと。

「御公儀様御法度」は，江戸幕府が禁止しているという意味。

「急度」は，必ずの意味。

「出来」は，発生すること。

問

(7)　　ウ　　に入る適当な語句を漢字2字で記せ。

(8)　この史料は，三都のいずれかの商家に提出されたものである。下線部(e)に注目したとき，三都の中で該当しない可能性が最も高い都市名を記せ。

(9)　　エ　　に入る適当な語句を片仮名で記せ。

(10)　下線部(f)も含めた仏教諸宗派すべてを共通して統制するために徳川家綱政権が出した法度は何か。

(11)　下線部(g)について，「出入り」とは，様々なもめ事のことであり，しばしば町奉行所などに訴訟として持ち込まれた。このようなもめ事の一部について，当事者間での解決を江戸幕府が命じた法令は何か。

(12)　下線部(h)の数年後，公家たちに尊王論を説いた人物が処罰される事件がおこった。その人物は誰か。

C

①　朕ここに米国および英国に対して戦を宣す。(中略)中華民国政府曩に帝国の真意を解せず，濫に事を構えて東亜の平和を攪乱し，遂に帝国をして干戈を執るに至らしめ，ここに四年有余を経たり。幸に国民政府更新するあり。帝国は之と善隣の誼を結び相提携するに至れるも，重慶に残存する政権は米英の庇蔭を恃みて兄弟尚未だ牆に相鬩ぐを悛めず。米英両国は残存政権を支

援して東亜の禍乱を助長し，平和の美名に匿れて東洋制覇の非望を逞うせんとす。(中略)事既にここに至る。帝国は今や自存自衛の為蹶然起って一切の障礙を破砕するの外なきなり。

② 朕ここに独逸国に対して戦を宣す。(中略)朕は深く現時欧州戦乱の殃禍を憂い，専ら局外中立を恪守し以て東洋の平和を保持するを念とせり。この時に方り，独逸国の行動は遂に朕の同盟国たる大不列顛国をして戦端を開くの已むなきに至らしめ，その租借地たる (1)[　オ　]湾に於てもまた日夜戦備を修め，その艦艇荐に東亜の海洋に出没して，帝国および与国の通商貿易為に威圧を受け，極東の平和は正に危殆に瀕せり。(中略)竟に戦を宣するの已むを得ざるに至る。

③ 朕ここに露国に対して戦を宣す。(中略)帝国の重を韓国の保全に置くや一日の故に非ず。是れ両国累世の関係に因るのみならず，韓国の存亡は実に帝国安危の繋る所たればなり。しかるに露国はその清国との明約および列国に対する累次の宣言に拘わらず依然[　カ　]に占拠し，益々その地歩を鞏固にして，終に之を併呑せんとす。若し[　カ　]にして露国の領有に帰せん乎，韓国の保全は支持するに由なく，極東の平和また素より望むべからず。(中略)事既にここに至る。帝国が平和の交渉に依り求めんとしたる将来の保障は，今日之を旗鼓の間に求むるの外なし。

(注)　「兄弟牆に相鬩ぐ」は，兄弟同士がけんかをすること。
　　　「殃禍」は，災いのこと。
　　　「旗鼓の間に求むる」は，戦いによって得ようとすること。

問

⒀ ①～③は，日本が対外戦争を開始した際に，天皇の名前で出された詔書(詔勅)の一部である。①～③を古いものから年代順に並べよ。

⑭　下線部(i)に関して，日本政府は開戦直後の閣議決定で，この戦争を何と命名したか。

⑮　下線部(j)に関して，これは何年を出発点として述べたものか。西暦で記せ。

⑯　下線部(k)により樹立された政権の主席は誰か。

⑰　下線部(l)の「同盟」が最初に締結された時の日本の外務大臣は誰か。

⑱　　オ　　に入る地名を記せ。

⑲　　カ　　に入る地名を記せ。

Ⅱ　**日本史B問題**　　　　　　　　　　　　　　　　　　　　　（20 点）

　次の文章（①〜⑩）の　　ア　　〜　　ト　　に入る最も適当な語句を記せ。解答はすべて所定の解答欄に記入せよ。

①　　ア　　天皇暗殺後，推古天皇が即位した。推古天皇の時代には，『天皇記』『　イ　』といった歴史書が編纂された。

②　国家体制の整備にともない，律令国家の支配領域は拡大していった。斉明天皇の時代に　　ウ　　が派遣された東北地方の日本海側には，712 年に　エ　国が設置された。

③　708 年，　　オ　　国から銅が献上されたことで，新たな銭貨が鋳造された。この銭貨は，　　カ　　天皇によって建設された宮都の，造営費用の支払いに用いられた。

④　称徳天皇の時代には，仏教的な事業が多くおこなわれた。平城京の右京一条三・四坊に　　キ　　が建立され，また，印刷物である　　ク　　を内部におさめた多数の木造小塔がつくられた。

⑤　江戸幕府は，江戸と各地を結ぶ五街道を整備した。そのひとつで，近江国の草津で東海道と合流する　　ケ　　と呼ばれた街道には，60 以上の宿駅が設けられた。各宿駅は，幕府が定めた人馬を常備しなければならず，幕府役人・

大名等の通行時に徴発された。これを　コ　役という。

⑥　陽明学者の熊沢蕃山を登用し，領内統治に意をそそいで後に「名君」とよばれた　サ　は，郷学の先駆として知られるようになる　シ　を設置し，武士だけでなく広く領民を教育することを目指した。

⑦　明治政府は 1870 年に　ス　の詔を発して，神道による国民教化を進めようとしたが失敗した。他方で，19 世紀半ばごろに創始された民衆宗教のなかには，中山みきが開いた天理教や川手文治郎が開いた　セ　など，政府に公認され教派神道と呼ばれたものがある。

⑧　江華島事件の翌年，日本は事件を理由として朝鮮に迫り，　ソ　を結んだ。これによって，日本の領事裁判権が認められ，また釜山に加えて首府漢城にほど近い　タ　など 2 港が開港されるに至った。

⑨　韓国併合以後，朝鮮人は　チ　の国籍を付与され，朝鮮人の中には，東京に留学する人々も現れた。1919 年には，こうした留学生が　チ　からの独立を宣言する文書を発表したのがきっかけとなり，朝鮮半島全体で　ツ　と呼ばれる大規模な民族主義運動がおきた。

⑩　日本は 1951 年の日米安全保障条約で，独立後におけるアメリカ軍（米軍）の駐留を受け入れ，翌年に結んだ　テ　に基づいて，米軍が使用する基地（施設・区域）を提供することとなった。これにより，日本国内で米軍基地の設置や拡張が進められると，石川県の　ト　や東京都の砂川で激しい基地反対闘争がおこった。

Ⅲ　**日本史B問題**　　　　　　　　　　　　　　　　　　　　　　（30 点）

次の文章（A～C）の　ア　～　セ　に入る最も適当な語句を記し，問
⑴～⒂に答えよ。解答はすべて所定の解答欄に記入せよ。

A

古墳時代には，日本列島の広範囲にわたってきわめて多数の古墳が造営され

た。独特な平面形を呈する巨大前方後円墳が存在したこの時代にも，活発な対
　　　　　　　　　　(a)
外交流がおこなわれた。

　邪馬台国の卑弥呼が三国の　　ア　　に遣使した時期は，一般に古墳時代の
直前と考えられているが，この頃に製作された中国鏡が数多く日本列島にもた
らされ，古墳に副葬された。古墳には多様な鉄製品が副葬され，古墳時代中期
　　　　　　　　　　　　　　(b)
にはその量がますます増大した。朝鮮半島最南部の　　イ　　諸国との関係を
通じて入手した鉄資源が，これを可能にしたのである。

　古墳時代中期以降，先進的な文化や技術が日本列島に数多くもたらされた。
その担い手は　　ウ　　人と呼ばれる人々であった。朝鮮半島での政治的立場
を有利にするため，倭の五王が宋にたびたび遣使したのもこの時期である。
　　　　　　　　　　(c)
　倭の五王の遣使ののち，6 世紀代には朝鮮半島諸国との関係がいっそう複雑
になった。高句麗の侵攻を受けて南遷していた百済は，日本列島に学者や技術
者などを派遣した。この頃に日本列島に伝えられた仏教は，徐々に社会に浸透
(d)
してゆき，6 世紀末に建立された飛鳥寺を皮切りに，仏教寺院が続々と建立さ
　　　　(e)
れていった。

　仏教文化が花開きはじめた 7 世紀初頭に，　　エ　　が遣隋使として派遣さ
れた。この際に隋に提出されたのが，「日出づる処の天子」の語句で知られる国
書である。この頃以降，前方後円墳は築かれなくなり，豪族や王族はさほど規
模の大きくない古墳に葬られるようになった。四神や男女群像の壁画で有名な
奈良県明日香村の　　オ　　古墳は，そうした古墳の代表例である。

問

(1)　下線部(a)に関して，5 世紀代に複数の巨大古墳が築かれた大阪府堺市の古
　　墳群名は何か。

(2)　下線部(b)に関して，胴部と頭部を防御する武具を何というか。漢字 2 字で
　　答えよ。

(3)　下線部(c)の「五王」のうち，「ワカタケル」にあたると考えられている最後の
　　王を漢字 1 字で答えよ。

(4)　下線部(d)の「学者」に関して，儒教経典を講じることを職務とした百済の学

者を何と呼ぶか。

(5)　下線部(e)の「飛鳥寺」を建立させた人物は誰か。

B

　　1160 年，伊豆国に配流された源頼朝は，1180 年に挙兵するものの，同年，
(f)
相模国の石橋山の戦いで平氏方の軍勢に大敗し，海路を経て房総半島へ逃れ
た。そこから，当地の千葉常胤や上総介広常らの支援を得て盛り返し，鎌倉へ
(g)
入った。そして，富士川の戦いを経て，相模国府における論功行賞で，御家人
らの先祖伝来所領の領有を認める　　カ　　をおこない，彼らに新たな所領を
与えた。

　　とはいえ，なお平氏方は勢い盛んで，諸国には源頼朝に従わない源氏の勢力
も多く，1181 年前後には　　キ　　の大飢饉が起こり，戦況は停滞する。し
かし，1183 年，信濃国から北陸道を経て，　　ク　　が越中・加賀国境の
　　ケ　　の戦いで平氏方に大勝して入洛し，安徳天皇を擁する平氏一門を
西国へ追いやった。
(h)
　　　ク　　の入洛後，朝廷が源頼朝に東海・東山道に関する一定の支配権を
認める　　コ　　宣旨を発令したため，朝廷と　　ク　　の関係は悪化した。
1184 年，源頼朝は弟である源範頼と源義経の軍勢を上洛させて　　ク　　を
(i)
倒し，1185 年，西国の平氏一門を滅ぼした。
(j)

問

(6)　下線部(f)について，その原因となった出来事の名称を答えよ。

(7)　下線部(g)について，これを取り囲む山々を越えて，外部に至る出入り口と
　　して開かれた通路を一般に何というか。

(8)　下線部(h)について，この直後に後白河法皇のもとで即位した天皇は誰か。

(9)　下線部(i)について，彼をかくまったことなどから，1189 年に滅ぼされる
　　一族の名称を答えよ。

(10)　下線部(j)について，この過程で没収された平家没官領などからなる鎌倉幕
　　府の直轄領の総称を答えよ。

C

　　1872年に全国的な学校制度が導入された当初，小学校における女子の就学率は男子のそれよりも低かったが，その後，徐々に上昇した。1899年には　サ　令が公布され，道府県に対し，男子の中学校相当の教育を授ける　サ　の設置が求められた。<u>翌年には津田梅子が女子英学塾を開き，1918年には新渡戸稲造を学長とする東京女子大学が創設される</u>など，女性のための専門教育も構想されるようになった。

　　学校教育の普及は，女性の識字率の向上と人生や生活への自覚をもたらし，1910年代に入ると，一般向けの女性雑誌が続々と刊行されるようになった。1916年に創刊された『婦人公論』は，産む者としての女性の自立をめぐって繰り広げられた　シ　論争の舞台となり，<u>平塚らいてう・与謝野晶子</u>・<u>山川菊栄</u>らが激しく議論を戦わせた。一方で，吉屋信子や林芙美子など，女性の小説家の作品も広く読まれた。

　　ルポルタージュ『　ス　』は，細井和喜蔵の名により1925年に刊行されたが，陰には内縁の妻である堀としの協力があった。ここには，小学校を修了することもできず，紡績工場で働かなくてはならなかった女性たちの姿が描かれている。としを自身，小学校にはほとんど通うことができなかったのであり，生徒の入学率と卒業率とには開きがあった現実を物語っている。

　　戦時期になると，女性の勤労動員が1943年以降次第に本格化し，主に未婚女性を対象とした　セ　隊が編成され，工場などでの就労を強いられた。就学中の女子生徒も動員され，授業をまともに受けられない状況となった。

　　<u>戦後改革により男女平等がとなえられ</u>，教育基本法の下，男女ともに小学校・中学校にて義務教育を授けられることとなった。高度経済成長下の<u>家事の合理化</u>もあいまって女性の学歴は上昇し，1969年には女子の高等学校進学率が男子のそれを超えるにいたった。女子の大学進学率（短期大学を含む）が男子のそれをはじめて上回るのは，1989年のことになる。

問

⑾　下線部(k)中に記される2人の人物は同一国への留学経験をもつ。その国名

を記せ。

⑿　下線部(l)の人物が，日露戦争に出征した弟を案じて詠んだ詩が収載された雑誌名を記せ。

⒀　下線部(m)の人物は，1947 年に創設された省庁の初代婦人青年局長として，女性・年少者の就業問題などをつかさどった。その省庁の名を答えよ。

⒁　下線部(n)に関して，

　㋐　1947 年の刑法改正まで，夫のある女性が不貞行為を働いた場合は犯罪とされた。この犯罪を何というか。

　㋑　1946 年 4 月におこなわれた戦後初の衆議院議員総選挙において，何歳以上の女性が選挙権を有したか。

⒂　下線部(o)に関して，電気冷蔵庫・白黒テレビとともに「三種の神器」と呼ばれ，家事にかかる時間の短縮をもたらした家庭電化製品は何か。

| Ⅳ | 日本史 B 問題 | （30 点） |

　次の問(1)，(2)について，それぞれ 200 字以内で解答せよ。解答はいずれも所定の解答欄に記入せよ。句読点も字数に含めよ。

(1)　モンゴル襲来後から足利義満政権期までの日本と中国の関係について，政治・経済・文化などの面に留意しつつ述べよ。

(2)　19 世紀初頭から天保年間における江戸幕府の対外政策の展開について，イギリスの動向との関わりを中心に論じよ。

Ⅰ　日本史Ｂ問題　　　　　　　　　　　　　　　　　　　　　　　　（20点）

　次の史料（Ａ～Ｃ）を読み，問(1)～(18)に答えよ。解答はすべて所定の解答欄に記
入せよ。なお，史料の表記は便宜上，改めたところがある。

Ａ

　　飛鳥清原大宮に大八州御しし天皇の御世にいたり，潜竜，元を体り，
泝雷，期に応う。夢の歌を聞きて業を纂がんことを相い，夜の水に投じて基を
承けんことを知る。然れども，天時，未だ臻らずして南山に蝉蛻し，人事，
共給わりて　　ア　　国に虎歩す。皇輿，忽ちに駕して，山川を淩え度り，
六師，雷のごとく震い，三軍，電のごとく逝く。矛を杖つきて，威を挙げ，
猛士，烟のごとく起こる。絳旗，兵を耀し，凶徒，瓦のごとく解く。（中略）
歳，大梁に次り，月，侠鍾に踊りて，清原大宮にて昇りて天位に即く。
（中略）是に天皇，詔す。「朕，聞く。諸家の齎てる　　イ　　と本辞と，既に
正実に違い，多く虚偽を加う。今の時に当たりて，其の失を改めざれば，未だ
幾ばくの年を経ずして，其の旨，滅びんとす。斯れ乃ち，邦家の経緯にして，
王化の鴻基なり。故，惟みるに，　　イ　　を撰び録し，旧辞を討ね覈め，偽
りを削り実を定め，後葉に流えんと欲す。」

　（注）　「潜竜，元を体り，泝雷，期に応う」は，まだ即位していない人物が，
　　　　　天子たるべき徳を備え，好機を得ていること。
　　　　　「蝉蛻」は，出家して仏道修行すること。
　　　　　「虎歩」は，虎のように他を威圧しながらあゆむこと。ここでは，兵を
　　　　　集めながら移動することを示す。
　　　　　「絳旗」は，赤い旗のこと。
　　　　　「歳，大梁に次り，月，侠鍾に踊りて」は，673年2月を指す。

「討ね竅め」は，よく調べ正すこと。

問

(1) 　　ア　　には，東，西，南，北のいずれかの文字が入る。適当な文字を
記せ。

(2) 下線部(a)に関して，文中の「天皇」が行軍中に勝利を祈願した神は，皇室の
祖先神とされた。その神を祭る宗教施設は，律令国家の神祇制度の中心に位
置づけられることとなるが，この宗教施設の名称を記せ。

(3) 下線部(b)に関して，「凶徒」の中心的な人物は，前天皇の皇子であったもの
の，この戦いに敗れて自害した。その人物とは誰か。

(4) 下線部(c)に関して，この後，「清原大宮」の北西に新たな都の造営が開始さ
れた。この都は，それまでの都にはなかった特徴を備えていた。その特徴を
簡潔に説明せよ。

(5) 下線部(d)に関して，この時期に隆盛した仏教を基調とする文化を何と呼ぶ
か。

(6) 　　イ　　に入る適当な語句を記せ。

(7) この史料は，712年にできた書物の序の一部である。この書物を筆録した
人物は誰か。

B

一，諸国守護人奉行の事
(注)
　右，右大将家の御時，定め置かるる所は，大番催促・謀叛・殺害人〈付た
(e)　　　　　　　　　　　　　　　　　　　　　　　　　(f)
り，夜討・強盗・山賊・海賊〉等の事なり。しかるに近年，代官を郡郷に分ち
補し，公事を荘保に充て課し，国司にあらずして国務を妨げ，地頭にあらずし
て地利を貪る。所行の企てはなはだもって無道なり。（中略）早く右大将家御時
の例に任せて，大番役ならびに謀叛・殺害のほか，守護の沙汰を停止せしむべ
し。もしこの式目に背き，自余の事に相交わらば，或は国司・領家の訴訟によ
り，或は地頭・土民の愁 欝によって，非法の至り顕然たらば，所帯の職を改
(注)　　　　(しゅうう)　　　　　　　　　　　　　　　　　　　　　　　(g)

められ，穏便の輩を補すべきなり。

　（中略）

一，　　ウ　　兵乱の時，没収の地の事

　右，京方の合戦を致すの由，聞し食しおよぶによって，所帯を没収せらるるの輩，その過（とが）なきの旨，証拠分明ならば，その替を当給人に充て給い，本主に返し給うべきなり。これすなわち，当給人においては勲功の奉公あるの故なり。
(h)

　次に，関東御恩の輩の中，京方に交わりて合戦の事，罪科ことに重し。よってすなわちその身を誅せられ，所帯を没収せられおわんぬ。
(i)　　　　　(j)

　（注）　「奉行」は，この場合，職務として遂行すべき事柄の意味。

　　　　　「愁欝」は，具体的には訴訟を指す。

問

　⑻　下線部(e)の「右大将家」とは誰か。

　⑼　下線部(f)の「大番催促」とはどのようなことか。簡潔に記せ。

　⑽　下線部(g)の「所帯の職」とは何を指すか。左の史料中にみえる語句で記せ。

　⑾　　ウ　　には元号が入る。この元号に改元後まもなく，鎌倉に下向し，のちに将軍となった人物の名を記せ。

　⑿　下線部(h)の「勲功の奉公」とは具体的にどのようなことか。簡潔に記せ。

　⒀　下線部(i)の「関東御恩の輩」を統率するために置かれた機関の初代長官の名を記せ。

　⒁　下線部(j)の「京方」を統率した最高権力者が軍事力の強化のために，新たに組織したのは何か。

C

「　　エ　　君と新島襄君」

　　エ　　君は鉄道の技術師にも非ず，電気学者にも非ず，而して君が常に

鉄道電信と云々して，口に絶たざる所以_{ゆえ}んの者は，鉄道電信を愛するに非ず，
(k) <u>鉄道電信に依って成就したる物質上の文明を愛するものなり</u>，新島君は純乎た
る僧侶に非ず，而して其基督教を主張して止まざる者は，啻_{ただ}に<u>基督教の伝播を</u>
<u>欲する</u>に非ず，基督教の主義を人事に適用せんと欲すればなり，是れに因って
知るべし，二君は実に泰西文明の二大原素を我が邦に輸入せんとするの案内者
にして，泰西表面の文明たる物質的の智識は，　エ　君に依って案内せら
れ，泰西裏面の文明たる精神的の道徳は新島君に於て案内せらる，（中略）

　人或は　エ　君の教育を以て，無主義の教育と為す者あり，然れども其
無主義の如く見ゆるのは，即ち最も其主義の一貫したるを証すべし，勿論君が
二十年間唱道したる所の議論をば，其著述したる所のものに就て，即ち西洋事
情，学問の勧め，文明論の概略，分権論，民情一新，時事小言，近くは時事新
報の社説に至る迄，細に之れを点検したらば，随分自家撞着も多かるべし，然
りと雖も自家撞着の議論，君に於て何かあらん，何となれば君が唱道する所の
者は，皆時世に応じて立てたる議論なればなり，（中略）

　何人と雖も其勢力を有することは容易なれども，其勢力を誤用せざることは
甚だ難し，クロンウエルは鉄騎を有せり，然れども之れが為めに心ならずも兵
隊政治を行へり，　オ　は私学校を有せり，然れども之れが為めに心なら
ずも十年内乱の総大将となれり，又現今に於て世の所謂る壮士輩の主領と仰が
るる人々無きに非ず，然れども其力は能く壮士をして平和，穏当，正大の挙動
を為す能はしめざるは何ぞや，職として彼らが率ゆる所の者を能く支配する能
はざるに依る，独り　エ　君に至っては然らず，（中略）君が人に教ゆる所
の者は，唯文明の人となり，生活社会に立って，敢て人に後れを取る無からん
ことを勤むるに在ればなり，

（『国民之友』第 17 号　1888 年 3 月 2 日）

　（注）　「自家撞着」は，同一人の文章や言動が前後で食い違っていること。
　　　　　「クロンウエル」は，オリバー＝クロムウェル（1599–1658）のこと。

問

(15)　　エ　　に入る人物の氏名を記せ。

(16)　下線部(k)に関連して，

　(あ)　1870 年に設置されて鉄道や電信を所管した省の名を答えよ。

　(い)　この論説が書かれた翌年に全通した東海道線はどこからどこまでか。

(17)　下線部(l)に関連して，

　(あ)　明治政府は五榜の掲示によって，「基督教」にどのような方針を示したか。

　(い)　大日本帝国憲法では，「安寧秩序を妨げず，及<ruby>及<rt>および</rt></ruby>　　　　　　たるの義務に背かざる限に於て」(第 28 条)という留保付きで，信教の自由が認められた。

　　　　　　　　に入る語句を記せ。

(18)　　オ　　に入る人物の氏名を記せ。

Ⅱ　日本史B問題　　　　　　　　　　　　　　　　(20 点)

　次の文章(①〜⑩)の　　ア　　〜　　ト　　に入る最も適当な語句・数字を記せ。解答はすべて所定の解答欄に記入せよ。

①　旧石器時代には，石器をもちいた狩猟がおこなわれた。長野県の　　ア　　湖では，　　イ　　象の化石骨と打製石器が同じ土層から発見されている。

②　完新世になると，東日本に落葉広葉樹林が，西日本に　　ウ　　が広がった。新たな自然環境に対応しつつはぐくまれた縄文文化の姿は，食物残滓<ruby>残滓<rt>ざんし</rt></ruby>や土器などが捨てられた　　エ　　からうかがうことができる。

③　弥生時代は集団抗争が激化した時代であり，何重もの濠をめぐらせた佐賀県吉野ヶ里遺跡は　　オ　　集落の代表である。107 年に後漢に朝貢した倭国王　　カ　　は，集団抗争をつうじて形成された「クニ」をたばねる王とも考えら

れる。

④　527年に九州で　キ　の乱が勃発し，これを鎮圧したヤマト政権は大王権力をさらに拡大した。石人や石馬が置かれた福岡県　ク　古墳は，　キ　の墳墓だと推定されている。

⑤　平安時代には，平将門の乱を描いた『将門記』や，前九年合戦の経過を記した『　ケ　』などの軍記物語が書かれた。また，インド・中国・日本の1,000以上の説話を集め，武士や民衆の生活・風習も描いた『　コ　』が編まれた。

⑥　蒙古襲来で奮戦した肥後国御家人　サ　は，鎌倉幕府の御恩奉行である　シ　に直訴して恩賞にあずかり，蒙古襲来絵詞にみずからの奮戦ぶりを描かせ，同国の甲佐大明神に奉納した。北条貞時の母の兄でもある　シ　は，のちに霜月騒動で敗死する。

⑦　鎌倉時代以降，農民らが　ス　請や　ス　検断などを自治的におこなう村が各地に成立した。農民らは，領主への要求が受け入れられない場合，大挙して押しかけて訴える強訴や，農耕を放棄して山林などに退去する　セ　をおこなって抵抗した。

⑧　室町時代には，将軍の側近として仕え，能や茶道などの技芸に優れた　ソ　と呼ばれる人々がいた。その一人である能阿弥らに学んだ　タ　は，茶禅一味の境地を貫き，侘茶の開祖となった。

⑨　自由民権運動において，演説会が果たした役割は非常に大きかった。政府は　チ　を定めて，政社の結成とともに演説会の開催も届け出制にして規制しようとした。明治20年代には演劇で政府批判を展開する者も現れ，そのなかからオッペケペー節で知られる　ツ　のような人物も出た。

⑩　沖縄の「慰霊の日」は，沖縄戦において日本軍の組織的戦闘が終わったとされる　テ　月23日と定められている。その沖縄戦では，中学校・高等女学校や，教員養成を目的とする　ト　学校の生徒なども多数動員され，多くの命が失われた。

Ⅲ　　日本史Ｂ問題　　　　　　　　　　　　　　　　　　　　（30 点）

　次の文章（A～C）の　ア　～　シ　に最も適当な語句を記し，問(1)～
(18)に答えよ。解答はすべて所定の解答欄に記入せよ。

A

　菅原道真は，845 年に生まれた。祖父の清公も，父の是善も，学問を修めて
文章博士となった人物である。清公は嵯峨天皇の　ア　風を重んじる政策
に関与し，また勅撰漢詩文集を編纂したことで知られる。
　　　　　　　(a)
　道真は父祖の学問をよく受けついだ。11 歳で最初の漢詩を詠み，大学寮で
文章道を修めたのち，少内記として官人の道を歩み始めた。そのころ起草した
文章に，　イ　王宛の勅書がある。　イ　は当時，日本が定期的な外
交関係をもつ唯一の国家であった。さらに道真は，公民支配や租税管理にあた
る　ウ　省の次官になり，職務に精励した。
　877 年，彼は文章博士となり，いよいよ活躍したが，886 年春の人事会議で
　　　　　　　　　　　　　　　　　　　　　　　　　(b)
讃岐守に任命された。人々は左遷と噂したが，道真は国司の職務を怠らなかっ
た。讃岐国は，空海・円珍などの高僧や惟宗直本・讃岐永直などの法律家を輩
　　　　　　　　　　　　　　　　　　(c)
出してきた，文化の香りの高い地であった。道真は地域社会の実態にふれ，
人々の苦労を詩に詠んだ。国府の西方にそびえる城山の神に雨を祈って，「八
　　　　　　　　　　　　　　　　　　　　　　　　　　　　　　(d)
十九郷，二十万口」の公民の安寧を願うこともあった。後年，国司の裁量権を
　　　　　　　　　　　　　　　　　　　　　　　　　　(e)
重んじるべきだと論じたのも，こうした経験によるものであろう。この間，平
安京では　エ　が起きた。道真はかつて同僚だった橘広相の身を案じ，藤
原基経に翻意をうながす意見書を送った。
　やがて道真は 4 年の任期を終え，都に戻った。　オ　天皇からあつい信
任を得て，公卿に抜擢された。　オ　天皇が譲位した後も栄達は続いた
が，901 年，突如として失脚し，2 年後，憂悶のうちにその生涯を閉じた。

問

(1)　下線部(a)について，最初に編まれた「勅撰漢詩文集」の名を記せ。

(2)　下線部(b)のような，国司などの官吏を任命する政務を，何と呼ぶか。漢字
　　2 字で記せ。

(3)　下線部(c)の人物が編んだ書物の名を記せ。

(4)　下線部(d)の「二十万口」は「20 万人」の意味である。8 世紀末ころ国家が把
　　握していた人口は，1 郷あたり平均 1,500 人前後とみられるが，道真が国司
　　として把握していた人口はこれとかなり異なっている。その理由は，郷数・
　　実人口の増減や地域の特性によるものでないとすれば，どう考えればよい
　　か。次の①〜④のなかからひとつ選び，数字で答えよ。

　　①　浮浪・逃亡により，戸籍・計帳に登録される人数が増加した。

　　②　浮浪・逃亡により，戸籍・計帳に登録される人数が減少した。

　　③　戸籍・計帳が実態からかけはなれ，偽って登録される人数が増加した。

　　④　戸籍・計帳が実態からかけはなれ，偽って登録される人数が減少した。

(5)　下線部(e)のような傾向が強まり，10〜11 世紀には新たな徴税制度が生ま
　　れていった。このうち，雑徭の系譜を引く税を何と呼ぶか。

B

　　1338 年，足利尊氏は北朝から征夷大将軍に任じられ，京都に幕府を開い
　　　　　　(f)
た。その後も，南朝との対立や幕府内部の争いが長く続いたが，将軍
　　　　　　　　(g)
　　カ　　は，南北朝の合一や有力守護の勢力削減を経て，全国支配を確立さ
　　　　　　　　(h)
せた。この間，　　カ　　は花の御所で政務をとり，将軍職を息子に譲ったの
ちは　　キ　　に移って実権を握った。幕政にたずさわる守護らも在京し，京
都は政治の中心となった。

　　京都の金融業者に課した土倉役・酒屋役，日明貿易で幕府船の運営を請け
負った商人に課した　　ク　　などが幕府の有力な財源のひとつとなり，多く
の商人が幕府と結びついて利潤をあげた。一方，高利貸に苦しむ人々によっ
て，大規模な徳政一揆がたびたび京都周辺で起きた。
　　　　　(i)

　　そして，将軍家と<u>有力守護家</u>の家督争いが重なって応仁の乱が起きると，軍
　　　　　　　　　　(j)
事力として<u>足軽</u>が登場し，戦乱によって京都の大部分が焼かれた。また，在京
　　　　　　(k)
していた守護の多くも，乱の終結とともに領国に下った。<u>京都の公家や文化人</u>
　　　　　　　　　　　　　　　　　　　　　　　　　　　　　　　　　　(l)
も，荒廃を逃れて地方に下り，文化を広める者も多かった。

問

(6)　下線部(f)が，自らと対立した後醍醐天皇の冥福を祈るために京都に建立し
　　た寺院の名称を記せ。

(7)　下線部(g)に関して，南朝方の貴族が南朝の皇統継承の正しさを主張した歴
　　史書の名称を記せ。

(8)　下線部(h)に関して，これによってただ一人の天皇となった人物は誰か。

(9)　下線部(i)に関して，七代将軍の代始めに起きた徳政一揆の名称を答えよ。

(10)　下線部(j)に関して，応仁の乱後も家督争いが続き，山城国一揆が形成され
　　るきっかけをつくった一族の名称を記せ。

(11)　下線部(k)に関して，足軽による応仁の乱での略奪の風景を描いた絵巻物の
　　名称を答えよ。

(12)　下線部(l)に関して，日明貿易で富を築いた守護の城下町で，雪舟をはじめ
　　とする文化人が集まった都市名を記せ。

C

　　江戸時代の百姓は，幕府・藩の政策が原因で苦しい生活を強いられたとき，
その撤回や救済などを求めることがあった。大勢の百姓が村を単位に結集し，
集団で領主に強訴する　　ケ　　がよく知られているが，合法的な手続きを踏
んだ訴願も多かった。18世紀以降，畿内農村が連合して，幕府に対して木
綿・菜種の自由な取引を求めた　　コ　　と呼ばれる訴願は，その代表であ
る。

　　17世紀後半以降，各地の農村では商品作物の生産が盛んとなり，<u>努力を重</u>
　　　　　　　　　　　　　　　　　　　　　　　　　　　　　　　　　(m)
<u>ねて一代で富を築く百姓</u>もいた。畿内農村では，<u>衣料の原料となる木綿</u>や，灯
　　　　　　　　　　　　　　　　　　　　　(n)

油の原料となる菜種の栽培が盛んとなり，織物業・絞油業も展開した。これら生産品を商人と自由に取引して高価格で販売できれば，百姓は大きな富を得る(o)ことができたが，日用品価格の高騰は人々の生活に影響を与えた。

　そこで，18 世紀に入ると幕府は，都市の問屋の集団を　　サ　　として公認し，営業の独占を許し，価格の高騰を防ごうとした。また，江戸の人々の日用品は，菜種など大坂からの供給に頼るものも多かったため，幕府は江戸に十(p)分な量の商品が供給されるよう努めた。畿内農村の百姓は，こうした幕府の流通政策に反対する　　コ　　を繰り返し，参加する村数が 1,000 をこえることもあった。

　畿内農村における商品作物の栽培では，油粕や魚肥など金肥の使用が広まった。魚肥では，九州や房総半島で生産された干鰯の使用が広まり，18 世紀に(q)なると鰊も用いられるようになった。蝦夷地で生産された鰊魚肥は，買積が主(にしん)流であった　　シ　　と呼ばれる廻船で，蝦夷地方面から下関を廻って大坂周(r)辺地域に運ばれた。百姓は肥料商から魚肥を購入したが，肥料代は農業生産費のなかで大きな比率を占めたため，　　コ　　では，肥料価格の抑制が要求されることもあった。

問

⒀　下線部(m)に関連して，浮世草子には木綿栽培をはじめ農業に勤しみ，一代で貧農から富を築いた百姓の物語も描かれている。『世間胸算用』とならぶ町人物の代表で，富裕になる努力を重ねた人々の喜怒哀楽などを描写した作品名を記せ。

⒁　下線部(n)に関連して，主に阿波で生産され，木綿衣料の染料となった商品作物は何か。

⒂　下線部(o)に関連して，17 世紀末以降，農村内に居住し，百姓が生産した商品作物を集荷し，都市の問屋を介さない流通ルートで販売する商人が現れるようになった。このような商人のことを総称して何というか。

⒃　下線部(p)に関連して，大坂・江戸間の荷物を扱う問屋の連合体で，海損負

担の協定を結んだ江戸の荷受問屋組合を何というか。

(17)　下線部(q)に関連して，船に積んだ網で魚群を囲い込み，海岸部に引き寄せ，浜から網を引き上げて鰯を漁獲する漁法を何というか。

(18)　下線部(r)に関連して，18 世紀になると，松前藩では藩主や家臣などがもつアイヌ交易権を商人が請け負い，運上金を上納するようになった。この制度を何というか。

Ⅳ　**日本史 B 問題**　　　　　　　　　　　　　　　　　　　　　　　(30 点)

　次の問(1)，(2)について，それぞれ 200 字以内で解答せよ。解答はいずれも所定の解答欄に記入せよ。句読点も字数に含めよ。

(1)　徳川家綱の時代はどのような時代であったか，政治を中心に他分野の動向もふまえて説明せよ。

(2)　第一次世界大戦中から太平洋戦争の開戦までの間，日本の中国における勢力拡大は日米関係にどのような影響を与えたのか述べよ。

解答時間：90 分

配　　点：100 点

I **日本史B問題**　　　　　　　　　　　　　　　　　　　　　　（20 点）

次の史料（A〜C）を読み，問(1)〜(18)に答えよ。解答はすべて所定の解答欄に記
入せよ。なお，史料の表記は便宜上，改めたところがある。

A

太上天皇，円覚寺に崩ず。時に春秋三十一。（中略）外祖太政大臣忠仁公は，
(a)(注)　　　　　　　　　　　　　　　　　　　　　　　　　　　　　　　　(b)
当朝の摂政なり。枢機は整密にして，国家は寧静たり。（中略）故に後の前事を
談ずる者，貞観の政を思わざるはなし。大納言伴　　ア　　の息，右衛門佐中
(c)
庸火を行い，応天門を焼く。事の発覚するに及び，罪は大逆に至り，その父に
つね　　　　　　　　　　　　　　　　　　　　　　　　　　　　　(d)
相連す。しかるに　　ア　　，承伏を肯んぜず。臣下，あるいはおもえらく，
がえ
罪に疑うべきありと。天皇，刑理を執持し，ついに寛仮せず。　　ア　　父
(注)
子，および他の相坐する者数人，みな配流に従う。（中略）また僧正宗叡法師あ
り。入唐して求法し，真言を受得す。天皇に勧め奉り，香火の因を結ぶ。
(e)

（『日本三代実録』元慶 4 年（880）12 月 4 日癸未条）

（注）　「太上天皇」は，文中の「天皇」と同一人物である。

　　　「火を行」うとは，放火すること。

　　　「寛仮」は，ゆるすこと。

問

(1)　下線部(a)は，「太上天皇」が数え年の 31 歳で死去したと述べている。この
人物が天皇位についた時には，数え年の何歳であったか。

(2)　下線部(b)の「忠仁公」の養子で，政治的地位を受け継いだ人物は，この記事
の 4 年後，ある重要な地位についた。その地位は何か。

(3)　下線部(c)の「貞観の政」をこの史料は賞賛しているが，貞観年間(859〜877)
　　は，日本とある国家との政治的緊張が高まった時期でもあった。海峡を隔て
　　た九州北部の勢力と内通しているとも疑われた，この国家の名を記せ。

(4)　　　ア　　　に当てはまる人名を記せ。

(5)　下線部(d)の「大逆」を謀ることは，国家・天皇に対する，特に重大な犯罪と
　　された。同様の罪に「謀反」「悪逆」などがあるが，それらを総称して何と呼ん
　　だか。

(6)　下線部(e)に記された「入唐」は，貞観 4 年に行われた。その 9 年前に唐に渡
　　り，台密の発達に寄与した僧侶の名を記せ(あ)。また，その僧侶の門徒(寺
　　門派)が拠点とした寺院の名を記せ(い)。

B

　　　　イ　　　ヨリ後，平氏世ヲミダリテ二十六年，文治ノ初，頼朝，権ヲモハ
　　　　　　（注）　　　　　　　　　　　　　　　（f）　　　　　　　　　　　（注）
ラニセシヨリ父子アイツギテ三十七年，承久二義時，世ヲトリオコナイシヨリ
百十三年，スベテ百七十余年ノアイダ，オオヤケノ世ヲ一ツニシラセ給コトタ
エニシニ，此ノ天皇ノ御代ニ，掌ヲカエスヨリモヤスク一統シ給ヌルコト，
　　　　　　　　（g）
宗廟ノ御ハカライモ時節アリケリト，天下コゾリテゾ仰ギ奉リケル。
（注）
　　（中略）

　　ソモソモ，彼ノ高氏御方ニマイリシ，ソノ功ハ誠ニシカルベシ。スズロニ寵
　　　　　　（h）
幸アリテ，抽賞セラレシカバ，（中略）程ナク参議従二位マデノボリヌ。三カ国
　　　　　　　　　（注）
ノ吏務・守護オヨビ，アマタノ郡庄ヲ給ル。弟　　　ウ　　　ハ，左馬頭ニ任ジ，
従四位ニ叙ス。昔，頼朝タメシナキ勲功アリシカド，高位高官ニノボルコトハ
乱政ナリ。ハタシテ子孫モハヤクタエヌルハ，高官ノイタス所カトゾ申伝タ
ル。高氏等ハ頼朝・実朝ガ時ニ，親族ナドトテ優恕スルコトモナシ。（中略）サ
　　（i）　　　　　　　　　　　　　　　　　　　　　　　　　（注）
シタル大功モナクテ，カクヤハ抽賞セラルベキトモアヤシミ申ス輩モアリケル
トゾ。

　　（注）　「ミダリテ」は，「乱して」の意味。

「権ヲモハラニセシ」は，「権力をほしいままにした」の意味。

「宗廟」は，天皇家の先祖のこと。

「抽賞」は，恩賞を与えること。

「優恕スル」は，優遇すること。

問

(7)　　 イ 　　に当てはまる元号を記せ。

(8)　下線部(f)に関して，頼朝の軍勢が平氏を滅ぼして源平争乱を終結させた合戦の名称を記せ。

(9)　下線部(g)の「天皇」とは誰か。

(10)　下線部(h)に関して，高氏は，彼に出陣を命じた得宗に背いて，天皇の「御方」(味方)に参入した。この得宗とは誰か。

(11)　　 ウ 　　には，高氏とともに二頭政治を行ったことで知られる人物の名前が入る。この人物が滅亡した，幕府の内紛は何か。

(12)　下線部(i)に「高氏等」とあるのは，高氏らの先祖を意味する。彼らの先祖である義兼は，頼朝が挙兵直後に設置した侍所において，頼朝と主従関係を結んだ。義兼は幕府においてどのような立場にあったか。漢字3字で記せ。

(13)　この史料の筆者は，当時の天皇のどのような行為を批判しているのか。簡潔に記せ。

C

巻一　国民の天皇

憲法停止。天皇は全日本国民と共に国家改造の根基を定めんがために天皇大権の発動によりて三年間憲法を停止し両院を解散し全国に戒厳令を布く。
(j)

天皇の原義。天皇は国民の総代表たり，国家の根柱たるの原理主義を明らかにす。

華族制廃止。華族制を廃止し，天皇と国民とを阻隔し来れる藩屏を撤去して明治維新の精神を明らかにす。
(注)

普通選挙。<u>二十五才以上の男子は大日本国民たる権利において平等普通に衆議</u>
<u>(k)</u>
<u>院議員の被選挙権および選挙権を有す。（中略）女子は参政権を有せず。</u>

巻三　土地処分三則

私有地限度。日本国民一家の所有し得べき私有地限度は時価拾万円とす。

私有地限度を超過せる土地の国納。私有地限度以上を超過せる土地はこれを国
家に納付せしむ。

徴集地の民有制。国家は皇室下付の土地および私有地限度超過者より納付した
る土地を分割して<u>土地を有せざる農業者</u>に給付し，年賦金を以てその所有たら
　　　　　　　　(1)　　　　　　　　　　　　　　　(注)
しむ。

巻五　労働者の権利

<u>労働省</u>の任務。内閣に労働省を設け国家生産および個人生産に雇傭さるる一切
(m)
労働者の権利を保護するを任務とす。

労働時間。労働時間は一律に八時間制とし日曜祭日を休業して賃銀を支払うべ
し。

<u>幼年労働の禁止</u>。満十六才以下の幼年労働を禁止す。
(n)

婦人労働。婦人の労働は男子と共に自由にして平等なり。但し改造後の大方針
として国家は終に婦人に労働を負荷せしめざる国是を決定して施設すべし。

　　（注）　「藩屛」は，垣根のこと。君主を守護する者を指す。

　　　　　　「年賦」は，売買代金などを毎年一定額ずつ分割して支払うこと。

問

⑭　下線部(j)に関して，この史料の筆者から思想的な影響をうけた陸軍の青年
　　将校らが約1,400名の兵を率いて首相官邸などを襲撃し，内大臣の斎藤実や
　　大蔵大臣の高橋是清らを殺害した事件を何というか。

⑮　男性に被選挙権を与える年齢を除いて，下線部(k)とほぼ同内容の衆議院議
　　員選挙法改正を成立させた内閣の首相は誰か。

⒃　下線部⑴に関して，

　　㋐　「土地を有せざる農業者」で，土地を借りて，その使用料を収穫物などで
　　　おさめて農業を営む者を特に何というか。

　　㋑　1947年に行われた農地改革では，㋐のような者に土地を与えるため，
　　　どのようなことが行われたか説明せよ。

⒄　下線部㏖と同名の官庁は1947年，最低賃金や労働時間などの労働条件を
　　定めた法律の制定に伴って設置された。この法律を何というか。

⒅　下線部㏒に関して，1911年に制定され，12才未満の工場労働を禁じ，ま
　　た女性と15才未満の男性の工場労働を1日12時間までに制限するなどした
　　法律を何というか。

Ⅱ　日本史B問題　　　　　　　　　　　　　　　　　　　　　（20点）

　　次の文章（①〜⑩）の　ア　〜　ト　に入る最も適当な語句を記せ。解
答はすべて所定の解答欄に記入せよ。

①　縄文時代の食料獲得は，狩猟・漁労・採取を基本としていた。漁網のおもり
　である　ア　や，矢に使われた　イ　など，多様な石器が使用され
　た。

②　縄文時代の晩期ころには，九州北部で水稲栽培が開始されていたことが，佐
　賀県　ウ　遺跡の水田遺構などから推定されている。水稲栽培は日本列島
　の各地に波及したが，北海道では　エ　文化と呼ばれる食料採取文化が継
　続した。

③　巨大な古墳に注目が集まりがちだが，　オ　県三ツ寺Ⅰ遺跡などの居館
　も，古墳時代に豪族が成長をとげた物証として重要である。他方で古墳時代後
　期ころから，小型墳の密集する　カ　が，各地で爆発的に造営された。こ
　の現象は，いわゆるヤマト政権が有力農民層まで掌握したことを示すと考えら

れる。

④　　キ　　天皇の時代，隋と正式な国交が結ばれた。これに伴い，大陸の文化が続々と流入し，法隆寺金堂釈迦三尊像などを代表とする　　ク　　文化が花開いた。

⑤　鎌倉時代には農業技術が発達し，牛馬や鉄製農具の使用が広まり，収穫量の多い　　ケ　　米が輸入されるなど，生産力が高まった。また，交通の要地には定期市が開かれるようになり，『　　コ　　』には備前国福岡における市のにぎわいの風景が描かれている。

⑥　後鳥羽上皇は，朝廷において政治面だけでなく文化面でも主導性を発揮し，八番目の勅撰和歌集である『　　サ　　』を編纂させた。またその子の天皇が著した有職故実の書である『　　シ　　』は，後世の規範にもなった。

⑦　鎌倉時代には，荘園領主と武士の紛争が多発し，朝廷・幕府ともに裁判制度の充実が求められるようになったこともあり，後嵯峨上皇は幕府の影響のもとで　　ス　　を設置した。またその子　　セ　　は幕府の将軍として迎えられた。

⑧　室町時代，日本と朝鮮の間では正式な通交が行われていたが，倭寇の影響は大きく，15 世紀前半には対馬がその根拠地とみなされて，朝鮮軍によって襲撃される　　ソ　　と呼ばれる事件が起きた。その後，貿易は再開されたが，16 世紀初頭に，日本人居留民らによる　　タ　　と呼ばれる暴動が起きると，通交は縮小された。

⑨　幕末維新期の来日西洋人医師は，多彩な事績をもって知られる。1859 年に来航したアメリカ人　　チ　　は本来宣教師で，ローマ字の和英辞典もつくった。1876 年に招かれたドイツ人ベルツは，30 年近くに及ぶ教師・侍医としての日常や政治・社会の動向を日記に書き残した。条約改正問題により襲撃されて重傷を負った外務大臣　　ツ　　のもとに駆けつけたこともつづられている。

⑩　地方公共団体において文化財保護を担当してきたのは　　テ　　であり，そもそもは教育行政に国民の民意を反映させ，地方分権化をはかるため，1948

年に設置された組織である。1956 年に公選制から任命制へと変わり，現在に
いたる。また 1968 年には，伝統ある文化財を保護し文化を振興することを掲
げ，中央官庁としての　　ト　　が設置された。

Ⅲ　日本史 B 問題　　　　　　　　　　　　　　　　　　　　　（30 点）

　　次の文章（A～C）の　　ア　　～　　セ　　に最も適当な語句を記し，問(1)～
(16)に答えよ。解答はすべて所定の解答欄に記入せよ。

A

　　隋・唐の勢力拡大は東アジアに国際的な緊張をもたらした。倭国もまたそれ
　　(a)
に対処する必要に迫られ，大化改新に始まる中央集権国家の構築は，こうした
　　　　　　　　　　　　(b)
国際情勢に関連するとされる。大化改新では，豪族による領有を前提にして人
民を支配する部民制から，国家が直接的に人民を支配する公民制への転換が図
られ，豪族から切り離された人民を領域的に編成するために　　ア　　が全国
的に設置された。　　ア　　は地方の有力豪族が任じられていた　　イ　　の
支配領域を分割・統合することによって設置されたもので，　　イ　　の一族
は律令制下の郡司へつながっていくこととなる。

　　それをうけて天智天皇の時代には，公民の把握を目的とした全国にわたる戸
　　　　　　　　　　　　　　　　　　　　(c)
籍が作成された。　　ウ　　と呼ばれるこの戸籍は，律令制下においても氏姓
の根本台帳として利用された。天武天皇の時代になると，豪族の私的な人民支
配がいっそう強く否定され，朝廷に奉仕する豪族へは，一定数の戸からの税収
を与える　　エ　　などが支給されるようになった。位階や官職の制度も整え
　　　　　　　　　　　　　　　　　　　　　　　　　(d)
られていき，豪族は律令官人へと再編成されていった。

　　東アジアとの接点に置かれ，外交・軍事上の要となったのが大宰府である。
律令制において，1 戸（正丁 3～4 人）に 1 人の割合で徴発された兵士は，諸国
の　　オ　　に配属され，訓練をうけたが，その一部は防人として大宰府に送

られて，九州沿岸の防衛にあたった。また，大宰府は西海道諸国を統括する役
割も帯びており，西海道諸国で徴収された調・庸は大宰府に集められ，中央へ
送られるものを除き，大宰府の運営に用いられた。

問

(1)　下線部(a)に関して，唐の中国統一後に，第１回の遣唐使が送られた。この
　　時，薬師恵日とともに唐へ派遣された人物は誰か。

(2)　下線部(b)に関して，大化改新の際に中臣鎌足がついた地位は何か。

(3)　下線部(c)に関して，人民が口分田を捨てて，戸籍に登録された地を離れる
　　行為・状態を何と呼ぶか。

(4)　下線部(d)に関して，律令制においては蔭位の制と呼ばれるものが存在し
　　た。この制度を簡潔に説明せよ。

(5)　下線部(e)に関して，８世紀半ばに，大宰府の官人という地位を利用して，
　　西海道諸国からの兵を集めて反乱を起こした人物は誰か。

B

　　平安末期から鎌倉初期には，法然や親鸞など新仏教の開祖となる宗教家が現
れる。彼らが庶民のみならず，貴族からも一定の支持を得たことは確かであ
る。ただ，興福寺・東大寺などの大寺院は全国に荘園をもち，荘園の現地では
大寺院の下級僧侶が五穀豊穣や荘民の安穏を祈願しており，天台・真言・南都
の仏教こそが広く社会に浸透していた。大寺院に属する聖たちは，天皇・貴族
から庶民まで幅広く資金を集める勧進活動を行っており，平氏により焼き討ち
された東大寺の再建では，　カ　が勧進上人となって復興を主導し，大仏
殿や南大門を造立した。

　　鎌倉中期以降，中国の僧侶が多く日本に渡来するようになり，鎌倉では新た
に禅宗寺院が建立された。北条氏は，禅宗に加え　キ　宗の僧侶も保護
し，叡尊・忍性らは貧民救済や道・橋の修造などの社会事業を展開した。
　キ　宗は南都・真言などの大寺院とも深い関係をもち，　ク　が建

立した金沢文庫に隣接する称名寺には諸宗の経典・書籍が集積され，関東における仏教修学の拠点寺院となった。また鎌倉後期には，天台・真言などの大寺院の有力僧も鎌倉に下向して，北条氏の保護のもと宗教活動を展開していた。

　浄土宗・浄土真宗・日蓮宗・禅宗など，鎌倉時代に現れた新仏教は徐々に社会へと広まっていき，室町中後期になると信仰の基盤を固めていく。日蓮宗は京都の町衆に信者を増やし，　ケ　が形成された。しかし 1536 年には　ケ　と対立した勢力により，京都の日蓮宗寺院が焼き払われた。また，浄土真宗では蓮如が平易な文章で書かれた　コ　により専修念仏の教えを説き，北陸・東海・近畿の武士や農民たちの信仰を得た。その門徒は急速に勢力を拡大して，一向一揆などに発展することもあった。
(j)

問

(6)　下線部(f)に関して，法然の専修念仏を批判した「興福寺奏状」を起草した人物とされ，南都仏教の復興に尽力した法相宗の僧侶の名前を記せ。

(7)　下線部(g)に関して，大寺院とともに，上皇のもとにも荘園が集積されるようになる。後白河上皇が自身の持仏堂に寄進した荘園群の名称を記せ。

(8)　下線部(h)に関して，東大寺惣大工といわれ，大仏の鋳造などで活躍した，宋から来日した工人の名前を記せ。

(9)　下線部(i)に関して，忍性が病人の救済・療養を目的に奈良に設けた施設の名称を記せ。

(10)　下線部(j)に関して，1488 年，一向一揆により滅ぼされた加賀国の守護の名前を記せ。

C

　江戸幕府は全国に約 400 万石の直轄領（幕領）を有していた。直轄領には，政治・経済・軍事の中心地で三都と呼ばれた江戸・京都・大坂という大都市をはじめ，全国の重要都市が含まれていた。また，幕府は全国の主要鉱山を直轄地
(k)
とし，大きな収入を確保するとともに貨幣鋳造権をにぎっていた。

　こうした幕府直轄領の支配について，年貢徴収・治安維持などは，全国に配
置された代官と，特に関東・飛騨などに置かれた　　サ　　が担い，勘定奉行
が統轄した。

　一方，江戸から離れた全国の重要都市などの要地には　　シ　　奉行と総称
される役人が任命されて派遣され，さまざまな役割を担った。例えば，貿易都
市である長崎に置かれた長崎奉行は，長崎の都市行政を担いつつ，貿易を管轄
するという重要な役割を与えられていた。さらに，徳川家康を祀る日光東照宮
を守衛する役割を担っていた日光奉行など，固有の役割を担う　　シ　　奉行
もいた。また，近世後期になると，蝦夷地の直轄化に伴い　　ス　　に奉行が
置かれるなど，時代状況の変化に応じて新たな地方組織が設置されることも
あった。

　さて，江戸幕府の全国統治の上で，最も重要な役割を担った地方組織が置か
れたのが京都・大坂という大都市を中心とする上方地域であった。京都に置か
れた　　セ　　は，朝廷の統制・監視を行うとともに，西国大名を監視するな
ど，幕府の全国統治，中でも西日本の統治において大きな役割を担った。大坂
には大坂城代が置かれ，城を守衛しつつ，大坂町奉行や堺奉行を統率し，西国
大名の監視も行っていた。

問

⑾　下線部(k)のうち，幕府が奉行を置いて支配した東日本有数の金山は何か。

⑿　下線部(l)について，百姓が領主から課された負担のうち，山林・原野・河
　　海などからの収益に対して課された税の総称は何か。

⒀　下線部(m)について，19世紀初頭にイギリス軍艦が長崎港に侵入した事件
　　の責任をとって切腹した長崎奉行は誰か。

⒁　下線部(n)に用いられた建築様式を何というか。

⒂　下線部(o)を中心に，17世紀後半から18世紀初頭にかけて花開いたのが元
　　禄文化である。この時期，大坂道頓堀で人形浄瑠璃を興行し，大成させたの
　　は誰か。

⒃　下線部(P)について，公家から選ばれて朝幕間の連絡を担当した役職は何か。

IV　**日本史 B 問題**　　　　　　　　　　　　　　　　　　　　　(30 点)

次の問(1)，(2)について，それぞれ 200 字以内で解答せよ。解答はいずれも所定の解答欄に記入せよ。句読点も字数に含めよ。

(1)　田沼意次の財政政策について，享保の改革との違いにも着目しながら，基本方針と具体的政策を述べよ。

(2)　明治・大正期の社会主義運動の展開について述べよ。

解答時間：90分
配　　点：100点

　　次の史料（A～C）を読み，問(1)～(17)に答えよ。解答はすべて所定の解答欄に記
入せよ。なお，史料の表記は便宜上，改めたところがある。

A

　　　　　│　ア　│　国言わく，「造薬師寺別当道鏡死す」と。道鏡，俗姓は弓削連，河
内の人なり。(中略)宝字五年，保良に幸してより，時に看病に侍して，やや寵
幸せらる。廃帝，常に以て言を為して，天皇と相あたり得ず。天皇，乃ち平城
の別宮に還りて居る。宝字八年，大師│　イ　│，謀反して誅に伏す。道鏡を
以て太政大臣禅師と為す。居ることしばらくして，崇むるに│　ウ　│を以て
し，載するに鸞輿を以てす。衣服・飲食，もはら供御になぞらう。政の巨細，
決を取らざるはなし。(中略)時に大宰主神習宜阿曽麻呂，詐りて八幡神の教え
と称し，道鏡を誑耀す。道鏡，之を信じ，神器を覦覬するの意有り。(中略)
宮車の晏駕するにおよび，なお威福，己によるを以て，ひそかに僥倖をもお
う。御葬礼おわり，山陵を守り奉る。先帝の寵するところを以て，法を致すに
忍びず。よりて造│　ア　│国薬師寺別当と為して逓送す。死するに庶人を以
て葬る。

　　　　　　　　　　　　　　　　　　　　　　（『続日本紀』宝亀3年4月丁巳条）

　　(注)　「鸞輿」は，天皇ののる輿のこと。
　　　　　「誑耀」は，惑わすこと。
　　　　　「覦覬」は，うかがいねらうこと。

問

(1) ┌─────┐ ｱ └─────┘ に当てはまる国名を記せ。

(2) 下線部(a)の「弓削連」は，蘇我馬子に滅ぼされた大連であった人物と同族とされる。その滅ぼされた人物は誰か。

(3) ┌─────┐ ｲ └─────┘ には，ある人物の名が入る。その人物は誰か。

(4) ┌─────┐ ｳ └─────┘ には，道鏡が得た地位の名称が入る。その地位を記せ。

(5) 下線部(b)の「神器を覬覦するの意」とはどのようなことを指すか，簡潔に説明せよ。

(6) 下線部(c)の「宮車の晏駕する」とは，天皇が死去したことを示す。この天皇の死去をうけて，次に即位した天皇は誰か。

(7) 下線部(d)の「法」に関して，この時期に施行されていた律令は何か。

B

　英国人莫利宋（モリソン）なるもの，交易を乞わんため，我が漂流の民七人を護送して，江戸近海に至ると聞けり。（中略）そもそも我国外交の厳なる，海外諸国の熟知する所にして，其の証は諸地誌，また鄂羅斯のクルーゼンシュテルンの記（奉使日本紀行）・ゴローウニンの記（遭厄日本紀事）に審（つまび）らか也。然れば，漂人を媒酌として，交易を乞う事の行われざる，もとより了解して来る事なれば，レザノフの旧轍を踏まざる事必定なるべし。（中略）今我が四周渺然の海，天下万国拠る所の界（さかい）にして，我に在りて世々不備の所多く，其の来るもまた一所に限る事能わず。一旦事ある時，全国の力を以てすといえども，鞭の短くして馬腹に及ばざるを恐るる也。

　(注)　「旧轍」は，古人の行為のあとのこと。

　　　　「渺然」は，ひろびろとして果てしないさまのこと。

問

(8) 下線部(e)「英国人莫利宋なるもの」は，この文章の著者が，船の名を人の名と誤解して記したものである。

　(あ)　来航した船は，正しくはどこの国の船であったか。

　(い)　この船に対する江戸幕府の対応はどのようであったか。簡潔に記せ。

(9) 下線部(f)に関連して，江戸湾に出入りする船の検査を行うための奉行所が置かれ，ペリー来航の際には交渉の場となったのはどこか。その地名を記せ。

(10) 下線部(g)「鄂羅斯」は，ある国を示す表現である。その国名を記せ。

(11) 下線部(h)に関連して，漂流民の送還を理由に来航した外国の使節から，江戸幕府に初めて公式に引き渡された漂流民は誰か。

(12) 下線部(i)と同様の危機意識から，18世紀末に書物を出版し，海防の必要を説いた人物は誰か。

C

華翰敬読。勅諭改正案御送付拝承。簡短にして主義明瞭，尤も妙と存じ候。
(注)　　　(j)

末文に，一国の独立を維持するは陸海軍備に基因す，幸いに目下東洋無事，隣
　　　　　　　　　　　　　(k)　　　　　　　　　　　(l)

国の関係親密云々の旨趣を一語相加え，なお一案を煩わせたく，希望にたえず

候。(中略)今に予算結了に到らざる趣，誠に困り入り候，余事後鴻に譲る。
　　　　　　(m)　　　　　　　　　　　　　　　　　　　　(注)

草々頓首

　　九月二十三日早天

　　　　　　　　　　　　　　　　　　　　　　　　　エ

　　　井上顧問官殿

　　　　　　　　　　　　　　(1890 年 9 月 23 日付井上毅あて書簡)

(注)　「華翰」は，貴方からの書簡。

　　　「余事後鴻に譲る」は，残りの事柄はまた後日お便りします，という意味。

問

(13)　下線部(j)の「勅諭」は，この史料の時期にはまだ作成中であった教育勅語を指すと推定される。こうした天皇の公的な意思を示す文書（詔勅）は，国民へ向けて折々発せられたが，それに関して，

(あ)　日露戦争後に出された戊申詔書をうけて，町村財政の立て直しなどをはかった地方改良運動が本格化した。この運動を推進した，地方行政や警察などを統轄した省はどこか。

(い)　1923 年の「国民精神作興ニ関スル詔書」は，同年 9 月に起こった大規模な災害を契機に出された。その災害を何というか。

(14)　下線部(k)の「陸海軍備」の兵力量決定権は，帝国憲法では天皇大権に属すると定められた。同じく天皇大権の 1 つで，陸軍省・海軍省からも独立した，軍隊を指揮する権限をとくに何というか。

(15)　下線部(l)で示される情勢認識の背景には，1885 年以来，日清両国の間で結ばれていた条約がある。その条約の主要な内容を 2 つ記せ。

(16)　下線部(m)のように，難産の末決定された政府の次年度予算案であったが，第 1 回帝国議会ではこれをめぐって政府と民党とが対立した。この際，民党が政府に訴えた要求は何であったか。簡潔に記せ。

(17)　　エ　　には，この書簡の差出人である，当時の首相の名前が入る。その氏名を記せ。

Ⅱ 　**日本史 B 問題**　　　　　　　　　　　　　　　　　　　　　（20点）

次の文章(①〜⑩)の　ア　〜　ト　に入る最も適当な語句を記せ。解
答はすべて所定の解答欄に記入せよ。

① 　ア 　世後期の打製石器が，列島の各地で発掘されている。1949 年に
群馬県の　イ 　遺跡の発掘調査により，この種の石器の存在が確認され
た。

② 　縄文時代の豊かな文化や盛んな活動が明らかにされつつある。1992 年に本
格的な調査が開始され，集合住居と推定される大型の竪穴住居などが出土した
青森県　ウ 　遺跡は，その明白な物証である。多様な物資が行き交い，た
とえば姫川流域を原産とする　エ 　が，装飾品の素材として広く流通し
た。

③ 　紀元前後頃から，倭人は中国王朝に遣使をくり返し行った。『漢書』地理志に
「　オ 　海中に倭人有り」とあるように，　オ 　郡が遣使の窓口であっ
た。『後漢書』　カ 　伝に記された紀元 57 年の遣使は有名である。

④ 　文字を記した遺物は，古墳時代の社会を解き明かす鍵を握る資料である。
　キ 　県の岡田山 1 号墳から出土した鉄刀には「額田部臣」の銘が認められ
る。この「臣」は，有力豪族に与えられた　ク 　と呼ばれる称号の 1 つと考
えられる。

⑤ 　近世中後期の私塾は，多くの門人を集め，多彩な人材が輩出した。懐徳堂は
その 1 つで，富永仲基や，『夢の代』を著した　ケ 　などが育った。また，
周防の医師の家に生まれた　コ 　は，豊後日田の咸宜園や大坂の適塾で学
んだ後，長州藩で軍事指導を行い，維新後は近代的軍隊の創始に関わった。

⑥ 　近世後期になると，村では貧富の格差が拡大し，貧農・小作人層が村政参
加，村役人の交代，帳簿の公開などを要求する運動である　サ 　が増え
た。また，都市部へ流出するものも増えて村が荒廃したため，老中松平定信は
帰村を勧める　シ 　を発令した。

⑦　開国直後から，　ス　は日本の最大の輸出品となった。いっぽう輸入で
は開国当初，毛織物や綿織物，綿糸などが大きな割合を占めたが，1880 年代
以降の　セ　業の勃興によって，その原料である綿花の輸入が増大し，19
世紀末から 20 世紀初頭には最大の輸入品となった。

⑧　1911 年に青鞜社を結成し，女性の生きる道は結婚して母となることだけで
はないと訴えた　ソ　は，女性の政治的権利を求めて 1920 年に市川房枝
らと新婦人協会を創立した。1945 年には女性の選挙権・被選挙権が初めて認
められ，さらに 1947 年には　タ　の改正によって，男性の家長に強い権
限を与えた戸主制度が廃止された。

⑨　韓国併合後，日本政府が朝鮮統治のため設置した　チ　は，朝鮮人の政
治活動を厳しく弾圧した。「平民宰相」と呼ばれた　ツ　が首相のとき，
三・一独立運動が起こると，　チ　は憲兵警察の廃止など統治に手直しを
加えたが，民族主義運動は根強く続いた。

⑩　1941 年 7 月に日本軍が南部仏印に進駐すると，アメリカは　テ　の対
日輸出を禁止した。日本はアメリカに禁輸解除を求めたが，これに対してアメ
リカは，日本軍の　ト　および仏印からの全面撤退を日本に要求した。日
本はこの要求を受け入れることができず，対米英開戦に踏み切った。

Ⅲ　日本史B問題　　　　　　　　　　　　　　　　　　　　（30点）

次の文章（A～C）の　ア　～　シ　に最も適当な語句を記し，問(1)～
⒂に答えよ。解答はすべて所定の解答欄に記入せよ。

A

　　桓武天皇は平安京の建設にあたり，平城京の寺院が移ってくることを許さな
かった。これは　ア　京から平城京に遷都したときの方針と大きく異な
る。かわりに平安京の正門である　イ　をはさんで，左京と右京に寺院が
新造された。このうち左京の寺は空海に与えられ，真言宗の拠点となって，数
<u>多くの密教美術を今に伝えている</u>。その後も，京内に寺院が建立されることは
　(a)
ほとんどなく，<u>天皇や貴族は平安京の周辺や郊外に寺院を建てた</u>。
　　　　　　　　(b)
　　平城京に残された大寺院では，仏教の研究や布教，僧尼の育成などが盛んに
行われた。最澄が大乗戒壇の設立をめざすと，平城京の仏教勢力は強く反対し
たが，最澄は『　ウ　』を著してこれに反論した。空海はそうした対決姿勢
をとらず，東大寺に真言院という拠点をもった。この真言院は，<u>政争に敗れて</u>
　　　　　　　　　　　　　　　　　　　　　　　　　　　(c)
隠棲していた平城太上天皇に対し，かつて空海が灌頂という密教儀礼を行った
場であった。

　　平城京の寺院が勢力を保った主な要因は，封戸・荘園といった経済基盤であ
る。しかし，　エ　とも呼ばれた国司が強い権限を握ると，封戸や荘園か
らの収入は減少した。それは　エ　が<u>朝廷や摂関家への奉仕を重んじ</u>，平
　　　　　　　　　　　　　　　　　　　(d)
城京の寺院を軽視したためであろう。<u>北陸地方の東大寺領荘園</u>も，　エ　
　　　　　　　　　　　　　　　(e)
が協力しないため，経営に行きづまったとも考えられる。

　　こうして平城京の寺院は衰えていったが，　オ　は藤原氏の庇護によっ
て強い勢力を保った。平城京の大部分が田畑となるなか，　オ　と東大寺
の周辺地域は南都（奈良）と呼ばれ，都市のにぎわいを維持していた。

問

⑴　下線部(a)に関して，この寺に伝えられた，二図で一対をなす9世紀頃の密
　　教絵画は何か。

⑵　下線部(b)に関して，11世紀前半に平安京東京極と鴨川の間に建てられ
　　た，阿弥陀堂を中心とする寺院は何か。

⑶　下線部(c)の「政争」に勝利した天皇は誰か。

⑷　下線部(d)の「奉仕」に関して，建物を造営するなどの奉仕により，官職に任
　　じてもらうことを何と呼ぶか。

⑸　下線部(e)の「北陸地方の東大寺領荘園」の大部分は，開墾を奨励し，耕地の
　　拡大をめざす政策のもとで成立した。これは何世紀のことか。

B

　　中世において地方支配を担った守護は，鎌倉時代に有力御家人が任ぜられた
ことに始まるが，その任務は大犯三カ条と呼ばれる内容に限定されていた。鎌
　　　　　　　　　　　　　(f)
倉幕府を滅ぼした後醍醐天皇は，専制的・復古的な政策を行い，鎌倉と

　　カ　　にそれぞれ皇子を派遣し，各国には守護とともに国司を置いた。し

かし，1335年に起こった　　キ　　の鎮圧のために鎌倉に下った足利尊氏が

反旗をひるがえしたので，政権を失って吉野に逃れた。このような内乱の中，
　　　　　　　　　　　　　　　　　　　　　　　　　　　　　　　(g)
室町幕府は守護にさまざまな新たな権限を与えて地方支配を確立させた。ま
　　　　　　　　　　　　　(h)
た，二代将軍義詮の弟を　　ク　　に任じ，伊豆・甲斐・関東八か国を統治さ

せた。

　　しかし，内乱が収束に向かうと，今度は守護の力を削ぐことが幕府の課題と

なった。三代将軍義満は，複数の国を支配し強大化していた一部の守護らを討
　　　　(i)　　　　　　　　　　　　　　　　　　　　　　　　　　(j)
伐する一方で，譜代の足利家家臣や守護の一族を，将軍直轄軍である

　　ケ　　に編成し重用していった。こののち，京都に集まった有力守護が将

軍を支えるかたちで，室町幕府はしばらくの安定期をむかえる。

問

(6)　下線部(f)の内容は，謀反人の逮捕・殺害人の逮捕と，もう 1 つは何か。

(7)　下線部(g)の「内乱」を描いた軍記物の誤りを指摘しつつ，足利家の一門であるみずからの家の歴史を記した，九州探題を務めた人物は誰か。

(8)　下線部(h)の「権限」のうち，守護が幕府の裁判の判決を執行することを何というか。

(9)　下線部(i)は，朝廷においても高い官位につき，内乱で中止されていたさまざまな年中行事や造営を積極的に再開した。この一環として，全国の田の面積に応じて課す税の徴収を幕府が担うようになった。この税の名称を記せ。

(10)　下線部(j)に関して，

　(あ)　南北朝合一の前年に討たれた，山陰を中心とする国々の守護を務めた人物は誰か。

　(い)　堺で挙兵し鎮圧された守護の子孫は，その後，勢力を削減されながらも，室町時代を通して日明貿易にたずさわるなど，有力守護であり続けた。この子孫が 15 世紀末に定めた分国法の名称を記せ。

C

　　1952 年に発効したサンフランシスコ講和条約によって，日本は独立を回復した。しかし，同条約に調印しなかった，または講和会議に招聘されなかった国々との国交正常化が，日本にとって大きな外交課題として残された。また，沖縄と　　コ　　諸島がアメリカ合衆国（アメリカ）の施政権下に置かれたため，その本土復帰も課題であった。

　　ソヴィエト連邦（ソ連）との国交正常化は，1956 年，鳩山一郎が首相のとき
　　　　　　　　　　　　　　　　　　　　　　　　　　　　　　　(k)
に実現した。しかし，日ソ共同宣言が出されたものの，北方領土問題での立場
　　　　　　　　　　　　　　　　　　　　　　　　　　(l)
の隔たりが大きかったため，平和条約の締結には至らなかった。大韓民国（韓国）とは 1965 年に日韓基本条約を締結し，国交を樹立した。当時の日本の首相は佐藤栄作，韓国の大統領は朴正熙であった。佐藤内閣の下では，1968 年に
　　　　　　　　　　　　　　　　　　　　　　　　　　　　　　　　　(m)
　　コ　　諸島返還，1972 年に沖縄返還も実現している。

　日本は 1952 年に中華民国との間で　　サ　　条約を締結した。しかし，1971 年のニクソン・ショック以降，アメリカが同国と断交して中華人民共和国を承認する方向に動き出すと，日本もそれに追随し，1972 年に田中角栄首相が訪中して，日中共同声明が出された。また，1978 年には，　　シ　　条約が締結された。

　このように日本は，1950 年代から 70 年代にかけて，周辺諸国との国交正常化を実現したが，戦争や植民地支配に起因する問題がすべて解決されたわけではない。ソ連（ロシア）との平和条約締結，<u>朝鮮民主主義人民共和国（北朝鮮）との国交正常化</u>は，現在に至るまで実現していない。また，北方領土，竹島や尖閣諸島の領有権をめぐる争いが存在するほか，<u>1980 年代以降</u>，戦争被害者への補償，首相の靖国神社参拝，歴史教科書の記述などをめぐって，新たな外交問題が浮上している。

問

⑾　下線部⒦の「鳩山一郎」が文部大臣を務めていた 1933 年，京都帝国大学法学部のある教授が休職処分を受けたのをきっかけとして，同学部の教官の半数以上が大学を去る事件が起こった。この事件を，その教授の苗字から何と呼ぶか。

⑿　下線部⑴の「北方領土」のうち，日ソ共同宣言の中で，平和条約締結後にソ連から日本に引き渡すとされているのは，歯舞群島とどの島か。

⒀　下線部⒨の「1968 年」に，佐藤内閣は明治百年記念式典を開催した。この年が「明治百年」とされたのは，元号が明治に改元された 1868 年から百年が経過したためであるが，これに関連して以下の問に答えよ。

（あ）　明治の 1 つ前の元号は何か。

（い）　明治元年の干支は何か。

（う）　この年の NHK 大河ドラマになった『竜馬がゆく』のほか，『翔ぶが如く』『坂の上の雲』など，幕末・明治期に関する長編歴史小説を多数発表した作家は誰か。

⒁　下線部⑾に関して，国交正常化に向け，戦後日本の首相として初めて北朝
　　鮮を訪問したのは誰か。

⒂　下線部⒪の「1980 年代」に，財政再建のために検討が進められ，1989 年に
　　税率 3 パーセントで導入された間接税の一種を何というか。

Ⅳ　**日本史Ｂ問題**　　　　　　　　　　　　　　　　　　　　　　（30 点）

　　次の問⑴，⑵について，それぞれ 200 字以内で解答せよ。解答はいずれも所定
の解答欄に記入せよ。句読点も字数に含めよ。

⑴　執権政治の確立過程において，北条時政・義時が果たした役割を説明せよ。

⑵　近世の石高制の成立過程，および，石高制に基づく大名統制と百姓支配につ
　　いて述べよ。

解答時間：90分

配　　点：100点

I　日本史B問題　　　　　　　　　　　　　　　　　　　　　　　　　　　　　(20点)

　　次の史料（A～C）を読み，問(1)～(17)に答えよ。解答はすべて所定の解答欄に記入せよ。なお，史料の表記は便宜上，改めたところがある。

A

言上

　条々

　一　朝務等の事

　　　右，先規を守り，ことに　　ア　　を施さるべく候。但し，諸国の受領等，
もっとも計らい御沙汰あるべく候か。東国・北国両道の国々，謀反を追討するの間，土民なきが如し。今春より，浪人ら旧里に帰住し，安堵せしむべく候。しからば，来秋のころ，国司を任ぜられ，吏務を行われてよろしかるべく候。

　一　平家追討の事

　　　右，畿内近国，源氏・平氏と号して弓箭に携わるの輩ならびに住人等，
　　イ　　の下知に任せて，引率すべきの由，仰せ下さるべく候。海路たやすからずといえども，ことに急ぎ追討すべきの由，　　イ　　に仰するところ也。勲功賞においては，その後頼朝計らい申し上ぐべく候。
（中略）

　　　寿永三年二月　　　　　　　　　　　　　　　源頼朝
　　　(注)

　　　　　　　　　　　　　　　　　　　　　　　　　　　　　（『吾妻鏡』）

　　　(注)　寿永三年は1184年である。

問

(1)　　　ア　　には，優れた政治，過去の優れた時代に戻ることを意味する語句が入る。漢字２字で記せ。

(2)　下線部(a)の「受領」には，この当時，一国の支配を委ねられた有力者の関係者が任命されることがあった。特定の国の支配を有力者に委ねる制度を何と呼ぶか。

(3)　下線部(b)の「東国・北国両道」とは，令制で規定された七道のうち，源義仲が基盤とした２つの道を指す。その名称を２つとも記せ。

(4)　下線部(c)の「吏務」とは国司の任務を指す。具体的にはどのようなことか。漢字２字で記せ。

(5)　下線部(d)に記されたような者は，平安後期から鎌倉前期にかけて，多数存在していた。これに当てはまる人物を次の①〜⑤のうちから１つ選び，番号で答えよ。

　　　①　源頼家　　　②　平頼綱　　　③　源頼政　　　④　平忠常　　　⑤　源高明

(6)　　　イ　　に当てはまる武将は，後に頼朝と対立し，陸奥国で殺害される。その武将とは誰か。

(7)　下線部(e)について，頼朝が朝廷に対し「計らい申し上」げるとした「勲功賞」とは，具体的にどのようなものか。漢字２字で記せ。

B

　農人は，一日も天の時，地の利をつつしみ，従ふ事なくんば有るべからず。耕種収芸，みな天の時にして，暦の用なり。暦は朝廷の政事にして，民の時を授けたまふ。（巻二）
(f)

　耕作農業の事，唐土の書に多く見えたり。近代本朝の学士，農業の和書をあらはし，印行して，　　ウ　　といへるあり。農人これを読み見るべし。（巻二）

　　唐土の風俗には，農家・商家の子も学才次第に官位に昇り進み，あるひは宰
(g)
相に至りて，天下の政道を主どり，国家を治め，万民を安泰ならしめ，名を揚
げ父母を顕す忠孝，是より大なるはなし。此故に農民・商家の子も，学文して
官を得，身を立てんとす。しかれば本朝の学はこれに異なる也。本朝にも古よ
　　　　　　　　　　　　　　　　　　　　　　　　　　　　　　　(h)
り学者多かりしかど，庶民より出て，国家の政道を主どりし例なし。(巻三)

(出典)　この史料は，西川如見(1648-1724)が著した『百姓 囊』という書物か
　　　　ら 3 カ所を抜粋したものである。

問

⑻　下線部(f)にいう朝廷の暦が不正確になったとしてこれを改定し，その後，
　　幕府の天文方となった人物は誰か。

⑼　　　ウ　　には，日本で最初に出版された体系的農書の書名が入る。その
　　書名を記せ。

⑽　右の 2 つの図 α・β は，　　ウ　　の書物の冒頭に付された「農事図」の一
　　部である。

　㋑　図 α の作業で，男性が牛に引かせている農具を何というか。

　㋺　図 β の作業で，女性たちが手に持って使っている農具は，やがて労働
　　生産性を大きく向上させたものに改良された。その改良後の農具を何とい
　　うか。

図 α　　　　　　　　　　　　　図 β

(11)　下線部(g)にいう，庶民でも「学才次第に官位に昇り進」むことを可能とした「唐土」の人材登用制度を何というか。

(12)　下線部(h)のような状況をふまえ，西川如見が最晩年に面会した将軍のもとで，武士身分ではない庶民が国政や民政についての意見を建白できる制度が設けられた。

(あ)　この制度のために，評定所などに設置されたものを何というか。

(い)　この制度を利用して，江戸の町医者の建白で設けられた施設を何というか。

C

九月三日

　　上京。暑い日を焼あとを歩いて首相官邸へ行く。(中略)総理の宮の演説原稿の文章を書くのかと思ったら太田君に会うとそうでない。参内前でいそがしい時間を宮の部屋へ伺うと「この度内閣参与になってもらう。しっかり頼

みます」と上を向いて笑いながら云われ，こちらはお辞儀をして退室して来
た。

九月十八日

　　首相宮，<u>連合軍記者団</u>と初会見。
　　　　(j)

九月二十七日

　　十一時少し過ぎ殿下に会い，　　エ　　その他の法令の廃止，暴力行為の
厳重取締につき進言。この内閣の使命が積弊をブチコワスことにあり，国民
もそれを期待すと話す。

問

⒀　下線部(i)に関して，

　㋐　次の①～④には，「総理の宮」が首相在任中に起こった出来事として正し
　　いものが１つ含まれている。その番号を記せ。

　　　①　労働組合法の制定　　　　　②　農地改革の実施

　　　③　持株会社整理委員会の発足　④　プレス＝コードの公布

　㋑　この「総理の宮」の内閣で外務大臣を務めた人物は，後に五次にわたって
　　内閣を組織している。その人物の首相在任中に設置された，石炭・鉄鋼・
　　肥料などの産業への資金供給を目的とした政府金融機関は何か。

⒁　下線部(j)に関して，ワシントンに設置されることになる対日占領政策の最
　高決定機関は何か。

⒂　　エ　　には，日清戦争後に公布され，集会・結社や労働運動・農民運
　動などの取り締まりを目的とした法令が入る。その法令名を記せ。

⒃　　エ　　公布の翌年，この法令に基づき結成直後に解散を命じられた日
　本最初の社会主義政党は何か。

⒄　史料Ｃの著者は，1920 年代に執筆した『鞍馬天狗』や『赤穂浪士』などの小
　説で著名になった作家である。その人物は誰か。

Ⅱ　日本史B問題　　　　　　　　　　　　　　　　　　　　　　（20 点）

　　次の文章（①〜⑩）の　ア　〜　ト　に入る最も適当な語句を記せ。解
答はすべて所定の解答欄に記入せよ。

①　鎌倉時代には，康勝の作とされる六波羅蜜寺蔵の　ア　上人像など写実
　　的な彫刻が作られた。また肖像画においても，人物を写実的に描く似絵が多く
　　制作されたが，　イ　の作とされる「伝源頼朝像」など，似絵に描かれた人
　　物が誰であるかについては，今日ではさまざまな議論がある。

②　北朝・南朝の分裂は，足利尊氏が後醍醐天皇に対抗して　ウ　天皇を擁
　　立したことに始まった。内乱が全国化・長期化する中，幕府は　エ　の権
　　限を強め，これに荘園年貢の半分を兵糧米として与えるなどした。

③　鎌倉公方　オ　が将軍足利義教に滅ぼされた後，その末子が新たな鎌倉
　　公方に任ぜられた。しかし，その新公方が1454年に関東管領を殺害したこと
　　を契機に　カ　が勃発したため，京都の応仁の乱より一足先に関東は混乱
　　に陥った。

④　鎌倉・室町時代には商業・流通が高度に発達し，遠隔地間の決済には，商人
　　が発行した　キ　がしばしば用いられた。また京都やその周辺では，朝廷
　　や寺社と結びついて特権を得る商人集団があり，大山崎離宮八幡宮に属する商
　　人らが　ク　の製造・販売の独占を主張したのはその一例である。

⑤　安土桃山時代になると，城主の権威を象徴する高層の　ケ　を備えた城
　　郭が建設されるようになった。江戸城の　ケ　は明暦の大火で焼失した
　　が，民政の安定に力を尽くして名君といわれ，将軍徳川家綱を補佐した会津藩
　　主　コ　の反対により，再建が見送られた。

⑥　徳川家康は，肥前国の　サ　にオランダとイギリスの商館を置くことを
　　許した。家康の外交顧問であったイギリス人　シ　は，このイギリス商館
　　の経営に協力し，後に朱印船主となって安南・東京〔トンキン〕に渡航した。

⑦　関ヶ原の戦い以降，江戸幕府は街道を整備し，街道沿いでの取引を安定させるため，良銭の基準や銭貨の交換比率を定めるなど，　ス　をめぐる法令をくり返し出した。しかし，1636 年には，　セ　という新しい銭を発行し，銭の統合がはかられたため，　ス　を必要とする経済は終息した。

⑧　江戸時代に入ると，この世のさまざまな事象を描いた絵画が普及した。　ソ　が『好色一代男』で「浮世絵」と称したこの絵画は，当初肉筆(手描き)が盛んであったが，17 世紀中頃から，大量制作の可能な版画が広まった。版画は，墨一色で始まり，やがて色を重ね刷りする技術が生まれ，18 世紀後半になると，　タ　と呼ばれる多色刷版画の技法が確立した。

⑨　明治中期には，松原岩五郎の『最暗黒之東京』や横山源之助の『　チ　』など，貧困層の生活を描くルポルタージュが多く世に出た。前者の発行元である民友社を創設した　ツ　は，いわゆる平民主義を主唱して，三宅雪嶺らと論争をくり広げた。

⑩　第一次世界大戦がもたらした大戦景気のもと，1915 年から 18 年まで日本の貿易は　テ　超過となった。他方で，工業労働者の増加や人口の都市集中などによる米の消費量増大に加え，　ト　出兵を見込んだ米の買い占めによって米価は急騰し，ついに全国的な米騒動へと発展した。

Ⅲ　日本史B問題　　　　　　　　　　　　　　　　　　　　　　　　（30点）

　次の文章（A～C）の　ア　～　ス　に最も適当な語句を記し，問(1)～
(15)に答えよ。解答はすべて所定の解答欄に記入せよ。

A

　律令国家において，畿内と七道に編成された各国を結ぶ官道は，できる限り
直線的に築造された。官道沿いには，一定の距離をおいて駅家が設けられ，規
定に従って一定数の馬が配置された。また，各国の政務・儀礼を行う施設が集
まった国府や，　ア　天皇の詔によって建立された国分寺・国分尼寺など
も，官道近くに位置する場合が多い。官道は，税として各地の産物を都に運ぶ
ための運搬路であり，宮城の警備を行う　イ　や，九州沿岸を警備する防
人の任につく人々の移動路でもあった。官道の要所には関が設けられた。特
に，近江国を取り囲むように作られた伊勢国の鈴鹿関，美濃国の　ウ
関，越前国の愛発関の三関は重要である。

　一方，日本列島の海岸沿いや，朝鮮半島・中国大陸との間の交通には，船が
用いられた。古墳の墳丘上に配置された船形　エ　や出土した船材の検討
により，弥生時代以降には，丸木舟に竪板や舷側板などを組み合わせた大型船
（準構造船）が用いられるようになったことがわかる。しかし，船の構造が改良
されても，海を横断しての航行にはさまざまな危険が伴った。例えば遣唐使の
場合，新羅と日本との関係が悪化して，朝鮮半島沿いの航路から，東シナ海を
横断する航路へと変わったために，船がしばしば遭難したことが記録されてい
る。そのために，古代の人々はさまざまな方法で航行の無事を願った。古くは
『三国志』魏書東夷伝倭人条にそのような記事がみえる。また，玄界灘に浮かぶ
小島であり，ユネスコの世界文化遺産に登録された　オ　で行われた祭祀
の目的の１つは，航行の無事を祈ることにあったと考えられる。

問

(1)　下線部(a)に関して，畿内に属する 5 つの国のうち，現在の大阪府と兵庫県にまたがって存在した国の名称を記せ。

(2)　下線部(b)に関して，927 年に完成した，駅家に関する規定を含む，律令の施行細則集の名称を記せ。

(3)　下線部(c)に関して，さまざまな貢納物を都に運ぶ人を何というか。

(4)　下線部(d)に関して，乗っていた船が遭難し，失明しながらも，日本に渡って戒律を伝えた中国僧が，平城京内に建立した寺院の名前を記せ。

(5)　下線部(e)に関して，本記事において 239 年に魏の皇帝に使いを送ったことが記録されている王の名前を記せ。

B

　　平安後期・鎌倉前期には，日本の僧侶が中国に渡り，新たな仏教に触れる機会はあったが，帰国後，日本における既存の仏教との間でさまざまな妥協が必要であった。中国に 2 度渡り，最新の禅宗を伝えた栄西もその 1 人で，彼は著書『　カ　』で，自らの没後 50 年がたつと，中国風の禅宗が興隆すると記した。そして，1246 年に中国僧　キ　が来日し，1253 年には執権　ク　の援助を得て建長寺の落慶供養が行われ，栄西の予言が現実のものとなっていった。　キ　がもたらした禅宗は，南都仏教などそれまで日本で勢力を持っていた仏教とは，経典の読み方や儀礼のあり方が全く異なっており，当時の中国で行われていた仏教がそのままの形で伝えられた。そのため，禅宗寺院を統率するための新たな制度も創始された。
(g)
　　日中間の文化的交流とともに，鎌倉後期には，大量の中国銭が日本に流入することにより，日本社会は大きな影響を受けた。貨幣経済の進展に伴い，経済的な苦境に陥った御家人が増加するなど，さまざまな社会的問題が発生したのである。
(h)
　　平安後期から南北朝時代にかけて，中国の王朝である宋・元とは，正式の外交関係はなく，人や物は私的な商船により往来していた。しかし，中国で明が

建国され，新たな国際秩序の構築が進むなか，1401 年，足利義満は明に博多
の商人　ケ　らを使者として派遣し，正式の国交が開かれることになっ
た。日明貿易においては，明から交付された　コ　と呼ばれる証票を持つ
　(i)
ことを求められており，宋・元の時代に比べると人や物の行き来はかえって制
限を受けることになった。

問

(6)　下線部(f)に関連して，当時，大和国の守護権を実質的に担い，南都で最も
　　勢力のあった寺院の名称を記せ。

(7)　下線部(g)について，鎌倉後期から幕府は禅宗寺院の寺格を定め，その住持
　　(長たる僧侶)を補任することになった。その制度の名称を記せ。

(8)　下線部(h)に関連して，窮乏した御家人は所領の減少をくい止めるための対
　　策をとらねばならなかった。女子への所領分割を本人限りとし，死後は惣領
　　に返却する相続のあり方を何と呼ぶか。漢字 3 字で記せ。

(9)　下線部(i)について，

　　(あ)　15 世紀後半には，日明貿易の実権は細川氏と大内氏の手に移るが，両
　　　　者が 1523 年に中国で衝突した事件の名称を記せ。

　　(い)　(あ)の事件以降，大内氏が日明貿易の実権を握り，大内氏の滅亡とともに
　　　　事実上，貿易も断絶する。謀反を起こし，大内義隆を自害に追い込んだ家
　　　　臣の名前を記せ。

C

　　江戸幕府は諸大名を圧倒する軍事力を保持していた。その軍事力の中核と
なったのが旗本・御家人であり，旗本は知行高に応じて人馬・武器を保持し，
従軍する　サ　という負担を課された。武芸の鍛錬を求められたが，行財
政官僚としての力量が重視される泰平の世となると，これになじめず，異様な
風体で江戸市中を練り歩いたり，乱暴を働いたりする旗本・御家人もいた。
　　　　　　　　　　　　　　　　　　　　　　　　　　　　　(j)
　　幕府は軍事力を維持するため強い経済基盤を確立したが，17 世紀後半以

降，財政は悪化していった。そこで徳川吉宗は　　シ　　を設けて優秀な旗本
の登用を容易にし，財政再建をはじめ諸改革を行った。大岡忠相も登用された
(k)
１人であり，町奉行として江戸市制の整備に尽力した後，寺社奉行を務め，大
(l)
名になった。

　18 世紀後半になると，経済的に困窮したり，風紀を乱したりする旗本・御
家人への対策が必要になった。そこで老中松平定信は，旗本・御家人に対する
　　ス　　の債権を破棄・軽減する法令を発して救済した。また，学問を奨励
し，学力試験を実施した。この学力試験は人材登用の参考ともなり，文人とし
(m)
て知られる大田南畝は優秀な成績を上げ，勘定所の役人に登用された。天文方
(n)
の役人として活躍し，シーボルト事件で獄死した高橋景保も成績優秀者であっ
(O)
た。

問

　(10)　下線部(j)に「異様な風体で江戸市中を練り歩いたり，乱暴を働いたりする」
　　　とあるが，このような旗本・御家人・町人などを総称して何というか。

　(11)　下線部(k)の「財政再建」に関して，

　　　(あ)　財政難のため，大名に対して領知高１万石につき米 100 石の献上を命じ
　　　　た幕府の政策を何というか。

　　　(い)　幕府は，年貢高を安定・増加させるための諸施策を実施した。その１つ
　　　　であり，一定期間，年貢率を固定する年貢徴収法を何というか。

　(12)　下線部(l)の「江戸市制の整備」として，町人による消防組織である町火消の
　　　結成がある。この町火消とともに，江戸の消防を担った旗本を長とする消防
　　　組織を何というか。

　(13)　下線部(m)について，正学として奨励され，「学力試験」において試された学
　　　問は何か。

　(14)　下線部(n)に関して，「大田南畝」は狂歌をはじめ文芸界で活躍し，町人たち
　　　とも親交があった。その１人で，『仕懸文庫』などを著したことによって，幕
　　　府により処罰された洒落本作者は誰か。

⒂　下線部(O)の「高橋景保」は，通商関係の樹立を求めて長崎に来航したある外国使節が持参した国書の写しを，後に翻訳した。この外国使節は誰か。

Ⅳ　**日本史 B 問題**　　　　　　　　　　　　　　　　　　　　　　（30 点）

次の問⑴，⑵について，それぞれ 200 字以内で解答せよ。解答はいずれも所定の解答欄に記入せよ。句読点も字数に含めよ。

⑴　日本の 9 世紀の文化と 10・11 世紀の文化の特色を，対比的かつ具体的に述べよ。

⑵　一橋慶喜が，1862（文久 2）年に将軍後見職に就任し政治の中心に登場したのは，薩摩藩の推挙によるものである。しかし 1866（慶応 2）年に徳川家を相続し，将軍となった慶喜に薩摩藩は敵対した。これは薩摩藩の政治方針のどのような変化によるものか。1863（文久 3）年から慶喜将軍就任までの間における薩摩藩の動きについて説明せよ。

入試問題

Ⅰ　日本史 B 問題　　　　　　　　　　　　　　　　　　　　　　　　　(20 点)

次の史料（A～C）を読み，下記の問(1)～(19)に答えよ。解答はすべて所定の解答欄に記入せよ。なお，史料の表記は便宜上，改めたところがある。

A

二十日（中略）頭弁経通（中略）また云わく，　ア　国百姓，公門に立ちて訴訟す。しかるに国司，騎馬兵をもって追捕す。百姓，左衛門陣に来りて呼言を放てりと云々。
　　　　　　　　　　　　　　　　　　　　　　　　　　　　(a)　　　　　　　　　　(b)

二十一日（中略）　ア　守頼任来りて云わく，公門に立つるの百姓を搦めしむるに依り，入道殿・摂政殿の勘当殊に重し。是れ慮外の事なり。
　　　　　　　　　　　(c)　　　(d)　　　　　(注)

　　　　　　　　　　　　　　　　　　　　　　（『小右記』寛仁 3 年（1019）6 月条）

(注)　「頭弁経通」は蔵人頭・左中弁藤原経通のこと，「勘当」はお叱りのこと。

問

(1)　　ア　は山城国から山陰道に入った最初の国である。その国名を記せ。

(2)　下線部(a)の「百姓，公門に立ちて訴訟す」は，諸国の百姓が受領の圧政を上訴するため上京し，公門に立つことである。強欲な受領の典型で，「受領は倒るる所に土をつかめ」と言い放ったとされるのは誰か。

(3)　下線部(b)の「左衛門陣」は，内裏を守った左衛門府の陣である。このころ，内裏内で天皇が主に生活した建物の名称を記せ。

⑷　下線部(c)の「入道殿」と下線部(d)の「摂政殿」は父と息子である。「入道殿」の
　　日記の名称を記せ。

⑸　下線部(d)の「摂政殿」が宇治に建てた寺院の名称を記せ。

⑹　史料Aには，百姓が受領の圧政を上訴することに対する，入道殿や摂政殿
　　の考えがうかがえる。次の①〜④から，史料Aの説明として正しいものをす
　　べて選んで記せ。

　　①　入道殿や摂政殿は，受領が圧政を上訴する百姓を追捕することを認めて
　　　　いた。

　　②　入道殿や摂政殿は，受領が圧政を上訴する百姓を追捕することを認めて
　　　　いなかった。

　　③　入道殿や摂政殿は，百姓が公門に立って受領の圧政を上訴することを認
　　　　めていた。

　　④　入道殿や摂政殿は，百姓が公門に立って受領の圧政を上訴することを認
　　　　めていなかった。

⑺　史料Aの出来事と同じ年に，九州北部が大規模な海賊に襲われた。この事
　　件を何と呼ぶか。

B

　　　三日(中略)近日，四辺の土民蜂起す。土一揆と号し，御徳政と称し借物を破
　　り，少分をもって質物を押し請く。(中略)坂本・三井寺のあたり，鳥羽・竹
　　田・伏見・嵯峨・仁和寺・賀茂のあたり，物騒常篇に絶ゆ。今日，法性寺のあ
　　　　　　　　(f)　　　　　　　　　　　　　　　　　　　　(注)
　　たりにこのことあり，火災に及ぶ。侍所多勢をもって防戦す。なお承引せず。
　　　　　　　　　　　　　　　　　　(g)
　　土民数万のあいだ，防ぎ得ずと云々。(中略)

　　　今土民ら代始めのこの沙汰を先例と称すと云々。言語道断のことなり。洛中
　　(h)
　　において警固すべし。辺土においては所々の儀，侍所成敗しがたきか。土蔵の
　　　　　　　　　　　　　　　　　　　　　　(i)
　　財宝をもって京都に渡すべきの由，管領近日成敗す。

　　　　　　　　　　　　　　　　　　　(『建内記』嘉吉元年(1441) 9 月条)

　　(注)　「常篇に絶ゆ」とは異常な状態のこと。

問

　(8)　下線部(e)の「土一揆」のきっかけとなったのは，ある将軍の暗殺事件である。その事件の首謀者は誰か。

　(9)　下線部(f)の「嵯峨」にある五山寺院の開基となった僧は誰か。

　(10)　下線部(g)の「侍所」について，これを統括する所司をつとめる大名家の者が，1391 年に反乱を起こした。その事件名を答えよ。

　(11)　下線部(h)について，

　　(あ)　ここで「先例」と言われたのは，ある人物が死んだことによる政権交代の際にも，同様のことがあったからである。その人物は誰か。

　　(い)　(あ)の人物が将軍であったとき，関東で反乱を起こした人物は誰か。

　(12)　下線部(i)の「侍所成敗しがたきか」とは，「侍所が何をするのが難しい」という意味か。史料Bから読み取って答えよ。

C

　終戦七十年を迎えるにあたり，先の大戦への道のり，戦後の歩み，二十世紀という時代を，私たちは，心静かに振り返り，その歴史の教訓の中から，未来への知恵を学ばなければならないと考えます。

　百年以上前の世界には，西洋諸国を中心とした国々の広大な植民地が，広がっていました。圧倒的な技術優位を背景に，植民地支配の波は，十九世紀，アジアにも押し寄せました。その危機感が，日本にとって，近代化の原動力となったことは，間違いありません。アジアで最初に立憲政治を打ち立て，独立を守り抜きました。日露戦争は，植民地支配のもとにあった，多くのアジアやアフリカの人々を勇気づけました。

　世界を巻き込んだ第一次世界大戦を経て，民族自決の動きが広がり，それまでの植民地化にブレーキがかかりました。この戦争は，一千万人もの戦死者を出す，悲惨な戦争でありました。人々は「平和」を強く願い，　　イ　　を創設し，不戦条約を生み出しました。戦争自体を違法化する，新たな国際社会の潮流が生まれました。

　当初は，日本も足並みを揃えました。しかし，世界恐慌が発生し，欧米諸国
が，植民地経済を巻き込んだ，経済のブロック化を進めると，日本経済は大き
な打撃を受けました。その中で日本は，孤立感を深め，外交的，経済的な行き
詰まりを，力の行使によって解決しようと試みました。国内の政治システム
は，その歯止めたりえなかった。こうして，日本は，世界の大勢を見失ってい
きました。

　満州事変，そして　　イ　　からの脱退。日本は，次第に，国際社会が壮絶
な犠牲の上に築こうとした「新しい国際秩序」への「挑戦者」となっていった。進
むべき針路を誤り，戦争への道を進んで行きました。

　そして七十年前。日本は，敗戦しました。
　　　　　　　　　　　　(1)

　(中略)

　我が国は，先の大戦における行いについて，繰り返し，痛切な反省と心から
のお詫びの気持ちを表明してきました。その思いを実際の行動で示すため，
インドネシア，フィリピンはじめ東南アジアの国々，台湾，韓国，中国など，
　　　　　　　　　　　　　　　(m)　　　　　　　　　　　　　(n)
隣人であるアジアの人々が歩んできた苦難の歴史を胸に刻み，戦後一貫して，
その平和と繁栄のために力を尽くしてきました。

　こうした歴代内閣の立場は，今後も，揺るぎないものであります。
　　　　(o)

問

⒀　下線部(j)の「日露戦争」の後，アメリカの鉄道王が提案した南満州の鉄道の
　共同経営計画を何というか。

⒁　　イ　　に入る機構の名称を記せ。

⒂　下線部(k)に関して，当時蔵相として金解禁政策を主導していた政治家は誰
　か。

⒃　下線部(l)に関して，戦後に連合国が日本の指導者を戦争犯罪人として裁く
　ために開いた裁判を何というか。

(17)　下線部⑩に関して，史料Cの談話を出した首相の祖父にあたり，1957 年に戦後の日本の首相として初めて東南アジア諸国を歴訪するなど，自主外交を追求した政治家は誰か。

(18)　下線部⑪に関して，1972 年に発表され，日中両国の国交正常化を実現させた文書は何か。

(19)　下線部⑫に関して，史料Cの談話が出された 20 年前に「戦後 50 周年の終戦記念日にあたって」という談話が発表されている。これは首相の姓を取って何と呼ばれているか。

Ⅱ　日本史B問題　　　　　　　　　　　　　　　　　　　　　（20 点）

次の文章（①〜⑨）の　　ア　　〜　　ト　　に入る最も適当な語句を記せ。解答はすべて所定の解答欄に記入せよ。

①　旧石器時代・縄文時代の人々は，石器の原材料の獲得に努力した。近畿地方の二上山の　　ア　　や中部地方の和田峠の黒曜石はその代表格である。縄文時代には，石材獲得のために，木をくり抜いて作った　　イ　　舟を漕いで島まで赴くこともあった。

②　古墳時代には銅鏡が愛好され，とくに　　ウ　　鏡は 1 基の古墳に 30 面以上も副葬されることがあった。奈良県天理市に所在する　　エ　　古墳は，その代表例として名高い。

③　古墳時代の刀剣に施された銘文は，史料的価値が高い。埼玉県稲荷山古墳出土の鉄剣銘と，　　オ　　県江田船山古墳出土の鉄刀銘はその双璧である。前者の　　カ　　人，後者の典曹人は 5 世紀後半の政治組織を知る重要な手掛かりになる。

④　6 世紀末に，日本最古の本格的伽藍をそなえる　　キ　　寺が建立された。塔を中心に 3 つの　　ク　　を配する伽藍配置を特色とする。

⑤　後白河法皇は，1164 年に平清盛に命じて　　ケ　　を建立させた。現存の本堂は鎌倉時代の再建だが，その構造から三十三間堂と呼ばれる。法皇は，この寺院に宝蔵を設け，種々の宝物を集めた。その中には，11 世紀後半に陸奥守　　コ　　が清原氏の内紛を鎮めた後三年合戦に関する絵巻物もあった。

⑥　沖縄では 12 世紀から　　サ　　と呼ばれる豪族が各地に成立し，14 世紀には北山・中山・南山の 3 王国が分立した。1429 年，中山王尚巴志が 3 王国を統一して琉球王国を形成し，　　シ　　を都とした。琉球王国は，日本・明・東南アジアを結ぶ中継貿易の舞台として繁栄した。

⑦　1871 年から 73 年にかけ，　　ス　　を正使とする使節団が欧米諸国を歴訪していた間，政府は徴兵令や学制の公布，　　セ　　暦の採用などの改革を進めた。使節団の見聞の様子を『米欧回覧実記』にまとめた　　ソ　　は，のちに「神道は祭天の古俗」と論じたために批判を浴び，帝国大学教授の座を追われた。

⑧　自由民権運動の高まりのなか，『民権自由論』や「東洋大日本国国憲按（日本国国憲按）」で知られる理論的指導者の　　タ　　は，廃娼論など女性に関する主張も行った。また，景山英子のような，女性の民権運動家も現れた。彼女は，1885 年に大井憲太郎らが朝鮮の内政改革を企てて逮捕された　　チ　　事件に際し，女性としてただ一人投獄された。

⑨　大日本帝国憲法とともに公布された衆議院議員選挙法は，選挙人を満　　ツ　　歳以上の男性，かつ所得税と　　テ　　という当時 2 種類あった直接国税を 15 円以上納める者に限定した。同法は何度か改正され，選挙権や施行範囲も拡大されていき，明治末期には沖縄県でも施行された。一方，植民地での施行は　　ト　　内閣が倒れる 1945 年 4 月のことで，実際の選挙はついに行われなかった。

III　日本史 B 問題　　　　　　　　　　　　　　　　　　　　（30 点）

　　次の文章（A～C）の　ア　～　ス　に入る最も適当な語句を記し，問
(1)～(17)に答えよ。解答はすべて所定の解答欄に記入せよ。

A

　　735 年と 737 年の 2 度にわたる疫病の流行は，古代日本の政治・社会に大き
な影響を与えた。朝廷政治の中心にいた藤原 4 兄弟があいついで死去し，代
わって　ア　が権力を握り，渡唐経験をもつ吉備真備と玄昉が登用され
た。阿倍内親王が史上初の女性皇太子になったのも，この時期のことである。

　　朝廷は社会の疲弊に対処するため，公民の負担を軽減し，地方支配の簡素化
をはかった。たとえば，九州の防衛にあたる東国出身の　イ　や，諸国の
軍団兵士が一時的に徴発されなくなった。私出挙の禁止も命じられ，その際に
は公民を保護するという目的が掲げられた。また，「国―郡―郷―里」からなる
地方行政組織が改められ，戸（郷戸）のなかに複数の　ウ　を設けることも
終わった。

　　しかし，九州で藤原広嗣の乱が起こり，聖武天皇が遷都を繰り返すなど，政
治はなかなか安定しなかった。天皇は仏教への信仰を深め，全国に国分寺・国
分尼寺の建設を命じ，さらに 743 年には大仏建立の詔を発した。

　　同じ年に出された墾田永年私財法にも，耕地を増やして社会を立て直そうと
する意図があったのかもしれない。寺院の墾田所有も 749 年に許された。墾田
からは，口分田と同じように　エ　が徴収されたから，開発が進むのは財
政面でも望ましいことだった。しかし，有力な貴族・寺院が経営する荘園は，
やがて古代国家の支配をゆるがす原因にもなっていった。

問

(1)　下線部(a)の「藤原 4 兄弟」の父は誰か。

(2)　下線部(b)の「吉備真備」がその儒教的知識を活かして儀礼整備を行った，中央の官人養成機関は何か。

(3)　下線部(c)の「私出挙の禁止」については，財政面での目的があった可能性が指摘されている。その場合，何による収入を確保しようとしたと考えられるか。漢字 3 文字で記せ。

(4)　下線部(d)の「藤原広嗣の乱」の際には，かつて古代国家の支配に抵抗した，大隅・薩摩地方の人々も従軍させられていた。彼らは当時，何と呼ばれる人々であったか。

(5)　下線部(e)の「遷都」について，山背国に建設され，聖武天皇が平城京から最初に移った都城の名を記せ。

(6)　下線部(f)の「墾田永年私財法」では，三世一身法にあった開墾の区分が撤廃された。三世一身法は，何の利用方法によって開墾を区分していたか。

B

　　1573 年，お市は，夫浅井長政を兄織田信長に滅ぼされた。彼女は娘 3 人とともに兄の陣営に戻るが，1582 年，本能寺の変で信長はたおれ，織田家はお市を柴田勝家に嫁がせた。その翌年，<u>勝家は近江国で豊臣（羽柴）秀吉に敗れ，</u>(g) お市は夫とともに自害した。彼女の 3 人の娘は，秀吉に引き取られ，長じて，<u>長女は秀吉の側室となり</u>，次女は京極高次に，三女は　　オ　　に嫁いだ。(h)

　　秀吉の死後，長女と三女の運命は大きく分かれた。三女の夫　　オ　　を正統な継承者とするため，徳川家康は 1603 年に得た　　カ　　の職をそのわずか 2 年後に　　オ　　に譲り，徳川氏の権力を固めようとした。一方，長女の子豊臣秀頼は，大坂城を居城とし，秀吉の後継者としてなお権威を保持し続けていた。家康は，<u>大坂冬の陣で豊臣方を追いつめ</u>，ついに 1615 年，大坂城は(i) 落城，<u>長女は子秀頼とともに自害して果てた。</u>(j)

　　　　オ　　との間に三女がもうけた娘和子は，後水尾天皇に入内した。これ(k) を機に，徳川家は，天皇の領地である　　キ　　を増やすなど，折々に財政援助をしたことから，朝廷の財政は好転した。いわゆる寛永文化の代表的建築と

して知られる，後水尾院の山荘 <u>　ク　</u> 離宮の造営も，幕府の援助によるも
のであった。

　こうした結びつきを背景に，以降，将軍の正室は宮家や摂関家から入り，皇
女との婚姻が計画されたこともあった。それが実現したのは，幕末，<u>仁孝天皇</u>
<u>の皇女和宮を将軍家茂の妻に迎えた</u>時であった。
₍₁₎

問

(7)　下線部(g)に関して，この戦いを何というか。

(8)　下線部(h)の「長女」の名を何というか。

(9)　下線部(i)の「大坂冬の陣」は，豊臣秀頼がある寺に奉納した梵鐘の銘文を口
　　実にしかけられた戦いである。その寺の名は何か。

(10)　下線部(j)の後まもなく，武家諸法度が制定された。武家の婚姻に政治的な
　　意味があったことから，徳川幕府は，その第8条において，「縁を以て党を
　　成すは，これ姦謀の本なり」として，大名の婚姻を統制した。どのような婚
　　姻が禁じられたか，簡潔に記せ。

(11)　下線部(k)の「和子」の娘は，後水尾天皇から譲位され，奈良時代以来の女性
　　天皇となった。それは誰か。

(12)　下線部(l)に象徴される公武合体政策を推進した老中は誰か。

C

　1920年代から30年代はじめにかけての日本は軍縮の時代であった。1921年
開始の<u>ワシントン会議</u>で，海軍の主力艦に関する軍縮条約がアメリカ・イギリ
_(m)
スなどと結ばれた。一方，陸軍も<u>護憲三派内閣</u>の時に4個師団削減という大幅
_(n)
な軍縮を行った。もっとも，このとき陸軍は，戦車や飛行機の充実といった装
備の近代化を図るとともに，現役の将校を中学校以上の男子の学校に配属して
教育を行う <u>　ケ　</u> を実施するなど，総力戦を見据えた体制を整えたともい
える。また，1930年のロンドン海軍軍縮条約では海軍の補助艦保有量が規定
され，日本政府は<u>国内の反対</u>をおしきって批准を実現し，協調外交路線を維持
_(o)
した。

　　しかし，1931年の満州事変以後，軍は政治的発言力を増すにつれて軍備の
拡大を求め，二・二六事件後に成立した　　コ　　内閣の時に帝国国防方針が
改定され，陸海軍とも大幅な軍拡に進むことになる。日中戦争が始まってから
は軍隊への国民の本格的な動員が行われ，中国との戦争のためだけでなく，
1941年7月には対ソ戦の準備として　　サ　　といわれる兵力の大動員も実
施された。

　　対米英開戦後は，ますます大量の兵力が必要になり，1943年には飛行機搭
乗員の不足を補うことなどを目的に，徴兵適齢以上の学徒の徴集猶予を停止す
る　　シ　　という措置がとられた。さらに，戦争末期には国民学校初等科卒
業相当で男性65歳，女性45歳以下の者が　　ス　　に組織され，本土決戦に
備える体制が準備された。

問

(13)　下線部(m)の「ワシントン会議」の際，中国の主権尊重，門戸開放などの原則
　　を定めた条約が調印された。この条約の名称を何というか。

(14)　下線部(n)の「護憲三派内閣」の陸軍大臣で，後に内閣を組織しようとした
　　際，陸軍の反対で組閣できなかった人物は誰か。

(15)　下線部(o)の「国内の反対」は，主に野党・右翼・海軍内部の条約反対派によ
　　るものだったが，彼らが条約批准に反対した理由を簡潔に記せ。

(16)　下線部(p)の「満州事変」の際，日本が発足させた満州国において執政に就任
　　した人物は誰か。

(17)　下線部(q)の「日中戦争」開始後の1937年10月に設置された，物資動員計画
　　の作成などを行う内閣直属の機関の名称を何というか。

IV　**日本史 B 問題**　　　　　　　　　　　　　　　　　　　　　　　（30 点）

　　次の問(1)，(2)について，それぞれ 200 字以内で解答せよ。解答はいずれも所定
の解答欄に記入せよ。句読点も字数に含めよ。

(1)　鎌倉時代における荘園支配の変遷について，幕府・地頭の動向に留意して述
　　べよ。

(2)　17 世紀後半頃から，三都の商工業者は仲間を結成していった。田沼時代か
　　ら幕末までの三都における幕府の仲間政策について，地方市場や物価の問題に
　　留意して述べよ。

（document id: 9784796123884）

I　日本史B問題　(20点)

　次の歴史資料（A～C）について，下記の問(1)～(19)に答えよ。解答はすべて所定の解答欄に記入せよ。なお，B・Cの史料の表記は便宜上，改めたところがある。

A

(a)

(b)

(c)

(d)

(e)　　　(f)

問

(1)　図(a)〜(c)は，香川県で出土したと伝えられる銅鐸の表面に描かれた絵の一部である。

　　図(a)は，人物が鹿を狙う場面を描いた絵と考えられる。古代において鹿の骨を焼いて行ったうらないの名称を記せ。

(2)　図(b)は，木製の竪杵と臼を用いて，稲作に関わるある作業をする場面を描いた絵と考えられる。その作業名を漢字2字で記せ。

(3)　図(c)は，穀物などを貯蔵するための建物を描いたと考える説が有力である。このような構造をもつ建物の名称を記せ。

(4)　図(d)は，福岡県志賀島で発見された金印の印影である。この金印は，『後漢書』東夷伝に記録されている，後漢から倭のある国に与えられた「印」に比定する説が有力である。

　　(あ)　この「印」を与えた皇帝名を記せ。

　　(い)　この「印」が与えられた倭の国名を記せ。

(5)　図(e)は，奈良県石上神宮に伝えられた鉄剣である。この剣身に刻まれた朝鮮半島の国名を記せ。

(6)　図(f)は，ある人物に献上する鮑（あわび）につけられた荷札であると考えられる。この荷札がみつかった都城の名を記せ。

B

　　御当家大御所様御遷化有せ給ふによって，此の度御位につき給ひしによって，此の度日光御参詣有り。さて日光御参詣は三代将軍家光公より当代まで，御代替にて参代なかりしなり。是に依って，美々しく御出立有るによって，御供の面々格位を以て列を立給ふ也。先ず紀伊大納言様・尾張・水戸の御三家様，御老中にては　　ア　　を始めとし土井・堀田，其の外多くの大名・旗本，それぞれに役割をもって御供し給ふなり。(中略)

　　此の度御老中　　ア　　の御計らいとして，大坂町人衆へ　　イ　　仰せ付けさせ給ふ也。鴻池・加嶋久・三井には申すにおよばず，町々の御年寄家から表店りっぱなる方々へ，金二千両・三千両と申付候所，早速請取て上納する家

もあれば，又見かけより出来ざる方も有りて，町々評議いたせり。（中略）

　　又或説に曰く，　　　ア　　　の御計らいとして，<u>大坂近在河内・和泉の地に江</u>
<u>戸旗本の地面これ有を，御地替有て，大坂城の下に属せんと評議候なり</u>。（中
(j)
略）　　　ア　　　御老中の頭なりしに，此の度雁ノ間へ御下り給ふによって，当
<u>地面替の儀相成申さず候なり</u>。是によってみなみなあんどをいたしける。
(k)

　　（注）　「遷化」とは，死去すること。
　　　　　　「参代」とは，参詣のこと。

問

⑺　下線部(g)「大御所様」が幕府政治に影響力をもった時代，幕府の対外政策を
　　批判したことで処罰された三河国田原藩家老の名を記せ。

⑻　下線部(h)「当代」に該当する人物名を記せ。

⑼　下線部(i)「水戸」の藩主は，後に安政の大獄で処罰されるが，その人物名を
　　記せ。

⑽　　　　ア　　　に該当する人物名を記せ。

⑾　　　　イ　　　にあてはまる語句を記せ。

⑿　下線部(j)の実際の対象には，旗本領だけでなく，大名領も含まれるが，こ
　　の法令名を記せ。

⒀　下線部(k)に関連して，　　　ア　　　の人物が「雁ノ間へ御下り給ふ」とは，ど
　　ういうことを指すか。簡潔に記せ。

C

　　朝鮮事件に付第六軍管々下予備軍召集いたしたき儀に付　伺
　　　　　　　　　　　　　　　　　　　　　　　　　　　　　　　うかがい

　今般朝鮮国激徒，我公使館に対し容易ならさる挙動に及ひ候。付ては談判の
(1)
為，<u>弁理公使花房義質差遣され候</u>に付，護衛の為小倉屯在歩兵一大隊出張命せ
(m)
られ候。就ては右談判之模様に由り，如何なる状況に立至るへく哉も計難きに
付，準備の為　　　ウ　　　第五条中非常之事故云々之趣意に基き，第六軍管々下
(n)

予備軍召集致度。尤第十四師管々下之分は直に召集し，第十三師管々下之分
は状況に由り，追て召集日限相達候様致度。此段相伺候也。

　明治十五年八月一日
(O)
　　　　　陸軍卿大山巌代理

　　　　　参事院議長山県有朋
　　　(P)
　太政大臣三条実美殿

追て本文極めて至急を要する儀に付，速に御指令相成度候也。

問

⒁　下線部(l)で報告されている事件は何と呼ばれているか。その事件名を記
　せ。

⒂　下線部(m)の「弁理公使」に関連して，朝鮮国の首都に日本の公使が駐在する
　のを，はじめて認めた条約の名を記せ。

⒃　　ウ　　には，1873 年に公布された法令名が入る。その法令名を記
　せ。

⒄　下線部(n)の「第六軍管」に関連して，当時，第一軍管から第六軍管にはそれ
　ぞれ鎮台が置かれていた。しかし第七軍管には鎮台が置かれなかった。ま
　た，　ウ　　も第七軍管の管轄地域の一部にしか適用されなかった。第七
　軍管の管轄地域はどの地方か。その地名を記せ。

⒅　以下にあげた自由民権運動関連事件の中には，下線部(O)の「明治十五年」に
　おこった事件が一つ含まれている。その番号を記せ。

　1.　加波山事件　　　　2.　秩父事件　　　　3.　群馬事件

　4.　大阪事件　　　　5.　福島事件

⒆　下線部(P)の山県参事院議長は，史料の「伺」を太政大臣に提出したあと，さ
　らに軍備拡張の建議を行い，翌月には岩倉具視右大臣も海軍拡張の建議を
　行った。その当時，政府は厳しい財政緊縮政策を実施していたが，両者の意
　見を入れて軍備拡張政策を採用した。この財政緊縮政策は何と呼ばれている
　か。その名称を記せ。

Ⅱ　**日本史B問題**　　　　　　　　　　　　　　　　　　　　　　(20点)

次の文章(①~⑩)の　ア　~　ト　に入る最も適当な語句を記せ。解
答はすべて所定の解答欄に記入せよ。

① 律令国家は和同開珎を発行し，　ア　令(法)を出して流通を促進した。
和同開珎は，京・畿内やその周辺ではよく使用されたが，これら以外の地域で
は稲や　イ　などの物品を用いて交易するのが一般的であった。

② 聖武天皇は大仏建立の詔を発し，仏教を興隆することによって国家・社会を
まもろうとした。そのために登用された　ウ　は，社会事業を行い民衆布
教を進めていた僧である。　エ　を主な原材料として製作された大仏は，
752年に開眼供養された。

③ 平安時代には，和歌や物語を書き記すのに　オ　が用いられるようにな
り，国風文化の発達に大きな役割を果たした。　カ　が左大臣として権力
をふるった時代に，紫式部によって著された『源氏物語』はその到達点の一つと
言ってもよい。

④ 班田収授が行われなくなると，公田は名という単位に編成され，　キ
や臨時雑役が徴収された。有力農民のなかには，田地を貴族などに寄進し，課
税を免れようとする者が現われた。受領がこれを認めることによって成立した
荘園を　ク　荘と呼ぶ。

⑤ 朝鮮出兵の際，日本につれて来られた陶工が，　ケ　国の有田で，磁器
の生産をはじめた。この地で　コ　が完成したとされる赤絵は，ヨーロッ
パ人に好まれ，17世紀後半以降盛んに輸出された。

⑥ 1654年に来日した　サ　は，宇治に黄檗山万福寺をひらいた。黄檗宗
と共に伝わった明や清の画法は日本の　シ　画に影響を与え，池大雅や田
能村竹田などの画家が生まれた。

⑦ 主に薬効という観点から自然物を分析・研究する中国伝来の　ス　学
は，江戸時代中期以降，日本独自の発展を見せた。金沢藩主前田綱紀に命じら
れ，　セ　が着手した『庶物類纂』はその成果の一つで，二人の死後は幕府

が引き継ぎ，編纂の開始から約 50 年をかけて完成させた。

⑧　江戸時代中期，　ソ　は庶民に心の修養を説く心学を始めた。弟子の手
島堵庵は，師が心学を創始した　タ　の地に，明倫舎などの心学講舎を設
け，その後，心学は全国に普及した。

⑨　大正期には都市化の趨勢を背景としながら中等・高等教育機関の拡張が進行
し，1918 年には　チ　が制定されて，それまでの専門学校を官・公・私
立大学として昇格させる道筋が開かれた。河上肇の著作などを通してマルクス
主義が広がり，また，吉野作造の思想的影響を受けた東京帝国大学の学生を中
心として同じ 1918 年に　ツ　が結成された。

⑩　ポツダム宣言を受諾した日本政府は，カイロ宣言の方針にしたがって，朝鮮
の独立を認め，満州，　テ　，澎湖諸島を中華民国に返還することになっ
た。凄惨な地上戦の舞台となった沖縄諸島は米軍による軍政下に置かれ，朝鮮
戦争前後の時期から米軍の基地が集中的に建設された。同様に米軍の軍政が布
かれた　ト　諸島は，1951 年のサンフランシスコ平和条約ではアメリカ
の施政権下にあるとされたが，1953 年に日本に返還された。

Ⅲ　日本史Ｂ問題　　　　　　　　　　　　　　　　　　　　　　（30 点）

次の文章（A〜C）の　ア　〜　ケ　に入る最も適当な語句を記し，問
⑴〜⒆に答えよ。解答はすべて所定の解答欄に記入せよ。

A　奈良時代の後半には，孝謙天皇についで淳仁天皇が即位した。しかし，孝謙
　　　　　　　　　　(a)
太上天皇は，道鏡を引き立てるなどして，淳仁天皇や藤原仲麻呂と対立し，淳
仁天皇を廃して再び即位し，称徳天皇となった。やがて，称徳天皇が死去する
と，つぎの天皇には天智天皇の孫である 62 歳の光仁天皇がむかえられた。
　光仁天皇やその息子の桓武天皇は律令政治を改革し，天皇権力の強化をめざ
　　　　　　　　　　(b)
した。桓武天皇の死後，3 人の息子があいついで即位した。嵯峨天皇は兄の太

上天皇と対立したが，側近の藤原冬嗣と巨勢野足を　　ア　　に任命し，機先
　　　　　　　　　　　　(c)
を制し兄に勝利した。また，嵯峨天皇は密教を学んで帰国した空海に京内の東
　　　　　　　　　　　　　　　　　　　　　　　　　　　　　(d)
寺をあたえた。

　嵯峨天皇とその弟の淳和天皇のあとは，嵯峨天皇の息子の仁明天皇が即位
し，皇太子には淳和天皇の息子の恒貞親王がたった。しかし，恒貞親王は承和
の変で廃され，仁明天皇の息子の道康親王（のちの文徳天皇）が皇太子になっ
　　(e)
た。こうして，桓武天皇の息子のうち，嵯峨天皇の子孫が天皇位を継承するこ
とになった。

　文徳天皇について，息子の　　イ　　天皇が9歳で即位した。幼少の天皇
を幼帝というが，　　イ　　天皇の時代には平安宮朝堂院の正門である
　　ウ　　が放火される事件がおき，この事件を契機に，　　イ　　天皇の外
祖父である藤原良房が正式の　　エ　　となった。

問

(1)　下線部(a)の「孝謙天皇」の母である光明皇后がもうけた，貧窮民や病人の救
　　済施設の名称を2つ記せ。

(2)　下線部(b)の「桓武天皇」の時代に坂上田村麻呂が造営し，多賀城から鎮守府
　　が移された城柵の名称を記せ。

(3)　下線部(c)の「藤原冬嗣」が藤原氏の子弟の教育のためにもうけた大学別曹の
　　名称を記せ。

(4)　下線部(d)の「空海」が高野山にひらいた寺院の名称を記せ。

(5)　下線部(e)の「承和の変」の発端となったのは，桓武天皇の孫にあたる阿保親
　　王の密告である。阿保親王の息子で，六歌仙に数えられ，『伊勢物語』の主人
　　公とされるのは誰か。

B　鎌倉幕府の執権北条泰時は，政務の充実のため，執権を補佐する役職として
　　(f)
　　オ　を設置した。また，御家人と荘園領主との紛争などの増加を背景
に，御成敗式目の制定をはじめ，公正な裁判制度の整備につとめた。朝廷もこ
　　　　　　　　　　　　　　　　　　　(g)
うした動きと歩調を合わせ，後嵯峨上皇が幕府の制度にならって　カ　を
設置した。実際には現地での紛争解決も行われ，下地中分などの解決策が採ら
　　　　　　　　　　　　　　　　　　　　　　(h)
れることもあった。また，蒙古襲来以後は，御家人の訴訟が増加するなど幕府
　　　　　　　　　(i)
政治が混乱し，霜月騒動などの内紛が起きた。
　　　　　　(j)
　　鎌倉幕府を倒した後醍醐天皇は，建武の新政を行い，所領に関するあらゆる
　　　　　　　　　　　　　　　　　(k)
権利を，天皇の命によって発給された　キ　で安堵しようとした。しか
し，激増した訴訟に対して裁判制度は不十分であり，恩賞などをめぐって武士
の不満は高まり，政治はいっそう混乱した。その後，再び武家政権である室町
　　　　　　　　　　　　　　　　　　　　　　　　　　　　　　　(l)
幕府が成立し，御成敗式目は基本法典として引き継がれた。

問

⑹　下線部(f)の「北条泰時」の孫も，彼と同様，迅速で公平な訴訟処理をめざ
　　し，新しい機関を置いた。この機関の名称を答えよ。

⑺　下線部(g)の「裁判制度」について，被告側が自らの主張を書き記して提出し
　　た文書を何と呼ぶか。

⑻　下線部(h)の「下地中分」の内容を簡潔に説明せよ。

⑼　下線部(i)の「蒙古襲来」について，文永の役において元に従って軍を派遣し
　　た王朝の名を答えよ。

⑽　下線部(j)の「霜月騒動」について，この事件により幕府の実権を握った御内
　　人は誰か。

⑾　下線部(k)の「建武の新政」の諸法令や，「二条河原落書」などの記録を集めた
　　書物は何か。

⑿　下線部(l)の「室町幕府」において，土倉・酒屋役を徴収した機関の名称を答
　　えよ。

C　豊臣秀吉が全国を軍事的に統一し，朝鮮半島にまで軍団を派遣しえた背景に
は，各大名の家臣を城下町に集住させ，いつでもどこへでも派遣できる専業軍
事集団＝常備軍としたことがある。そのため，家臣たちが直接に領地経営をお
こなわなくてもよいように，検地や人別改めなどを統一的に実施する一方で，
毎年の年貢収納や村落行政については，自治能力を高めてきた村共同体に責任
をもたせる　　ク　　という方式がとられた。このような村落運営には，村役
人をはじめとする村民の読み書き能力や計算技術を必要としたため，17世紀
後半になると，書物文化は広く村落社会にまで浸透していくことになった。

　また，大名が妻子とともに江戸屋敷に居住し，参勤交代をおこなうようにな
ると，領国経済は領国だけでは完結せず，全国流通と結びつくことになる。江
戸でのさまざまな儀礼や，家格に相応した生活維持のために，京都の高級呉服
や工芸品だけでなく，大坂周辺地域で生産された酒や油，木綿など，上質の日
用生活品が上方から江戸へ運ばれた。これら上方で生産され江戸屋敷で消費さ
れた物資の支払代金の江戸から上方への送金は，両替商たちによって，それと
逆の上方から江戸への送金と組み合わせて相殺され，現金そのものの輸送を最
小限に抑えるための金融方式である　　ケ　　が高度に発展した。

問

⒀　下線部(m)の海外派兵の出撃拠点となった，九州の城郭の名前を記せ。

⒁　下線部(n)の「検地」に関して，

　　(あ)　秀吉は土地丈量の長さや面積の単位，米の容量の単位などを定めたが，
　　　　米の容量の基準となった計量器を何というか。

　　(い)　ある村の検地帳の記載例を次に示す。下記の　　　　　　内にはどのよう
　　　　な数値が入ると考えられるか。

　　　　　一，上田　六畝二十歩　　　　　分米　一石
　　　　　一，中田　七畝　　　　　　　　同　　九斗一升
　　　　　一，上田　一反四畝　　　　　　同

(15)　下線部(O)のような「村民の読み書き能力」が向上していった背景には,「御家流」といわれる書体が公的文書を中心として全国的に広まったことがある。14 世紀に尊円法親王によって創始された平明で流麗なこの書体は,尊円とその後継者がいた寺院名から何と呼ばれたか。

(16)　下線部(P)のような「書物文化」の広がりのなかで,一般読者にむけて,日常生活での健康法を説いた『養生訓』や子供の保育・教育方法を説いた『和俗童子訓』などを著した儒学者は誰か。

(17)　下線部(q)の「酒」が腐敗しないよう,上方から江戸への輸送期間を短縮するために,積荷方式を工夫した早船を何というか。

(18)　下線部(r)の「木綿」に関して,17 世紀後半頃から,上方の綿花栽培に大きな影響を与えることになる房総半島の特産物は何か。

(19)　下線部(t)の「上方から江戸への送金」の内容はどのようなものか。「江戸から上方への送金」についての波線部(S)の記述に対応させて説明せよ。

Ⅳ　**日本史 B 問題**　　　　　　　　　　　　　　　　　　　　　　（30 点）

　次の問(1),(2)について,それぞれ 200 字以内で解答せよ。解答はいずれも所定の解答欄に記入せよ。句読点も字数に含めよ。

(1)　南北朝・室町時代における禅宗について,幕府との関係,文化への影響に触れながら説明せよ。

(2)　第 1 次近衛文麿内閣がとった政策について,対中国政策および国内政策の両面から述べよ。

Ⅰ　日本史Ｂ問題　　　　　　　　　　　　　　　　　　　　　　　　　　　(20点)

　次の史料（A～C）を読み，下記の問(1)～⑳に答えよ。解答はすべて所定の解答欄に記入せよ。なお，史料の表記は便宜上，改めたところがある。

A

　御日記に云わく，（九月）二十三日庚申，この夜，殿に寝る後，侍臣ら走り叫
(a)(注)
ぶの声を聞く。驚き起きてその由緒を問うに，少納言兼家奏して云わく，火，
　　　　　　　　　　　　　　　　　　　　(b)
左兵衛陣門を焼き，消し救うべきにあらず。走り出でこれを見るに，火炎すで
に盛んなり。（中略）人代以後，内裏焼亡三度なり。難波宮，藤原宮，今
　　ア　　なり。遷都の後，既に百七十年を歴て，始めてこの災いあり。
　　（中略）
　二十九日丙寅，勧学院の倉一宇・政所板屋二字焼亡す。已上。
　　　　　　　　　　　　　　　　　　　　　　　(注)
　十月二日戊辰，（中略）右大将藤原朝臣奏して云わく，近日，人々，故
　　イ　　の男の入京する事をいえり。右衛門督朝忠朝臣に勅し，　　ウ　　
に仰せて捜し求めしむ。又，延光をして満仲・義忠・春実らに仰せしめ，同じ
　　　　　　　　　　　(c)
く伺い求めしむ，といえり。

　　　　　　　　　　　　　　　　　　　　　　　（『扶桑略記』天徳4（960）年）

　　(注)　「御日記」の内容は，「已上」までである。

問

　(1)　　　ア　　にあてはまる語句を記せ。

　(2)　下線部(a)の「御日記」は，親政を実施し，その治世が後世理想化された天皇
　　　が記した日記である。その天皇は誰か。

(3)　問(2)の天皇の時代に編纂された，2番目の勅撰和歌集の名称を記せ。

(4)　下線部(b)の「少納言兼家」が摂政であった988年に，郡司や有力農民が受領の非法を書きあげ朝廷に提出した訴状の名称を記せ。

(5)　| イ |　には，下総国を根拠地とする桓武平氏の武将の名前が入る。その名前を記せ。

(6)　| ウ |　にあてはまる令外官の名称を記せ。

(7)　下線部(c)の「満仲」は，清和源氏の武将である。清和源氏のように，代々武芸を職業とし，五位程度の位階を有する武士の家柄を何というか，漢字4字で記せ。

B

　建久三年七月九日，蔵人頭大蔵卿宗頼朝臣，関白の使として来たりていわく，「前| エ |頼朝，前| エ |の号を改め，大将軍を仰せらるべきの由を申す。よって，例を大外記師直(中略)に問わるるのところ，勘申の旨，かくのごとし。いずれの号を賜るべきや」といえり。予，申していわく，「総官・征東大将軍，近例不快。宗盛の総官，| オ |の征東。田村麻呂の例により，征夷大将軍，よろしかるべきか」といえり。(中略)

　同十二日，大蔵卿宗頼，関白の命をうけたまわりて伝え送りていわく，「大将軍の号のこと，田村麻呂の例により，征夷を称すべし」。

　　(注)　「大外記」とは，儀式・官職等の先例を調べる役人。「勘申」は調べた内容を報告することで，ここでは「大将軍」とよばれるのにふさわしい官職を列挙し報告したことを意味する。「予」は「私」の意味で，この日記を書いた内大臣藤原忠親のこと。

問

(8)　下線部(d)の「建久三年」に関して，この年に死去した法皇が，俗謡などを集成して編纂した歌謡集の名称を記せ。

(9)　下線部(e)の「関白」は，源頼朝の協力者として有名な人物である。誰か。

⑽　| 　エ　 |には朝廷における武官の名称が入る。この官職名を記せ。

⑾　下線部(f)の「宗盛の総官」は，平清盛の後継者宗盛が，「総官」に任じられた
　ことを意味する。これが「不快」とされた理由の１つは，頼朝追討のために任
　じられたことにあるが，もう１つ大きな理由がある。それは何か，簡潔に記
　せ。

⑿　| 　オ　 |にあてはまる人物は，頼朝追討をめざして征東大将軍に就任し
　た。彼は，北陸道からいち早く上洛し，平氏を京から追い落としている。こ
　の人物は誰か。

⒀　下線部(g)に関して，「田村麻呂」が征夷大将軍として下向したのと同じ地方
　に，頼朝も大規模な遠征を行った。この遠征は誰を討伐するために行われた
　ものか。

C

　　平和条約の締結は，連戦連捷の結果，絶対的勝者の利権を収めん事を予期
(h)
せる人民の意に適せず，都鄙の各新聞は，筆鋒を揃へて，当局者及老生等を誹
議し，人心を憤起せしめ，其余波，下等人民を誘惑激昂せしめ，不慮の騒擾
(i)　　　　　　　　　　　　　　　　　　　　　　　　　　　　　　　　　(j)
を惹起し，遂に都下には| 　カ　 |を施行するに到り，内外に対し，いかにも
残念に存候。（中略）

　　老生満州より帰京の後，満韓経営概論，並に東洋政策相認め，内閣へ差出
(k)
し置候付，清覧に供候。其他

一，戦後陸軍経営に関する意見
(l)
一，満州の守備軍
一，印度防御に関する| 　キ　 |同盟軍戦略

は，老生将来に関する鄙見に候。老閣の参考に供候。貴意に適し候へば，幸
(m)
甚。

問

⒁　下線部(h)に「平和条約の締結」が「人民の意に適せず」とあるのは，条約中に
　「人民」の求める項目がなかったからであった。その項目は何か。

(15)　この史料は，参謀総長である下線部(i)の「老生」が，下線部(m)の「老閣」に
送った書簡の一部である。「老閣」は満州軍総司令官大山巌であるが，「老生」
は誰か。その氏名を記せ。

(16)　下線部(j)の「不慮の騒擾」はある事件をさしている。その名称を記せ。

(17)　　カ　　に入る法令名を記せ。

(18)　下線部(k)の「満韓経営概論」において，「老生」は，「更に一歩を進め，韓国
に対する我が保護権を確立し，同国の対外関係を挙げて之を我が掌中に収む
るの手段を取らざる可からざるなり」と主張している。この目的を実現する
ために結ばれた条約の名称を記せ。

(19)　下線部(l)の「戦後陸軍経営」に関連して，「老生」がこの書簡を書いてから数
年後に，軍備拡張をめぐって内閣と陸軍が対立し，内閣が総辞職するという
事件が起こった。その原因となった軍備問題の名称を記せ。

(20)　　キ　　に入る語句を記せ。

| Ⅱ | 日本史Ｂ問題 | （20点） |

次の文章（①〜⑩）の　　ア　　〜　　ト　　に入る最も適当な語句を記せ。解
答はすべて所定の解答欄に記入せよ。

①　近年，　　ア　　を用いて測定された年代を，年輪年代法などで補正するこ
とによって，日本列島における最古の土器は，１万６千年前頃に出現すること
が明らかになった。この年代は，地質年代で言うところの第四紀のうち
　　イ　　世に属しており，ヴュルム氷期の寒冷な気候下で土器の製作が開始
されたことを示している。

②　660 年に唐・新羅連合軍により滅ぼされた　　ウ　　を復興するために，中
大兄皇子は大軍を送ったが，白村江で大敗した。その後，唐や新羅の攻撃に備
えて，大宰府の北側に位置する　　エ　　城をはじめとして，西日本各地に朝

鮮式山城が築かれた。

③　『古事記』は，政治をおこなった宮殿名で各天皇を紹介しており，代替りごと
　に宮殿が遷されたらしい。持統天皇は，藤原宮の大極殿・朝堂院や門・大垣の
　屋根をはじめて　オ　で葺き，永続性を意図した。しかし，20 年もたた
　ずに　カ　天皇は，平城宮に遷った。

④　平安時代になると，中国から学んだ漢文学の教養が貴族の間で深まり，勅撰
　漢詩文集が編纂され，菅原道真の『　キ　』など，個人の漢詩文集もつくら
　れた。道真の建議で遣唐使の派遣は中止されたが，中国商人の来航が続き，香
　料や薬品・茶碗・書籍などがもたらされた。これらの船載品は　ク　と呼
　ばれて，貴族にもてはやされた。

⑤　1428 年，将軍足利義教の代始めに，近江国坂本の　ケ　が蜂起したこ
　とをきっかけとして，正長の土一揆が発生した。ついで 1441 年には，将軍
　義勝の代始めに，大規模な嘉吉の土一揆が勃発した。このため，幕府は
　コ　を発布した。

⑥　室町時代，兵庫は日明貿易・瀬戸内海交易の拠点として繁栄した。兵庫に設
　置された東大寺の関所の帳簿『　サ　』によると，15 世紀半ばにおける国
　内船の入港数は年間 2000 艘をこえていた。しかし，応仁の乱による荒廃で，
　日明貿易の拠点が和泉国の　シ　に移ったこともあり，兵庫は衰退した。

⑦　明治維新後，政府は西洋の国際秩序にのっとる形で国境の画定を進めた。幕
　末のロシアとの条約によって両国雑居の地と定められた　ス　は，1875
　年に結ばれた条約により千島と交換でロシア領となった。また，江戸時代に薩
　摩藩の支配を受けるとともに清国にも朝貢していた琉球に対しては，1872 年
　に琉球藩を置き，琉球王朝最後の国王であった　セ　を藩王として華族に
　列した。次いで 1879 年には琉球藩を廃止して沖縄県を設置した。

⑧　明治維新後，日本は積極的に西洋文化を受け入れた。例えば西洋音楽につい
　ては，軍が最初に取り入れて軍楽隊を作った。1887 年には，専門的な音楽教
　育を行うため，伊沢修二を初代校長として　ソ　が設立された。一方，そ
　うした政府主導の欧化政策への反発も生じ，1888 年に三宅雪嶺・志賀重昂ら

は雑誌『 [　タ　] 』を創刊して国粋主義をとなえ，日本独自の近代化を模索する議論を展開した。

⑨　アジア太平洋戦争中の 1943 年 11 月，日本政府は東アジア・東南アジア諸地域の親日政権の首脳を集めて [　チ　] を開き，結束を誇示した。しかし，戦局は悪化の一途をたどり，翌年 7 月にマリアナ諸島の [　ツ　] 島が米軍に占領されると，米軍はここを根拠地として本土空襲を本格化させていった。

⑩　高度成長期，日本の産業構造は変容し，人口の都市集中が進んだ。1964 年に東京・新大阪間に開通した [　テ　] に代表されるように，交通網の整備も推進された。その一方で，公害問題をはじめとした高度成長のひずみが深刻化し，政府は 1971 年に公害防止・自然保護などに関する行政を担当する官庁として [　ト　] を設置した。

Ⅲ　日本史Ｂ問題 　　　　　　　　　　　　　　　　　　　　　　　　（30 点）

次の文章（Ａ～Ｃ）の [　ア　] ～ [　ス　] に入る最も適当な語句を記し，問⑴～⒃に答えよ。解答はすべて所定の解答欄に記入せよ。

Ａ　近江は，古代においても政治・経済上の要地であった。大和政権の時代には，近江を勢力基盤とするオオド王が即位して継体天皇となった。渡来人も多く，彼らがのこした群集墳には独特の [　ア　] 式石室を見ることができる。
　　667 年，中大兄皇子は都を近江に移した。彼は即位して天智天皇となり，日本最初の全国的人民台帳である [　イ　] を作った。また，近江令と呼ばれる体系的法典を制定したとされる。しかし，天智天皇が死ぬと皇位継承をめぐって内乱が起き，近江の都は棄てられることになった。
　　律令制の下では，近江は [　ウ　] 道の国とされた。都に近いにもかかわらず，畿内に入らなかったため，租税負担が軽減されることはなかった。また，近江国を取り囲むように鈴鹿関・不破関・愛発関が置かれ，愛発関は恵美押勝

— 93 —

の乱を鎮圧する際によく機能した。

　743 年，近江国紫香楽宮で　　エ　　の詔が出された。その事業が最終的に完成したのは東大寺においてである。東大寺の荘園は近江国にも置かれ，格子状の区画で表現した絵図が正倉院に伝わっている。
(e)

　784 年，桓武天皇は長岡に遷都した。天智天皇の子孫であることを意識した彼は，近江にほど近い地を選んだのかもしれない。そののち，最澄は近江国と　　オ　　国の国境付近に延暦寺を創建し，天台宗の拠点とした。

問

(1)　下線部(a)の「継体天皇」の時代に，北部九州の勢力が新羅と結び，大規模な反乱を起こした。この反乱の中心人物は誰か。

(2)　下線部(b)の「内乱」を，一般に何と呼ぶか。

(3)　下線部(c)の「租税負担が軽減されること」について，京・畿内で全額免除された租税は何か。

(4)　下線部(d)の「恵美押勝」の後ろ盾となった人物は誰か。

(5)　下線部(e)のように「格子状の区画で表現した絵図」となったのは，現地の土地区画と対応させるためである。この土地区画の制度を何と呼ぶか。

B　江戸時代には，歴史は為政者を戒める手本であるとする儒教的な考え方に基づき，いくつかの大きな歴史書が編まれた。

　江戸初期，将軍徳川家光の命で編纂されたのが，全 310 巻から成る『　　カ　　』である。林羅山の後を息子の鵞峰が引き継ぎ編集を担当した史書で，神代から後陽成天皇までの時代を対象とする。
(f)
(g)
(h)

　一方，水戸藩では　　キ　　の指示により，1657 年に『大日本史』の編纂が始まった。最終的には 1906 年に完成した全 402 巻の大著であり，全国で大がかりな史料収集を展開したことに特色がある。長い編纂過程の中で生まれた水戸学では尊王論が唱えられ，幕末には攘夷思想と結びついて大きな影響を与えた。
(i)

　　　ク　　が著し，1836，7年頃に出版された『日本外史』は，武家政権の歴
史を平氏政権から説き起こし，将軍徳川家斉までを対象とする通史である。人
物描写に優れ，尊王論に基づく歴史書として，幕末から明治期にいたるまでよ
く読まれた。

問

(6)　下線部(f)の「徳川家光」は，敬慕する祖父を祀る神社への参詣を何度も繰り
　　返した。その神社の名称を記せ。

(7)　下線部(g)の「林羅山」が専門としたのは朱子学であるが，(あ)朱子学が，幕府
　　や藩に受け入れられた理由を，思想的特徴から述べよ。また，(い)1724年に
　　大坂町人が出資して設立し，朱子学を基本に庶民教育を行った学問所を何と
　　いうか。

(8)　下線部(h)の「後陽成天皇」は，学問を好み，和漢の書を刊行させた。木製の
　　活字を用いて刊行されたそれらの書物を総称して何というか。

(9)　下線部(i)の「『大日本史』」編纂のため，当初江戸に，次いで水戸にも設けら
　　れた役所を何というか。

(10)　下線部(j)の「『日本外史』」の中で，「諸侯の質の城中に在る者を各第に還
　　し，殉死を禁ず」と記されている将軍は誰か。

(11)　下線部(k)の「徳川家斉」の治世に，オランダと対立するイギリスの軍艦が長
　　崎港に侵入する事件が起こった。その船の名を何というか。

C　1918年11月に第一次世界大戦が終結すると，翌年1月からパリで講和会議
　が開催され，大戦後の国際秩序作りが始まった。日本の原敬内閣は，元首相の
　　　ケ　　ら5人の全権を中心とする代表団を派遣した。
　　会議は6月に終結し，ヴェルサイユ条約が締結された。この条約は，アメリ
　カの大統領　　コ　　が提唱していた理想主義的な原則に基づき，国際連盟の
　設立などについて規定する一方で，戦勝国側の利害を反映して，ドイツに過酷
　な講和条件を課していた。また，　　コ　　が提唱した民族自決の原則はアジ
　アなどの植民地には適用されず，このことへの不満などから，中国では

　　　サ　　運動が発生し，中国全権はヴェルサイユ条約に調印しなかった。

　　一方，東アジアの国際秩序作りに関しては，1921 年 11 月から翌年 2 月にかけて，アメリカの提唱により，　　シ　　会議が開催された。この会議では，主力艦の保有量を制限する海軍軍縮条約や，太平洋の領土保全と安全保障を約した　　ス　　条約などが締結された。

問

⑿　下線部(l)の「第一次世界大戦」の間，日本は空前の好景気を迎え，多くの企業が急成長した。その 1 つで，1927 年の金融恐慌の際，台湾銀行からの巨額の債務を抱えて倒産した商事会社の名称を答えよ。

⒀　下線部(m)の「原敬」は，爵位を持たない初めての首相であったことから，何と呼ばれていたか。

⒁　下線部(n)の「国際連盟」において，日本は常任理事国となったが，1933 年に脱退を通告するに至った。脱退のきっかけとなったのは，国際連盟から派遣された満州事変の調査団の報告書であった。この調査団の名称を何というか。

⒂　下線部(o)に関して，湖北省の製鉄所・鉄山・炭坑を経営していた中国の民間会社で，第一次世界大戦中に日本が日中共同経営を要求したのはどこか。会社名を答えよ。

⒃　下線部(p)の「海軍軍縮条約」に調印した日本の首席全権で，後に首相となった海軍軍人は誰か。その氏名を記せ。

Ⅳ　**日本史B問題**　　　　　　　　　　　　　　　　　　　　　　　　　　　（30点）

　次の問(1), (2)について，それぞれ200字以内で解答せよ。解答はいずれも所定の解答欄に記入せよ。句読点も字数に含めよ。

(1)　鎌倉時代から安土桃山時代までの銭貨の流通について，税制や鋳造の面にも留意しながら述べよ。

(2)　1610年代から1640年代にかけての幕府のキリシタン政策は，対外政策と連動していたことに特色がある。その変遷を，段階的かつ具体的に述べよ。

| I | 日本史B問題 | (20点) |

　次の史料（A～C）を読み，下記の問(1)～(19)に答えよ。解答はすべて所定の解答欄に記入せよ。なお，史料の表記は便宜上，改めたところがある。

A

　　応安元年(1368)八月二十八日，丙申。晴れ。日吉の　　ア　　入洛のこと，
　(a)
今日たるべきの由，兼日治定すと云々。しかれども宿老なおあい宥むるの旨あ
　　　　　　　　　　　　　　　　　　　　　　　　　　　　　　なだ
るにより，延引の由，今朝その聞こえあり。(中略)

　　二十九日，丁酉。晴れ。　　ア　　は今日入洛すること必定の由，風聞す。
　　　　　　　　　　　　　　　　　　　　　　　　うん か
未刻ばかり，武士ら河原に発向し陣を取る。その勢，雲霞の如しと云々。(中
　　　　(b)
略)山徒ら帰山す。武士また引き返すと云々。今度の訴訟は続正法論のことに
　(c)　　　　　　　　　　　　　　　　　　　　　　　　　　　　　　(注)
より，南禅寺の破却，春屋妙葩和尚・定山祖禅の流罪のこと，三ヵ条と云々。
　　(d)　　　　　(e)
この間，公家は宿老の山徒らとご問答し，都鄙往反しあい宥むるの間，定山の
流罪の一ヵ条，裁許の跡あらば，落居あるべきかの由，沙汰あり。武家に仰せ
　　　　　　(注)　　　　　　　　　　　　　　　　　　　　　　　　　(f)
らるるのところ，此条なお御沙汰に及ぶべからざるの由，申し切る。

　　(注)　「続正法論」は，定山祖禅が著したとされる，諸宗を批判した書物。
　　　　　「裁許の跡あらば，落居あるべきか」は，裁定があったならば，落着す
　　　　　るだろうとの意。

問

(1)　下線部(a)に関して，1352年に発布された法令がこの年に改訂され，適用
　　範囲が拡大された。それにより武士の荘園侵略を一層促すことになった。こ
　　の法令の名称を記せ。

⑵　　　ア　　にあてはまる語句を記せ。

⑶　下線部(b)に関して，他の記録によると，武士らは「法成寺」などに陣を置いたとされる。当時，法成寺は寺院としての実態をほぼ失っていたが，この寺院を創建した人の名を記せ。

⑷　下線部(c)に関して，彼らが所属する寺院の名称を記せ。

⑸　下線部(d)の「南禅寺」について，新たに建立された相国寺を五山に加えるため，1386 年，南禅寺の地位が変更された。その時，南禅寺が新たに置かれた地位を記せ。

⑹　下線部(e)の「春屋妙葩和尚」は，1379 年に禅宗寺院を統轄する役職に補任された。その役職の名称を記せ。

⑺　下線部(f)に関して，この時に管領として幕政上の実権を握り，足利義満を補佐した人の名を記せ。

B

　延喜帝は，万機のまつりごとを菅公に任せ給ひ，（中略）高殿にて呑みかけておわせしところ，洛中何となく，馬術稽古の間違いにて騒がしかりければ，かくなん詠じ給ひける。〔注〕

　高き屋に登りてみれば，騒ぎ立つ，民の気取り〔理解〕は間違いにけり(g)
（中略）主上，高殿より降りさせ給ひ，菅公を召して御相談ある。

［帝］　武芸もさる事ながら，高殿より望み見るに，大きな点違い〔誤解〕だ。かの「勇を好んで学を好まざれば，その費や乱なり」といふ所だ。そろそろ案じを付けて〔思案工夫して〕よからふ。〔注〕

［菅公］　綸言〔天皇の言葉〕の趣，御もつともに存じます。私も最初より学問と存じ（中略），此節，一人探し出しましたから，早く申し渡しませう。有り合せの儒者も多くございますが（中略），　　イ　　の道を得ましたものはございませぬ。(h)

［帝］　　　イ　　とは何の事だ。やしよくのさい〔夜食の菜，軽食〕の事か。

（注）　もとの文章の平仮名については，40 ケ所以上を漢字に置き換えてあり，〔　〕内には用語の説明等を補っている。

　　　「馬術稽古の間違いにて騒がしかりけれ」は，武芸として奨励された「馬術稽古」を，人に「馬乗り」になることと誤解して，市中で騒動を起こしたことをさしている。

　　　「勇を好んで学を好まざれば，その弊や乱なり」は，『論語』に典拠がある。

問

⑻　この史料は，『鸚鵡返文武二道（おうむがへしぶんぶのふたみち）』という黄表紙の一部である。黄表紙では，物語の世界に仮託して，現実の世相を戯画化し，風刺することを意図したものが多い。登場人物の「菅公」に仮託され，この物語の主たる風刺対象となっている人物は誰か。

⑼　下線部(g)の歌の本歌は，仁徳天皇の作として伝えられた次の歌であるが，この当時でも，統治者の「仁政」思想を象徴する歌としてよく知られていた。　α　に入る語を記せ。

　　　高き屋に登りて見れば，　α　たつ，民の竈（かまど）は賑（にぎ）はひにけり

⑽　下線部(h)の「一人」は，物語の中では，帝と菅公の意をうけて「学校において講釈」を命じられるが，これに仮託されている「学校」では，この黄表紙の出版後まもなく講釈や学問内容の統制が強化されていった。その統制の内容を具体的に述べよ。

⑾　　イ　に入る語は，物語の別の箇所では「天下国家を治める心得」などとも言われる。この語を平仮名 4 文字で記せ。

⑿　この物語では，引用部分の後，「学問の道，日々さかんになり」，「菅公」の著作が大量に出版・販売されることになる。当時の和本を製作する以下の工程において，　β　に入る作業を簡潔に記せ。

　　　作者が著述する　──→　本文を清書し，挿絵を画く　──→　β
　　　──→　和紙に刷る　──→　表紙を付けて綴（と）じる

⒀ この作品などから考えられる黄表紙についての説明として，次の①～⑥の
うち誤っているものの番号をすべてあげよ。

① もとの文章は平仮名が多いので，庶民にも読みやすく，読者層が広がっ
た。

② もとの文章は平仮名が多いが，用語や文意を理解するのに高度な教養を
必要としたので，読者はほぼ武士層に限られていた。

③ 物語に仮託した世相風刺は，迂遠で，当時はあまり理解されなかった。

④ 物語に仮託した世相風刺でさえ，厳しい統制や弾圧を招いた。

⑤ 「馬術稽古」のごときナンセンスなパロディ描写には，古典文学における
叙情性の伝統がみられる。

⑥ 「馬術稽古」のごときナンセンスなパロディ精神は，近代小説における文
学性とはかなり異なる。

⒁ このような黄表紙と同時代に，もっぱら歌で世相風刺を試みて好評を博し
た，幕府家臣の名前を記せ。

C

　　ときは明治八年なり。内務卿　　ウ　　，当時交通運輸の機関創始されたる
　　　　　　　　　　　　　　(i)
も，ひとり海員に至りては，有為の材に乏しく，ことに国家有事の日，わが航
海権を委棄するの患ありとなし，駅逓頭前島密をして，その養成法を企画せし
　　　(注)　　　　　　　　　　　　　　　　　　　　(j)
むると同時に，補助金年額一万五千円を三菱社長岩崎弥太郎に給し，当時隅田
河口に繋留せる社船を養成所と定め，ここに三菱商船学校を起こさしめた
　　(けいりゅう)(k)
り。すなはち今日の商船学校の前身なりとす。(中略)

　　後，明治十五年官立となし，管轄を　　エ　　に移すと同時に東京商船学校
と改称し，(中略)航海および機関両科の卒業生は，海軍士官の予備員に充てら
れ，なほ練習船も増加したり。

　　(注)　「委棄」は，棄ててかえりみないことを意味する。

問

(15)　下線部(i)に関して，この年の1月に行われた大阪会議によって，それまで下野していた元参議が政府に復帰した。同会議はそれ以外にも，重要な結果をもたらしたことが知られている。参議復帰以外のその主要な結果を2点あげよ。

(16)　　ウ　　にあてはまる人名を記せ。

(17)　下線部(j)の「前島密」が明治初期に建議し，創設に尽力した制度は何か。

(18)　下線部(k)に関して，政府の手厚い保護をうけ航路拡充をはかった三菱に対抗すべく，渋沢栄一らの画策によりある海運会社が設立された。後に三菱と合併するこの会社の名称を記せ。

(19)　　エ　　には，この前年に設置されたばかりの省の名が入る。その名称を記せ。

Ⅱ　**日本史B問題**　　　　　　　　　　　　　　　(20点)

次の文章(①〜⑩)の　ア　〜　ト　に最も適当な語句を記せ。解答はすべて所定の解答欄に記入せよ。

①　建武新政のもとでは，恩賞や所領をめぐる混乱に対し，裁判を行うための　ア　が創設された。室町幕府のもとでは，守護が，幕府の下した判決を執行する職務である　イ　を担うなど，武士の所領に関する権限を強めた。

②　室町時代には有職故実や古典の研究が盛んに行われた。一条兼良は，朝廷の年中行事の起源や変遷について述べた『　ウ　』を著した。また，古典の解釈の伝授は，特定の人のみに対する秘事口伝となったが，東常縁が宗祇に『　エ　』の解釈を伝えたのが，その一例である。

③　水墨画は，禅の境地に自然を取り入れた『瓢鮎図』を描いた ［　オ　］ などを
経て，雪舟によって大成された。雪舟の作品には，現在の京都府にある名所を
描いた『 ［　カ　］ 』がある。

④　狩野派は，水墨画と伝統的な ［　キ　］ の技法を結びつけ，多くの障壁画を
生み出した。一方で，それに対抗して雪舟五代を自称し，智積院襖絵の『楓図』
などを代表作とする ［　ク　］ があらわれた。

⑤　岡山藩の大名池田光政は，『大学或問』を著した儒者 ［　ケ　］ を登用し，藩
政の安定をはかるとともに，藩士の子弟だけでなく庶民の子弟や他藩の者も入
学できる郷学 ［　コ　］ を設立し，教育・学問の興隆をはかった。

⑥　貿易のために来日した中国人は長崎の町に雑居していたが，1688 年，その
居住を ［　サ　］ と呼ばれる施設に限定し，貿易統制を徹底した。日本から
は，18 世紀末以降は銅に代わり，［　シ　］ と総称される海産物が主要な輸
出品となった。

⑦　江戸時代には，［　ス　］ という種類の衣服が男女の日常着として一般的に
なった。また，髪を結いあげたり，頭頂部の月代を剃る風俗が一般化し，髪結
床は庶民でにぎわった。［　セ　］ は，ここを舞台にした『浮世床』を書き，江
戸の下町の庶民の日常を活写した。

⑧　文政期には，インドに始まった ［　ソ　］ の大流行が日本に及んだ。「ころ
り」と呼ばれ恐れられたこの病気は，安政期に再び大流行した。この流行への
関心が高かったことは，江戸時代に街頭で売られた報道紙 ［　タ　］ 版の記事
からもうかがえる。

⑨　1914 年に第一次世界大戦が勃発すると，日本は日英同盟を理由としてドイ
ツに宣戦布告し，［　チ　］ 半島，赤道以北のドイツ領南洋諸島のそれぞれ一
部を占領した。大戦後，前者は日本から中国に返還されたが，後者は国際連盟
の ［　ツ　］ 領となり，日本がその受任国となった。

⑩　満州事変後，3 つの内閣で大蔵大臣を務めた ［　テ　］ は，金輸出再禁止，
政府支出の増大によって，恐慌からの脱出を実現した。しかし，軍事予算の抑
制を図ったために，陸軍の青年将校から敵視され，［　ト　］ 事件において暗
殺された。

Ⅲ　日本史Ｂ問題　　　　　　　　　　　　　　　　　　　　(30点)

　　次の文章(A～C)の　ア　～　ケ　に最も適当な語句を記入し，問
⑴～⒇に答えよ。解答はすべて所定の解答欄に記入せよ。

A　仏教は仏・法・僧を重視する。仏は，具体的な礼拝対象としては仏像や釈迦
　(a)　　　　　　　　　　　　　　　　　　　　　　　　　　　　　　(b)
の遺骨(仏舎利)などをさす。日本最初の本格的仏教寺院である飛鳥寺の本尊
　　　　　　　　　　　　　　　　　　　　　　　　　　　　(c)
は，　ア　を主な材料として作られた釈迦如来像で，金堂に安置され，現
　　　　　　　　　　　　　　　(d)
在なお本来の位置に座っている。

　　法は釈迦の教えである経，教理を解説した論，注釈を加えた疏などをさす。
経のうち中国で訳された漢訳経典は，奈良時代の日本では，東大寺などの写経
　　　　　　　　　　　　　　　　　　　　　　　　　　　(e)
所で盛んに筆写された。一方，厩戸皇子(聖徳太子)は，　イ　・勝鬘経・
維摩経の三経の注釈書『三経義疏』を書いたと言われる。

　　僧および尼は法を学び，心身を清めて仏を礼拝供養し，さまざまな祈願をし
た。僧尼が守るべき体系的な戒律は，唐僧鑑真が新たにもたらした。これを契
機に，正式の官僧になるための受戒の場，すなわち戒壇が，大和国東大寺，下
　　　(f)　　　　　　　　　　　　　　　　　　　　　　　　　　　　　(g)
野国薬師寺，筑前国　ウ　に置かれ，本朝三戒壇と呼ばれた。

問

⑴　下線部(a)の「仏・法・僧」を合わせて何と呼ぶか。

⑵　下線部(b)に関して，古代寺院における仏舎利を安置する建物の一般名称を
　　記せ。

⑶　下線部(c)の「飛鳥寺」は，平城遷都とともに外京に移転した。移転先の平城
　　京におけるこの寺の名前を記せ。

⑷　下線部(d)の「釈迦如来像」を作った仏師の名前を記せ。

⑸　下線部(e)に関して，聖武天皇の遺品などを納めた正倉院宝庫は，木材を井
　　桁状に積み重ねる様式で建てられた。この建築様式を何と呼ぶか。

⑹　下線部(f)に関して，国家公認の官僧以外に，許可なく自ら僧となる者もいた。彼らは何と呼ばれたか。

⑺　下線部(g)に関して，称徳天皇の信任を得て権力をふるったが，天皇の死後，この寺に流された僧侶は誰か。

B　承久の乱の結果，鎌倉幕府は後鳥羽上皇以下，３人の<u>上皇を配流する</u>とともに，後鳥羽の孫仲恭天皇を退位に追い込んだ。かわって幕府は，後鳥羽の兄に院政を行わせ，その子　　エ　　天皇を即位させた。幕府は，<u>武力によって院を交代させ朝廷を改変した</u>ことになる。

　しかし，　　エ　　天皇の子四条天皇は子供がないまま死去したため，後継者は後鳥羽の孫の中から選ばれることになった。当初，朝廷は後鳥羽が嫡流と定めた<u>順徳上皇</u>の子を即位させようとしたが，幕府が反対したため，土御門上皇の子である　　オ　　天皇が即位した。もはや朝廷は，幕府の意向を無視して独自に天皇を決定することができなくなったのである。

　　　オ　　天皇は退位後に院政を行い，<u>その子宗尊親王を将軍として幕府に送り込んだ</u>ほか，幕府の制度を模倣した　　カ　　を設置し合議を行うなど，幕府との関係を深めた。さらに，長男の後深草天皇にかえて，その弟である亀山天皇を即位させた。そして彼の系統に皇位を継承させようとしたが，明確な意志を示さないまま死去した。

　その後まず，亀山上皇が院政を行ったが，<u>1287年</u>に幕府の圧力もあって，院政を後深草上皇に譲ることになる。こののち，<u>後深草・亀山両天皇の系統が</u>皇位をめぐって対立を深め，ついに1317年の文保の和談によって，両系統が交代で皇位につくこととなった。

問

⑻　下線部(h)に関して，平安時代にも，兵乱の結果，上皇が地方に配流され，その地で没した例がある。この兵乱とは何か。

⑼　下線部(i)に関して，1179年にも武力で院政が停止され，朝廷が強引に改変されるという政変があった。この政変を引き起こした武将の名前を記せ。

⑽　下線部(j)の「順徳上皇」は，父の後鳥羽上皇と同様に，文化事業に熱心であった。彼が著した有職故実の書の名称を記せ。

⑾　下線部(k)の「宗尊親王」が下向した時の幕府執権は，大規模な禅宗寺院を建立した。のちに鎌倉五山にも加えられた，この寺院の名称を記せ。

⑿　下線部(l)の「1287年」より2年前に，幕府では大きな政変が起こり，有力御家人で，得宗の外戚として権勢をふるった武将が滅亡している。この政変とは何か。

⒀　下線部(m)に関して，㋑後深草天皇の系統を何と呼ぶか。㋺亀山天皇の系統が主な基盤とした天皇家の荘園群は何か。

C　江戸時代には，城下町や門前町，鉱山町，宿場町など，各地に様々な都市が発展した。その中でも，江戸・京都・大坂の繁栄はめざましく，三都と呼ばれた。

　江戸は，将軍の圧倒的な権力によって整備された城下町である。しかし初期には，経済面・文化面において上方の優位は否めなかった。1657年の　キ　で江戸の大半が灰燼に帰したが，その後都市域は拡大して，世界有数の巨大都市へと成長し，都市の成熟度も高まった。

　政治の中心が江戸に移った後の京都は，　ク　の織物業に支えられ発展し，寛永期には，町衆を担い手とする文化が生まれた。享保頃になると各地で織物業がおこり，　ク　の地位の相対的低下がはじまる。他方，江戸時代後期には，古代以来の伝統を持つ名所や旧跡，寺院や神社を訪れるために，各地から多くの人々が集まる観光都市としての性格を強めた。

　大坂は，全国の商品流通の中心として栄えた商業都市であり，淀川で京都へ，大和川で大和へとつながる，畿内における河川交通の要所でもあった。諸大名はここに　ケ　を置き，年貢米や諸国の物産を販売した。元禄期には，上方を中心に商人の台頭を背景にした文化が栄え，江戸参府のためにここ

を通過した<u>オランダ商館員</u>に強い印象を残した。
　　　　　(t)

問

⒁　下線部(n)に関して，浮世絵師歌川広重が，街道筋の宿場などの情景を描
　　き，その名を高めた作品は何か。

⒂　下線部(o)に関して，江戸城の整備は，1590 年の徳川家康の入城に始まっ
　　た。この工事は 1603 年に本格化するが，それはなぜか。理由を簡潔に答え
　　よ。

⒃　下線部(p)に関して，大胆な構図で色彩鮮やかな『風神雷神図屏風』を代表作
　　とする，この時期に活躍した町衆出身の画家は誰か。

⒄　下線部(q)に関して，寺社が参詣客を集めるために，所蔵する秘仏や宝物を
　　公開することを何というか。

⒅　下線部(r)の「大坂」を拠点として銅山を経営した，京都出身の豪商の家名を
　　答えよ。

⒆　下線部(s)に関して，幕府に登用され，その河口部に安治川を開いたのは誰
　　か。

⒇　下線部(t)に関して，医師としてオランダ商館に滞在し，帰国後，『日本誌』
　　を書いたのは誰か。

Ⅳ　日本史 B 問題　　　　　　　　　　　　　　　　　　　　　　　(30 点)

　次の問(1), (2)について，それぞれ 200 字以内で解答せよ。解答はいずれも所定の解答欄に記入せよ。句読点も字数に含めよ。

(1)　9 世紀から 10 世紀には税収入の維持がむずかしくなり，財源確保に様々な方法がとられた。10 世紀初めの変化に留意しながら，9 世紀から 10 世紀の財源確保や有力農民に対する課税の方法の変遷を説明せよ。

(2)　1971 年，アメリカのニクソン大統領が，外交問題に関して行った 7 月の声明と，経済問題に関して行った 8 月の声明は，いずれも，日本はもとより世界全体に大きな衝撃を与え，2 つの「ニクソン・ショック」と呼ばれた。それぞれの声明の内容と，これらに対する日本の対応について述べよ。

I　日本史Ｂ問題　　　　　　　　　　　　　　　　　　　　　　（20 点）

　次の史料（Ａ～Ｃ）を読み，下記の問(1)～(20)に答えよ。解答はすべて所定の解答
欄に記入せよ。なお，史料の表記は便宜上，改めたところがある。

A

　　（貞観 5 年(863) 5 月 20 日）神泉苑において御霊会を修す。（中略）律師慧達を
　　　　　　　　　　　　　　　　　　　　　　(a)　　　　　　　　　　　　　　　(b)
延きて講師となし，金光明経一部・般若心経六巻を演説せしむ。雅楽寮の伶人
に命じて楽を作さしめ，帝の近侍の児童および良家の稚子をもって舞人とな
す。（中略）いわゆる御霊は，崇道天皇(早良親王)・伊予親王・藤原夫人(吉子)
　　　　　　　　　　　　　　　　　　(c)
および観察使(藤原仲成)・橘逸勢・文室宮田麻呂らこれなり。ならびに事に坐
　　　(d)　　　　　　　　　　　　(e)
して誅せらる。（中略）近代以来，疫病繁く発し，死亡ははなはだ衆し。天下おも
えらく，この災，御霊の生ずるところなりと。

　　（注）　（　）内の人名は説明のために加えたものである。

問

(1)　下線部(a)の「御霊会」の読みをひらがなで記せ。

(2)　下線部(b)の「慧達」は，薬師寺の僧である。同じ薬師寺の僧景戒が著した仏
　　教説話集は何か。

(3)　下線部(c)の「早良親王」は，藤原種継暗殺事件への関与を疑われ，淡路に流
　　される途上で死去した。この政変の舞台となった都城の名を記せ。

(4)　下線部(d)の「観察使」は，地方政治を立て直すために平城天皇が設置した令
　　外官である。同じような目的をもって，その父にあたる天皇が設置した令外
　　官は何か。

(5)　下線部(e)の「文室宮田麻呂」は，張宝高という国際商人と取り引きを行った
　　ことがある。その当時，張宝高が仕えていた，朝鮮半島の大部分を支配する
　　王朝（国家）の名を記せ。

(6)　この史料に記された行事は，朝廷の主催で行われた。このとき，太政大臣
　　として朝廷の実権を握っていた人物は誰か。

(7)　この史料に記された行事ののち，新たに御霊として恐れられ，北野社にま
　　つられた人物は誰か。

B

　　伊豆国在庁北条遠江前司時政の子孫の東夷ら，　　　ア　　　以来，四海を掌に
　(f)　　　　　　　　　　　　　　(g)
とり，朝家を蔑如し奉るのところ，頃年の間，ことに高時相模入道の一族，た
　　　　　べつじょ　　　　　　　　　　　　　　　　　　　　　　(h)
だに武略芸業をもって朝威を軽んずるのみにあらず，あまつさえ当今皇帝を隠
　　　　　　　　　　　　　　　　　　　　　　　　　　　　　　(i)
州に左遷し奉り，宸襟を悩ます。（中略）早く一門の輩を相催し，軍勢を率い，
　　　　しんきん　　　　　　　　（注）
時日をめぐらさず，戦場に馳せ参ぜしむべきの由，大塔二品親王の令旨による
　　　　　　　　　　　　　　　　　　　　　　　(j)
の状くだんのごとし。

　　　　元弘三年二月廿一日　　左少将定恒　　うけたまわる

　　大山寺衆徒中
　(k)
　　（注）　「宸襟」は天皇の心を意味する。

問

(8)　下線部(f)の「伊豆国」で知行国主をつとめた武将は，1180年にある皇族が
　　ひきおこした反乱に加わって滅亡した。この知行国主とは誰か。

(9)　下線部(g)の「時政」は，1185年に上洛し，公武交渉や御家人の統制などを
　　担当する役職についた。その役職の名称を記せ。

(10)　　　ア　　　に入る元号を記せ。

(11)　下線部(h)の「高時相模入道」は，内管領長崎円喜・高資父子らに政治を委ね
　　た。内管領を代表とする，得宗家に仕える政治勢力は何か。

⑿　下線部(i)の「当今皇帝」は，自ら政治を行うために，父の院政を停止した。その父とは誰か。

⒀　下線部(j)の「大塔二品親王」は，当初僧となり，寺院勢力を組織するために，延暦寺を統括する最高の僧職についた。この職の名称を漢字4文字で記せ。

⒁　下線部(k)の「大山寺衆徒」は，播磨国を拠点とし，のちに同国の守護となる武将の下で戦うことになる。この武将とは誰か。

C

　総理大臣と大統領は，特に，朝鮮半島に依然として緊張状態が存在すること(1)に注目した。総理大臣は，朝鮮半島の平和維持のための国際連合の努力を高く(m)評価し，韓国の安全は日本自身の安全にとって緊要であると述べた。総理大臣と大統領は，中共がその対外関係においてより協調的かつ建設的な態度をとるよう期待する点において双方一致していることを認めた。大統領は，米国の　　イ　　に対する条約上の義務に言及し，米国はこれを遵守するものであると述べた。総理大臣は，台湾地域における平和と安全の維持も日本の安全にとってきわめて重要な要素であると述べた。大統領は，　　ウ　　問題の平和的かつ正当な解決のための米国の誠意ある努力を説明した。総理大臣と大統領は，　　ウ　　戦争が沖縄の施政権が日本に返還されるまでに終結していることを強く希望する旨を明らかにした。（中略）(n)

　両者は，日本を含む極東の安全をそこなうことなく沖縄の日本への早期復帰を達成するための具体的な取決めに関し，両国政府が直ちに協議に入ることに合意した。（中略）また，総理大臣と大統領は，米国が，沖縄において両国共通(o)の安全保障上必要な軍事上の施設および区域を日米安保条約に基づいて保持することにつき意見が一致した。

問

⒂　下線部(1)の「総理大臣」の氏名を記せ。

⒃　下線部⑾に関連して，この総理大臣の在任中に，韓国を「朝鮮にある唯一
　　の合法的な政府」と認める条約が締結された。その条約の名称を記せ。

⒄　　イ　　に入る国名を記せ。

⒅　　ウ　　に入る語句を記せ。

⒆　下線部⑿の「沖縄の施政権」を，米国が保有することを定めた条約の名称を
　　記せ。

⒇　下線部⒀の「米国が沖縄において保持する軍事上の施設」のうち，宜野湾市
　　にある海兵隊基地の名称を記せ。

Ⅱ　**日本史Ｂ問題**　　　　　　　　　　　　　　　　　　　　　　　（20 点）

　　次の文章（①〜⑩）の　　ア　　〜　　ト　　に最も適当な語句を記せ。解答は
すべて所定の解答欄に記入せよ。

①　前漢は，朝鮮半島西北部に位置する　　ア　　郡をはじめとして４つの郡を
　　朝鮮半島に設置した。紀元前１世紀以降の朝鮮半島南部と九州北部の各地の遺
　　跡から，中国系文物が出土するのは，こうした変化に対応するものと思われ
　　る。特に　　ア　　郡でつくられた土器の出土は，当時の人々の動きを考える
　　上で興味深い。また，朝鮮半島東南部の墳墓からは，武器を祖形とし，銅戈と
　　ともに九州北部における代表的な青銅製祭器である　　イ　　が出土してお
　　り，玄界灘をはさんだ交流の実態を知るための大きな手がかりとなる。

②　塗料や接着剤・硬化剤として　　ウ　　を使うのは，縄文時代以来の伝統で
　　あるが，６世紀末〜７世紀初頭には，布を張り重ねて　　ウ　　で固める技術
　　が伝わり，この技術を駆使した棺や仏像が作られた。奈良時代の肖像彫刻とし
　　て著名な　　エ　　の像は，この方法で作られている。

③　乙巳の変によって成立した新政権は，僧旻や　　オ　　など，留学経験のある知識人を国博士として登用し，翌年正月には　　カ　　の詔を発して政策の大綱を示したとされる。

④　平安時代の高級女官の正装は，唐衣と裳をつける　　キ　　である。一般に十二単と呼ばれるように，袿（衣）を何枚も重ね着し，寒暖を調節するとともに色目の美しさを表した。手に持つ檜扇には優美な絵が描かれた。これに対し，男性貴族は，正装として束帯を着用し，手には　　ク　　を持って威儀を整えた。

⑤　1185年，平氏一門は壇ノ浦合戦で滅亡し，平氏が奉じた　　ケ　　天皇も入水した。平氏が東国の源氏に敗北した一因は，西国が大飢饉に見舞われ，兵糧米が欠乏したことにあった。この飢饉の惨状は，　　コ　　が著した随筆『方丈記』に克明に描かれている。

⑥　鎌倉新仏教の宗祖のうち，一遍の生涯は『一遍上人絵伝』に描かれている。この絵巻物に見える備前国　　サ　　市での布教の有様は，当時の市の実態を知る上でも貴重な資料である。現在，時宗の総本山は，一遍の孫弟子が相模国に開いた　　シ　　である。

⑦　南北朝時代にはうちつづく動乱と社会の転換を目にして，人々のあいだで歴史に対する関心が高まり，異なる立場から叙述されたいくつかの歴史書が生まれた。この時代の歴史書として，源平の争乱以後の歴史を公家側からとらえた『　　ス　　』や，南朝の立場から皇位継承の理想を説いた北畠親房の『神皇正統記』のほか，足利氏の政権獲得過程を武家側から描いた『梅松論』や，　　セ　　が内乱における今川氏の活躍を記述した『難太平記』がよく知られている。

⑧　南北朝時代になると，上の句と下の句を一座の人々が交互に詠みついでいく連歌が盛んになった。二条良基が編纂した『菟玖波集』は勅撰に準じられ，規則書の『　　ソ　　』も制定された。その後，連歌は地方の武士や庶民のあいだにひろく流行するが，こうした広まりを背景に，応仁のころ　　タ　　が出て正

風連歌を確立し，その芸術性を高めた。『新撰菟玖波集』は彼が編纂したものである。

⑨　1872 年に新橋―横浜間，1874 年には大阪―神戸間に官営鉄道が敷設され，1889 年には　チ　線が全通した。一方，1881 年に日本鉄道会社が設立されると，各地に民営の鉄道会社が相次いで誕生し，1889 年には民営の営業距離が官営を追いぬくまでになった。しかし日露戦争後の 1906 年，　ツ　が制定され，翌年までに主要な民営鉄道 17 社が買収された。

⑩　近代オリンピックは，1896 年のアテネ大会にはじまるが，日本人選手がはじめて参加したのは，1912 年に　テ　で開催された第 5 回大会であった。また，日本の金メダル獲得がはじめて実現したのは，1928 年のアムステルダム大会である。1936 年に国際オリンピック委員会は，1940 年に予定されていた第 12 回大会の開催地を東京に決定したが，翌年からはじまった　ト　の影響により，日本政府が開催権を返上したために，東京開催は実現しなかった。

Ⅲ　日本史Ｂ問題　　　　　　　　　　　　　　　　　　　　（30 点）

次の文章（A～C）の　ア　～　ソ　に最も適当な語句を記入し，問⑴～⒂に答えよ。解答はすべて所定の解答欄に記入せよ。

A　7 世紀末から 8 世紀初頭に，律令国家が成立する。689 年には持統天皇が飛鳥浄御原令を施行し，これに基づいて，690 年に　ア　がつくられた。これ以降，定期的に戸籍を作成し，民衆を直接支配できるようになった。701 年には大宝律令がつくられ，律令を支配の基本とする律令制度が整えられた。天皇を頂点として，中央政府には二官・八省などが，地方には国・郡・里がおか(a)れ，民衆を統治した。

民衆は，戸ごとに戸籍や毎年作成される　イ　に登録され，6 歳以上の男女には口分田が与えられた。民衆は　ウ　や掘立柱建物に住み，正丁(b)

３～４人に１人が兵士に徴発された。
(c)

　奈良時代の天皇は，天武天皇の子孫による継承がめざされたが，770 年，称徳天皇が死去すると，天智天皇の孫が即位して　エ　天皇となった。ついで 781 年に即位した桓武天皇は，律令体制の立て直しや天皇の権力の強化をはかり，都を大和国から山背国(のちの山城国)へ移した。しかし，律令支配から逃れようとする浮浪や逃亡が増え，戸籍に記載される性別や年齢が実情からかけはなれることも多くなった。そこで，桓武天皇は，６年ごとの実施が困難と
(d)
なった班田を　オ　ごとに変更し，一部の地域を除いて兵士を廃止して，郡司の子弟らからなる　カ　を設けた。

問

(1)　下線部(a)の「八省」のうち，律令国家の軍事や武官の人事などを担当した役所の名称を記せ。

(2)　下線部(b)の「口分田」に課せられた租は，収穫の約何％か。数字で答えよ。

(3)　下線部(c)の「兵士」が配属され，訓練をうけた組織の名称を記せ。

(4)　下線部(d)の「戸籍に記載される性別や年齢が実情からかけはなれる」ことを表す語句を記せ。

Ｂ　室町幕府は，８代将軍足利義政の後継者問題をめぐって起きた応仁の乱により，中央政権としてもっていた求心力をさまざまな面で失った。たとえば政治
(e)　　　　　　　　　　　　　　　　　　　　　　　　　　　(f)
面では，幕府は守護に対する統制力を失い，これまで京都に集住していた多く
(g)
の守護が地方に下った。手薄になった京都では，強盗や放火，徳政一揆が頻発
(h)
し，戦時に雑兵として集まってきた　キ　もこれに参加したため，治安が悪化した。また，対外関係の面では，幕府による日明貿易への統制が弱まり，細川氏や大内氏が貿易を動かすようになった。最終的には，この両者の間での主導権争いの末に，　ク　の乱が起きた。

　一方で，中央で培われた文化・儀礼・宗教などが，社会のさまざまな階層へ
(i)
と広まってゆく。また，幕府による保護を受けるのではなく，独自に都市や農

村を基盤として広まっていた仏教の諸宗派の活動も盛んになった。京都の復興

過程において富裕層の信仰を集めた　　ケ　　，畿内から北陸にかけて広まっ

た一向宗などが，その代表例である。
(j)

　このような中で，各地の大名は自立性を強め，荘園がもっていた諸特権を否

定して役を課したり，領国統治のための分国法を制定したりした。
(k)

問

　⑸　下線部(e)に関して，これ以前にも，ある将軍は後継者を定めずに死去し，

　　その弟たち4人からくじ引きで次期将軍が選ばれた。ある将軍とは誰か。

　⑹　下線部(f)の「応仁の乱」の一因は，有力な守護家の内紛にもあった。乱後も

　　対立を続け，山城の国一揆を誘発したのは何氏か。

　⑺　下線部(g)の「京都」の行政・警察権を担当した幕府の役所を答えよ。

　⑻　下線部(h)に関して，金融業者は徳政令の適用を免れるため，債権額の一部

　　を幕府に納入して債権の保護を受けた。この納入した銭を何と呼ぶか。

　⑼　下線部(i)に関して，将軍の側近として芸能に従事し，しばしば身分の低い

　　者からも取り立てられ，文化の担い手となった人々の名称を答えよ。

　⑽　下線部(j)の「一向宗」は，各地で寺内町と呼ばれる都市を形成した。河内国

　　で形成された寺内町を1つ答えよ。

　⑾　下線部(k)の「分国法」には，裁判権を大名に集中させるため，領国内の紛争

　　を当事者が実力によって解決することを禁じる規定をもつものもあった。そ

　　の規定を何と呼ぶか。

C　織田信長は1568年，　　コ　　の将軍擁立と，禁裏御所の修理や御料所の

　回復などを求めた正親町天皇の要請とを名目として上洛した。また，関白に任

　じられた豊臣秀吉は，京都での拠点として築いた　　サ　　に後陽成天皇を招

　き，その場で諸大名に天皇と関白への忠誠を誓わせた。彼らは当初，その全国

　支配を正当化し，諸大名を統制する手段として天皇を利用したのである。
(l)

　　大坂の役を経て天下統一が達成されると，天皇の権限はむしろ抑制すべきも

のとなり，徳川幕府は　　シ　　を制定した。また，天皇や朝廷が独自に権力
を行使したり，諸大名に利用されることのないよう，摂関家に朝廷運営や公家
統制の主導権を持たせ，幕府との取次を行う　　ス　　を通じてこれを統制し
ようとした。

　江戸中期になると，長く途絶えていた朝廷儀式の復興や禁裏御料の増加，閑
院宮家の新設などが行われた。その背景には，大名統制が安定して，儀礼や家
格制度などに重きをおく政治秩序へ転換しつつあったことや，徳川綱吉以後，
在職期間が短い将軍や，幼少の将軍が続くなかで，将軍個人の権威よりも将軍
職そのものの権威を高めるために天皇家との結びつきを強めようとしたことが
ある。

　しかし，閑院宮家出身である光格天皇が，天皇位につかなかった自分の実父
に　　セ　　という尊号を与えようとした時には，幕府はこれを名分を乱すも
のとして認めず，　　ス　　の職にあった公家らが処分された。

　幕末・維新期には　　ソ　　が発せられ，幕府とともに，これまで天皇の意
志や行動を規制していた摂関の職が廃止され，同時期に　　ス　　も廃止され
ている。

問

　⑿　下線部(l)に関して，豊臣秀吉による諸大名の軍事動員は戦国期とは異なる
　　賦課基準にもとづいている。秀吉が軍役賦課量の基準としたものは何か。

　⒀　下線部(m)に関して，1627年に，天皇のある権限の行使が幕府の許可なく
　　行われていたとして幕府の介入を招き，後水尾天皇退位の一因となった事件
　　がおこる。その権限とは何か。

　⒁　下線部(n)に関して，将軍綱吉の時，武家諸法度の第一条が改定された。ど
　　のように改定されたか。その内容を簡潔に述べよ。

　⒂　下線部(O)の時期に幕政を担当した人物は，天下の形勢は公家政治が「九
　　変」，武家政治が「五変」して徳川の世になったという歴史書を著している。
　　この歴史書の書名を記せ。

IV　日本史 B 問題　　　　　　　　　　　　　　　　　　　　　　（30 点）

　次の問(1)，(2)について，それぞれ 200 字以内で解答せよ。解答はいずれも所定
の解答欄に記入せよ。句読点も字数に含めよ。

(1)　18 世紀半ば以降，江戸幕府が直面した財政難の構造的要因と，財源確保の
　　ために採用した政策について述べよ。

(2)　明治期における初等教育制度とその普及について，教育法令の変遷や男女の
　　就学率に留意して述べよ。

Ⅰ　日本史Ｂ問題　　　　　　　　　　　　　　　　　　　　　　　(20点)

次の史料（A〜C）を読み，下記の問(1)〜(17)に答えよ。解答はすべて所定の解答欄に記入せよ。なお，史料の表記は便宜上，改めたところがある。

A

山城国問民苦使正五位下守左中弁平朝臣季長の奏状に偁く，相楽郡司の解を得るに偁く，諸郷百姓の愁状に偁く，東大寺・元興寺・大安寺・興福寺等の材木を採る山，泉河辺に在り。或いは五六百町，或いは一千余町。東は伊賀に連なり，南は　ア　に接す。今，大川原・有市・鹿鷺等の郷の百姓の　イ　并びに治田・家地，多くこの山中に在り。これに因り，人民の居，各水草を逐い，河に瀬い山を披き，群居し雑処す。子々孫々，相承けて居住し，その年紀を推すに，百余歳に及べり。前の件の諸寺，従来，地子を勘ずること無し。しかるに元興寺，仁和より初めてその地子を勘ず。興福寺またこの例に習い，勘責することもっとも切なり。望み請うらくは，使，裁きて早く免除せられんことを，と。(後略)

　　(注)　「治田」は墾田のこと。「地子を勘ず」は借地料を取ること。「仁和」は885年から889年までの年号。「使」は山城国問民苦使のこと。

問

(1)　　ア　　にあてはまる国名を記せ。

(2)　　イ　　にあてはまる語句を記せ。

(3)　下線部(a)の「平朝臣季長」について，宇多天皇は「季長朝臣は深く公事に熟しく，(中略)大器なり。昇進を憚ることなかれ。新君慎め」と，「新君」に訓戒した。この「新君」とは誰か。

(4)　下線部(b)の「郡司」が郡を支配するための拠点となった役所の名称を記せ。

(5)　下線部(c)の「東大寺」には，仏教の戒律を授ける施設が置かれた。その名称を記せ。

⑹　下線部⒟の「興福寺」を氏寺とする氏が，子弟の教育の場とした大学別曹の
　　名称を記せ。

B

　　権威ある将軍の専制政治の命令により，全国の大官はすべて其家族のため常
住の殿邸をこゝに置き，又暫くは多衆の従臣とともにこゝに住居すべき規定
なれば，　[　ウ　]　は将軍の治所として非常なる広地と住民とを擁し，市民的
住人は，宮中を除き，将軍と大名との軍人を除きて，百三十一万人と注せら
る。されば総人口は少なくとも，百五十万人なるべし。（略）
　　町司中の年長者たちは町年寄と称へ，特別の役所ありて，かゝるもの寄り集
まりて，二人の知事即ち　[　エ　]　の下に隷属す。市の理財的の事務はすべて
御代官及び御勘定奉行に於いて司配す。両　[　エ　]　・御代官・勘定奉行の他
に宗教事件の管理者として五人の　[　オ　]　を長官としたる特別の裁判所あ
り。
　　（注）　「宮」とは将軍の居城のこと。

問

⑺　この文章は，ドイツ語で書かれた『日本』という書物の一部を，1928 年に
　　翻訳したものである。
　　㋐　ドイツ語の原文を書いた人物は誰か。
　　㋑　この人物は，日本を出国するに際して，ある理由から国外追放処分と
　　　　なった。その理由は何か。
⑻　下線部⒠の「常住の殿邸」はある制度の必要上設けられた。この制度を何と
　　いうか。
⑼　[　ウ　]　にあてはまる語句を記せ。
⑽　[　エ　]　にあてはまる語句を記せ。
⑾　下線部⒡の「御勘定奉行」の担当する主な職務を１つ記せ。
⑿　[　オ　]　にあてはまる語句を記せ。

C

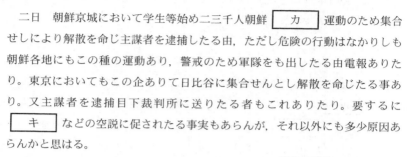

二日　朝鮮京城において学生等始め二三千人朝鮮　カ　運動のため集合せしにより解散を命じ主謀者を逮捕したる由，ただし危険の行動はなかりしも朝鮮各地にもこの種の運動あり，警戒のため軍隊をも出したる由電報ありたり。東京においてもこの企ありて日比谷に集合せんとし解散を命じたる事あり。又主謀者を逮捕目下裁判所に送りたる者もこれありたり。要するに　キ　などの空説に促されたる事実もあらんが，それ以外にも多少原因あらんかと思はる。

十一日　（中略）閣議において余より朝鮮騒動につき　ク　に訓令すべき趣旨を相談し，直に「今回の事件は内外に対し極めて軽微なる問題となすを必要とす。しかれども実際において厳重なる処置を取りて再び発生せざる事を期せよ。ただし外国人は最も本件につき注目し居れば残酷苛察の批評を招かざる事十分の注意ありたし」と訓電を発し，なお新聞紙等の取締をなすべき旨，床次内相に注意せり。

問

(13)　これは，この当時総理大臣であった人物の日記の記載である。

　(あ)　この人物は誰か。

　(い)　この人物が所属する政党の名称を記せ。

(14)　　カ　にあてはまる語句を記せ。

(15)　　キ　にあてはまる，この時期に新しく国際社会において提唱されるようになった原則の名称を記せ。

(16)　　ク　にあてはまる，朝鮮統治の最高責任者の官職名を漢字2字で記せ。

(17)　この当時，日本の知識人の中にも，日本政府の朝鮮統治方針を批判した人々はいた。それらの人々のうち，

　(う)　「憲政の本義を説いて其有終の美を済すの途を論ず」などの論説を発表し，この時期の政治思潮を代表した政治学者は誰か。

⒠　「民芸」の価値に注目し，朝鮮の伝統的工芸品にも関心を寄せて朝鮮民族
　　美術館を設立した人物は誰か。

Ⅱ　**日本史Ｂ問題**　　　　　　　　　　　　　　　　　　　　　　（20 点）

　次の文章（①〜⑩）の　　ア　　〜　　ト　　に最も適当な語句を記せ。解答は
すべて所定の解答欄に記入せよ。

①　751 年に成立した　　ア　　は現存最古の漢詩文集で，詔に応えるための，
　あるいは天皇の宴に侍する時の漢詩が多く，さらに 9 世紀初めには 3 つの勅撰
　漢詩文集などがつくられた。その後，和歌が盛んになるが，漢詩文も重んじら
　れ，11 世紀には，藤原公任が和歌と日中の漢詩文を集めた　　イ　　を撰し
　た。

②　源経基は藤原純友の乱の平定に加わり，その子の源満仲は密告によって安和
　の変の発端をつくった。この時に満仲の弟の源満季は，平将門の乱を鎮圧した
　　　ウ　　の子藤原千晴を逮捕した。満仲の子のうち，平忠常の乱を鎮定した
　源頼信に対し，長兄の　　エ　　は藤原兼家・藤原道長に仕え，受領を歴任し
　た。　　エ　　は富裕を誇り，道長の邸宅の再建にあたり，調度品一切を献上
　したほどである。

③　1609 年，薩摩の島津氏によって征服された琉球王国は，江戸時代をつうじ
　て，国王の代替わりごとに　　オ　　を，将軍の代替わりごとに　　カ　　を
　幕府に派遣した。

④　近世の漁業は，沿岸漁業に加えて沖合漁業が発達し，また網による漁法が全
　国に広まった。なかでも，上総の九十九里浜の　　キ　　による鰯漁や，蝦夷
　地の刺し網を用いた　　ク　　漁などがよく知られている。

⑤　18 世紀半ば以降，日本の画壇に西洋画の影響を受けた動きが見られるよう
　になった。円山応挙は遠近法や陰影法を取り入れ　　ケ　　を確立させ，
　　　コ　　は日本で初めて腐食液を用いた銅版画の作品を発表した。

⑥　19世紀に入ると，江戸歌舞伎はめざましい発展を見せた。「東海道四谷怪
談」で知られる □サ□ の脚本を七代目市川団十郎らが演じ，好評を博し
た。□サ□ を師とする河竹黙阿弥は，江戸町人を生き生きと描いた写実性
の高い □シ□ を得意とし，幕末には四代目市川小団次と組み数々の狂言を
書いた。

⑦　3月25日は「電気の日」とされているが，それは日本ではじめて電灯が点灯
されたのが1878年のこの日だったからである。点灯されたのはアーク灯で
あった。アメリカのエジソンが □ス□ 電球の改良に成功するのは翌1879
年のことである。1886年には東京電灯会社が開業し，翌年には電気供給を開
始した。これ以降，大都市部では次第に電灯が普及していき，以前から利用さ
れていた □セ□ 灯や石油ランプと肩を並べるようになった。

⑧　電気の普及は，民衆に新しい娯楽をもたらした。□ソ□ は日清戦争後に
登場し，またたくまに大衆の人気を博した。1903年には東京浅草に日本初の
常設館である電気館が開業し，1907年には大阪千日前にも電気館がつくられ
た。電気館という名称に □ソ□ と電気の関係が示されている。1925年か
ら □タ□ 放送がはじまり，新たな情報・娯楽メディアとなった。
□タ□ 受信機は，1930年代末から40年代初め頃には，電灯，扇風機，ア
イロンなどとならぶ，普及率の高い家庭用電気機器の1つとなった。

⑨　第2次世界大戦後の □チ□ 期には，低価格で豊富に供給される中東産原
油を燃料にすることで，火力発電が水力発電をうわまわるようになった。しか
し，□ツ□ 年の第1次石油危機後には，石油にかわるエネルギー源が求め
られ，原子力発電事業が本格的に推進されるようになる。

⑩　いわゆる「原子力の □テ□ 利用」は1953年にアメリカ大統領アイゼンハ
ワーが国際連合総会で行った演説を機に，国際的に推進されるようになり，日
本もこれに参加した。1955年には，研究用原子炉の燃料の供与に関する日米
原子力協定が調印され，さらに原子力三法が成立した。1957年には茨城県
□ト□ 村に日本原子力研究所の研究炉が設置され，さらに1963年10月
26日に動力試験炉ではじめて原子力発電に成功した。それを記念して10月26

日は「原子力の日」とされている。

Ⅲ　**日本史 B 問題**　　　　　　　　　　　　　　　　　　　　（30 点）

　次の文章（A〜C）の　ア　〜　タ　に最も適当な語句を記入し，問
⑴〜⒁に答えよ。解答はすべて所定の解答欄に記入せよ。

A　鎌倉時代末期から室町時代にかけて，うち続く戦乱をよそに，諸産業の発展
　はめざましく，ものの生産が増え，人々の往来も活発になった。

　　まず農業では，生産の集約化・多角化がいっそう進んだ。水田の二毛作が関
　東地方にも広まる一方，稲の品種も改良され，早稲や晩稲だけでなく，中稲も
　　　　　　　　　　　　(a)
　栽培され，気候に応じた作付けがなされた。各地で用水路や溜池などの灌漑施
　設が整備されるとともに，鋤・鍬・鎌などの鉄製農具や牛馬の使用がさらに普
　及し，肥料も刈敷や草木灰のほかに，　ア　が広く使われるようになっ
　た。

　　苧・麻・楮・漆・藍・荏胡麻・茶などの商品作物が栽培される地域も広が
　り，加工品などを生産する手工業の発展とあいまって，各地で特産品が商品と
　　　　　　　　　　　　　　　　　　　　　　　　　　　　　(b)
　して生産されるようになった。また酒造業や製陶業も発達し，特定の産地が形
　成された。

　　農業や手工業で生産が増大すると，商業活動も活気をおび，市の日数も増え
　て，月 6 回市を開く　イ　もみられるようになった。手工業者や商人の同
　業組合である座もめざましい発展をとげ，独立性を強めた。遠隔地取引が盛ん
　　　　　　　　　　(c)　　　　　　　　　　　　　　　　　　(d)
　になると，交通・運輸も新たな展開をみせた。瀬戸内海と琵琶湖では水上交通
　が活発になり，港には廻船が出入りした。また陸上交通では，馬借・
　　ウ　とよばれる専門の運送業者が活躍した。

　　商品流通の発展にともない，貨幣の流通もいっそう拡大し，京都や奈良では
　　　　　　　　　　　　　　　　　　　　　　　　　　　　　(e)
　酒屋・土倉など金融業者が活発に活動した。銭貨としては宋銭や明銭が用いら
　　　　　　　　　　　　　　　　　　　　　　　　　　(f)
　れたが，渡来数が限られていたため，粗悪な私鋳銭も出まわり，円滑な取引が

阻害された。そこで，幕府や戦国大名などは　　エ　　を発し，悪貨を指定して流通を禁止したり，悪貨と良貨の混入比率を定めたりして，商取引の円滑化を図った。

問

(1)　下線部(a)に関して，中世に中国からもたらされた，虫害や旱害に強く，収穫量の多い稲の品種は何とよばれるか。

(2)　下線部(b)に関して，美濃・播磨・越前・讃岐に共通する特産品をあげよ。

(3)　下線部(c)に関して，山城大山崎の油座はどこを本所としたか。

(4)　下線部(d)に関連して，遠隔地間の送金・送米を証文で代用させる制度は何とよばれるか。

(5)　下線部(e)の「京都」では戦国時代，富裕な商工業者を中心にして，同じ地域に住むもの同士がつながりを深め，自治的な団体を形成した。彼らは何とよばれるか。

(6)　下線部(f)に関して，日本で流通した明銭のうち，代表的なものを1つあげよ。

B　1559年，尾張を平定した織田信長は，翌年，西上してきた駿河の　　オ　　を桶狭間で討ち取り，その後，三河の徳川家康と同盟を結び東方を固め，1567年には美濃の斎藤竜興を滅ぼし，その本拠地を　　カ　　と改称して自らの本拠とした。そして翌年，足利義昭を擁して上洛し，義昭を将軍職(g)に就け，畿内の掌握をはかった。

　信長のこうした動きに，近江の浅井氏，越前の朝倉氏，比叡山延暦寺，石山(h)本願寺，甲斐の武田信玄らは，信長包囲網を形成し対抗した。これに対し信長(i)は，1570年，　　キ　　で浅井・朝倉の連合軍を破り，翌年，強大な宗教勢力であった比叡山を焼き討ちにした。さらに1573年には反信長の動きを背後で画策していた足利義昭を追放し，事実上，室町幕府を倒すとともに，なお勢力を保持していた浅井・朝倉氏を最終的に滅亡させ，ほぼ畿内近国を平定し

た。ついで，三河の長篠の戦いで甲斐の武田勝頼軍を撃破した。

　　いっぽう一向一揆との対決は熾烈なものであり，一向一揆の本拠，石山本願寺との戦いは 10 年にも及んだ。その後，信長は，甲斐の武田氏を滅ぼし，信濃・甲斐を版図に加え，関東にも勢力を及ぼした。

　　この間，信長は，琵琶湖東岸の水陸交通の要衝地に　ク　城を建設し，城下に　ケ　を出し，城下町の保護・振興をはかった。また，南蛮貿易にも積極的で，その担い手であるキリシタンにも好意的態度をもって臨んだ。し(j)かし，1582 年，毛利攻めに向かう途中，京都の　コ　で家臣の明智光秀の謀叛にあい自刃して果てた。

問

　(7)　下線部(g)に関して，信長の上洛前から江戸時代初期にかけて，京都とその郊外を描いた絵画作品があらわれるが，一般に何とよばれているか。

　(8)　下線部(h)の「越前の朝倉氏」の居館跡は，城等を含め 1971 年に国の特別史跡に指定された。その地名を記せ。

　(9)　下線部(i)の「石山本願寺」のこのときの主は誰か。

　(10)　下線部(j)に関して，1582 年にキリシタン大名の大友義鎮らがローマ教皇のもとに派遣した使節は何とよばれているか。

C　天皇の存在とその権威を，人々にいかにして意識させ，浸透させるか。明治政府はその課題に対して，天皇自らが全国を巡り（巡幸），人々の前に姿を見せ(k)て視察を行うという方策をとった。1872 年から 1885 年までの間に 6 回の大規模な巡幸が行われたが，それぞれに特徴があった。

　　第 1 回（1872 年）の巡幸では，政府の政策に不満を抱く島津久光を上京させるべく，参議である　サ　が郷里鹿児島まで同行した。第 2 回はその翌年に予定されていたが，征韓論問題や佐賀の乱，また新政府初の対外戦争である　シ　出兵もあり，1876 年にようやく実現した。右大臣の　ス　や木戸孝允らが同行して，東京から郡山，仙台，青森などを進み，北方の守備・(l)

開拓の要地である北海道へと向かった。第3回(1878年)の北陸・東海道巡幸
では，同年の<u>参議の暗殺事件</u>や近衛兵の反乱事件もあり，警察官約400名をと
_(m)
もなう異例の体制をとった。また第5回(1881年)では山形・秋田を北上して
北海道へと至ったが，山形からはこれに先立ち県令　セ　が巡幸の来県を
政府へ依頼し，土木事業などを急激に進め準備に取り組んだ。なお　セ
は翌年隣県の県令になるが，道路建設による過重な負担を強いられた県民が抵
抗運動を起こし，自由党員が大量に検挙された。以後も不況下で民権運動は激
化し，1884年には埼玉県の　ソ　地方で，農民たちが困民党を結成して
負債減額を求め，数万人規模の騒動へと発展した。

　そうした政治・社会情勢のなか，巡幸先で天皇は県庁・学校・軍事施設に多
く訪れた。殖産興業や地域開発に貢献する人々を褒賞し，上級の地方官吏など
との直接対面も行った。江戸時代の天皇とは対照的に，明治天皇は巡幸で外に
姿をあらわし，文明開化を担う存在として全国的に周知されていった。

　この後，天皇の権威を人々に浸透させるために，巡幸に代わって登場したの
が，1888年にお雇い外国人キヨッソーネが天皇の肖像画を描き，それを写真
におさめた「　タ　」である。以前から別の　タ　は作られていたが，
このときのものは1890年発布の教育勅語とともに各学校に順次下付され，<u>拝
礼の儀式</u>の整備とともに，理想の君主の姿として人々の前にあらわれるように
_(n)
なるのである。

問

⑾　下線部(k)に関して，昭和天皇も1946年2月の神奈川県を皮切りに巡幸を
　　行っているが，この年の元日に天皇の神格化を否定する詔書が出されてい
　　る。これは一般に何とよばれているか。

⑿　下線部(1)に関して，この前年にロシアとの間で国境確定を取り決めた条約
　　を締結した。その条約名を記せ。

⒀　下線部(m)に関して，暗殺された人物が当時参議以外に務めていた官職は何
　　か。

⒁　下線部(n)に関して，1891 年，教育勅語に拝礼しなかったことを理由に，第一高等中学校の教員が職を追われた。キリスト教徒であったその教員とは誰か。

Ⅳ　**日本史 B 問題**　　　　　　　　　　　　　　　　　　　　（30 点）

　次の問(1)，(2)について，それぞれ 200 字以内で解答せよ。解答はいずれも所定の解答欄に記入せよ。句読点も字数に含めよ。

(1)　カッコ内の語句をすべて使って，縄文時代から古墳時代のはじまりまでの墓や墓地の変遷を，貧富の差，身分の区別の発生や，社会の発展と関連づけて述べよ。なお，使用したカッコ内の語句には下線を引くこと。

　　（竪穴式石室，副葬品，屈葬，墳丘墓，前方後円墳，甕棺墓）

(2)　平安時代末期以降，鎌倉時代末に至る日本と中国との関係，日本が中国から受けた影響について述べよ。

解答時間：90 分

配　　点：100 点

　次の史料（A〜C）を読み，下記の間(1)〜(19)に答えよ。解答はすべて所定の解答
欄に記入せよ。なお，史料の表記は便宜上，改めたところがある。

A

　　八月癸未（29 日），<u>大宰少弐従五位下藤原朝臣</u>　ア　，表を上りて時政
　　　　　　　　　　　(a)
の得失を指し，天地の災異を陳ぶ。因て僧正　イ　法師，<u>右衛士督従五位</u>
　　　　　　　　　の
上下道朝臣真備を除くを以て言となす。
　　(注)
　　九月丁亥（3 日），　ア　遂に兵を起して反す。勅して，従四位上大野朝
　　　　　　　　　　　　　　　　　　　　　　　　　　　(c)
臣東人を以て大将軍となし，従五位上紀朝臣飯麻呂を副将軍となす。軍監・軍
曹各四人。<u>東海・東山・山陰・山陽・南海の五道</u>の軍一万七千人を徴発して東
　　　　　(d)
人らに委ね，節を持して討たしむ。
　　　　　　(注)
　　(注)　下道真備は吉備真備のこと。「節を持す」は天皇の大権を委任されるこ
　　　　と。

問

　(1)　下線部(a)に関して，白村江の戦いののち，大宰府近くに築かれた朝鮮式山
　　　城の名称を 1 つ記せ。

　(2)　　ア　に当てはまる人物の名を記せ。

　(3)　　イ　に当てはまる人物の名を記せ。

　(4)　下線部(b)に関して，右衛士府を含めた，令で定められている宮城や京内を
　　　警備する武官の総称を記せ。

　(5)　下線部(c)の「勅」を発した天皇の遺品など，当時の最高水準を示す多数の工
　　　芸作品が収められた施設の名称を記せ。

(6)　下線部(d)の「東海・東山・山陰・山陽・南海の五道」には，本州と四国を構成する地域のうち，京・畿内と一道が欠けている。その一道はどこか。

B

一　諸国守護人の事　　建武五・後七・廿九御沙汰，奉行　諏訪大進房円忠
　　　　　　　　　　　　(e)　　　　　　(注)
　　　右，守護を補せらるるの本意が，治国安民のためなり。人のために徳ある
　　　　　(f)
者これを任じ，国のために益なき者これを改むべきの処，あるいは勲功の賞
に募り，あるいは譜第の職と称して，寺社本所領を押妨し，所々の
　　　　　　　　　　　　　　ふだい
　　ウ　　職を管領し，軍士に預け置き，家人に充て行うの条，はなはだ然
るべからず。固く　　エ　　を守り，大犯三ヶ条のほか，相綺うべからず。
　　　　　　　　　　　　　　　　　　(g)　　　　　　　あいいろ
　　ここに近年，引付等の奉書を叙用せず，請文に及ばずして，いたずらに旬
　　　　　　　(h)　　　　　　　　　(注)
月に渡り，多く催促をかさぬ。愁鬱の輩勝げて計うべからず。政道の違乱，
　　　　　　　あ　　　　　かぞ
もととしてここによる。よって違背の科条につきて，すべからく改定の沙汰
あるべし。

　　　(注)　「後」はこの場合，閏を意味する。「相綺う」は関与すること。「叙用」は
　　　　　　この場合，命令に従うこと。

問

(7)　下線部(e)の建武5年(1338年)に，足利尊氏は北朝からある職に任じられた。それは何か。

(8)　下線部(f)の「守護」が荘園領主や知行国主の代官として，荘園・公領の年貢の徴収をひきうけることを何というか。

(9)　　ウ　　にあてはまる，荘園・公領の管理者の名称を記せ。

(10)　　エ　　にあてはまる法典の名を記せ。

(11)　下線部(g)に関して，この時代の守護は従来の「大犯三ヶ条」のほかに，新たな権限を与えられた。その権限を2つあげよ。

(12)　下線部(h)の「引付」は，室町幕府のなかで何をつかさどる機関であったか。簡潔に記せ。　　　　　（**編集注**：解答枠＝タテ13ミリ×ヨコ143ミリ）

C

定款(昭和十七年二月廿七日制定　昭和十八年三月五日改正)

第一条　本会ハ　　オ　　ト称ス。

第二条　本会ハ皇族妃殿下ヲ総裁ニ奉戴ス。

第三条　本会ハ高度国防国家体制ニ即応スル為，皇国伝統ノ婦道ニ則リ，修身
　　　　斉家奉公ノ実ヲ挙クルヲ以テ目的トス。

第四条　本会ハ前条ノ目的ヲ達スル為，左ノ事業ヲ行フ。

　　一，国体観念ノ涵養，婦徳修練ニ関スル事項。
　　　(i)
　　二，国防思想ノ普及徹底ニ関スル事項。

　　三，家庭生活ノ整備刷新並非常準備確立ニ関スル事項。

　　四，次代国民ノ育成，家庭教育ノ振興ニ関スル事項。

　　五，軍人援護ニ関スル事項。

　　六，国防上必要ナル訓練ニ関スル事項。
　　　(j)
　　七，職分奉公，隣保協同ニ関スル事項。

　　八，貯蓄奨励ニ関スル事項。
　　　(k)
　　九，其ノ他必要ナル事項。

第五条　本会ハ満二十歳未満ノ未婚者ヲ除ク日本婦人ヲ以テ会員トス。
　　　　(l)
第六条　本会ハ皇族及王公族ヲ名誉会員ニ推戴ス。

第七条　本会ノ中央本部ヲ東京都ニ置ク。

　　　　都道府県，郡，市区町村其ノ他適当ナル地域ニ本会ノ支部ヲ置キ，町
　　　　　　　　　　　　　　　　　　　　　　　　　　　　　　　　　　　(m)
　　　　内会及部落会ノ区域ニ班ヲ置ク。但シ郡ニハ支部ヲ置カサルコトヲ得，
　　　　特ニ必要アルトキハ前項ノ地域ニ拘ラス，職域ニ支部ヲ設クルコトヲ
　　　　得。

　　　　朝鮮，　　カ　　，樺太，南洋群島ニ在リテハ各本部ヲ置キ，前項ニ
　　　　準シ必要ナル下部組織ヲ設ク。

　　　　前三項ノ各本部及支部以下ノ構成ニ関シテハ別ニ之ヲ定ム。

　　　　(後略)

問

⒀　　　オ　　にあてはまる語句を記せ。

⒁　下線部(i)の「国体観念ノ涵養」のために，1937 年に文部省が刊行した国民
　教化の書物の名称を記せ。

⒂　下線部(j)の「国防上必要ナル訓練」のひとつで，空からの攻撃に対するもの
　は何と呼ばれたか。その名称を記せ。

⒃　下線部(k)に関連して，当時の政府が「貯蓄奨励」を推進したのは，ある経済
　現象を防止するためであった。その経済現象とは何か。

⒄　下線部(l)に関連して，この「定款」が改正された翌年，国家総動員法に基づ
　き女性の勤労協力を義務づける法令が制定された。それにより，12 歳以上
　40 歳未満の独身女性の勤労動員が可能となった。この法令に定める女性の
　勤労動員組織の名称を記せ。

⒅　下線部(m)の「町内会及部落会」の下部組織は何と呼ばれるか。その名称を記
　せ。

⒆　　　カ　　にあてはまる語句を記せ。

Ⅱ　日本史Ｂ問題　　　　　　　　　　　　　　　　　　　　　　（20 点）

　次の文章(①〜⑩)の　　ア　　〜　　ト　　に最も適当な語句を記せ。解答は
すべて所定の解答欄に記入せよ。

①　弥生時代の開始にあっては，水田稲作を生業とする集団が，機織の技術や木
　材加工に用いた新式の磨製石器をたずさえて渡来してきたとされる。しかし，
　狩猟や戦闘に用いられる弓矢には，おもに縄文時代の石器製作技術で作られた
　　　ア　　石鏃が使われている。また，朝鮮半島からの影響により北部九州で
　造られるようになったと考えられる，数個の石の上に大きな平石をのせて墓標
　とした　　イ　　墓から，縄文人と共通した形質の人骨が出土していること
　も，無視はできないであろう。

②　土器をその形でみると，縄文時代では，堅果類や魚介類等の調理・加工に適した　ウ　形土器が主であった。弥生時代になると，煮炊き用の甕形土器，貯蔵用の壺形土器，食物を盛るための高杯形土器と機能により形態が分かれたが，本格的な食器といえる杯・椀形の土器は，古墳時代に朝鮮半島から伝わった新しい技術により製作された　エ　に由来する。

③　平氏に焼き打ちされた東大寺の再建において，その中心となったのが重源である。彼は，宋の工人である　オ　に，焼け落ちた大仏を修復させた。また，大規模な建物の再建には，中国から導入した大仏様と称される建築様式を採用した。東大寺に現存する　カ　は，大仏様の代表的な建築物である。

④　後醍醐天皇は，建武新政府に様々な機関を設置した。中央で裁判を担当したのは，後醍醐天皇が最高機関と位置づけた記録所と，新たに設けた　キ　であった。一方，諸国には国司と守護を併置したほか，鎌倉と　ク　国には将軍府を置き，それぞれ親王を将軍として下向させている。

⑤　室町時代，地方でも学問が発展した。15世紀前半，下野国の足利学校が，関東管領もつとめた　ケ　によって再興された。以後代々の権力者の保護を受けて繁栄し，高度な教育が行われた。また禅僧桂庵玄樹は，応仁の乱を避けて肥後国に下り，同国の豪族　コ　氏の保護を受けて儒学を教えた。

⑥　戦国大名も検地を行うことがあったが，ほとんどの場合は，家臣や村落に耕地の面積や収入額を自己申告させる　サ　検地が行われていた。また，家臣の収入額を銭に換算した　シ　という基準で把握し，それに応じて軍役を賦課する戦国大名もあった。

⑦　明治初期，民間から政府へ提出された建白書は，しばしば新聞などに掲載されて世論にも影響を与えた。1874年に政府の立法諮問機関である　ス　へ出された民撰議院設立建白書はその著名な例だが，　セ　戦争の最中に片岡健吉が総代として提出したものなど，この後も政府に対して国会開設を要望する建白書は相次いだ。

⑧　条約改正は明治政府の最も重要な外交課題であった。征韓論政変後に外務卿
となった　　ソ　　はアメリカとのあいだで税権回復交渉を成功させたが，そ
の条約はイギリスなどの反対で発効しなかった。ついで井上馨は領事裁判権の
撤廃をめざしたが，農商務相谷干城や民法の起草などで知られるフランス人法
学者　　タ　　ら，政府内外からの非難をあびて挫折した。

⑨　大正から昭和初期にかけて，河上肇らによって経済学や歴史学などで導入さ
れた　　チ　　主義は，太平洋戦争後には再び思想的影響力を強めた。同じく
戦後，政治学者の　　ツ　　や経済史学者の大塚久雄らは，西欧近代との比較
から日本の後進性や近代化について論じ，学生・知識人層に影響を与えた。

⑩　みずからの戦争体験を書き記した文学作品は数多い。著名な例をあげれ
ば，1938 年に発表された火野葦平の『　　テ　　』は日中戦争での従軍体験を
記録したもので，　　ト　　が戦後に発表した『俘虜記』には，フィリピンでの
従軍体験とアメリカ軍の捕虜として過ごした収容所生活とがつづられている。

Ⅲ　**日本史B問題**　　　　　　　　　　　　　　　　　　　　　（30 点）

　　次の文章（A〜C）の　　ア　　〜　　ス　　に最も適当な語句を記入し，問
(1)〜(15)に答えよ。解答はすべて所定の解答欄に記入せよ。

A　1107 年，鳥羽天皇が即位した際，天皇の外戚ではない藤原忠実が，当時政
治の実権を握っていた　　ア　　によって摂政の地位を与えられた。それ以
来，摂政・関白の地位は外戚とは無関係に忠実の子孫が継承することになる。
忠実の息子たちは関白の地位をめぐって対立し，保元の乱の一因ともなった。
長男忠通は父と対立したため，次男　　イ　　が莫大な荘園や摂関家に従属す
る武士団を与えられた。乱で勝利した忠通は荘園の多くを奪回したものの，乱
後に　　イ　　側に立った武士が処刑されたため，摂関家は独自の武力を失っ
た。
　　　　　　　　　　(a)
　　このため忠通の息子たちは，権力を維持するために，有力者や武士と提携し

なければならなかった。長男の基実は平清盛と，次男の基房は　　ウ　　と，
そして三男の兼実は源頼朝と，それぞれ提携した。<u>基実の息子基通は平氏の都</u>
<u>落ちに同道せず</u>，後白河法皇と結んだため，子孫は摂関家嫡流　　エ　　家と
して繁栄した。基房の系統は提携した武将の滅亡とともに没落し，兼実の系統
九条家が　　エ　　家と対抗する地位を得た。

　　九条兼実の孫<u>道家</u>は，息子頼経が幕府の将軍となったこともあって，承久の
乱後の朝廷で大きな権力をふるうことになる。しかし，皇位継承問題が起こっ
た際，道家は承久の乱後後鳥羽上皇に協力して佐渡に流された　　オ　　上皇
の皇子を擁立しようとしたため，幕府との関係が悪化した。さらに<u>頼経の失脚</u>
もあって，失意のうちに没した。

問

(1)　下線部(a)に関して，保元の乱で処刑された武士のうち，長年名門武士団の
　　当主として検非違使などをつとめ，対立した長男に処刑された武将は誰か。

(2)　下線部(b)の「兼実」は源平争乱期の基本史料となる日記を残した。その名称
　　を漢字二字で記せ。

(3)　下線部(c)に関して，この時の有様が，藤原氏の氏神の霊験談を主題とした
　　鎌倉後期の絵巻物に描かれている。この絵巻物とは何か。

(4)　下線部(d)の「道家」は，1235 年，無双の権勢を背景に壮大な寺院を京に建
　　立した。のちに京都五山の第 4 位となるこの寺院の名を記せ。

(5)　下線部(e)に関して，頼経を失脚させ，京に送還した幕府の執権は誰か。

B　16 世紀の半ばに伝来して以来，<u>鉄砲</u>は，兵器としての有用性が明らかにな
るにつれて，九州から東国へと広がった。1575 年の　　カ　　は，鉄砲が勝
敗を決した最初の合戦といわれるが，鉄砲が合戦時に欠かすことのできない武
器となるのに，時間はかからなかった。豊臣秀吉は朝鮮半島への出兵に備え大
量の鉄砲を調達し，徳川氏の覇権を決定づけた<u>関ヶ原の戦い</u>では，東西両軍と
もに鉄砲隊を組織していた。また，鉄砲が伝わって間もない頃から，<u>大砲の使</u>

用もみられた。これら新兵器の急速な普及を支えたのは，海外からの輸入，そして，国内における製鉄・鍛冶技術の進歩であった。

　製鉄技術の革新が与えた影響は，軍事面にとどまらない。17 世紀には，砂鉄を原料とする　キ　製鉄に天秤鞴（てんびんふいご）と呼ばれる大型の足踏み式鞴が導入された。効率のよい鞴の出現によって，加工しやすい良質の鉄が大量に生産され，用途に応じてさまざまな鉄製の道具が作られるようになった。鉱山を掘る（j）ために必要な鑿（のみ）や槌（つち）などの調達が容易になり，鉱業生産は増大した。こうした掘削道具は治水や灌漑用水路の工事にも使われ，大規模な新田開発を可能にした。また，刃先が複数に分かれた　ク　をはじめ各種の農具が生み出され，農業の生産性は高まった。このように，鉄生産の発展は，江戸時代の各種（k）産業の発達を支えたのである。

問

(6)　下線部(f)に関して，ポルトガル人から鉄砲を入手し，日本で初めて国産の鉄砲を作らせたと伝えられる戦国武将は誰か。

(7)　下線部(g)の「関ヶ原の戦い」の後，徳川家康が支配下においた鉄砲鍛冶の集住する近江国の村はどこか。

(8)　下線部(h)に関連して，幕末には，大砲の鋳造に適した鉄を生産するために新たな製鉄技術が採用された。佐賀藩が最初に導入したその製鉄設備とは何か。

(9)　下線部(i)に関連して，江戸時代において，東北地方と並んで鉄の主要な生産地として知られる地域はどこか。

(10)　下線部(j)に関して，㊐朝鮮から伝来し，石見銀山で初めて用いられた精錬技術は何か。また，㊋銀に代わる主要な輸出品を産した鉱山を 1 つあげよ。

(11)　下線部(k)に関して，江戸時代には，農業に関する技術の改善や知識の普及を目的とする農書が出版された。広く読まれ，農政にも影響を与えた『農業全書』の著者は誰か。

C　近代日本における主要な貿易品目には以下のような推移が見られる。

　幕末の開港期以来，1870 年代，80 年代においても代表的な輸出品目は，
ケ と コ であった。 ケ はこの後も，1930 年代まで日
本の輸出品の代表の地位を占め続けた。 コ はもっぱらアメリカに輸出
されていたが，同地での消費動向の変化により 20 世紀初頭には輸出全体の中
での比重は低下した。一方，1870 年代から 80 年代にかけての輸入品目として
は，砂糖，鉄鋼，各種の繊維製品などが挙げられるが，1890 年代以後，繊維
原料である サ の輸入が増え，20 世紀前半を通じ最大の輸入品となっ
た。これと連動して サ を原料とする製品の輸入は減少し，1900 年代
以後は，逆にそれが代表的な輸出品目となっていく事実に，この間の<u>国内工業</u>
<u>の発展</u>を確認することができる。しかし原料の輸入額は，その製品の輸出額を
(1)
恒常的に上回っており，日本の貿易収支は<u>第一次世界大戦期</u>を除き，<u>1930 年</u>
(m)　　　　　　　　　　　　　　　　　(n)
<u>代前半まで慢性的に赤字</u>を示していた。

　1930 年代から本格的に輸入されるようになった シ は，1960 年代以
後は最大の輸入品目となり，1970 年代にはその安定供給への不安が経済危機
の原因ともなった。輸出では，<u>1960 年代以後は機械類，鉄鋼</u>などが代表品目
(o)
となって日本の産業の特徴はすっかり様変わりする。機械類輸出のうちで
は，1960 年代までは ス の比重が大きく，世界第 1 位の輸出量を誇っ
て，その製造業は日本を代表する産業ともいわれたが，1970 年代初頭をピー
クに比重は低下し，以後は自動車や電気機械が代表的輸出品の地位を占めるよ
うになった。

問

⑿　下線部(1)に関して，渋沢栄一らの構想をもとに，イギリス製機械を導入し
　て 1883 年に開業した企業の名称を記せ。

⒀　下線部(m)の「第一次世界大戦期」には，重化学工業の発展が見られ，新興の
　企業集団の形成を促した。技術者であった野口遵によって創業され，後年に
　企業集団の中核企業となった会社は何か。

(14)　下線部(n)に関して，第一次世界大戦中に行われた金輸出停止措置が継続するなかで，大戦後に再び貿易収支が悪化し経済状況が不調に陥ると，金輸出解禁の是非が政策上の争点となった。(あ)1930 年に金輸出解禁を断行したときの大蔵大臣と，(い)1931 年に金輸出を再禁止したときの大蔵大臣は，それぞれ誰か。

(15)　下線部(o)に関して，1960 年代の好調な輸出拡大の背景には，1949 年に設定された固定為替レートにより為替相場の安定が確保されていたという条件もあった。このレートでは，１ドルが何円と設定されていたか。

| Ⅳ | 日本史 B 問題 | (30 点) |

　次の問(1)，(2)について，それぞれ 200 字以内で解答せよ。解答はいずれも所定の解答欄に記入せよ。句読点も字数に含めよ。

(1)　平安時代における浄土教の発展・広まりについて，段階的かつ具体的に述べよ。

(2)　江戸時代初期，幕府が出した主要な法度をあげ，それぞれ，その対象と内容について述べよ。

入試問題

| I | 日本史Ｂ問題 | (20 点) |

　次の史料（A～C）を読み，下記の問(1)～(18)に答えよ。解答はすべて所定の解答欄に記入せよ。なお，史料の表記は便宜上，改めたところがある。

A　　　ア　　人，対馬・壱岐に襲来し，すでに合戦を致すのよし，覚恵注申す(a)るところなり。早く来る二十日以前，安芸に下向し，かの凶徒寄せ来たらば，国中の地頭・御家人ならびに本所領家　　イ　　の住人らを相催し，禦ぎ戦わしむべし。さらに緩怠あるべからざるの状，仰せによって執達くだんのごとし。

　　　　　文永十一年十一月一日

　　　　　　　　　　　　　　　　　　　　　　　　　　　　　　　　武蔵守(b)

　　　　　　　　　　　　　　　　　　　　　　　　　　　　　　　　相模守(c)

　　　　　武田五郎次郎殿(d)

問

(1)　　　ア　　に当てはまる語句を漢字二字で記入せよ。

(2)　下線部(a)の「覚恵」は，鎌倉幕府の九州支配を担当した有力武将の法名である。彼の一族は九州を統治する機関の官職を世襲したため，その官職名を苗字とした。この機関とは何か。

(3)　　　イ　　に当てはまる語句を漢字三字で記入せよ。

(4)　下線部(b)の「武蔵守」は連署の役職にある人物である。では，下線部(c)の「相模守」とは誰か。その幕府内での役職とともに記せ。

(5)　下線部(d)の「武田五郎次郎」は，この史料から，どこの国の，どの様な役職にある人物とわかるか。

(6)　鎌倉幕府は，この時の交戦国に対し，ある寺院の建設費用を調達するための貿易船を派遣した。この貿易船を何と呼ぶか。

B

一　阿蘭陀船は肥前平戸へ着岸商売仕り候処，寛永十八年辛巳阿蘭陀船も向後
　　　(e)　　　　　　　　　(f)
　長崎　│　ウ　│　へ着岸仕り，持渡り候　│　エ　│　も割符仕るべき旨，大猷院
　　　　　　　　　　　　　　　　　　　　　　　　　　　　　　　　　　　(g)
　様御代長崎奉行馬場三郎左衛門・柘植平右衛門申渡し候。

　　　　（略）

一　長崎唐船入津の節，奉行所より役人並びに五ケ所より壱人づつ唐船に乗移

　り，積来り候荷物・切支丹宗門の諸色御制禁の品々相改め申し候。阿蘭陀ま

　かり在り候　│　ウ　│　御番所も，一方は公儀より御番，一方は五ケ所割符仲
　　　　　　　　　　　　　　　　　　　　　　　　　　　　　　　　　(h)
　ケ間より御番相勤め，御制禁の諸色其外国々より出入の者共万事相改め申し

　候。只今に至り右の通り御番相勤め申し候。

　　　　　　　　　　　　　　　　　　　　　（『京都御役所向大概覚書』より）

問

(7)　下線部(e)の「阿蘭陀船」が，来航時に江戸幕府に提出した海外情報の和文報
　　告書を何というか。

(8)　下線部(f)に関して，リーフデ号で日本に漂着し，この地にイギリス商館を
　　建築するために尽力した人物は誰か。

(9)　│　ウ　│　にあてはまる語句を記せ。

(10)　│　エ　│　にあてはまる語句を記せ。

(11)　下線部(g)の人物は将軍である。

　(あ)　それは誰か。

　(い)　また，この将軍のとき，外国に対して初めて用いられるようになった将
　　　軍の称号は何か。

(12)　下線部(h)に関して，どこの商人がこの仲間を構成したか。都市名をすべて
　　記せ。

C　　　オ　　　陥落が吾輩の予想より遙かに早かりしは，同時に戦争の不幸の亦
た意外に少なかりし意味に於いて，国民と共に深く喜ぶ処なり。然れども，か
くて我が軍の手に帰せる　　　オ　　　は，結局如何に処分するを以つて，最も得
策となすべきか。是れ実に最も熟慮を要する問題なり。
(i)

　此問題に対する吾輩の立場は明白なり。亜細亜大陸に領土を拡張すべから
ず，満洲も宜く早きに迫んで之れを放棄すべし，とは是れ吾輩の宿論なり。更
に新たに支那　　　カ　　　省の一角に領土を獲得する如きは，害悪に害悪を重
(j)　　　　　し な
ね，危険に危険を加ふるもの，断じて反対せざるを得ざる所なり。（中略）

　戦争中の今日こそ，仏人の中には，日本の　　　オ　　　割取を至当なりと説く
ものあるを伝うと雖も，這次の大戦も愈よ終りを告げ，平和を回復し，人心落
　　　　　　　　　しゃじ　　　　　　　　　　いよ
着きて，物を観得る暁に至れば，米国は申す迄もなく，我に好意を有する英仏
人と雖も，必ずや愕然として慄るる所を知り，我が国を目して極東の平和に対
　　　　　がくぜん　　　　　おそ
する最大の危険国となし…（後略）

　（注）　「這次」はこのたび，の意。

問

(13)　　　オ　　　にあてはまる地名を漢字で記せ。

(14)　下線部(i)に関して，

　　(あ)　日本軍が占領した　　　オ　　　を租借していた国はどこか。

　　(い)　日本は上記(あ)の国に宣戦するさい，どの国との同盟関係を理由とした
　　　　か。国名を記せ。

(15)　下線部(j)に関して，日本は1905年にロシアから遼東半島先端部の租借権
　　と，南満州鉄道および付属地の行政権を獲得した。この租借地につけられた
　　名称を記せ。

(16)　　　カ　　　にあてはまる地名を漢字で記せ。

(17)　この史料が書かれた翌年，日本は中国へ21か条にわたる要求をつきつ
　　け，中国での権益強化をねらった。当時の日本の首相は誰か。

(18)　この史料は雑誌『東洋経済新報』の社説であるが，筆者の「吾輩」は後年，首
　　相になった。それは誰か。

Ⅱ　日本史Ｂ問題　　　　　　　　　　　　　　　　　　　　(20点)

　次の文章(①〜⑨)の　ア　〜　ト　に最も適当な語句を記せ。解答は
すべて所定の解答欄に記入せよ。

①　鎌倉時代初期，新仏教の興隆に対して，旧仏教でも革新の動きがおこった。
　　興福寺を出て笠置山に居住した　ア　宗の貞慶や，華厳宗の僧で
　　『　イ　』を著して法然を批判した明恵らが名高い。

②　戦国時代には各守護大名家で下剋上が相次いだ。管領細川氏では，将軍足利
　　義澄を擁立し権勢をふるった　ウ　の没後，内紛を経て家臣の三好長慶が
　　実権を奪った。しかし，長慶の死後，今度は三好氏の家臣　エ　が主家に
　　とってかわった。

③　江戸時代の貨幣制度は，金・銀・銭の三貨を並行的に通用させるものであっ
　　た。幕府は，まず金座・銀座を設け金銀貨を発行したあと，それまで通用して
　　いた永楽銭など中国銭の流通を停止し，かわって　オ　を大量発行した。
　　三貨のうち銀は，取り引きにさいし重さを量って通用する　カ　であっ
　　た。

④　江戸幕府10代将軍家治の時代，権勢をふるった　キ　は，幕府財政を
　　積極的な経済政策によって救おうとし，商工業者から運上金や冥加金を徴収す
　　るかわりに，その特権を保証するため　ク　の結成を公認した。また，失
　　敗に終わるが，下総の印旛沼や手賀沼の干拓事業をも推進した。

⑤　領内の特産物を独占的に集荷・販売する　ケ　は，江戸時代のはじめか
　　らみられるが，それが本格化するのは藩財政の窮乏化が進む後期になってのこ
　　とである。著名な例としては，姫路藩の木綿，　コ　藩の藍玉，薩摩藩の
　　黒砂糖などがあげられる。

⑥　尊王攘夷論が強まるなか，幕府は，やむなく文久3 (1863)年5月10日を
　　もって攘夷を決行するように諸藩に命じた。この命を実行すべく公武合体派か
　　ら尊王攘夷派に転じた長州藩は，　サ　海峡を通過する外国船を砲撃し
　　た。これに対し，薩摩・会津の両藩は，朝廷内の急進派の公家三条実美らを京
　　都から追放し，長州藩の勢力を京都から一掃した。この事件を　シ　と呼
　　ぶ。

⑦　1877 年，東京大学の動物学担当教授として赴任した　ス　は，大森貝塚の発見により日本の考古学の発達にも貢献した。1878 年に来日して東京大学で哲学や政治学・経済学を担当した　セ　は，日本の伝統美術の価値を評価し，のちに「悲母観音」などの作品を残した　ソ　の創作活動を援助するなど，日本美術の発展にも尽力した。

⑧　国税収入を租税の種類ごとに見ると，明治 20 年代までは地租が中心であったが，明治 30 年代以後は間接税の比重が高まって地租の比重は低下した。一方，直接税のうちでは 1887 年に創設された　タ　税が，大正年間には地租を上回り，以後，20 世紀後半から現在に至るまでほぼ国税収入中の首位を占めている。比重の低下した地租は地方財源へ委譲され，第 2 次大戦後は　チ　使節団の勧告に基づく税制改革で，市町村が課す　ツ　税の一部へと転換した。

⑨　戦後日本の経済改革を行った GHQ は，財閥解体の措置を恒久化するため，1947 年制定の　テ　法によって　ト　会社の設立を禁止したが，これは 1997 年の同法改正により解禁された。

Ⅲ　**日本史 B 問題**　　　　　　　　　　　　　　　　（30 点）
　次の文章（A〜C）の　ア　〜　チ　に最も適当な語句を記入し，問
⑴〜⒀に答えよ。解答はすべて所定の解答欄に記入せよ。

A　元明天皇の時代，710 年に都が藤原京から平城京に遷された。平城京は藤原京の短所を唐の　ア　を手本に手直ししたもので，北辺の中央に宮城を設け，その中に天皇の居所である　イ　や，政務や儀式をおこなう大極殿・朝堂院を置いた。平城京には藤原京から寺院が移され，仏教文化を中心とする
(a)
天平文化が栄えた。

　平城京の時代には，元明天皇の後，天武天皇の子孫が 5 代にわたり天皇の位を継いだが，桓武天皇は天智天皇の子孫であることを強く意識し，山背国（の

ちの山城国）に都を遷した。784 年には長岡京に都が遷されたが，造営工事を推進した藤原種継が暗殺されるなどしたため，長岡京は短命に終わった。種継暗殺への関与を疑われ，<u>桓武天皇の弟に当たる皇太子</u>が捕えられ死去した。その後，桓武天皇はこの皇太子の怨霊を恐れ続けた。
(b)

794 年には平安京に遷都した。桓武天皇は仏教の政治介入を避けるため，平城京から寺院を移転させなかったが，平安京には新しく東寺と西寺を造った。桓武天皇の生涯にわたる大事業は軍事（蝦夷の征討）と造作（新京の造営）であるが，死の直前に行われた　　ウ　　の裁定によってともに停止された。平安京の人々は，疫病の流行を政争に敗れた人々の怨霊のしわざと考え，それを鎮める　　エ　　を行うようになった。

平城京や平安京には東西・南北に大路や小路が碁盤目状に通り，<u>京内は方格に区画されていた</u>。居住地域は身分によって規制され，貴族は宮城に近い北部
(c)
に住み，民衆は南部に住んだ。<u>10 世紀になると平安京の西半分の右京は廃れ，左京の北部に貴族や民衆の家が混在するようになった</u>。<u>藤原道長</u>の本邸は
(d)　　　　　　　　　　　　　　　　　　　　　　　　　　　　　　　(e)
土御門殿と呼ばれ，左京一条の東京極大路の西側にあった。平安京内に私的に寺院を造ることは憚られ，道長は土御門殿の東，東京極大路の東側に浄土を再現する　　オ　　を造った。

問

(1) 下線部(a)の藤原京から移された寺院のうち，天武天皇が皇后の病気平癒のため造った寺院の名を記せ。

(2) 下線部(b)の皇太子は誰か。

(3) 下線部(c)の京内に対して，方格に区画された京外の農地などの地割を何と呼ぶか。

(4) 下線部(d)のあり様を記した『池亭記』の著者は，別に『日本往生極楽記』を著している。それは誰か。

(5) 下線部(e)の藤原道長が国政を主導した時期の前後には，郡司や百姓が受領の暴政を訴えた。988 年に告発された尾張守は誰か。

B　江戸幕府は，中国の科挙のような，試験による官吏登用制度をもたなかっ
た。しかし儒者や知識人を全く用いなかったわけではない。たとえば徳川家康
は朱子学者林羅山を登用した。羅山は僧職の形で，名も　　カ　　と僧名をな
　　　(f)
のって，４代の将軍に仕え，その子孫が代々儒者として幕府に仕える基礎を築
いた。

　　将軍家綱の政治を補佐した保科正之は，師事した山崎闇斎から朱子学と
　　キ　　を学び，文治政治の推進に努めた。牢人の増加を防ぐために
　　ク　　を緩和したのも，この時期の文治政治の姿勢をよく示している。

　　将軍綱吉は文治政治の方針のもと，みずから儒書の講釈を行うほど儒学を重
　　(g)
視し，林信篤(鳳岡)を　　ケ　　に任じ，上野忍ヶ岡にあった林家塾と孔子廟
を湯島に移し，学問所として整備した。

　　綱吉の後を嗣いだ将軍家宣は，儒者の新井白石を重用した。白石は将軍職の
　　　　　　　　　　　　　　　　　(h)
権威を高めることに意を用いた。　　コ　　の創設や将軍家継と皇女との婚約
など，皇室との関係の密接化をはかったのもその政策とみられる。

　　将軍吉宗は，侍講　　サ　　に『六諭衍義大意』を書かせて民衆教化に意を用
いるとともに，荻生徂徠の学識を高く評価して，幕府政治に関する意見を求め
　　　　　　　(i)
た。

問

　(6)　下線部(f)の林羅山の幕府公務のひとつに，寛永期の武家諸法度の起草があ
　　　るが，幕府が最初に出した元和の武家諸法度を起草した人物は誰か。

　(7)　下線部(g)の将軍綱吉治世において，時の勘定吟味役(後に勘定奉行)が採用
　　　した幕府の収入増加策は何か。

　(8)　下線部(h)の新井白石が著した自伝は何か。

　(9)　下線部(i)の荻生徂徠が，将軍吉宗の諮問に応じて著した幕政改革に関する
　　　意見書は何か。

C　　　シ　　　は，1896 年に佐藤秀助・茂世夫妻の次男として山口県に生ま

れ，のちに父の実家の養子となった。<u>1920 年に東京帝国大学法学部を卒業</u>

<u>し</u>，農商務省に入省した。順調に出世を続け，1935 年には商工省工務局長に
(j)

就任したが，翌年には日系官吏として満州国に赴任し，実業部総務司長，産業

部次長，総務庁次長の要職を歴任しつつ，満州国の経済開発政策の実質的責任

者として腕をふるった。

　その実績を評価され，1939 年には商工次官となり，さらに　　　ス　　　内閣

に<u>商工大臣として入閣し</u>，戦時統制経済の推進者となった。しかし，1944 年
(k)

には倒閣工作に加担し，閣僚辞任を拒否して内閣を総辞職においこんだ。

　1945 年 A 級戦犯容疑者として逮捕されたが，不起訴となり，1948 年に釈放

された。1952 年に公職追放解除となり，その後自由党に入党して，衆議院議

員に当選した。

　しかし，憲法改正と再軍備，さらには自主外交をとなえる　　　シ　　　は，

　　　セ　　　首相の政治路線とはあわず，自由党を除名された。1954 年には鳩

<u>山一郎等とともに日本民主党を結成し</u>，続いて自由党との　　　ソ　　　を主導し
(l)

て，新たに結成された自由民主党の初代幹事長に就任した。

　　　　シ　　　が待望の内閣総理大臣となったのは，1957 年であった。翌年 4

月には衆議院を解散し，総選挙で自由民主党の絶対安定多数を獲得した。その

あと，　　　タ　　　の改正をめざしたが，社会党や総評をはじめとする反対運動

がたかまり，撤回においこまれた。

　1960 年に訪米した　　　シ　　　は，新しい　　　チ　　　条約に調印して，宿願

をはたすとともに，アイゼンハワー大統領訪日の約束をとりつけた。しかし，

新条約の批准をめぐる国会審議は大いに紛糾し，自由民主党は衆議院で単独強

行採決にふみきった。国会外の反対運動はさらに激化し，6 月 15 日には，デ

モに参加していた東京大学生が死亡する事件が発生した。はげしい反対運動の

ため，大統領の訪日は中止され，<u>批准書交換直後に内閣も総辞職した</u>。
(m)

問

(10)　下線部(j)に関して，同じ 1920 年に東京帝国大学経済学部の助教授 2 人が新聞紙法違反で起訴され，処分を受けたが，この事件は何と呼ばれているか。

(11)　下線部(k)に関して，商工省は 1943 年に廃止され，商工大臣の　シ　は，新しく設置された省の次官となった。新しい省の省名を答えよ。

(12)　下線部(l)に関して，鳩山日本民主党内閣が代表を派遣して参加した，第 1 回アジア・アフリカ会議は，別名何と呼ばれているか。

(13)　下線部(m)に関して，後継新内閣は，新しい経済政策を打ち出すことによって，自民党政権の安定化に成功した。この経済政策は何と呼ばれているか。

Ⅳ　日本史 B 問題　　　　　　　　　　　　　　　　　　　　　　　　（30 点）

　次の問(1)，(2)について，それぞれ 200 字以内で解答せよ。解答はいずれも所定の解答欄に記入せよ。句読点も字数に含めよ。

(1)　推古朝の政策とその特徴を，具体例を挙げながら述べよ。

(2)　足利義満の時代はどのような時代であったか。いくつかの側面から論ぜよ。

| I | 日本史B問題 | （20点） |

次の史料（A～C）を読み，下記の問(1)～(20)に答えよ。解答はすべて所定の解答欄に記入せよ。なお，史料の表記は便宜上，改めたところがある。

A　二十四日，　ア　　，公方を入れ申す。猿楽ありと云々。晩に及び屋形に喧嘩出来すと云々。(中略)公方を討ち申し御首を取り，落ち下ると云々。
(a) (b)
　二十五日，昨日の儀，あらあら聞こゆ。(中略)猿楽初めの時分，内方とどめく。何事ぞとお尋ねあり。雷鳴かなど，三条申さるるのところ，御後ろの障子を引き開け武士数輩出でて，すなわち公方を討ち申す。(中略)管領・細川讃州・一色五郎らは逃走す。(中略)　ア　　落ち行く。追いかけ討つの人なし。未練言うばかりなし。諸大名同心か。その意を得ざることなり。所詮，
(c) (d)
　ア　　を討たるべき御企て露顕の間，さえぎりて討ち申すと云々。自業自得果，無力のことか。将軍，かくのごとき犬死，古来その例を聞かざることなり。
(e) (f)

　（注）　「とどめく」は大きな音がとどろくこと，「三条」とは公方側近の公家三条実雅のこと。

問

(1)　　ア　　にあてはまる守護家の名前を漢字2字で答えよ。

(2)　下線部(a)に関して，公方が招かれた口実は，前年に東国で起こった合戦の戦勝を祝うことにあったとされる。この合戦とは何か。

(3)　下線部(b)に関して，事件の首謀者は本領に落ち延びた。本領とはどこか，国名で答えよ。

(4)　下線部(c)の「管領」の息子は，のちに勃発した大規模な戦乱に際し，一方の主将となった。誰か。

(5)　下線部(d)に関して，混乱した幕府は，綸旨を受けて　□ア□　の追討を
　　行った。綸旨とはどのような地位の人物が下す文書か。

(6)　下線部(e)の「自業自得果」とは，自業自得の結果という意味だが，このよ
　　うに称されたのは，公方が長年行ってきた政治に原因があった。どのよう
　　な政治か，簡潔に記せ。

(7)　下線部(f)は，「かくのごとき犬死」をした将軍は歴史上初めてとするが，
　　幕府の将軍が在任中に暗殺された先例はある。それは誰か。

B

　　　　　定
何事によらず，よろしからざる事に百姓大勢申合せ候をととうととなへ，と
とうして，しゐてねがひ事くわだつるを　□イ□　といひ，あるひは申あわ
せ，村方たちのき候を　□ウ□　と申，前々より御法度に候条，右類の儀こ
れあらば，居むら他村にかぎらず，早々其筋の役所え申出べし，御ほうびと
して，

　　　　ととうの訴人　　　　　銀百枚
　　　　□イ□の訴人　　　　　同断
　　　　□ウ□の訴人　　　　　同断

右之通下され，その品により帯刀・　□エ□　も御免あるべき間，たとえ一
旦同類になるとも，発言いたし候ものゝ名まえ申出におゐては，その科をゆ
るされ，御ほうび下さるべし，

一，右類訴人いたすものもなく，村々騒立候節，村内のものを差押へ，ととうに
　くわゝらせず，一人もさしいださざる村方これあらば，村役人にても，百姓
　にても，重にとりしずめ候ものは御ほうび銀下され，帯刀・　□エ□　御免，
　さしつづきしずめ候ものどもゝこれあらば，それぞれ御ほうび下しおかるべ
　き者也，

　　　明和七年(1770)四月

　　　　　　　奉行

問

(8)　　イ　　にあてはまる語句を漢字で記せ。

(9)　　ウ　　にあてはまる語句を漢字で記せ。

(10)　　エ　　にあてはまる語句を漢字で記せ。

(11)　この法令は，百姓を直接の対象としたものであるが，18世紀に入って主として都市で起こった民衆の闘争を何というか。

(12)　この法令が出された時に江戸幕府の実権を掌握していた人物の名を記せ。

(13)　この法令は，木札に書かれて掲げられたものであるが，この木札は何と呼ばれたか。

C　第一条　日本国ハ，　　オ　　国及　　カ　　国ノ欧州ニ於ケル新秩序建設ニ関シ，指導的地位ヲ認メ，且之ヲ尊重ス。

第二条　　オ　　国及　　カ　　国ハ，日本国ノ　　キ　　ニ於ケル新秩序建設ニ関シ，指導的地位ヲ認メ，且之ヲ尊重ス。

第三条　日本国，　　オ　　国及　　カ　　国ハ，前記ノ方針ニ基ク努力ニ付，相互ニ協力スヘキコトヲ約ス。更ニ，三締約国中何レカノ一国カ，現ニ欧州戦争又ハ日支紛争ニ参入シ居ラサル一国ニ依テ攻撃セラレタルトキハ，三国ハ有ラユル政治的，経済的及軍事的方法ニ依リ，相互ニ援助スヘキコトヲ約ス。(g)

第四条　（中略）

第五条　日本国，　　オ　　国及　　カ　　国ハ，前記諸条項カ，三締約国ノ各ト　　ク　　トノ間ニ現存スル政治的状態ニ，何等ノ影響ヲモ及ホサザルモノナルコトヲ確認ス。(h)

第六条　本条約ハ署名ト同時ニ実施セラレルヘク，実施ノ日ヨリ十年間有効トス。

右期間満了前適当ナル時期ニ於テ，締約国中ノ一国ノ要求ニ基キ，締約国ハ本条約ノ更新ニ関シ協議スヘシ。

問

⒁　　[　オ　]　　にあてはまる国名を記せ。

⒂　　[　カ　]　　にあてはまる国名を記せ。

⒃　　[　キ　]　　に入る語句を原文どおりに記せ。

⒄　下線部(g)の「現ニ欧州戦争又ハ日支紛争ニ参入シ居ラサル一国」とはどの
　　国のことを想定したものか。国名を記せ。

⒅　史料Cの条約が調印された時，それにあわせるようにして，日本国は
　　[　キ　]　の一地域に，その軍隊を進駐させた。それはどの地域か。当時
　　の名称で記せ。

⒆　下線部(h)に関して，史料Cが調印された翌年，日本国は，この条約を補
　　完する意味をもつ新たな条約を，　[　ク　]　との間に結んだ。その条約名
　　を記せ。

⒇　同じく史料Cが調印された翌年，日本国と　[　オ　]　国および
　　[　カ　]　国は，この条約の趣旨を発展させた新たな協定を結んだが，そ
　　の協定における約束を最初に破ったのは　[　カ　]　国であった。
　　[　カ　]　国が約束を破ったあと，日本国はその最高国策において「絶対
　　確保すべき要域」を決定した。その「絶対確保すべき要域」は何と呼ばれて
　　いたか。

[II]　**日本史B問題**　　　　　　　　　　　　　　　　　　　　　　　（20点）

　　次の文章（①〜⑩）の　[　ア　]　〜　[　ト　]　に最も適当な語句を記せ。解答は
すべて所定の解答欄に記入せよ。

①　平安時代には貴族の住宅として，中央に寝殿，東西に　[　ア　]　をおく寝殿
　　造が成立した。敷地はおおむね一辺約120 m四方（方一町）で，建物の内部は
　　屏風や障子を間仕切りとして使ったが，それには日本の風景などを題材とした
　　[　イ　]　が描かれることが多かった。

② 鎌倉時代には，京・鎌倉間を旅行した人物によって紀行文が作成された。源親行の作とされ，1242年の旅行の様子を記した『　ウ　』，また1279年に裁判のために鎌倉にくだった　エ　が著した『十六夜日記』などが，その代表的なものである。

③ 室町時代，日本と朝鮮との貿易は　オ　の禁圧を契機として開始され，対馬の領主宗氏の仲介によって行われた。日本からの輸出品には，香料や胡椒といった，　カ　による中継貿易を通してもたらされた南海の産物もあった。

④ 室町時代中期の関白一条兼良は，有職故実書『公事根源』や『源氏物語』の注釈書『　キ　』を著した。彼の息子で興福寺別当をつとめた僧尋尊も博識で知られ，平安後期から16世紀初めにいたる興福寺諸門跡の経歴や事件などを記した『　ク　』を編纂した。

⑤ 古代以来使われてきた暦は，江戸時代には実際の天体の動きとの誤差が目立ってきた。そこで安井算哲は中国元代の授時暦に自らの観測を加えて暦を修正し，幕府はそれを正式に採用した。この新しい暦を　ケ　という。この改暦を機に，幕府は，おもに編暦にあたる　コ　を新設した。

⑥ 江戸時代の文人たちの間には地域やジャンルを越えた交友があった。たとえば冬の雪国の生活や習俗を描いた『　サ　』の作者の鈴木牧之は，『仕懸文庫』の作者の　シ　や読本作家の曲亭馬琴，文人画家の谷文晁らと親しく交わっていた。

⑦ 19世紀末以降，高等教育機関の拡充が進み，1918年に公布された　ス　によって，帝国大学だけでなく単科大学や公立・私立大学の設置も認められた。他方，植民地においては1920年代に　セ　帝国大学・台北帝国大学が設置された。

⑧ 1920年，平塚らいてう・市川房枝らは　ソ　を設立した。この団体は女性の政治運動参加を禁じた1900年公布の　タ　第五条の改正を訴えた。その結果，1922年にその改正が実現した。

⑨　大正から昭和初期にかけて，新聞や大衆雑誌などに掲載された大衆小説が多くの読者を得た。とくに，　チ　の『大菩薩峠』をはじめ，吉川英治や大佛次郎らの時代小説が知られている。他方で，社会主義運動・労働運動の高揚を背景に，小林多喜二の『蟹工船』などの　ツ　文学も生まれた。

⑩　1982 年より三次にわたり組閣された中曽根康弘内閣は行財政改革を推進し，　テ　や国鉄の民営化(それぞれ現在の NTT，JR)を行った。ついで大型間接税の導入を目指したが果たせず，次の竹下登内閣のもとで　ト　税として導入され，1989 年度より実施された。

Ⅲ　**日本史Ｂ問題**　　　　　　　　　　　　　　　　　　　　　(30 点)

次の文章(A〜C)の　ア　〜　タ　に最も適当な語句を記入し，問(1)〜(13)に答えよ。解答はすべて所定の解答欄に記入せよ。

A　近世以前の日本の建物は，原則として，柱で屋根を支える柱構造であった。植物質の建築材は腐ってなくなり，建物の痕跡は地表下で残るのが普通である。そのため，発掘調査で検出した建物跡は，柱位置からその平面形はわかっても，その立体構造を復元するのは容易ではない。

　縄文〜古墳時代を通じて一般的な住居は，地面を掘り込んで床面を造成する　ア　なので，壁の位置がわかるが，屋根構造などはわからない。しかし，弥生時代には土器や　イ　に描かれた絵画から，切妻造の高床式建物があったことがわかる。その多くは，　ウ　と考えられているが，なかには集会所や神殿のような高床式建物があったと説く研究者もいる。

　古墳時代には，鏡背面の文様や刀剣柄頭の彫刻，墳丘に並べた家形(a)　エ　から，豪族居館の建物が千木・堅魚木で屋根を飾り(b)，一般の　ア　と構造や外観において大きな格差を持っていたことがわかる。しかし，古墳時代までの建物は，掘った穴の中に柱を立てる　オ　建物で，耐(c)久性が圧倒的にまさる礎石の上に柱を立てる構造の建物は，仏教建築にとも(d)

<u>なって倭国で初めて出現した。</u>

問

 (1) 下線部(a)に関して，5〜6 世紀の倭国で製作されたと考えられる，年号を含む銘文が入った㋐鏡・㋑刀剣の呼称を，それぞれ記せ。

 (2) 下線部(b)に関して，千木・堅魚木などの屋根飾りを現代に伝え，建築様式名の基準となっている島根県の著名な神社は何か。

 (3) 下線部(c)に関して，創建後 1300 年以上を経た，現存の礎石建物は何か。

 (4) 下線部(d)に関して，倭国最初の本格的仏教寺院を建てた有力者は誰か。

B 鎌倉時代の荘園や国衙領には様々な人々が居住していた。土地によって違いはあるものの，ほぼ次のような人々がみられた。

 まず，武士（侍）が地頭や荘官に任じられ，現地支配を行っていた。彼らは開発領主の系譜をひくことが多く，要地を選んで，周囲に堀・溝や塀をめぐらした館をかまえていた。館の周辺には<u>年貢・公事を免除された直営地</u>が設けられ，名田などとともに，隷属民や所領内の農民によって耕作された。
         (e)

 武士たちは強い血縁的統制のもとにあり，一族の長である　カ　を中心に結集していた。一族の他のものは庶子と呼ばれたが，<u>庶子にも所領は分けあたえられた</u>。彼らは　カ　に従って奉公にはげみ，非常時には団結して
          (f)
戦った。戦闘集団であったため，<u>武士の生活</u>では武芸が重視され，つねに流鏑
           (g)
馬などを通じてその訓練を行った。ただ有力な武士のいない所領もあった。

 武士のほかには，　キ　とも呼ばれた百姓，さらに　ク　・所従が住んでいた。百姓は農民だけでなく，商人や手工業者をも含んだ庶民をさすが，荘園や国衙領ではそのなかの有力なものが名主にとりたてられ，名田の管理と年貢・公事を納める責任を負わされた。

 名主は村落の運営にあたり，しばしば開催された　ケ　で農作業や祭礼
               (h)
などの事がらを決めた。また災害や荘官などの非法にさいして，<u>領主に年貢の</u>
<u>減免や非法の停止を求める訴えをおこし</u>，それが受けいれられないときには，
 (i)

村落を退去し，山野などに隠れることも行われた。名主と同様，　　コ　　も百姓身分に属していたが，自分の名田をもたず，作人として名主や荘官などの田地を耕作した。彼らは一般に村落の運営から排除されていた。

　一方，　　ク　　・所従は地頭・荘官・名主等に人格的に隷属する非自由民で，主人に労働を提供し，ときには売買の対象とされた。もちろん，村落の構成員とはみなされなかった。

問

　(5)　下線部(e)の直営地は何と呼ばれるか。

　(6)　下線部(f)のような形態をとる所領相続は何と呼ばれるか。

　(7)　下線部(g)に関して，武士の日常生活から生まれた道徳は何と呼ばれるか。

　(8)　下線部(h)に関して，名主等が結集する村落の神社の祭祀組織は何と呼ばれるか。

　(9)　下線部(i)に関して，訴えにさいし，名主等はその要求をしたためた文書を出し，領主と交渉した。その文書は何と呼ばれるか。

C　1870 年代後半には自由民権運動が盛り上がり，1880 年 3 月に，愛国社が中心となって大阪で　　サ　　を結成し，国会開設を藩閥政府に求めた。1881 年になると，藩閥政府の中の実力者の一人大隈重信は，国会の即時開設を主張したので，同年 10 月に大隈とその一派は政府を追放された。他方，政府も民権派をなだめるため，1890 年に国会を開設することを公約した。

　そこで　　シ　　は，1882 年から 1883 年にかけ約 1 年半，渡欧して憲法調査を行った。彼はウィーン大学教授の　　ス　　から多大な影響を受け，当時ヨーロッパで最先端の憲法理論であった君主機関説を身につけて帰国した。これは，君主権は国家により拘束されるという考え方であった。その後，憲法制定作業が　　シ　　を中心に進み，1889 年 2 月に大日本帝国憲法が発布された。

　この憲法では，「大日本帝国ハ万世一系ノ天皇之ヲ統治ス」(第一条)，「天皇ハ陸海軍ヲ統帥ス」(第十一条)などの強い天皇大権が規定されている。しかし他方で，「国務各大臣ハ天皇ヲ輔弼シ其ノ責ニ任ス(後略)」(第五十五条)のように，国務大臣が天皇を拘束する要素もあった。また，「帝国議会ハ毎年之ヲ召集ス」(第四十一条)，「国家ノ歳出歳入ハ毎年　セ　ヲ以テ帝国議会ノ協賛ヲ経ヘシ(後略)」(第六十四条)のように，天皇や政府は国家の歳出歳入に関して帝国議会から拘束を受けるようになっていた。

　帝国議会は，対等の権限を持つ衆議院と貴族院とからなり，<u>衆議院は有権者が選挙で選んだ議員で構成された</u>。帝国議会が始まった 1890 年代を通して政党勢力が伸張していくのは，政党側が衆議院において　セ　への批判を加えることにより，藩閥勢力の譲歩を引き出していったからであった。1900 年9 月，　シ　は帝国議会での紛糾を避けるため，旧自由党系政党や官僚を中心に　ソ　を創立した。こうして，政策立案や政権担当能力を十分に備えた政党が日本に誕生する。

　ところで大日本帝国憲法上，首相を含め閣僚は天皇が任命した。しかし，首相の実質的な人選は　タ　があたり，首相が他の閣僚の人選を行うのが通例であった。なお，この　タ　は法令に定められた機関ではなく，慣例的な機関であった。

問

　⑽　下線部(j)の大隈重信は，太政官制の下での内閣の一員であった。当時，閣議に参加できたのは，通例出席しない天皇を除いて，太政大臣・左大臣・右大臣と大隈の就いていた役職の者であった。その役職は何か。

　⑾　下線部(k)に関して，国会開設問題以外にも大隈らの追放を促進する結果となる事件が，この年の夏から問題になった。それは何と呼ばれているか。

　⑿　下線部(l)に関して，後にこの考えは，ある人物によって憲法学説として体系化され，通説となった。しかしその説は，軍部や右翼に攻撃され，1935 年に政府によって否定される。ある人物とは誰か。

(13)　下線部(m)に関して，当初は制限選挙であったが，1925 年に男子を対象
　　に普通選挙法が成立する。そのときの首相が属した政党は何か。

Ⅳ 　日本史 B 問題　　　　　　　　　　　　　　　　　　　　　（30 点）
　次の問(1)，(2)について，それぞれ 200 字以内で解答せよ。解答はいずれも所定
の解答欄に記入せよ。句読点も字数に含めよ。

(1)　8 世紀から 11 世紀における国司制度の変遷を，郡司との関連をふまえて述
　　べよ。

(2)　江戸幕府の蘭学政策とその政策が蘭学に与えた影響について，享保期以降，
　　開国以前の時期を対象に述べよ。

Ⅰ　日本史Ｂ問題　　　　　　　　　　　　　　　　　　　　　　　　　　　（20点）

　次の史料（A〜C）を読み，下記の問(1)〜(19)に答えよ。解答はすべて所定の解答欄に記入せよ。なお，史料の表記は便宜上，改めたところがある。

A　京及び　｜ア｜　の班田司を任ず。太政官奏すらく，「親王及び五位已上
　　　　　　　　　　(a)　　　　　　(b)
の諸王臣等の位田・功田・賜田，并びに寺家・神家の地は，改め易うべから
　　　　　　　　　(c)
ず。便ち本地に給わん。その位田は，もし上を以て上に易えんと情願する者
有らば，本田の数を計りて任に給うことを聴さん。中を以て上に換うるは，
与え理むるべからず。たとい聴許すること有りとも，民の要須たらば，先ず
貧家に給う。その賜田の人は先ず賜う例に入る。見に実地なくんば，所司，
即ちともに処分せよ。位田もまた同じ。余は令条に依らん。その職田は
　　　　　　　　　　　　　　　　　　(d)
　｜イ｜，預め給うべき田数を計り，地の寛狭に随い中・上の田を取り，
一分は　｜ア｜　に，一分は外国に，闕くるに随い収授し，膏腴の地を争い求
めしむることなかれ。（中略）」と。並びにこれを許す。

　　　　　　　　　　　　　　　　　　（『続日本紀』天平元年〔729〕11月癸巳条）

問

(1)　｜ア｜　にあてはまる行政区画を記せ。

(2)　下線部(a)の「班田」にあたり，㈠6歳以上の良民男子に授けられる田の面
　　積を記せ。また，㈡条里制の1坪の面積を記せ。ただし，単位はともに当
　　時のものを用いよ。

(3)　下線部(b)の「太政官」は誰に対して奏したのか，その地位を記せ。

(4)　下線部(c)の「位田・功田・賜田」など，田租を納める田を何と呼ぶか。

(5)　下線部(d)の「令条」に関して，当時，施行されていた令の名を記せ。

(6)　｜イ｜　にあてはまる，民政を担当した官司の名称を記せ。

B　契約す　一族一揆子細の事

右，元弘以来，一族同心せしむるにより，将軍家より恩賞に預かり，当知行相

違なきものなり。ここに去年の秋ごろより，両殿御不和の間，世上今に静謐に
（e）

属さず。しこうして或いは宮方と号し，或いは将軍家ならびに錦小路殿方と称
（f）

し，国人等の所存まちまちたりといえども，この一族においては，武家の御恩
（g）　　　　　　　　　　　　　　　　　　　　　　　　　　　　　　（h）

に浴するの上は，いかでかかの御恩を忘れ奉るべけんや。しかれば早く御方に

おいて軍忠を致し，弓箭の面目を末代に揚げんと欲す。この上はさらに二心
（きゅうせん）

あるべからざるか。向後この状に背かば，衆中において内談を加え，所存を申

さるべし。もしこの条々一事たりといえども，偽り申さば，上は梵天・帝釈・

四大天王，惣じて日本国中大小神祇冥道，別しては諏訪・八幡大菩薩・当国吉
（i）

備津大明神等の御罰を，各の身に罷り蒙るべきなり。よって一味契約起請文の
（まか）　　　　　　　　　　　　　　　　　　　　　　　　　　（j）

状くだんのごとし。

　　　貞和七年（1351）十月二日　　　　　　　　　　　　　藤原俊清（花押）

　　　　　　　　　　　　　　　　　　　　　　　　　（以下，10 名省略）

問

　(7)　下線部(e)の「両殿御不和」は一般に何と呼ばれるか。

　(8)　下線部(f)の「宮方」の重臣が著した有職故実書は何か。

　(9)　下線部(g)の「国人」に関して，諸国の国人のなかには，後に室町幕府の将
　　　軍直轄軍に編成されるものもいた。この将軍直轄軍は何と呼ばれるか。

　(10)　下線部(h)の「御恩」に対して，この一族の武士たちは何によって応えよう
　　　としているか。史料中の語句で答えよ。

　(11)　下線部(i)の「八幡大菩薩」のように，神に菩薩号を付けるのはある思想に
　　　もとづくものである。その思想は何か。

　(12)　下線部(j)の「起請文」とはどのような文書のことをいうか。史料を参考に
　　　して，簡単に説明せよ。　　（**編集注**：解答枠＝タテ13ミリ×ヨコ138ミリ）

C　諸国御料・私領宗門改帳，大概寛文の頃より以来，年々帳面寺社奉行にて取
　　　　　　　　　　　　　(k)
り集め候筈に候。

一，御料所の義は，その所の御　　ウ　　にて取り集め，御勘定奉行をもっ
　　　　　　　　　　　　　　　　　　　　　　　　　　　　　　(l)
て差し出すべく候。

一，江戸町方は，町奉行にて取り集め差し出すべく候。

一，遠国奉行これある町方は，その所の奉行より差し出すべく候。
　　(m)

一，万石以上ならびに御役人・交替寄合等は，銘々より差し出すべく候。

一，頭支配これある面々は，地頭にて取り集め置き，頭支配をもって差し出

すべく候。

　　　但，与力，伊賀の者，同心等の給知，其外小給に候とも，知行所の人
　　　　　　　　　　　　　　　　　　　　　　　　　　　　　　(n)
　　　別帳は，頭支配にて洩れざるよう相改め，取り集め置き，追って差し
　　　出し申すべく候。

　　　（中略）

右の通り相心得，帳面集まり次第，一箇年ごとの年号ならびに冊数箇条書に

致し，出来次第，牧野越中守方へ差し出し，追って差図次第，帳面も差し出
　　　　　　　　　　　　　　　　　　　　さしず

し申さるべく候。

右の通り安永五申年相触れ候処，今もって差し出さざる向きもこれあり候間，

此節相調え，堀田相模守方へ早々差し出すべく候。
　　　　　　(o)
　　　　　　　（中略）

右の趣江戸表より到来候条，洛中洛外へ相触るべきもの也。

　　　午（天明6年）七月

問

⒀　この触書が伝達された都市はどこか。

⒁　下線部(k)の「寛文の頃」に，宗門改めは全国化した。その頃の将軍の名を
　　記せ。

⒂　　ウ　　には，農村支配を担当する役人の職名が入る。それは何か。

(16)　下線部(1)の「勘定奉行」は，大名・旗本・御家人のいずれから選任されたか。

(17)　下線部(m)の「遠国奉行」に関して，九州に置かれた遠国奉行の名称を記せ。

(18)　下線部(n)の「知行所」を持たない武士に，米を支給する制度を何というか。

(19)　この触書にもとづけば，下線部(o)の「堀田相模守」の職名は何か。

Ⅱ　日本史Ｂ問題　　　　　　　　　　　　　　　　　　　　　（20 点）

次の文章（①〜⑩）の　　ア　　〜　　ト　　に最も適当な語句を記せ。解答はすべて所定の解答欄に記入せよ。

①　蘇我馬子が飛鳥寺を建立する際に，　　ア　　からは，寺工・鑪盤博士・瓦博士・画工などの技術者が派遣された。金堂の丈六仏（飛鳥大仏）をつくったとされる止利仏師は，品部の１つである　　イ　　部の出身であった。

②　糸をつむぐ道具である石製・土製・鉄製の　　ウ　　や，織機の部材および模型を通して，古代の人々がどのように布を生産したのかを知ることができる。律令制において，麻布は，労働力の代償である　　エ　　という税としても，納めることになっていた。

③　蘇我蝦夷・入鹿を滅ぼして成立した改新政府は，都を　　オ　　に移し，中央集権的な施策を次々に打ち出した。全国には　　カ　　という地方行政組織を置いて，国造などをその長官に任じた。

④　8世紀には唐の影響を強く受けた国家仏教が栄えた。唐僧鑑真が渡来して　　キ　　を伝え，仏教制度の整備に寄与した。政府は民間での布教を制限したが，行基は多くの社会事業を行い，また光明皇后は　　ク　　や施薬院を設けて貧民を救済した。

⑤　山城国の大山崎には，油の販売やその材料である　[　ケ　]　の仕入れに関する特権を有した油座の拠点があった。また，この地に隠栖していた　[　コ　]　は，『犬筑波集』の編者として名高い。

⑥　山口を本拠とする大内氏は，　[　サ　]　の商人と組んで日明貿易の実権を握り，富強を誇った。しかし，1551年に当主大内義隆が家臣の　[　シ　]　によって滅ぼされたため，日明貿易も断絶することになる。

⑦　国内統一をなしとげた豊臣秀吉は，明を征服しようと，対馬の　[　ス　]　を通じて，朝鮮に日本への服従と明への道案内を要求したが，拒否された。そこで，大軍を朝鮮に送り，その首都漢城を，ついで平壌を攻略した。しかし，明の援軍と　[　セ　]　率いる水軍等の反撃にあい，休戦に追い込まれた。

⑧　15世紀ごろに始まった浄瑠璃は，江戸時代に入ると人形芝居と結びつき，人形浄瑠璃へと発展した。元禄時代には，武家出身の近松門左衛門が，『国性爺合戦』などの時代物の他，『　[　ソ　]　』などの世話物の脚本を書き，義理と人情のはざまで悩む町人や武士の姿を描いた。それらの作品は，　[　タ　]　らによって語られ，多くの人々の共感をよんだ。

⑨　元禄時代，　[　チ　]　は，『万葉集』など古典研究の立場から古代人と近世人の心の懸隔を説いた。ついで荷田春満に学んだ賀茂真淵は，中国文化に傾倒する　[　ツ　]　を排することを主張した。本居宣長はそれを継承し，大成した。

⑩　江戸時代，貨幣経済の発達は，農民の間で貧富の差を拡大させた。そのうえ江戸後期には，自然災害やそれに伴う　[　テ　]　がしばしば起こった。こうしたなか困窮した農民たちは，年貢の減免や専売制の撤廃などを要求して　[　ト　]　を起こしたが，財政難にあえいでいた領主の多くは要求には応じず，厳罰をもってのぞんだ。

Ⅲ 日本史B問題　　　　　　　　　　　　　　　　　　　　　　　　　　　　（30点）

　次の文章（A～C）の ア ～ シ に最も適当な語句を記入し，問(1)～(17)に答えよ。解答はすべて所定の解答欄に記入せよ。

A　律令体制が解体していった時期には，歴史を考えるための材料（史料）にも大きな変化が見られる。

　まず，中国風の官撰史書が作られなくなった。村上天皇の時代に『新国史』の
(a)
編纂が始まったが，ついに完成することはなく，『日本三代実録』が ア
と総称される古代官撰史書の最後のものとなった。天武天皇の時代に始まった
国家的事業が10世紀半ばに終わったさまは，貨幣鋳造の歴史とよく似てい
(b)
る。

　官撰史書と入れかわるように，新しい史料が登場する。その一つが天皇・貴
族の日記である。政治が形式化して先例故実を重んじるようになったため，日
記が大切に伝えられた。なかでも『御堂関白記』は自筆部分が現存し，筆者であ
る イ の大らかな書きぶりが印象的である。また主に女性の手で，仮名
(c)
の日記文学も生み出された。

　法制では，律令が現実に合わないものとなり，その注釈も9世紀後半に
『ウ』に集成されてから後のものは，ほとんど残っていない。朝廷の単
行法令や運用細則を格式にまとめることも，弘仁・貞観・延喜の三代で終わっ
た。10世紀半ばすぎの『延喜式』施行にも実質的意味は少なく，むしろ律令体
制の終焉を象徴するかのようであった。一方，このころから私撰儀式書がさか
んに作られるようになり，源高明の『西宮記』や藤原公任の『北山抄』などは，朝
(d)
廷政治のマニュアルとして重視された。

　エ は古代史研究をよみがえらせた出土文字史料であるが，9世紀以
降のものは数が少ない。これは単に，平安宮が大規模に発掘調査されてこな
(e)
かったため，まだ発見されていないだけのことかもしれない。しかし，あえて
古代史に理由を求めるならば，8世紀よりも紙の利用が広まったこと，律令租
(f)
税制度が衰退して貢納物の荷札が減少したこと，などを仮説として立てること

ができよう。

問

(1)　下線部(a)の天皇の政治は，父にあたる醍醐天皇の政治とともに，後世，
　　理想的な天皇親政として賛美された。二人の政治はあわせて何と呼ばれた
　　か。

(2)　下線部(b)に関して，日本最初の貨幣を鋳造したことで知られる遺跡の名
　　を記せ。

(3)　下線部(c)の実例として，次の3作品をあげることができるが，これらを
　　古い順に並べよ。解答はⅠ～Ⅲの記号で記せ。

　　　　Ⅰ　蜻蛉日記　　　　　Ⅱ　更級日記　　　　　Ⅲ　土佐日記

(4)　下線部(d)の人物は，村上天皇の死後，大宰府に左遷された。この事件を
　　何と呼ぶか。

(5)　下線部(e)について，その主な理由を述べよ。

　　　　　　　　　　　　　　　　　（**編集注**：解答枠＝タテ13ミリ×ヨコ90ミリ）

(6)　下線部(f)に関連して，日本に紙・墨の技術を伝えたとされる人物は誰
　　か。

B　江戸時代は交通路の整備が進んだ。陸上では，江戸を中心にいわゆる<u>五街道</u>
　　　　　　　　　　　　　　　　　　　　　　　　　　　　　　　　(g)
が，幕府の直轄街道として成立した。海運では，江戸・<u>大坂</u>間の定期航路の他
　　　　　　　　　　　　　　　　　　　　　　　　(h)
に，17世紀後半に，商人　　オ　　によって東廻り航路と<u>西廻り航路</u>が整備
　　　　　　　　　　　　　　　　　　　　　　　　　　　　　(i)
されて，日本列島をとりまく<u>海上交通網</u>が完成した。
　　　　　　　　　　　　(j)
　　交通網は，商品や人の往来のルートであっただけではなく，貨幣や情報が流
れるルートでもあった。貨幣は，金・銀・銭のいわゆる三貨が流通し，しかも
経済圏によって<u>取引の基準となる貨幣</u>が異なり，相互の交換比率も変動してい
　　　　　　(k)
たため，三都などの商業の要地には金融業の一種といえる　　カ　　が営業し
ていた。
　　鎖国体制下，幕府は海外情報の統制に留意した。その中で，幕府自身は，ほ

ぼ定期的にもたらされる　　キ　　によって，海外事情に関する比較的新しい
情報を得ていた。江戸時代には，情報は出版物を通じて流通することが多く
なったことを反映し，幕府は，情報統制のために，出版物の規制を行うことが
少なくなかった。

(1)

問

(7)　下線部(g)の「五街道」を管轄する幕府の職名は何か。

(8)　下線部(h)の「大坂」は「天下の台所」と言われることがあった。なぜそう呼
　　ばれたのか。

(9)　下線部(i)に関して，開発時に西廻り航路の起点とされた，日本海に注ぐ
　　大河川の河口に位置する都市は，どこか。

(10)　下線部(j)に関して，(あ)江戸時代に全国的な海上交通網の整備が必要とさ
　　れた主な理由は何か。また，(い)江戸時代後期，蝦夷地と大坂の間の日本海
　　沿岸を往来して，蝦夷地や北陸方面の海産物などを大坂，瀬戸内地方にも
　　たらした船のことを何というか。

（編集注：(あ)の解答枠＝タテ13ミリ×ヨコ85ミリ）

(11)　下線部(k)に関して，上方を中心とする経済圏の取引の基準となった貨幣
　　は，三貨のうち何か。

(12)　下線部(l)に関して，寛政改革時，ロシアの南下を説き海防を論じた著書
　　の版木が没収となり，処罰されたのは誰か。

C　国共内戦に勝利した中国共産党の主席　　ク　　は，1949 年 10 月 1 日北京
の天安門広場で，中華人民共和国の成立を宣言した。敗れた国民党の蒋介石は
(m)
軍を率いて　　ケ　　に逃れた。これをみた朝鮮民主主義人民共和国（北朝鮮）
の金日成は朝鮮半島の武力統一を決断し，翌年 6 月に朝鮮戦争がはじまった。
国際連合は北朝鮮を弾劾し，大韓民国への支援を加盟国に求めた。アメリカ軍
を主力とする国連軍が北緯 38 度線を越えて進撃すると，彭徳懐の率いる中国
(n)
軍が介入し，米中両軍は直接戦火を交えることになった。

　一方で，朝鮮戦争は対日講和を促進させた。アメリカ政府は対日講和の基本原則をまとめて，関係各国と協議をはじめ，1950 年 11 月には「対日講和 7 原則」を公表した。翌年 9 月 8 日に　コ　平和条約が結ばれ，これにより　サ　宣言にもとづく日本占領に終止符が打たれることになった。この講_(o)和はいわゆる「片面講和」であり，またアメリカ軍の駐留と基地利用を認める日米安全保障条約_(p)と一体のものであった。

　　　コ　平和条約の調印後，アメリカ国務省のダレス顧問の強い要請にしたがって，当時の首相　シ　は，中華民国政府との間で講和条約を結ぶこ_(q)とを確約した。このように，中華人民共和国の成立，朝鮮戦争および対日講和により，東アジアにおける冷戦体制の枠組みが形成された。

問

(13)　下線部(m)に関連して，かつて蔣介石が率いた国民革命軍の北伐に対して，日本は 3 度にわたって軍事干渉を行ったが，それは何と呼ばれているか。

(14)　下線部(n)の「国連軍」は，当初その司令部を東京に置いていた。国連軍司令官に就任した人物が当時ある役職を兼任していたからである。その役職とは何か。アルファベットの略語で記せ。

(15)　下線部(o)の「片面講和」の意味を簡単に説明せよ。

（編集注：解答枠＝タテ 13 ミリ×ヨコ 90 ミリ）

(16)　下線部(p)の「日米安全保障条約」は 1960 年に改定され，さらに冷戦体制崩壊後の 1996 年に「再定義」された。この「再定義」を行った外交文書は何と呼ばれているか。

(17)　下線部(q)に関連して，中華人民共和国との国交を樹立し，戦争状態の終結を確認した外交文書は何と呼ばれているか。

Ⅳ　日本史 B 問題　　　　　　　　　　　　　　　　　　　　　（30 点）

　次の問(1)，(2)について，それぞれ 200 字以内で解答せよ。解答はいずれも所定の解答欄に記入せよ。句読点も字数に含めよ。

(1)　鎌倉幕府における将軍のあり方の変化とその意味について，時代順に具体的に述べよ。

(2)　明治維新から日清開戦にいたる日本と清国との政治・外交関係の推移について述べよ。

I　日本史Ｂ問題　　　　　　　　　　　　　　　　　　　　　　　　　　　(20 点)

　次の史料（Ａ〜Ｃ）を読み，下記の問(1)〜(19)に答えよ。解答はすべて所定の解答欄に記入せよ。なお，史料の表記は便宜上，改めたところがある。

Ａ　王子は，淡海帝（おうみ）の孫，大友太子(a)の長子なり。母は浄御原帝(b)の長女十市内親王。器範宏邈（ばく），風鑒秀遠（かん）。材は棟幹に称ひ（かな），地は帝戚を兼ぬ。少くして学を好み（わか），博く経史に渉らす。頗る文を属（すこぶ）ることを愛み（つづ），兼ねて書画を能くす（この）。浄御原帝の嫡孫にして，浄太肆を授けらえ（め），治部卿に拝さる。

　　高市皇子（みみ）(c)薨りて後に，皇太后王公卿士(d)を禁中に引きて（さしはさ），日嗣を立てむことを謀らす。時に群臣各私好を挟みて（うん），衆議紛紜なり。王子進みて奏して日はく，「我が国家の法と為る，神代より以来，子孫相承けて，天位を襲げり（つ）。若し兄弟相及ぼさば，則ち乱此より興らむ。仰ぎて天心を論らふに（かた），誰か能く敢へて測らむ。然すがに人事を以ちて推さば（しか），聖嗣(e)自然に定まれり。此の外に誰か敢へて間然せむや」といふ。弓削皇子座に在り，言ふこと有らまく欲りす（ほ）。王子叱び（いさ），乃ち止みぬ（すなわ）。皇太后其の一言の国を定めしことを嘉みしたまふ（よ）。特閲して正四位を授け，式部卿(f)に拝したまふ。

問

(1)　下線部(a)の「大友太子」は，下線部(b)の「浄御原帝」によって滅ぼされた。それは何年のことか。西暦で答えよ。

(2)　下線部(b)の「浄御原帝」は，一人の舎人に命じ，帝紀・旧辞を誦み習わしめた。その舎人の名を記せ。

(3)　下線部(c)の「高市皇子」の子で，国家を傾けんとした罪に問われ，自害に追い込まれた左大臣は誰か。

(4)　下線部(d)の「皇太后」はこの時天皇であった。それは誰か。

(5)　下線部(e)の「聖嗣」となった人物がその後天皇であった時に，編纂・施行された法典の名称を記せ。

⑹　下線部(f)の「式部卿」の管轄下にあった官吏養成機関の名称を記せ。

B　人代のはしめ，大織冠，入鹿を誅して藤氏の大功として，天智天皇をたて奉
　　　　　　　(g)
りき。これすなはち武をもて君をたすくるなり。今保元よりこのかた，一天下
　　　　　　　　　　　　　　　　　　　　　　　(h)
　　ア　　の手にいりて，武威にあらされは世をおさむへからさるかゆへに，

藤門よりいてゝ将軍の仁にさたまるへしといひて，種々の道理をたてられき。
　　　　　　　　　　　　　　　　　　　　　　　　　　(i)
そのゝち承久の大乱に，故二品ならひに義時，君に敵したてまつりて，いよい
　　　(j)　　　　　(k)
よ天下を領してよりこのかた，将軍その主君として二十余年，国土をさまり，
　　　　　　　　　　　　(1)
世たえらきて，ほとゝ　　ア　　も弓馬の道をわすれたるかことし。この間

弟子か子息繁昌，まことに古にこえたり。（後略）
(注)
　　　　　　　　　　　　　　（寛元 4 年〔1246〕7 月 16 日九条道家願文）

　　（注）　この場合，「弟子」は九条道家のことである。

問

　⑺　　　ア　　にあてはまる，漢字 2 字からなる語句を記せ。

　⑻　下線部(g)の「大織冠」とは誰か。

　⑼　下線部(h)に関して，保元の乱で後白河天皇側に属し，当時関白であった

　　　人物は誰か。

　⑽　下線部(i)に関して，日本の歴史を「道理」によって解釈した，鎌倉時代の

　　　歴史書は何か。

　⑾　下線部(j)の「承久の大乱」後に新たに置かれた地頭は一般に何と呼ばれる

　　　か。

　⑿　下線部(k)の「故二品」とは誰か。

　⒀　下線部(1)の「将軍」とは誰か。

C　　　　条々
(m)

一　日本国御制禁なされ候切支丹宗門の儀，その趣を存じながら，彼の宗を弘
　(n)　　　　　　　　　　　　　　　　　　　　　　　　　　　　　　　　(o)
むるの者，今に密々差し渡すの事

一　宗門の族，徒党を結い，邪儀を企つ，すなわち御誅罰の事
(p)

一　　　イ　　　・同宗旨の者かくれ居る所へ彼国よりつけ届け物送りあたふる

事

　　右これにより，自今以後，かれうた渡海の儀これを停止せられおわんぬ。
　　　　　　　　　　　　(q)
この上，もし差し渡すにおゐては，その船を破却し，ならびに乗り来るも
の，速やかに斬に処さるべきの旨，仰せ出ださるところ也。よって執達くだ
んのごとし。

問

⑭　　　イ　　　内に適当な語を記せ。

⑮　下線部(m)の「条々」が出された年を記せ。

⑯　下線部(n)の「切支丹宗門」の教えを日本に最初に伝えたのは誰か(a)。ま
　　た，その教えが伝来した年を記せ(b)。

⑰　下線部(o)に「彼の宗を弘むる」とあるが，それを防止するために幕府が主
　　に北九州で実施した方策は何か。その名称を記せ。

⑱　下線部(p)に対応する事件が，この法令が出される前に起きた。その事件
　　の名称を記せ。

⑲　下線部(q)に「かれうた渡海」とある。どこの国の船か，国名を記せ。

Ⅱ 日本史Ｂ問題　　　　　　　　　　　　　　　　　　　　　　（20 点）

　次の文章（①〜⑩）の　ア　〜　ト　に最も適当な語句を記せ。解答は
すべて所定の解答欄に記入せよ。

① 　古代の仏教彫刻は，さまざまな素材・技法で製作された。初期の仏像は金銅
　像や木像が一般的だったが，奈良時代になると，東大寺法華堂の　ア　像
　のような乾漆像，あるいは戒壇院四天王像のような塑像も数多く作られた。平
　安初期には，一木造の木像が主流となり，衣文の表現には　イ　式と呼ば
　れる技法が用いられた。

② 　藤原道長とその子頼通は天皇家の外戚として権勢を誇り，その繁栄の姿は
　『栄花物語』や『　ウ　』などの歴史物語に描かれている。道長や頼通は浄土
　教を深く信仰し，地上に浄土を再現するため，法成寺や平等院鳳凰堂を建て
　た。法成寺や平等院鳳凰堂の仏像は，仏師　エ　が制作にあたった。

③ 　平清盛の祖父正盛の時に院近臣として台頭した伊勢平氏は，その子
　　オ　が鳥羽院から昇殿を許されて政治的地位を高めた。当時，春日社の
　　カ　を擁した興福寺，日吉社の神輿をかついだ延暦寺などの悪僧による
　強訴が再三発生したが，　オ　はこうした強訴の防御にも活躍した。

④ 　14 世紀の末，大和四座の一つである　キ　座（のちの観世座）出身の観
　阿弥・世阿弥父子が京に進出し，将軍足利義満の保護を受けて猿楽能を大成し
　た。世阿弥には，著書『風姿花伝』，彼の談話を息子元能が筆録した
　『　ク　』がある。

⑤ 　室町時代には商業が大きく発展し，貨幣流通がさかんとなったため，明銭な
　どの良質な貨幣が不足して粗悪な銭が横行した。これを嫌って　ケ　が行
　われたため，幕府や大名はたびたびこれを制限した。大量の銭の運搬が困難な
　ため，遠隔地取引には為替が用いられたが，その手形を　コ　という。

⑥ 　安土城・大坂城・聚楽第などの城郭建築は，桃山文化の象徴である。その内
　部の襖や壁を飾った絵画は，　サ　と呼ばれ，その制作の中心となったの
　は，　シ　派の絵師たちであった。

⑦　江戸時代の村は，庄屋・組頭・百姓代といった村役人によって運営されたが，村政に参加できるのは基本的には　　ス　　に限られた。また，その負担は，田畑や屋敷の石高を基準にかけられる年貢のほか，山野河海の利用に対してかけられる附加税の　　セ　　や，公用の交通のために課される伝馬役などがあった。

⑧　天保の飢饉により，農村からの流入者が増えて都市問題が深刻化し，周辺の村々では荒廃が進んだ。そこで，水野忠邦は農村から都市に来住した者に帰農を命じる　　ソ　　を出したが，効果はあがらなかった。また，諸物価が高騰し，貧しい人々は飢えに苦しみ，各地で騒擾が起こったが，町費の節約分を積み立てる　　タ　　制度が寛政期に始まった江戸では，貧民救済が行われ，天明の頃のような混乱は回避された。

⑨　開港後の社会の混乱は，人々の不安を増大させた。中山みきを教祖とする　　チ　　などの民衆宗教は，貧しい人々の救済を説き，行き詰まった社会から救われたいという願いを持つ人々に受け入れられていった。また，1867 年から翌年にかけて，世直しを求めて集団で乱舞する　　ツ　　が，東海から中国・四国地方にかけて発生した。

⑩　明治 10 年代，20 年代は，伝染病が流行し，猛威をふるった時代であった。とくにおそろしいのは　　テ　　で，1879 年と 1886 年の両年には，日本全国で死者 10 万人をこえる被害をもたらした。ほかにも，天然痘，腸チフス，赤痢が流行し，これら 4 種の伝染病によって，明治中期の 20 数年間に 80 万人をこえる死者がでたと言われている。衛生行政を管掌する　　ト　　は，中央衛生会・地方衛生会・町村衛生委員などの制度をつくって，伝染病の予防につとめたが，必ずしも十分な成果をあげることができなかった。

Ⅲ　**日本史Ｂ問題**　　　　　　　　　　　　　　　　　　　　(30 点)

　次の文章(A～C)の　| ア |　～　| ス |　に最も適当な語句を記入し，問
⑴～⒃に答えよ。解答はすべて所定の解答欄に記入せよ。

A　浄土真宗(一向宗)は，15 世紀後半に現れた蓮如の活躍で大きく発展した。
　_(a)
彼は当初近江国で布教したが，延暦寺の弾圧により越前国　| ア |　御坊に逃
れて北陸で布教し，爆発的に教線を広げた。ついで京の近郊　| イ |　に，さ
らに現在の大阪である石山にも本願寺を建立した。

　蓮如は教えをやさしい言葉で説いた　| ウ |　を配布し，惣村を基盤として
　　　　　　　　　　　　　　　　　　　　　　　　　　　　_(b)
門徒を増やしていった。来世における極楽往生を目指す教えは，農民の強い支
持を受け，世俗権力に抵抗する一揆を結成することになる。しだいに一向一揆
は激化し，15 世紀末には加賀国で守護　| エ |　を滅ぼし，1 世紀近くにわ
たり一揆が国内を支配するに至った。これに対し，日蓮宗は京の富裕な商工業
　　　　　　　　　　　　　　　　　　　　　　　　　　_(c)
者の支持を受けた。彼らは法華一揆を結成し，1532 年には一向一揆と衝突，
　　　　　　　　　　　_(d)
| イ |　本願寺を焼失させている。

　その後，一向宗は石山に拠点を移したが大きな勢力を維持した。その背景に
は，単に武力が強大であったことだけではなく，各地の寺内町を通して商人を
　　　　　　　　　　　　　　　　　　　　　　　　　　　　　　　　_(e)
保護し，商業流通を掌握したこともあった。多くの寺内町が現存するが，その
うち，大和国称念寺の寺内町　| オ |　には，近世の古い町並みが保存されて
いる。

問

　⑴　下線部(a)の「浄土真宗」の開祖が著した根本教典は何か。

　⑵　下線部(b)の「惣村を基盤」として結成された一向宗の門徒の団体は何か。

　⑶　下線部(c)の「日蓮宗」は，他宗派を攻撃したり，為政者に諫言したりした
　　　ために，弾圧を受けることもあった。京で布教した日親を弾圧した将軍は
　　　誰か。

　⑷　下線部(d)の「法華一揆」は，1536 年に延暦寺と近江の戦国大名の攻撃を
　　　受けて壊滅する。この戦国大名が 1567 年に制定した分国法の名称を記
　　　せ。

(5)　下線部(e)の商人に対する保護の内容を具体的に記せ。

（**編集注**：解答枠＝タテ 13 ミリ×ヨコ 42 ミリ）

B　1716 年に将軍となった徳川吉宗は，海外との貿易や通貨の問題については
　　　　　　　　　　　　　　　　　　　　　　　　　(f)
新井白石の政策を受け継ぐ一方，時代を画する様々な施策を行った。まず，公
　　　　　　　　　　　　　　　　　　　　　　　　　　　　　　　　　　(g)
事方御定書を編纂させ，裁判や行政の基準を定め，幕府支配の基礎となる法の
整備を進めた。また，幕府財政を再建するため，新田開発を推進するととも
に，豊凶に関わりなく一定の率の年貢を徴収する　　カ　　を採用し，年貢の
増徴をはかった。こうした農業政策に加え，大名に対しても 1 万石あたり 100
石の上げ米を命じた。この他，人口 100 万人とされる江戸では，　　キ　　を
　　　　　　　　　　　　　　　　　　　　　　　　　(i)
町奉行に登用し，多発する火事に対応するため町火消の組織を整備し，貧民を
　　　　　　　　(j)
対象として病人を収容・治療する　　ク　　を作るなど，都市政策を進めた。
さらに，実学奨励の一環で漢訳洋書の輸入制限を緩和し，江戸時代後期の蘭学
　　　　(k)
興隆のきっかけを作った。

問

(6)　下線部(f)に関して，幕府は，新井白石の発案により，金銀の海外流出を
　　抑えるために，長崎での貿易を制限した。その規定を総称して何という
　　か。

(7)　下線部(g)は，評定所の構成員である三奉行の他，畿内・西国支配を担当
　　する 2 つの役職に限り閲覧が許されていた。その 2 つの役職の名称を記
　　せ。

(8)　下線部(h)に関して，参勤交代の半減を条件とするこの制度を，吉宗は
　　「恥辱」と感じていた。それはなぜか。参勤交代制度が作られた趣旨に即し
　　て，その理由を記せ。　　（**編集注**：解答枠＝タテ 13 ミリ×ヨコ 138 ミリ）

(9)　下線部(i)では，江戸時代後期，為政者を諷刺したり，世相を皮肉る川柳
　　が流行した。柄井川柳が撰者となって 1765 年に刊行が始まった句集の名
　　称を記せ。

(10) 下線部(j)に関して，延焼を防ぐために，明暦の大火の後に設置され，享保期に増設された空き地の名称を記せ。

(11) 下線部(k)に関して，吉宗に命じられ野呂元丈とともにオランダ語を学んだ人物は誰か。

C　第一次世界大戦の主戦場はヨーロッパであったが，日本は　ケ　にもとづいて参戦し，ドイツの海軍基地と租借地のある　コ　半島に出兵した。さらに中国における権益の拡張をめざし，袁世凱政権に対する二十一か条要求や段祺瑞政権に対する大規模な借款など積極的な政策を展開した。
(1)

　過酷な世界戦争は帝政ロシアの崩壊をもたらし，ソビエト政権の樹立を招いた。日本はアメリカ，イギリス，フランスとともにシベリアに出兵し，中国と軍事協定を締結して，ロシアの勢力範囲であった満州（現在の中国東北部）北部を制圧し，ロシアの権益を掌握しようとした。
(m)

　世界戦争の再発防止のため，新しい国際秩序の創出と平和・安全保障体制の樹立が戦後の課題となったが，その答えの一つがアメリカ大統領ウィルソンの提唱した平和14か条であり，それを具体化した　サ　であった。いっぽう，戦後のアジア各地では民族運動が昂揚した。朝鮮の三・一独立運動，中国
(n)
の　シ　運動が植民地支配，帝国主義に対する抵抗として起った。

　そのような戦後の状況をうけて，東アジアの国際体制が再編された。　ス　体制と呼ばれるこの体制は，戦勝国の植民地支配を正当なものとして継承し，太平洋上の旧ドイツ植民地は戦勝国間で分割されたが，中国については領土保全・主権尊重・門戸開放・機会均等をうたう九か国条約が結ばれ
(o)
た。また，中国が原加盟国として　サ　に加入したことにより，これ以降，中国の独立と統一を脅かし，その領土と主権を侵害する行為は，国際平和に反する侵略と見なされることになった。

　日本は，イギリスやアメリカとの協調維持のために，新しい体制をうけいれた。原敬内閣によってレールが敷かれたこの路線は，その後満州事変で幣原外
(p)
交が崩壊するまで日本の対外政策の基本となった。

問

(12)　下線部(l)の借款は，通常何と呼ばれているか。

(13)　下線部(m)に関して，満州において日本とロシアが勢力範囲を設定することを相互に認めた条約名を記せ。

(14)　下線部(n)の運動の結果，朝鮮総督府の組織が改められ，朝鮮総督の任用資格が変更された。どのように変更されたか，簡単に説明せよ。

（編集注：解答枠＝タテ 13 ミリ×ヨコ 90 ミリ）

(15)　下線部(o)の条約が締結された国際会議で，この条約以外に結ばれた 2 つの重要な条約の名称を記せ。

(16)　下線部(p)の満州事変のきっかけとなった関東軍による謀略事件の名を記せ。

Ⅳ　**日本史Ｂ問題**　　　　　　　　　　　　　　　　　　　　　　　（30 点）

次の問(1)，(2)について，それぞれ 200 字以内で解答せよ。解答はいずれも所定の解答欄に記入せよ。句読点も字数に含めよ。

(1)　考古資料(遺構*や遺物)を具体的な証拠として示して，縄文時代と弥生時代の主要な生業の違いを述べよ。（*遺構とは，大地に刻み込まれた人間の営みの痕跡を指す。たとえば，住居跡，井戸跡，墓穴など。）

(2)　日本国憲法について，その草案起草から公布に至るまでの，制定過程を史実に即して述べよ。

2006年

　日本史Ｂ問題　　　　　　　　　　　　　　　　　　　　（20点）

　次の史料（Ａ～Ｃ）を読み，下記の問(1)～⒇に答えよ。解答はすべて所定の解答欄に記入せよ。なお，史料の表記は便宜上，改めたところがある。

Ａ　一　寺社・本所領のこと　　応安元　六　十七（中略）
　　　　　　　　　　　　　　　　　（注）
　　禁裏・仙洞の御料所，寺社一円の仏神領，殿下渡領など，他に異なるの間，
　(a)
かつて半済の儀あるべからず。固く武士の妨げを停止すべし。そのほか諸国の
　　　(c)　　　　　　　　　　　　　　　　　　　　(b)
本所領は，しばらく半分を相分ち，　　ア　　を雑掌に沙汰し付け，向後の
　　　　　　　　　　　　　　　　　　　　　　　　　　　　　　　　　　（いらん）
知行を全うせしむべし。この上，もし半分の預り人，あるいは雑掌方に違乱
し，あるいは過分の掠領を致さば，一円本所につけられ，濫妨人に至っては，
　　　　　　　　　　　　　　　　(d)
罪科に処すべきなり。

　　（中略）

　　次に先公の御時より，本所一円知行の地のこと，今さら半済の法と称して，
　　　　(e)
改動すべからず。もし違犯せしめば，その咎あるべし。

　　（注）　「応安元」とは，応安元年，1368年のことである。

問

　⑴　　　ア　　には，荘園などの土地そのものを意味する漢字2字が入る。
　　　その語を記せ。

　⑵　下線部(a)の「禁裏」とは，本来ある地位についている人物の居所を意味し
　　　たが，転じてその人物自身の意味に用いられる。どのような地位か。

　⑶　下線部(b)の「殿下」は，摂政・関白を意味する。この前年に退任した北朝
　　　の関白で，連歌にもすぐれていたのは誰か。

　⑷　下線部(c)の「半済」が1352年に実施されたのは，3ヵ国であった。その
　　　うち，京に最も近い国名を記せ。

(5)　下線部(d)の「一円本所につけられ」るとは，守護方の不法に対する処罰である。どのような措置か，簡単に説明せよ。

　　　　　　　（**編集注**：解答枠＝タテ 13 ミリ×ヨコ 138 ミリ）

(6)　下線部(e)の「先公」の後継者として将軍に就任し，管領細川頼之の補佐を受けたのは誰か。

(7)　1368 年には，夢窓疎石の門下で，のちに五山文学の最高峰として義堂周信と並び称された禅僧が入明している。この禅僧とは誰か。

B　子年の冬松前志摩守より訴う。<u>蝦夷之地アツケシの辺ヘヲロシヤの人船にのり来り</u>，<u>十二年已前漂流せし日本人伊勢国の住幸大夫なるものをわたすべしとてつれ来る</u>。松前志摩守への状もありしとて出す。ひらきみるに，（中略）幸大夫をおくりこすによて，江戸まで直に出，江戸御役人へわたし申すべしとの事也。（中略）これにより<u>三奉行</u>へも一々いいきかせ談じけるが，衆評まちまちなれども大意の処は大がいおなじ。ついに<u>予</u>建議して御目付両人を宣諭使として松前へ下さる事とは成ける。（中略）宣諭使松前之地へ来り，江戸へ出候事相成らざる国法にて願度事は長崎へ来り，所の奉行のさたにまかすべし。（中略）長崎へ来りたらば，<u>長崎へ入来る信牌わたすべしとて，この信牌をももち来れ</u>，並にはるばるおくり来る労をおもい，<u>わが国法をもしらざればとて</u>，こたびは只かえさるるとて帰帆を申わたすなり。

　　　　　　　　　　　　　　　　　　　　　　　（『宇下人言』）

問

(8)　下線部(f)のロシア人来航の目的は何か。

　　　　　　　　　　（**編集注**：解答枠＝タテ 13 ミリ×ヨコ 138 ミリ）

(9)　下線部(g)の「幸大夫」（光大夫）からロシア情報を聞き取って作られた書物の名称を記せ。

(10)　下線部(h)の「三奉行」が主要な構成員となり，各自が専決できない重大事件や管轄のまたがる訴訟などを合議・裁判した機構は何か。

(11)　下線部(i)の「予」とは誰か。

(12)　下線部(j)の「信牌」とは長崎入港許可証を意味する。この時わたされた信
牌を持って，後に長崎に来航したのは誰か。

(13)　下線部(k)の「わが国法」の内容を，この史料に即して具体的に記せ。

（**編集注**：解答枠＝タテ 13 ミリ×ヨコ 138 ミリ）

C　日清戦争によりて最も激しく影響を見たるは，工業社会を第一となす。各種
の機械工業起こりたるも，此の二三年来の事にして，即ち日清戦役以来の事な
り。労働者払底という労働社会の珍事を見たるも，同じく戦争以後の事なり。
労働問題の起りたるも，同盟罷工生じたるも，工場条例の発布せられんとする
も，皆戦争以後なり。今内地雑居の暁，資本に欠乏せる我が工業界に外国の資
本入り込み，外国の資本家が親から工場を建て，我が労働の安きを機会とし
て，工業に従事する暁は果して如何なるべきや。七月となれば，直に此事ある
べしとは，判然言うを得ざれども，徐々として外国人の我が工業社会を侵略す
るという事は，誰しも承知し居ることなるべし。

問

(14)　下線部(l)の「機械工業」とは「機械化された工業」を意味するが，この時期
にその製品の輸出高が輸入高を上まわるようになった重要「機械工業」があ
る。どの業種か，その名称を記せ。

(15)　下線部(m)の「労働問題」について，この時期に高野房太郎や片山潜によっ
て結成された，労働運動の啓蒙・宣伝団体は何か。その名称を記せ。

(16)　下線部(n)の「同盟罷工」について，この時期に当時最大の鉄道会社で労働
者の大規模なストライキがおこなわれた。その鉄道会社の名称を記せ。

(17)　上記史料中の「労働問題」の発生や「同盟罷工」の拡大などに対して，当時
の政府は，労働運動を規制する法律を新たに制定した。その法律の名称を
記せ。

(18)　下線部(o)の「内地雑居」とはいかなることを意味するのか。簡単に説明せ
よ。

（**編集注**：解答枠＝タテ 13 ミリ×ヨコ 138 ミリ）

⑩　下線部(O)の「内地雑居」を認められた外国人は，そのかわりにそれまで享受していたある特権を失うことになった。その特権とは何か。名称を記せ。

⑳　下線部(D)の「七月となれば」は，「七月に内地雑居を認める新しい条約が発効すれば」という意味であるが，このことから，上記史料の文章が書かれた年が判明する。それは何年か。西暦で記せ。

Ⅱ　日本史Ｂ問題　　　　　　　　　　　　　　　　　　　　　（20 点）

次の文章（①～⑩）の　ア　～　ト　に最も適当な語句を記せ。解答はすべて所定の解答欄に記入せよ。

①　律令国家は都と地方を結ぶ七道を整備して　ア　を設け，公用で往来する官人に利用させた。公民は調や庸を自ら運脚夫となって都まで運び，軍団の兵士の一部は都で　イ　として勤務した。これらの労役や兵役は有力な働き手をとられるので，大きな負担であった。

②　鎌倉武士たちは，騎射三物と呼ばれた笠懸・犬追物・　ウ　を行って武芸を磨いた。また大規模な巻狩も行ったが，軍記物語である　エ　の題材となった兄弟の仇討ちは，頼朝が富士山麓で巻狩を行った際に発生した。

③　1428 年の正長の土一揆では，京やその周辺で私徳政が行われた。奈良市　オ　の地には，この地で私徳政が行われたことを示す碑文が残されている。幕府が天下一同の徳政を認めたのは　カ　の土一揆の時である。

④　多くの戦国大名は，領国統治のために分国法を制定している。16 世紀前半には，駿河・遠江などを領国とする戦国大名が　キ　を制定したほか，奥羽に勢力を広げた　ク　氏も 171 条にも及ぶ「塵芥集」を制定している。

⑤　戦国時代に国内栽培が始まった　ケ　は急速に普及し，江戸時代前期には庶民の代表的な衣服原料となった。一方，絹織物は，西陣の　コ　の技術が地方に伝えられ，その結果，江戸時代後期以降に各地で生産がさかんに

なった。

⑥　江戸時代に入ると，国内の商品流通量が増えるにつれて，商品を集めて卸売りをする問屋や，小売商の注文に応じて問屋から商品を調達する　サ　など商人の分業化が進んだ。これらの商人は，三都や城下町の卸売市場で取引を行った。大坂天満の　シ　市場は，その代表的なものである。

⑦　革命後のロシアに対する干渉目的の出兵は，はじめ英・仏からの提案を受けて　ス　を首相とする当時の日本政府が検討を開始していた。1918 年 7月に　セ　から，チェコスロヴァキア軍団救済目的の共同出兵の提案を受けると，これを名目としてシベリアへの大量出兵が実行された。

⑧　1927 年，民間銀行の経営悪化が表面化し，金融恐慌と呼ばれる事態に発展するなか，経営破綻に陥った鈴木商店に巨額の融資を行っていた　ソ　も経営危機に陥った。若槻礼次郎内閣は，　ソ　救済のための緊急勅令を出そうとしたが，　タ　で否決され，内閣は総辞職した。

⑨　第 2 次世界大戦後，日本映画も国際的に高い評価を受けるようになった。とくに戦前以来の伝統を誇るヴェネチア国際映画祭で黒澤明監督の　チ　がグランプリを獲得したことは，日本映画の価値を世界に知らしめる結果となった。続いて同映画祭において，江戸文学の古典作品に題材を求めた　ツ　監督の『西鶴一代女』や『雨月物語』が賞を受けた。

⑩　1971 年，アメリカのニクソン大統領は，ドル防衛のために，金とドルの交換停止を宣言して世界に大きな衝撃を与えた。ドルの切り下げが始まり，1973年には日本円も　テ　に移行した。さらに，第 4 次中東戦争を機に，アラブ産油国は原油価格を引き上げ，世界経済は深刻な不況に直面した。この二つの危機により，日本の実質的経済成長率は大幅に低下し，　ト　の時代は終焉した。

Ⅲ　日本史 B 問題　　　　　　　　　　　　　　　　　　　　（30 点）

　次の文章（A～C）の　　ア　　～　　セ　　に最も適当な語句を記入し，問
(1)～(16)に答えよ。解答はすべて所定の解答欄に記入せよ。

A　気候が温暖になって生活環境が変化した縄文時代には，さまざまな生業に用
　　　(a)
　いるために，多様な石器がつくられた。石鏃を用いた弓矢で捕らえた動物の皮
　をはぐためには　　ア　　が用いられた。石皿とすり石は，採集された木の実
　を加工するために，打製石斧は，主に土を掘るために用いられた。また男性を
　象徴したと考えられる　　イ　　のように，当時の祭祀に用いられた道具に
　　　　　　　　　　　　　　　　　　　　　　　　　　　(b)
　も，石でつくられたものが少なくない。

　　弥生時代に本格的な水稲耕作が伝わると，それに必要な新たな石器がつくら
　れるようになった。木を伐採するためにつくられた　　ウ　　石斧，木器を加
　工するために用いられた扁平片刃石斧，稲穂を収穫するために用いられた
　　エ　　などがその代表例である。弥生時代には，金属製の道具も用いられ
　るようになった。青銅器のうち，銅剣・銅矛・銅戈などの武器類は，のちに
　祭祀専用の道具へと変化した。音を打ち鳴らす道具であった　　オ　　も当時
　　(c)
　の祭祀と関係が深かったと考えられる。鉄器は，斧や刀子のような加工用の道
　具が最初に広まった。弥生時代後期に石器の使用が次第に少なくなるのは，鉄
　器の普及によるものと考えられる。

　　5 世紀になると，朝鮮半島から渡来した鉄器製作集団により，新たな技術で
　　　　　　　　　　　(d)　　　　　　　　　　　　　　　　　　(e)
　武器・武具・農具などの鉄器がつくられるようになった。こうした集団が活動
　した様子は，鉄器を製作した遺跡の発掘や，古墳に納められた鉄器製作用の工
　具類の発見によってうかがうことができる。

問

　(1)　下線部(a)の気候の温暖化によって海面は上昇し，縄文時代前期には海岸
　　　線が現在より陸地側に入り込んでいた。このような現象を何というか。

⑵　下線部(b)の祭祀に用いられた道具のうち，女性を表現した例が多い人形の土製品を何というか。

⑶　下線部(c)に関して，山の斜面に掘られた 2 つの穴に，358 本の銅剣と 16 本の銅矛，6 個の　オ　が埋まっていた島根県の遺跡名を答えよ。

⑷　下線部(d)の集団は，品部の中でどのように呼ばれていたか。

⑸　下線部(e)に関して，この時期には，金や銀の細線を埋め込んで文様や文字を表現する技術も本格的に用いられるようになった。この技法を用いて，「辛亥年」からはじまる 115 文字を刻んだ鉄剣が出土したことで有名な，埼玉県にある古墳の名称を答えよ。

B　平安時代後期には，土地制度のうえで大きな変化が生じた。11 世紀になると，有力な　カ　や地方豪族のなかに，荒田や原野の開発などをもとに大規模な私領を形成するものがあらわれた。彼らは開発領主と呼ばれた。国衙は
(f)
これらの私領を中心に，新たに保という行政単位を設けたり，旧来の郡・郷を再編したりするとともに，彼らを郡司・郷司・保司に任命して，その徴税を請け負わせた。これらの職は世襲されたので，郡・郷・保などの行政区画がそのまま彼らの所領となった。一方，荘園でも 11 世紀半ば，新しい形態をとるものが登場した。それは，耕地や集落のほかに，周辺の山野河海をふくむ地域的
(g)
なまとまりをもった荘園で，その後，荘園が増加するにつれ，このタイプが荘園の主流となった。

　11 世紀半ば以降，荘園の拡大に直面した朝廷は，しばしば荘園整理令を発
(h)
し，その抑止につとめた。こうした荘園の拡大をもたらした要因の一つは，寄進地系荘園の増加であった。これは，おもに開発領主が国衙の圧迫やほかの領主の侵害からまもるために，その所領を貴族や寺社に寄進して荘園としたもので，彼らは下司や　キ　などの荘官となり，ひきつづき現地を支配した。他方，寄進をうけた貴族や寺社は荘園の領有者となったが，なかには得分を取得するだけでなく，　ク　や雑掌を現地に派遣して，経営にあたらせるものもあった。寄進地系荘園は 12 世紀前半に著しく増え，やがて一国のなかで
(i)

荘園と国衙領があいなかばするような事態も<u>生じる</u>。こうして形成された荘園
と国衙領からなる土地制度を荘園公領制と呼んでいる。

　支配が整備されると，<u>多くの荘園では主要な耕地が名に編成され，名田をわ
りあてられた名主が，耕作と納税の責任を負った</u>。名主はおもに家族や隷属民
である　　ケ　　を使って耕作し，荘園領主である貴族や寺社に対して<u>年貢と
公事</u>を負担した。年貢は名田などにかかり，米が一般的であったが，荘園に
よっては絹・布などの繊維製品や，鉄・塩などの特産物を納めるところもあっ
た。雑物と夫役からなる公事は，田地のほか，山林・畠地・屋敷などにも課さ
れた。

問

　(6)　下線部(f)の開発領主のなかには，国衙に進出して，その役人になるもの
　　　もいた。この国衙の役人は何と呼ばれるか。

　(7)　下線部(g)のような荘園では，国衙の使者などの立ち入りを拒否できる権
　　　限を獲得するところもあった。この権限は何と呼ばれるか。

　(8)　下線部(h)に関連して，延久の荘園整理に際し，荘園の文書を調査するた
　　　めに設けられた機関は何か。

　(9)　下線部(i)に関連して，国ごとに作られた土地台帳は何と呼ばれるか。

　(10)　下線部(j)の名は何と呼ばれるか。

　(11)　下線部(k)に関連して，荘官らに与えられた，年貢・公事を免除された田
　　　地は何と呼ばれるか。

C　1863 年，朝鮮では　　コ　　が即位したが，実権はその生父として大院君
　の称号を受けた興宣君昰応が掌握した。大院君は景福宮再建など王室の権威を
　高める政策を進める一方，<u>キリスト教を弾圧</u>し，欧米列強艦隊の再三の接近も
　武力によって撃退し鎖国を維持する姿勢を示した。しかし大院君は 1873 年に
　は失脚し，実権は　　コ　　の王妃を出した　　サ　　氏一族の手に握られ
　た。

　　　サ　　氏の政権が，1876 年に日本との間で結んだ　　シ　　により開
国を余儀なくされ，開化政策に転換すると，これに反対する声が強まった。反
対勢力は 1882 年，兵士の反乱事件を契機として大院君を政権に復帰させる政
変(n)を実行したが，清が介入し，大院君は天津に連れ去られ抑留された。1884
年，今度は清との宗属関係からの離脱と近代化改革を求める開化派が，日本の
支持を頼りにクーデター(o)を起こしたが，清軍の出動によって失敗し，朴泳孝・
　　　ス　　らの首謀者は日本に亡命，のち　　ス　　は上海で殺害された。
　　1894 年，甲午農民戦争(p)に介入した清と日本とが開戦し，勝利した日本が朝
鮮内政への干渉を強めると，政府内部では王妃を中心に，ロシアに接近して日
本を牽制しようとする動きが生じた。これを敵視した日本公使の　　セ　　ら
は，1895 年，王妃殺害を計画し，実行した。

問

　⑿　下線部(l)の景福宮の焼失は，1592 年，日本でいう「文禄の役」によるも
　　　のである。この戦乱は朝鮮では一般に何と呼ばれたか。

　⒀　下線部(m)のようなキリスト教弾圧は，明治維新後の日本でも発生してい
　　　た。弾圧を受けたキリスト教徒らが暮らしていた長崎近郊の村はどこか。

　⒁　下線部(n)の事件は何と呼ばれるか。

　⒂　下線部(o)の事件は何と呼ばれるか。

　⒃　下線部(p)の農民蜂起を指導した朝鮮の宗教結社は何か。

Ⅳ　日本史 B 問題　　　　　　　　　　　　　　　　　　　　　（30 点）

　次の問(1)，(2)について，それぞれ 200 字以内で解答せよ。解答はいずれも所定
の解答欄に記入せよ。句読点も字数に含めよ。

(1)　のちに「三筆」と呼ばれた 3 人の人物を通して，9 世紀前半の政治と文化につ
　　いて述べよ。

(2)　将軍徳川綱吉のいわゆる元禄時代から，田沼意次が失脚した天明年間にいた
　　るまでの江戸幕府の貨幣政策について述べよ。

Ⅰ　日本史Ｂ問題　　　　　　　　　　　　　　　　　　　　　　　　　　（20点）

　次の史料（Ａ～Ｃ）を読み，下記の問(1)～(17)に答えよ。解答はすべて所定の解答欄に記入せよ。なお，史料の表記は便宜上，改めたところがある。

A　〔天平神護元（765）年３月〕丙申。勅す。今聞く，墾田は天平十五年の格によるに，「今より以後，任に　　ア　　となし，三世一身を論ずることなく，みなことごとくに永年取ることなかれ」といえり。これにより，天下の諸人，競いて墾田をつくりて，勢力の家は百姓を駆役し，貧窮の百姓は自存するに暇なし。今より以後，一切に禁断して加墾せしむることなかれ。ただし，寺の先来定むる地，開墾の次は禁ずる限りにあらず。また，当土の百姓，一，二町はまたよろしくこれを許すべし。

問

(1)　　　ア　　にあてはまる語句を記せ。

(2)　下線部(a)の年には，ほかにも重要な詔勅が出されている。それは何か。

(3)　下線部(b)の「三世」と「一身」の区別は何によったか。簡潔に記せ。

　　　　　　　　　　　　　（編集注：解答枠＝タテ 22 ミリ×ヨコ 135 ミリ）

(4)　下線部(c)の結果，大土地所有が発達した。天皇家もまた広大な田を所有することになったが，それは何と呼ばれたか。

(5)　下線部(d)の施策には，当時登用されていたある人物との関係がうかがわれる。(あ)その人物は誰か。また，(い)その人物がついた最も高い地位は何か。

(6)　この史料は，『日本書紀』のあとをうけて編纂された歴史書から引いたものである。その歴史書の名を記せ。

B　①〜③は，平安末期に発生した 3 つの事件に関係する史料である。

①　五月十五日。法皇第三宮を (中略)，土佐国に配流す。謀叛の聞こえ有るに
　　　　　　(e)
　よるなり。(中略) 宮，密々のがれ出で，園城寺に向かわしめたまう。

　　二十六日。三条宮，頼政以下の武士を率いて南都に赴く。官軍，追いて平
　　　　　　(e)　　　　　　　　　　　　　　　(f)
　等院に至り合戦す。宮ならびに頼政法師以下の党類，誅に伏す。

　　注：「党類」は仲間，「誅に伏す」は討伐されることを意味する。

②　十一月十五日。(中略) 武士，洛中に満つ。入道大相国，公家を恨み奉り，
　一族を率いて鎮西に下向すべきの由，風聞す。

　　十一月二十日。法皇，　イ　殿に渡御す。尋常の儀にあらず。入道大
　　　　　　　　　　　　　　　　　　　　　　　　　　　　　　　(g)
　相国，おしてこれを申し行う。(中略) 門戸を閉じて人を通さず。武士，これ
　を守護し奉る。

　　注：「公家」は当時の法皇を指し，「守護」は監視することを意味する。

③　十二月九日。夜，右衛門督信頼卿，前下野守　ウ　など謀叛す。上皇
　の三条烏丸御所に放火し，上皇・上西門院を一本御書所に移し奉る。

　　十二月二十六日。官軍を大内に遣わし，信頼卿以下のともがらを追討す。
　官軍分散し，信頼の兵，勝に乗じて襲い来る。六条河原にて合戦す。信頼・
　　ウ　など敗北す。

問

　(7)　下線部(e)の「法皇第三宮」と「三条宮」は同一人物である。彼は叔母でもあ
　　る莫大な荘園を有する皇女の保護を受けていた。この皇女とは誰か。

　(8)　下線部(f)の南都で当時最も多くの僧兵をもち，三条宮に協力した寺院は
　　どこか。

　(9)　　イ　には，平安京の南郊にあった歴代の院の離宮所在地が入る。
　　その地名を記せ。

(10)　下線部(g)の入道大相国とは平清盛のことである。彼はのちに，この時幽閉した法皇に代えて，彼の娘むこである上皇に院政を行わせることになる。この上皇とは誰か。

(11)　　ウ　　に当てはまる人名を記せ。

(12)　①～③の事件を年代順に並べ直せ。

C　第1条　今より後，両国末永く真実懇（ねんごろ）にして，おのおのその所領において，互に保護し，人命は勿論，什物（じゅうもつ）においても損害なかるべし。

　　第2条　今より後，日本国と魯西亜国との境，　エ　　島とウルップ島との間にあるべし。　エ　　全島は日本に属し，ウルップ全島，それより北の方クリル諸島は魯西亜に属す。　オ　　島に至りては，日本国と魯西亜国の間において，界を分たず，是迄仕来の通たるべし。

　　第3条　日本政府，魯西亜船のために箱館，下田，　カ　　の三港を開く。

　　（以下，略）

問

(13)　空欄　エ　，　オ　，　カ　　に適切な語を入れよ。　エ　，　オ　は片仮名でもよい。

(14)　この条約を，一般に何というか。

(15)　この条約締結時の幕府の老中首座は誰か。

(16)　この時の魯西亜国の使節は誰か。

(17)　この条約で定められた国境が，次に変更された条約は何か。

Ⅱ **日本史Ｂ問題** (20点)

次の文章(①〜⑩)の ［ ア ］ 〜 ［ ト ］ に最も適当な語句を記せ。解答はすべて所定の解答欄に記入せよ。

① 弥生文化の指標となる水田稲作は，早い段階から鍬や鋤などの ［ ア ］ 製農具，稲穂をつみ取る石庖丁など，体系的な農具をともなっていた。近年，改良された ［ イ ］ 年代測定法によって，弥生時代の開始年代が紀元前10世紀までさかのぼるとする説が提起されている。

② 大伴金村が擁立した ［ ウ ］ 天皇の墓と考えられている大阪府の今城塚古墳では，二重周濠の内堤に，家形・器財・人物・動物などの ［ エ ］ 埴輪が立て並べられていた。それは，6世紀前半における王位継承あるいは葬送にかかわる儀礼の様子を再現したものとみられている。

③ 律令制度では中央に大学をおいて，貴族の子弟に儒教の経典などを教えた。平安時代には，漢詩文や史学を教える ［ オ ］ が盛んとなり，有力な貴族は，藤原氏の ［ カ ］ や橘氏の学館院のような大学別曹を設け，一族の子弟の便宜をはかった。

④ 平安初期には真言宗がいちはやく密教を広めたが，天台宗でも円仁や ［ キ ］ によって密教化が進められた。密教の流行とともに仏教美術にもその影響が強まり，教王護国寺や神護寺の ［ ク ］ や園城寺の不動明王像がつくられた。

⑤ 鎌倉時代，旧仏教の僧も活発に活動した。西大寺の僧 ［ ケ ］ や，その弟子忍性は，戒律の復興に努め，慈善事業を行って信仰を集めた。忍性は，北条重時の帰依を受けて鎌倉で ［ コ ］ の開基となった。

⑥ 室町時代における農業生産力の向上には，中国からもたらされた作物の品種や農業技術が大きく貢献している。たとえば，東南アジア原産で災害に強く，多収穫の ［ サ ］ 米が普及し，中世後期には，灌漑用の揚水機として ［ シ ］ が使用されるようになった。

— 207 —

⑦　18 世紀半ばを過ぎると，政治や社会に対する批判的な言説や活動が尊王論の形でみられるようになった。　ス　を著した山県大弐は，江戸で講義を行っていたが，幕政の腐敗を攻撃したので，とらえられて処刑された。また，京都や諸国で尊王思想を説いた　セ　は，各地の天皇陵を踏査した蒲生君平と並ぶ，寛政期の尊王論者として知られている。

⑧　18 世紀後半には蘭学が盛んになった。蘭学者稲村三伯らは日本初の蘭和辞書　ソ　をつくった。19 世紀前期には，江戸幕府も翻訳のための機関を設けた。ここで訳出された　タ　は，フランス人ショメルの百科事典を蘭訳本から重訳したものである。

⑨　1890 年に帝国議会の第 1 回総選挙が実施された。しかし，当時の衆議院議員選挙法は，　チ　と　ツ　には施行されておらず，両地域の住民は参政権を行使できなかった。いっぽう，1898 年からは両者の全域に徴兵令が施行され，兵役の義務については他府県と同様の負担となった。それをふまえて，　チ　の全域に衆議院議員選挙法を施行することを定めた勅令が出されるのは 1903 年のことであり，より人口の少ない　ツ　への施行（ただし，一部の地域を除く）は，さらに遅れて 1912 年までまたねばならなかった。

⑩　第 2 次世界大戦後の日本社会が産んだ大衆文化で，のちに世界中に広まったものに，マンガとアニメーションがある。戦前からの伝統をもつ 4 コマ漫画では，長谷川町子の描いた「　テ　」が『朝日新聞』に長期連載され，国民的人気を博した。しかし，真に戦後的な新しい表現手法を確立し，戦後マンガ文化の基礎を築いたのは，大阪大学の医学生時代から作品を発表し続けた　ト　である。

Ⅲ 日本史Ｂ問題　　　　　　　　　　　　　　　　　　　　　（30 点）

次の文章（A〜C）の　ア　〜　ソ　に最も適当な語句を記入し，問
(1)〜(15)に答えよ。解答はすべて所定の解答欄に記入せよ。

A　奈良時代の農民は，口分田を耕作するほか，公田や貴族・大寺院の田地を
(a)
ア　するなどして生計を立てていたが，課役をはじめとする国家的諸負
(b)
担に加え，公私の出挙による負担も重く，たびたびの水害や旱魃，疫病の流行
も重なって，その生活は苦しかった。このため，土地を捨てて　イ　する
(c)
者が多く，また戸籍の性別・年齢をいつわったり，勝手に僧侶の姿をしたりし
(d)
て，課役を逃れようとする者も増大した。いっぽう，地方豪族や有力農民は，
私出挙等によって私富を蓄積するとともに，没落農民や他所から　イ　し
た者を吸収して大規模な田地経営を行うようになり，9 世紀も後半になると，
院宮王臣家と結んで，それらの私営田を　ウ　とする動きが広がった。こ
(e)
れに対し，政府はたびたび禁令を発し，律令制の原則を維持しようと試みたが
効果はなく，現実をふまえた新たな支配方式への転換を余儀なくされることと
なった。その結果，かつての口分田など，公領の田地は新たに　エ　と呼
ばれる課税単位に再編され，その広さに応じて官物や　オ　を徴収する体
制が成立した。

問　　　　　　　　（編集注：(1)と(5)の解答枠＝タテ 13 ミリ×ヨコ 135 ミリ）

(1)　下線部(a)の「公田」とはどのような田地か。簡単に説明せよ。

(2)　下線部(b)の「課役」のうち，令制では正丁・老丁のみに課され，少丁は免除
　　されていた税目は何か。

(3)　下線部(c)について，そのような当時の農民の生活状態を歌ったことで著名
　　な万葉歌人は誰か。

(4)　下線部(d)のような者を，正式に得度した僧侶に対して何というか。

(5)　下線部(e)の「院宮王臣家」とはどのようなものか。簡単に説明せよ。

B　江戸時代の社会は農業を基本にしていたので，自然災害による凶作は大きな社会変動要因となり，ひいては政治改革につながることが多かった。

　　江戸時代の最初の大飢饉は寛永期におこり，農村に大きな被害をもたらした。農民の過重な負担がこの飢饉の背景にあったので，幕府や藩はこれを機に農政改革を進めた。
_(f)

　　1732 年，西日本一帯でのイナゴやウンカの大発生がきっかけで，大凶作に陥った。その翌年に江戸で初めての打ちこわしがおこったのも，この凶作と密
_(g)
接な関係があった。天明期に東北地方の冷害からはじまった飢饉は，火山の噴火による影響も加わって，空前の餓死者を出す大飢饉になり，百姓一揆や打ちこわしが続発した。幕府の実権を握っていた老中の田沼意次は，江戸の激しい打ちこわしの中で勢力を失い，それに代わって老中に就任したのは，この飢饉に一人も餓死者を出さなかったとされる　　カ　　藩の藩主であった松平定信である。天明の飢饉以後，幕府や諸藩の政治改革の大きな課題は，大飢饉で荒廃した農村の立て直しにあった。
_(h)

　　農民たちは，飢饉で苦しむ中，生活をそこなう領主の圧政に対して，種々の要求を掲げて一揆をおこすようになった。17 世紀には村の代表者が領主に直訴する　　キ　　が一般的であったが，やがて村を越えて広域の百姓が団結して蜂起するタイプの一揆も見られるようになった。

　　年貢の　　ク　　制をとっていた農村では，村役人の不正を貧しい小前百姓らが追及する　　ケ　　とよばれる紛争がおこるなど，村落内での階層的な対立もしばしば表面化してきた。

　　天保期にもきびしい飢饉に見舞われたが，幕府や諸藩が適切な対策をとることができない中，大規模な百姓一揆が各地でおこった。大坂では，大塩平八郎
_(i)　　　　　　　　　　　　　　　　　　　　　　　　　　　　　　　　　_(j)
が飢民救済を掲げて武装蜂起し，公然と武力で幕府に反抗して，各方面に衝撃を与えた。同年，越後柏崎で代官所を襲撃した　　コ　　は，大塩平八郎の門弟を名乗ったが，これも大塩の乱の余波といえる。

問

(6) 下線部(f)に関連して，寛永の飢饉を契機に，小農民の没落防止のために，幕府が出した土地法令は何か。

(7) 下線部(g)の打ちこわしの対象となった商人の業種は何か。

(8) 下線部(h)に関連して，天明の大飢饉の中で襲封して，飢饉後の藩政改革に成果を上げた秋田藩の藩主は誰か。

(9) 下線部(i)に関連して，三河国で1836年に，およそ240ヵ村，1万数千人の農民らが参加した一揆がおこり，領主に衝撃をあたえた。この一揆を何というか。

(10) 下線部(j)の大塩平八郎は，この当時，公職から退いていたが，彼が隠居する前に勤めていた幕府の機関は何か。

C　明治維新以後，職業選択の自由が認められ，身分制社会が崩れると，多くの若者が社会的上昇を目指すようになる。その大きな手段となったのが教育であった。明治政府が官吏の採用制度を，藩閥などの人脈による縁故採用から，試験採用に転換していったことも教育への期待を高めることになった。政府も近代化のために人材育成に力をいれ，様々な教育機関をつくった。　サ　年制定の帝国大学令で規定された大学は，官吏養成機関という性格を強くもっていた。

近代化の進展は，大学卒業生への需要を生むとともに進学希望者も増大させた。1918年制定の大学令で公立や私立の大学，　シ　の設置が認められるようになり，大学生の数は急増した。いっぽう，陸軍や海軍は，将校養成のための独自な教育機関である　ス　などをもっており，彼らと一般社会との交流の乏しさはそのセクショナリズムを助長し，1930年代の軍部の暴走の一因となった。

設立直後の大学は，研究面で弱体であったが，次第にその側面も充実するようになった。また，その学問は当初は欧米からの輸入学問という性格が強かったが，『善の研究』を著した　セ　の哲学のように，直輸入ではない独自な

研究もやがて登場するようになった。

　研究の発展とともに，1910 年代以後，大学の自治，学問の自由も次第に社会的に承認されていくようになった。しかし，研究の価値を今までより高く認めた大学令の公布のすぐ後に　　ソ　　　がおこされたように，その承認は完全なものではなく，微妙なバランスの上にからくも成り立っていたものだった。
(O)

問

　⑾　下線部(k)に関連して，奏任官の任用を文官高等試験合格者に限定した1893 年制定の法令は何か。

　⑿　下線部(l)に関連して，学生を貴重な人材とみた政府は，中学校以上の在学者を徴兵猶予の対象とした。しかし 1943 年になると文系学生について猶予措置が廃止され，徴兵検査合格者は入営するようになった。これを何というか。

　⒀　下線部(m)に関連して，1937 年，宇垣一成に大命が下りながらも，陸軍の反対で組閣できなかった事件がおこった。このとき陸軍が宇垣反対のために利用した制度は何か。

　⒁　下線部(n)に関連して，帝国大学には多くの外国人教師がいた。このうち医学を講じ，その日記でも有名なドイツ人は誰か。

　⒂　下線部(O)に関連して，1930 年代には，それまで学界において主流をなしていた憲法学説が政府によって否認・排撃される事件がおこった。この学説とは何か。

Ⅳ 　日本史Ｂ問題　　　　　　　　　　　　　　　　　　　　　　　　　　　（30 点）

　次の(1), (2)について，それぞれ 200 字以内で解答せよ。解答はいずれも所定の
解答欄に記入せよ。句読点も字数に含めよ。

(1)　室町・戦国時代には，新たに各地で都市が成立するとともに，伝統的な都市
　　でも新しい展開がみられた。この時期における都市の発達を，その要因に触れ
　　つつ，具体的に述べよ。

(2)　日清戦争終結時から 1904 年 2 月の日露開戦までの，日本の外交について述
　　べよ。

I　日本史Ｂ問題　　　　　　　　　　　　　　　　　　(20点)

　次の史料(Ａ～Ｃ)を読み，下記の問(1)～(20)に答えよ。解答はすべて所定の解答
欄に記入せよ。なお，史料の表記は便宜上，改めたところがある。

Ａ　其の一に曰く，昔在の天皇等の立てたまへる子代の民・処々の屯倉，及び，
別には臣・連・　　ア　　・国造・村首の所有る部曲の民・処々の田庄を罷め
よ。仍りて食封を大夫以上に賜ふこと，各差有らむ。降りて布帛を以て官人・
　　　(a)
百姓に賜ふこと，差有らむ。（下略）

　其の二に曰く，初めて京師を修め，畿内国司・郡司・関塞・斥候・防人・駅
馬・伝馬を置き，及び鈴契を造り，山河を定めよ。

　　　（中略）

凡そ畿内は，東は名墾の横河より以来，南は紀伊の兄山より以来（中略），西は
赤石の櫛淵より以来，北は近江の狭狭波の合坂山より以来を，畿内国とす。
　　　　　　　　　　　　　　　　　　　　　　　　　　　　　　(b)
　　　（下略）

　其の三に曰く，初めて戸籍・　　イ　　・班田収授の法を造れ。
　　　　　　　　　　　(c)
　　　（下略）

　其の四に曰く，旧の賦役を罷めて，田の　　ウ　　を行へ。
　　　（下略）

　　　　　　　　　　　　　　　　　　　　　　　　　　　　（『日本書紀』）

問
　(1)　この史料は，一般に何と呼ばれているか。
　(2)　　ア　　にあてはまる語句を記せ。
　(3)　　イ　　にあてはまる語句を記せ。
　(4)　　ウ　　にあてはまる語句を記せ。

(5)　下線部(a)の食封は，のちの令制では何位以上の官人に与えられる規定で
あったか。

(6)　下線部(b)の畿内国について，のちの律令制下の畿内(五畿)を構成した国
名をすべてあげよ。

(7)　下線部(c)の戸籍について，飛鳥浄御原令に基づいて作成された最初の戸
籍を何というか。

B　前の右大将家政所下す　　　　美濃国の家人等
　　　　　　　　　　　　　　　(d)
　　早く相模守惟義の催促に従うべき事
　　　　(e)
右，当国の内，庄の地頭の中，家人の儀を存ずる輩においては，惟義の催に従
いて，勤節を致すべきなり。就中，近日洛中強賊の犯，その聞あり。彼の党
類を禁遏せんがため，おのおの上洛を企て，　エ　　を勤仕すべし。しかる
にその中，家人たるべからざるの由を存ずる者は，早く子細を申すべし。但
　　　　　(g)
し，公領においては催を加うべからず。兼ねてまた，重隆・佐渡前司の郎従ら
を催し召し，その役を勤めしむべし。隠居の輩においては，交名を注進すべき
の状，仰するところくだんの如し。

　　　建久三年六月廿日　　　　　　　　　　　　　　　　　案主藤井

　　　令民部少丞藤原　　　　　　　　　　　　　　　　　知家事中原

　　　別当　　オ

　　　　前下総守源朝臣

　　　　散位中原朝臣

　　　　　　　　　　　　　　　　　　　　　　　　　　　　(『吾妻鏡』)

問

(8)　　エ　　にあてはまる歴史用語を記せ。

(9)　　オ　　に記されている人物は誰か。姓名を記せ。

(10)　下線部(d)の国には律令制下，三関の1つが置かれた。その関の名を記
せ。

(11)　下線部(e)の人物が，当時ついていた幕府の役職は何か。この史料の内容
　　から判断して記せ。

(12)　当時，下線部(f)の治安維持や民政を担当していた朝廷の機関は何か。

(13)　下線部(g)のような武士は何と呼ばれたか。

(14)　ここにあげた文書は，「前の右大将家政所」の名で出され，その職員が連
　　署しているが，同じ形式の文書は，摂関家をはじめとする公卿の政所も出
　　している。こうした形式をもつ，政所が出す文書は一般にどう呼ばれてい
　　るか。

C　　人類闘争の永き歴史は一朝一夕にして各国民の脳裏より消え去るものではな
　い。今や文明諸国は正義に基く平和を確保せんが為，　┃　カ　┃其他の国際紛
　争解決機関を設け，他方　┃　キ　┃条約に依って戦争の絶滅を期し，此
　┃　キ　┃の決意を基礎として軍縮を促進せしむるに最善を尽しつつあると共
　に，国際政局に於ける現実の状態を無視して一足飛びに武備全廃の理想に到達
　するの事実不可能であることも認めて居る。此際は国際関係改善の程度に伴
　い，漸を軫えて進むの外ないのである。幸にして世界の大勢は満足すべき方向
　に向いつつある。即ち今世紀の初頭海牙平和会議に於て達成し得ざりしことも
　巴里平和会議及び華府会議に依って成就せられ，数年前華府会議及び寿府会議
　にて成らざりしことも今日倫敦会議に於て実現し得るに至ったのである。
　　　　　　　　(注)　　　　　　　　　　　　　　　　　　　　　(注)
　　本日倫敦に於て調印せらるる条約が少くとも其有効期間内日英米三国間には
　一切の艦種に付て建造競争を全く抑止し，而も各自の安全感を著しく昂め，国
　民の負担を軽減するに成功したることは，世界各国民共通の崇高なる目的に
　　　　(h)
　向って大なる一歩を進め得たるものである。殊に若し会議決裂の場合必然生ず
　べき国際関係の悪化，各国民負担の加重，国際平和協力の精神に加えらるる重
　　(i)
　大なる打撃等諸般の好ましからざる結果に想到せば，特に此感を深くするので
　ある。

　　注：華府はワシントン，寿府はジュネーヴの略称。

問

(15)　この文章は，ある年の 4 月 22 日に調印された条約に関する外務大臣の
談話の一部である。その外務大臣の姓名を記せ。

(16)　│　カ　│ にあてはまる国際機関の名を記せ。

(17)　│　キ　│ にあてはまる語句を記せ。

(18)　下線部(h)「国民の負担を軽減する」との考えは，この年に深刻化した日本
の経済状況と関係している。その状況は何とよばれたか。

(19)　この条約が成立せず，下線部(i)「国際関係の悪化」が起きると，条約の締
結を推進していた内閣がこの年の 1 月に始めた重要政策にも大きな影響を
与えると考えられた。その政策とは何か。

(20)　この条約は，内閣が海軍軍令部の反対を押切って結んだとして，軍令
部・立憲政友会・右翼等が内閣を攻撃した。その攻撃に使われた用語(5
字)を記せ。

│Ⅱ│　**日本史 B 問題**　　　　　　　　　　　　　　　　　　　　(20 点)

次の文章(①〜⑩)の │　ア　│ 〜 │　ト　│ に最も適当な語句を記せ。解答は
すべて所定の解答欄に記入せよ。

①　縄文時代の人々は，自然環境を有効に利用し，狩猟・漁撈や，一部に栽培を
含む植物質食料の採集活動を組み合わせることで，比較的安定した生活を送る
ことができたと考えられている。狩猟の道具として弓矢が主に使われたこと
は，遺跡から │　ア　│ が多く見つかることから推定できる。漁撈活動の内容
を推定するためには，貝塚から見つかる漁撈具である釣針・銛・ヤスなどの
│　イ　│ や網の錘以外に，貝殻や魚骨も重要な研究材料である。

②　福岡県板付遺跡や佐賀県 │　ウ　│ 遺跡の発掘調査で見つかった日本列島で
最も古い時期の水田は，灌漑施設をもち，畦畔で区画された本格的なもので

あった。また，木製農具やそれを製作するための多様な磨製石斧，収穫具である石庖丁なども見つかっている。これらの道具の形や，同時期に九州北部に出現した　エ　墓の構造の類似性からみて，こうした新たな文化は，朝鮮半島南部の文化と深い関わりがあると考えられる。

③　620 年，聖徳太子と　オ　が協力して編纂したとされる　カ　は，645 年の政変の際にはからくも焼失を免れ，中大兄皇子に献上されたと伝えられるが，その後の消息は知られず，『古事記』や『日本書紀』との関係は明らかではない。

④　717 年，留学生として海を渡った　キ　は，753 年藤原清河とともに僧　ク　の渡日を要請し，ともに帰国を志したが失敗，その後は官吏として皇帝に仕え，そのまま彼の地に没した。

⑤　院政期には天皇や上皇等の発願によって，多くの造寺・造仏の事業が行われた。平安京東郊の白河の地に，天皇・女院の御願寺としてあいついで建立された，一般に　ケ　と総称される寺々は，その代表的なものである。これらの多くは受領の請負によって造営されたが，その際に売官の一種である　コ　制が大きな役割を果たした。

⑥　鎌倉時代，絵画では絵巻物が最盛期をむかえ，寺社の縁起・高僧の伝記や合戦を主題とした多くの傑作が生みだされた。また肖像画の制作も増え，俗人を描く似絵では　サ　・信実父子のような名手がでる一方，禅僧の肖像画である　シ　を描く風習も広まった。

⑦　南北朝時代以降，茶寄合がさかんに行われるようになり，茶を飲み分けて産地などを当てる　ス　が流行したが，足利義政の時代には禅の影響を受けた閑寂な侘茶が創始された。侘茶は 16 世紀前半に堺の茶人　セ　に継承され，16 世紀後半，千利休によって大成された。

⑧　室町時代には多くの港町が繁栄した。とくに，日明貿易の舞台となった堺や博多のほか，伊勢国南部の　ソ　などでは自治も行われた。このほか，北方貿易の拠点として津軽の　タ　も栄えた。

⑨　明治維新直後の日本語は，近代社会に十分に対応できる言語にまだなってお
らず，後に初代文部大臣となる　　チ　　は英語を国語とせよとさえ主張して
いた。しかしその後，日本語は大きく改革された。なかでも　　ツ　　が『浮
雲』などで言文一致体の文章を著したことは，画期的な意義をもっていた。

⑩　安保闘争での混乱の責任を取り退陣した岸信介内閣にかわった　　テ　　内
閣は，革新勢力との正面からの対決を避け，高度経済成長を促進する政策を
とった。また，外交は日米関係を基軸としながらも，政経分離の方針で中国と
の　　ト　　と称される覚書貿易の取り決めを行い，貿易を拡大した。

| **Ⅲ** | **日本史Ｂ問題** | （30 点） |

次の文章（A〜C）の　　ア　　〜　　サ　　に最も適当な語句を記入し，問
(1)〜(18)に答えよ。解答はすべて所定の解答欄に記入せよ。

A　10 世紀後半には，摂関家の内部で主導権をめぐる争いが起きた。藤原道長
はその争いに打ち勝ち，4 人の娘をつぎつぎに天皇の后妃とし，道長の子
　　ア　　は後一条・　　イ　　・後冷泉の 3 代の天皇の　　ウ　　として，
約 50 年にわたり摂政・関白をつとめた。藤原実資のように批判的な立場をと
　　　　　　　　　　　　　　　　　　　　　　　(a)
るものもいたが，道長は天皇の権威を背景に，公卿たちを味方に引き入れ，国
　　　　　　　　　　　　　　　　　　　　　　　(b)
司などの官職の任命権をにぎり，栄華をきわめた。中流の貴族は摂関家や天皇
に取り入って国司となり，巨富をたくわえた。
　　　　　　　(c)
　この時代には，国風文化が最盛期を迎え，天皇の后妃に仕える女房たちが互
いに才能を競いあった。道長の娘で一条天皇の中宮となった藤原彰子には紫式
部が仕え，　　エ　　を主人公とする長編物語を著わした。一方，都では盗賊
や火災が続発し，諸国では国司が収入をふやすため，過酷な徴税をおこなっ
た。そのため，道長の時代の前後には，諸国の　　オ　　や百姓が国司の圧政
　　　　　　　　　　　　　　　　　　　　　　　　　　　　　　　　　(d)
を訴えることが多かった。さらに，北九州に女真族（刀伊）が来寇し，東国では
平忠常の乱がおこるなど，各地から争乱の知らせももたらされた。このような

不安な政情から，末法の到来が近いという末法思想や，死後に浄土に生まれか
われるとする浄土教がひろまった。
　　　　　　　　(e)

問

　(1)　下線部(a)の藤原実資は日記に道長の動静を詳しく記した。その日記の名
　　　を記せ。

　(2)　下線部(b)の公卿たちには文化に優れた業績を残したものも多かったが，
　　　そのうち『和漢朗詠集』を編纂したのは誰か。

　(3)　下線部(c)「国司」の手足となって在庁官人を指揮したものの名称を記せ。

　(4)　下線部(d)の圧政で著名な尾張守の名を記せ。

　(5)　下線部(e)「浄土教」の影響で，数多く作られた仏像は何か。

B　室町幕府は，東国支配機関として鎌倉府を設置した。その長官は鎌倉公方，
　補佐役は関東管領とよばれた。当初の支配地域は，関東8カ国とその周辺の2
　カ国で，のちに奥羽両国が加わった。初代公方は足利尊氏の子　カ　で，
　　　　(f)
　公方は代々その子孫が，また関東管領は南北朝後期以降は上杉氏が，それぞれ
　世襲した。公方は幕府の将軍に対する独立性が強く，たびたび対立したが，同
　時に鎌倉公方と関東管領も対立することが多く，政治は不安定であった。

　　3代公方の足利満兼は，応永の乱に際して大内義弘と呼応し，将軍義満を挟
　撃する動きを示した。この時，満兼と義弘を仲介したのは今川了俊(貞世)で
　　　　　　　　　　　　　　　　　　　　　　　　　　　　(g)
　あった。15世紀はじめには，元関東管領であった　キ　が挙兵し，一
　時，4代公方持氏を鎌倉から追うに至った。その持氏は，4代将軍だった義持
　　　　　　　　　　　　　　　　　　　　　　　　　　(h)
　の死去後，義持の弟義教がくじ引きで将軍に就任したことを不満として，義教
　との対立を深めた。1438年，ついに両者は衝突するが，関東管領上杉憲実が
　　　　　　　　　　　　　　　　　　　　　　　　　　　　　(i)
　幕府側についたため，持氏は敗死するに至った。

　　その後，鎌倉公方は2つに分裂し，上杉家も扇谷・山内両家に分裂するが，
　　　　　　　　　　　　　　(j)　　　　　　　　　　　(k)
　いずれも戦国大名である後北条氏の前に屈伏することになる。
　　　　　　　　　　　　(l)

問

(6)　下線部(f)の国名を2つとも記せ。

(7)　下線部(g)の人物が著した，今川氏の歴史を叙述した書物の名称を記せ。

(8)　下線部(h)の翌年，ある国で，守護家臣の国外追放を主張する一揆が発生している。この国の守護は何氏か。

(9)　下線部(i)の人物が再興した学校は「坂東の大学」と称された。この学校の所在地は，現在の何県か。

(10)　下線部(j)に関して，分裂した公方のうち，持氏の子が初代となったものを何と称するか。

(11)　下線部(k)の山内上杉家は，関東管領職と苗字をある戦国大名に譲る。この戦国大名が拠点とした城下町はどこか。

(12)　下線部(l)の初代の人物が制定した家訓の名称を記せ。

C　近世は出版がさかんになった時代である。早くには<u>イエズス会の宣教師が伝えた西洋の印刷機による出版</u>があったが，キリスト教禁教により，ほどなく終(m)
息した。

　　商業出版は17世紀前期の上方において始まった。近世の文芸の隆盛は，商業的な大量出版と無関係ではない。たとえば，<u>1638年刊行の『清水物語』</u>という儒教的な教訓書が2，3千部売れたとする文献が残っている。この大量出版(n)
の背景には，少部数の印刷しかできない木活字本から，より大量の印刷に対応できる整版本への印刷方式の転換があった。井原西鶴が，小説作家として名声を得た最初の作品の　　　ク　　　で新しい文芸ジャンルを開いたのも，この整版印刷によっていた。こうした文芸の興隆は出版の普及に支えられていた。
　　　　ケ　　　の脚本として書かれた近松門左衛門の作品の多くも，出版されて文字でも読まれていた。

　　大量出版の出現は多数の読書人口がいたことを物語る。民衆の識字能力は，多くは　　　コ　　　において習得されていたが，そこで使われた<u>往来物</u>と総称される手本やテキストには印刷教材も少なくなかった。また出版メディアを活用(o)

して通俗的教訓書を著した貝原益軒のような儒者も現れた。和算の普及も，

　　　サ　　　が著した『塵劫記』が出版されたことを抜きには考えにくい。
　　　　　(p)

　18 世紀後半には，出版の中心地は江戸に移り，洒落本や黄表紙などの出版
が流行したが，寛政の改革において弾圧された。しかしそれ以後も，一枚刷り
　　　　　　　　　　　　　(q)
の情報から娯楽的な小説類，さらには実用書や教養的な書物にいたるまで，江
　(r)
戸時代の民衆生活の中に，出版文化は確実に定着していった。

問

　⒀　下線部(m)の出版を総称して何というか。

　⒁　下線部(n)の書物を含むジャンルを何と呼ぶか。

　⒂　下線部(o)に関して，江戸時代以前に作られた往来物をとくに古往来とい
　　　い，その多くは近世にも流通した。近世にも流通した古往来を１つあげ
　　　よ。

　⒃　下線部(p)に関して，貝原益軒の名で出版された女子用教訓書は何か。

　⒄　下線部(q)に関して，黄表紙，洒落本，狂歌本，錦絵などの版元として天
　　　明期を中心に活躍したが，幕府の洒落本統制によって「身上半減」の処罰を
　　　受けたのは誰か。

　⒅　下線部(r)に関して，寛政期に出版されたが，幕府の出版統制にあい版木
　　　を没収された林子平の兵書は何か。

Ⅳ **日本史B問題**　　　　　　　　　　　　　　　　　　　　　　　　　　　（30点）

次の問(1)，(2)について，それぞれ200字以内で解答せよ。解答はいずれも所定の解答欄に記入せよ。句読点も字数に含めよ。

(1)　18世紀以降，江戸幕府における農村・農民政策の展開について記せ。

(2)　近代日本の貿易の推移を，開港期，産業革命期，第一次世界大戦期，1920年代の4つの時期について貿易収支を中心に述べよ。

Ⅰ　日本史Ｂ問題　　　　　　　　　　　　　　　　　　　　　　　　（20点）

　次の史料（Ａ〜Ｃ）を読み，下記の問(1)〜(17)に答えよ。解答はすべて所定の解答欄に記入せよ。なお，史料の表記は便宜上，改めたところがある。

Ａ　時に新皇，勅して云わく，「(中略)　　ア　　，いやしくも兵の名を坂東に揚げ，合戦を花夷に振るう。今の世の人，必ず撃ち勝てるをもって君となす。たとい我が朝にあらずとも，みな人の国にあり。去る延長年中の大赦契王の（注）ごときは，正月一日をもって　　イ　　国を討ち取りて，東丹国に改めて領掌せるなり。いかんぞ力をもって虜領せざらんや。(中略)およそ八国を領せん程に，一朝の軍攻め来らば，足柄・碓氷二関を固めて，まさに坂東をふせがん。(a)(後略)」。

　　　　注：「大赦契王」は「大契赧王」の誤りで，契丹国王の耶律阿保機のこと。

問

　(1)　　ア　　には「新皇」その人の名が入る。それは誰か。

　(2)　　イ　　にあてはまる国名を記せ。

　(3)　下線(a)は東山道に置かれた関である。この関を通って東に向かおうとした場合，最初に足を踏み入れることになる坂東の国はどこか。

　(4)　「新皇」は坂東で政権を樹立した。この史料によれば，彼の政権は何によって正当化されていたか。最も適当な漢字一字で答えよ。

　(5)　「新皇」は当時の摂政太政大臣と主従関係を結んでいたとされる。藤原基経の子にあたるその人物の名を記せ。

　(6)　「新皇」の政権は短期間で滅びた。制圧にむかった武将の一人で，「新皇」の父方のいとこにあたる人物は誰か。その名を記せ。

B　　　　覚

一　町中所々において，大八車ならびに牛車にて度々犬など引損じ候，粗末な
　　るいたしかた不届によって，車引き候者，段々御仕置仰せ付けられ候，自今
　　以後，左様にこれなき様に宰領にても付け，車引懸け申さざる様いたすべ
　　し，もちろん其所之者ならびに辻番人随分念を入れ心付け，あやまち仕らざ
　　る様にいたすべき事

一　最前も委細申し渡し候えども，今もって無主の犬参り候ても食事も給させ
　　ず，又は犬其外　　ウ　　取やりいたす儀も，今程は仕らざる様に相聞え
　　候，　　ウ　　あわれみ候様仰せ出され候儀を心得違いこれありと相見え
　　候，何事に付いても，　　ウ　　あわれみの志を肝要に仕り，諸事かたつま
　　らざる様に心得申すべく候，以上

　　　　　　七月日

　　右之通，今日御番所にて仰せ渡され候間，町中家持は申すにおよばず，借
　　家・店かり・地かり・召仕等ならびに所々辻番に申し聞かせ，堅く相守り申
　　(b)
　　すべく候，もし相背く者これあるにおいては急度仰せ付けらるべく候間，此
　　旨相心得らるべく候，以上

　　右之通相触れ候は，　　エ　　・月行事，印判持ち，明日中に樽屋所へ参ら
　　るべく候，以上

　　　　　　七月十九日　　　　　　　　　　　町年寄三人

問

　　(7)　この史料は，貞享4年(1687)に江戸の町に出された法令である。この法
　　　　令が出された時の将軍は誰か。

　　(8)　　ウ　　に最も適当な語句を入れよ。

　　(9)　　エ　　には町年寄の下にあって，町の行政と自治の中心となった町
　　　　役人の名称が入る。それは何か。

　　(10)　下線部(b)の内から，町政に参加できる町人を選べ(あ)。また，その資格を
　　　　満たすために必要とされた条件とは，何を持っていることであったか(い)。

⑾　この法令が出される以前，江戸はしばしば大火に見まわれた。そのなか
で代表的な火事の名称を記せ⒜。その後，町が復興していくなかで，江戸
独自の文化が生まれた。その一つで木版画の手法により普及した絵画は何
か⒤。

C　わが国の講和条約が，いよいよ発効し，これが記念の日として，本年（1952）
五月三日，首都東京をはじめ，全国各処に，その祝賀の行事が催されたのであっ
た。（中略）それは単なる喜びの日ではなかったはずである。何故ならば，
おそらく国民の何人も，自らの良心に忠実である限り，この日をもって，わが
国が完全に独立国となり，また平和が日本と東洋に甦った，と考えるものは
なかったであろうから。

それは，今回，わが国の独立の基礎となった講和条約そのものに問題がある
からである。（中略）その一つはいうまでもなく領土の問題である。（中略）
　オ　列島や琉球並びに小笠原諸島が，あるいは収奪され，あるいはその
　　　　　　　　　　　　　（c）
帰属について今後に決定が保留されている。

その二は賠償問題である。最初は，（中略）無賠償の原則が伝えられたこの問
題は，大きな変化を来たした。（中略）　カ　の要求額は八十億ドルであ
り，（中略）その他，ビルマ，インドネシア等に対しても同様の義務があるが，
将来の最も重大な問題は，中国に対する賠償であるであろう。（中略）

しかし，今回の講和条約において，残された最も重要な根本の問題は，なん
といっても，それが連合国の全部とでなくして，わが国に最も隣接の関係にあ
る新中国・ソ連などが加盟していないことである。（中略）これによってさらに
新たな問題と危険を作るものといわなければならない。現に，今回の講和条約
には，それと不可分に「　キ　」が伴い，これによって，軍事同盟と軍事基
地設定が協定されてある。

このことは，実に新たな重大な結果を内外にもたらさずには措かない。すな
わち，わずか五年前，新憲法において，あれほど非武装中立の立場を内外に
誓ったわが国に，突如，再軍備の問題を惹き起すに至ったのである。
　　　　　　　　　　　　　　　（d）

問

(12)　この文章の著者が理想とした，日本の講和方式は当時何と呼ばれたか。その名称を記せ(あ)。またこの著者は，東京大学の卒業式などで講和方式についてその持論を述べたが，当時の内閣総理大臣から「曲学阿世の徒」と非難された。その総理大臣は誰か(い)。

(13)　　オ　　にあてはまる地名を記せ。

(14)　　カ　　にあてはまる国名を記せ。

(15)　　キ　　にあてはまる語句を記せ。

(16)　文中に示す「講和条約」の結果，下線部(c)の「琉球並びに小笠原諸島」の地位はどのようになったか。

(17)　史料Cが書かれた同じ年に，下線部(d)の「再軍備」のため，新たな組織がつくられた。その名称を記せ。

Ⅱ　**日本史Ｂ問題**　　　　　　　　　　　　　　　　　　　　　　（20点）

　次の文章(①〜⑩)の　　ア　　〜　　ト　　に最も適当な語句を記せ。解答はすべて所定の解答欄に記入せよ。

① 　日本文化の基礎は水田稲作にあると言われる。しかし，弥生時代に水田稲作が九州から青森県まで広がっても，その圏外の北海道では　　ア　　文化，琉球諸島では　　イ　　文化と呼ばれる，おもに食料採取に依存する文化が継続した。

② 　日本に仏教が伝わってから半世紀ほどを経て，最初の本格的寺院である飛鳥寺が建てられた。発掘調査の結果，飛鳥寺は仏舎利を奉安した　　ウ　　を中央に，その北と東西に，仏像を安置した　　エ　　を配した一　ウ　三　エ　の伽藍配置をとることがわかった。

③　江戸時代中期以降，さまざまなジャンルの書籍が刊行され，安価な見料で本を提供する　オ　も増加した。こうしたなか，幕府は出版物への取り締まりを強化し，1791 年には『仕懸文庫』の作者　カ　が手鎖の刑を受けた。

④　天保期以降，各地で藩政改革が実施され，佐賀藩では藩主　キ　みずからが，薩摩藩では下級武士から登用された調所広郷が財政再建にあたった。これらの藩は，金属を溶解・精錬する　ク　を導入して大砲を鋳造するなど洋式軍備の充実につとめ，幕末の中央政局に影響力を持つ素地を作った。

⑤　長崎のオランダ商館に駐在した医師　ケ　が帰国後『日本』を著すなど，商館は日本に関する情報をヨーロッパに伝える窓口の役割を果たした。日本にとっても海外情勢の情報源としてオランダ商館の重要性は高く，たとえば，ペリーの来航は，商館長が将軍に提出する　コ　によって事前に幕府に知らされていた。

⑥　19 世紀に入ると，織物業の分野で，同じ作業場内でさまざまな生産工程を分業して商品を生産する　サ　が成立した。この生産形態は開港後最大の輸出産業となった　シ　でも普及した。

⑦　1898 年に公布された民法の家族法は，いわゆる「家」制度によって特徴づけられるものであった。その主たる内容は，家長としての　ス　に大きな権限を与え，その地位と財産を，　セ　相続の規定により，基本的には長男に，単独で相続させるものであった。

⑧　明治期に成長した財閥には，江戸期以来の経営を発展させたものと，明治維新後に新しく事業を始めたものとがある。呉服商・両替商として富を蓄積してきた三井家や，別子鉱山を中心に銅山・銅精錬業を営んできた　ソ　家は前者の例であり，土佐藩出身の　タ　が海運業から発達させた三菱財閥は後者の例である。

⑨　鉄道建設は植民地支配の重要な手段であった。朝鮮半島では，韓国を保護国とする前から，日本は京仁鉄道と　チ　鉄道の敷設権を獲得しており，前者は 1900 年，後者は 1905 年に全線開通した。日露戦争中に軍用鉄道として起工された京義鉄道も 1906 年には全線開通し，ここに朝鮮半島を縦貫する鉄道

網ができあがった。いっぽう　　ツ　　では，領有以前の既存鉄道を延長・整備する計画が立てられ，1908 年に基隆～高雄間に縦貫鉄道が完成した。

⑩　明治末の神社合祀政策に反対した在野の生物学者　　テ　　は，その該博な知識と豊かな語学力を活かして，ヨーロッパ民俗学の日本導入に大きく貢献した。1930 年代に日本民俗学の方法的基礎を確立し，その組織化と体系化を進めることになる　　ト　　も，　　テ　　との交流を通じて海外の神話学・民族学・民俗学の成果を吸収した 1 人であった。

Ⅲ　日本史 B 問題　　　　　　　　　　　　　　　　　　　（30 点）

　次の文章（A～C）の　　ア　　～　　シ　　に最も適当な語句を記入し，問(1)～(15)に答えよ。解答はすべて所定の解答欄に記入せよ。

A　平安時代の後期から末期にかけて，武士は政治勢力として大きな成長をとげた。11 世紀になると，地方豪族や大名田堵のなかから，大規模な開発を通じて所領を形成するものがあらわれた。開発領主とよばれた彼らは，所領を守り農民を支配するため，武装化を進めたり，武力の充実を図ったりして，しだいに地方の武士の主流を占めるようになっていった。武士団を形成した彼らは，所領を保護してくれる有力な在庁官人や土着した受領と結びつき，国衙の軍事力を担ったが，やがてより強力な勢力を求め，武士の棟梁のもとに結集するようになった。
(a)

　武士の棟梁として地方の武士団を統合したのが，清和源氏と桓武平氏であった。畿内に本拠をかまえた清和源氏は，10 世紀以来，摂関家に仕え勢力をのばしたが，頼信のとき，房総地方を荒廃させた　　ア　　の乱を鎮圧して，関東進出のきっかけをつくった。11 世紀半ば，陸奥で安倍氏が反乱をおこす
(b)
と，頼信の子頼義と孫の義家は，東国の武士をひきい，　　イ　　の豪族清原氏の助けもかりて，これを平定した。その後，勢力を増した清原氏に内紛がおこったが，陸奥守であった義家は，一方の藤原（清原）清衡をたすけ，内紛を鎮
(c)

めた。その結果，義家は東国の武士との関係を深め，武士の棟梁としての地位
を確立した。

　一方，桓武平氏は摂関時代，中央では源氏におされてふるわなかったが，や
がて伊勢国に土着した一族のなかから，平正盛があらわれ，より忠実な武力を
求めていた<u>白河上皇</u>の庇護をうけ，武士の棟梁となった。正盛は所領を寄進し
　　　　　(d)
て上皇に近づき，　　ウ　　にとりたてられるとともに，反乱をくわだてた
　　エ　　を討伐して武名をあげる機会をあたえられた。ついでその子忠盛
は，瀬戸内海の海賊を討って西国に勢力をひろげ，<u>日宋貿易</u>にもかかわって平
　　　　　　　　　　　　　　　　　　　　　　　　(e)
氏繁栄の礎を築いた。

問

　(1)　下線部(a)を担うものとして，10 世紀半ば以降，諸国に常置されるよう
　　　になった官職を 1 つ記せ。

　(2)　下線部(b)の反乱を描いた軍記物を記せ。

　(3)　下線部(c)の人物がこの後，本拠とした地に建てた寺院を記せ。

　(4)　下線部(d)の上皇は「（　あ　），双六の賽，（　い　），これぞ朕が心に随
　　　わぬ者」と嘆いたと伝えられる。（　あ　）と（　い　）にあてはまる語句を
　　　それぞれ記せ。

　(5)　下線部(e)は，忠盛の子清盛のとき，より盛んになった。清盛が貿易を発
　　　展させるために修築した港湾を記せ。

B　江戸幕府の職制は，3 代将軍徳川家光から 4 代将軍徳川家綱にかけて整備さ
　れた。将軍のもとに置かれた老中は，政務全般を統括し，主に大名支配にあた
　り，若年寄は，老中を補佐し，主に<u>旗本・御家人</u>を支配した。さらに主要な行
　　　　　　　　　　　　　　　　　(f)
　政は，寺社奉行・町奉行・<u>勘定奉行</u>のいわゆる　　オ　　が担当した。地方に
　　　　　　　　　　　　(g)
　は，京都に　　カ　　，大坂に城代を置き，<u>京都・大坂・長崎・駿府などにも</u>
　　　　　　　　　　　　　　　　　　　(h)
　<u>奉行</u>を配置し，その地域の支配を担わせた。

　　大半の職には，一人ではなく複数が任じられ，合議を原則としたが，日常の

職務は，　　キ　　により勤められた。また，重要な事柄や管轄が入り組んだ訴訟などの処理は，　　ク　　においてなされた。

問

(6)　下線部(f)の旗本・御家人の違いを記せ。

(7)　下線部(g)の勘定奉行の職掌の主要なものを 2 つ記せ。

(8)　下線部(h)の奉行は総称して何と呼ばれたか。

(9)　幕府が，公用通信手段として江戸と上方のあいだに設けたものは何か。

(10)　将軍が代替わりごとに，諸国の政情・民情を知るために派遣した役人は何と呼ばれたか。

C　　　ケ　　　天皇の皇子として 1852 年に生まれた明治天皇は，まさに日本の近代化の歴史を体現する生涯をおくった。1867 年に践祚し，王政復古の大号令，五箇条の誓文の発表など，維新の重大な諸変革は，まだ 10 代の少年である彼の名においてなされた。戊辰戦争がほぼ終結した後，1869 年に東京に居住地を移して事実上の遷都となったが，1870・80 年代を中心に行われた地方巡幸をはじめ，全国を活発に移動する明治天皇の姿は，能動的な君主としての新しいイメージを作り出した。

　しかし現実の政局において，天皇の果たす役割は限られていた。明治六年の政変，明治十四年の政変では，ともに受動的な立場で関与したにすぎなかった。宮中側近などには一時期，天皇の「親政」を期待する政治的動きもみられたが，1885 年に　　コ　　制度に代わって導入された内閣制度では，「宮中」と「府中」の区別が立てられ，天皇の直接的な政治関与に制度的な制約が課された。これは具体的には，内大臣・宮内大臣などの宮内官を，内閣閣僚と区別したことに表れている。ただし陸・海軍は，内閣を介さずに所管事項を天皇に上奏する権限を有し，このいわゆる　　サ　　独立の慣行は，内閣による国務の統一を阻害する要因となった。

　明治天皇の有していた政治的影響力は，決して小さなものではなかったが，

その行使のあり方は，全体としてやはり自制的であった。<u>議会に政府への協力</u>
<u>を求めた 1893 年の詔勅</u>にみられるように，政治的対立において調停者として
_(m)
の役割を果たすのが典型的なあり方であった。その一方，教育勅語や，日露戦
争後の 1908 年に出された　　シ　　詔書などによって，国民に道徳的模範を
示すという役割をも担った明治天皇は，日清・日露の両戦争の勝利によって偉
大な君主としての輝かしいイメージに包まれつつ，1912 年に没した。

問

(11)　下線部(i)の戦争で，最後まで戦闘が行われていた都市の名を記せ。

(12)　下線部(j)の明治六年の政変で参議を辞職した人々のうち，1874 年の民
　　撰議院設立建白書に名を連ねていない者は誰か。

(13)　下線部(k)の明治十四年の政変で参議を罷免された人物が，1882 年に結
　　成した政党の名称を記せ。

(14)　下線部(l)について，初代の内大臣で，公家出身者として明治政府内で重
　　きをなしていた人物は誰か(あ)。また，最後の内大臣で，東条英機内閣成立
　　に中心的役割を果たした人物は誰か(い)。

(15)　下線部(m)の詔勅が出された際，議会と政府とが対立していた争点は何で
　　あったか。

Ⅳ　日本史Ｂ問題　　　　　　　　　　　　　　　　　　　　　　　　（30 点）

　次の問(1), (2)について，それぞれ 200 字以内で解答せよ。解答はいずれも所定の解答欄に記入せよ。句読点も字数に含めよ。

(1)　古代律令国家の成立から終焉に至る過程を，その法典編纂の歴史に即して述べよ。

(2)　日明貿易について，貿易の開始から断絶までの過程を，貿易の特色にふれながら，具体的に述べよ。

— MEMO —

— MEMO —

— MEMO —

京大入試詳解

京大入試詳解 20年

日本史 第2版

2022～2003

解答・解説編

駿台文庫

はじめに

　京都大学は建学以来「自由の学風」を標榜しており，中央の喧噪から離れて研究に没頭できる風土が醸成されている。卒業式での仮装が風物詩になるなど，京大生は一風変わっていると評されることも多々あるが，その自由闊達で独創的な発想による研究は次々と実を結び，湯川秀樹を嚆矢として数多くのノーベル賞受賞者を輩出している。

　さて，京都大学では，「入学者受け入れの方針」（アドミッション・ポリシー）の中で，教育に関する基本理念として「対話を根幹とした自学自習」を，また，優れた研究が「確固たる基礎的学識」の上に成り立つことを挙げている。京都大学が求めるのは，自由な学風の中で，そこに集う多くの人々との交流を通じて主体的意欲的に課題に取り組み成長していくことができ，そしてそのための基礎的な学力 —— 高校の教育課程で学んだことを分析・俯瞰し活用する力 —— を備えている人物である。

　この，基礎学力をもとに意欲をもって主体的に学ぶ人に入学してほしいという大学のメッセージは，入試問題によく表れている。本書に掲載された過去の入試問題とその解答・解説をよく研究すれば，京都大学が求める人物像を読み取ることができ，入試対策の指針が見えてくるだろう。

　本書が，自由な学問を究めるための第一歩を歩み出す一助となれば幸いである。

駿台文庫 編集部

目　次

解答・解説執筆：塚原哲也（2003 年〜 2022 年）

野田　恵（2003 年）

出題分析と入試対策

年度	番号	時　　代	内　　　　容	形　　式
22	Ⅰ	古代, 近世, 近代	古代・近世・近代の諸史料 （古代の寺院と土地制度；延長四年二月 十三日民部省符, 江戸時代の商家奉公人； 奉公人請状, 近代の戦争；日露戦争・第一 次世界大戦・アジア太平洋戦争の宣戦詔書）	記述
	Ⅱ	古代〜現代	古代〜現代の諸事項	記述
	Ⅲ	古代, 中世, 近現代	古墳文化の展開, 源頼朝の挙兵と治承・寿永の乱, 近現代の女性史	記述
	Ⅳ	中世, 近世	モンゴル襲来後〜足利義満政権期の日中関係, 19世紀前半における江戸幕府の対外政策	論述 （200字×2）
21	Ⅰ	古代, 中世, 近代	古代・中世・近代の諸史料 （天武天皇と史書の編纂；古事記序文, 承久の乱と御成敗式目；御成敗式目, 文明開化と福沢諭吉・新島襄；国民之友）	記述
	Ⅱ	原始〜近代	原始〜近代の諸事項	記述
	Ⅲ	古代, 中世, 近世	菅原道真の生涯, 室町時代の京都をめぐる政治・社会・文化, 江戸時代後期の村々と国訴	記述
	Ⅳ	近世, 近代	徳川家綱の時代, 第一次世界大戦中〜日米開戦までの日米関係	論述 （200字×2）

20	Ⅰ	古代, 中世, 近代	古代・中世・近代の諸史料 （9世紀後半の政治・外交・文化；日本三代実録，平安末〜南北朝期の武家と朝廷；北畠親房・神皇正統記，1920年代〜1940年代後半の政治・社会経済；北一輝・日本改造法案大綱）	記述
	Ⅱ	原始〜現代	原始〜現代の諸事項	記述
	Ⅲ	古代, 中世, 近世	律令国家の形成，鎌倉〜室町時代における仏教の広まり，江戸幕府の全国支配とそのしくみ	記述
	Ⅳ	近世, 近代	老中田沼意次の財政政策，明治・大正期の社会主義運動	論述 （200字×2）
19	Ⅰ	古代, 近世, 近代	古代・近世・近代の諸史料 （奈良時代後期の政治：続日本紀，欧米列強の接近；慎機論，教育勅語と帝国議会の始まり；山県有朋の井上毅あて書簡）	記述
	Ⅱ	原始〜近代	原始〜近代の諸事項	記述
	Ⅲ	古代, 中世, 現代	平安京遷都と仏教界の動向，建武の新政と室町幕府の全国支配，サンフランシスコ平和条約以降の戦後処理問題	記述
	Ⅳ	中世, 近世	執権政治の確立と北条時政・義時，石高制とその機能	論述 （200字×2）
18	Ⅰ	中世, 近世, 現代	中世・近世・現代の諸史料 （治承・寿永の乱と鎌倉幕府；吾妻鏡，江戸時代の農業と幕政；百姓嚢，近現代の政治・外交；大佛次郎・終戦日記）	記述・選択
	Ⅱ	中世〜近代	中世〜近代の諸事項	記述
	Ⅲ	古代, 中世, 近世	古代の交通，中世の日中関係，江戸時代の旗本・御家人	記述
	Ⅳ	古代, 近代	平安時代の文化，幕末期における薩摩藩の動向	論述 （200字×2）

17	Ⅰ	古代, 中世, 近現代	古代・中世・近現代の諸史料 （平安中期の政治；小右記，嘉吉の土一揆； 建内記，近現代の政治・外交；戦後70年 の安倍首相談話）	記述
	Ⅱ	原始〜近代	原始〜近代の諸事項	記述
	Ⅲ	古代, 近世, 近代	奈良時代の政治・社会，近世初期の政治， 大正・昭和戦前期の政治と軍事	記述
	Ⅳ	中世, 近世	鎌倉時代における荘園支配の変遷，江戸幕 府の仲間政策	論述 （200字×2）
16	Ⅰ	原始・古代, 近世, 近代	原始・古代，近世，近代の諸歴史資料 （原始・古代の遺物，天保改革とその経緯， 壬午軍乱への対応）	記述
	Ⅱ	古代〜現代	古代〜現代の諸事項	記述
	Ⅲ	古代, 中世, 近世	奈良〜平安前期の政治，鎌倉中期〜室町の 政治，近世初期・武士の城下町集住とその 影響	記述
	Ⅳ	中世, 近代	中世後期の禅宗，第1次近衛内閣の政策	論述 （200字×2）
15	Ⅰ	古代, 中世, 近代	古代・中世・近代の諸史料 （平安中期の政治と社会；扶桑略記，鎌倉 幕府の成立；三槐荒涼抜書要，日露戦後経 営；山県有朋「戦後経営意見書」）	記述
	Ⅱ	原始〜現代	原始〜現代の諸事項	記述
	Ⅲ	古代, 近世, 近代	飛鳥〜平安前期の近江国，江戸時代の歴史 書，第一次世界大戦後の国際関係	記述
	Ⅳ	中世, 近世	中世〜近世初頭の銭貨の流通，17世紀前 半の江戸幕府のキリシタン政策	論述 （200字×2）

14	Ⅰ	中世, 近世, 近代	中世・近世・近代の諸史料 (室町時代の政治・禅宗；愚管記, 寛政期 の小説・思想；鸚鵡返文武二道, 明治期の 経済・政治；東京商船学校の由来)	記述
	Ⅱ	中世〜近代	中世〜近代の諸事項	記述
	Ⅲ	古代, 中世, 近世	飛鳥〜奈良時代の仏教, 鎌倉時代の公家政 権, 江戸時代の三都	記述
	Ⅳ	古代, 現代	平安前中期の財源確保策の推移, 2つのニ クソン・ショック	論述 (200字×2)
13	Ⅰ	古代, 中世, 現代	古代・中世・現代の諸史料 (平安前期の政治・文化；日本三代実録, 鎌倉末期の政治；播磨太山寺文書, 沖縄返 還；1969年の日米共同声明)	記述
	Ⅱ	古代〜現代	古代〜現代の諸事項	記述
	Ⅲ	古代, 中世, 近世	律令制下の人民支配とその展開, 室町時代 後期の諸相, 織豊期〜江戸時代の公武関係	記述
	Ⅳ	近世, 近代	江戸幕府の財政難とその対応策, 明治期の 初等教育制度	論述 (200字×2)
12	Ⅰ	古代, 近世, 近代	古代・近世・近代の諸史料 (律令に基づく地方支配とその動揺；類聚 三代格, シーボルトと江戸；シーボルト江 戸参府紀行, 朝鮮三・一独立運動；原敬日記)	記述
	Ⅱ	古代〜現代	古代〜現代の諸事項	記述
	Ⅲ	中世, 近世, 近代	中世後期の経済発達, 織田信長の統一事業, 明治天皇の巡幸とそれをめぐる政治	記述
	Ⅳ	原始, 中世	縄文〜古墳時代初めの墓制の変遷, 院政期 〜鎌倉末の日中関係	論述 (200字×2)

11	Ⅰ	古代, 中世, 近代	古代・中世・近代の諸史料 (藤原広嗣の乱；続日本紀, 南北朝の守護； 建武以来追加, 近代；大日本婦人会定款)	記述
	Ⅱ	原始〜現代	縄文時代〜昭和戦後期の諸事項	記述
	Ⅲ	中世, 近世, 近現代	平安末期〜鎌倉時代の摂関家, 近世におけ る製鉄・鍛冶技術の発展, 近現代における 貿易品目の推移	記述
	Ⅳ	古代, 近世	平安時代の浄土教, 江戸初期に幕府が発し た法度	論述 (200字×2)
10	Ⅰ	中世, 近世, 近代	中世・近世・近代の諸史料 (蒙古襲来；東寺百合文書, 長崎貿易；京 都御役所向大概覚書, 石橋湛山「青島は断 じて領有すべからず」)	記述
	Ⅱ	中世〜現代	鎌倉時代〜昭和戦後期の諸事項	記述
	Ⅲ	古代, 近世, 近現代	古代の宮都とその変遷, 江戸時代前・中期 の儒学, 岸信介とその時代	記述
	Ⅳ	古代, 中世	推古朝の政策とその特徴, 足利義満の時代	論述 (200字×2)
09	Ⅰ	中世, 近世, 近代	中世・近世・近代の諸史料 (嘉吉の変；看聞日記, 江戸幕府の百姓一 揆対策；御触書天明集成, 日独伊三国同盟 とアジア太平洋戦争；日独伊三国同盟)	記述
	Ⅱ	古代〜現代	平安中期〜現代の諸事項	記述
	Ⅲ	原始・古代, 中世, 近代	原始・古代の建築, 鎌倉時代の在地社会, 立憲体制の形成と定着	記述
	Ⅳ	古代, 近世	国司制度の変遷, 江戸幕府の蘭学政策	論述 (200字×2)

08	Ⅰ	古代, 中世, 近世	古代・中世・近世の諸史料 （班田収授法と天平期の田地政策；続日本紀，南北朝期の国人一揆；山内首藤家文書，江戸幕府の職制と宗門改；京都町触集成）	記述
	Ⅱ	古代～近世	飛鳥～江戸時代の諸事項	記述
	Ⅲ	古代, 近世, 現代	古代の文字史料，江戸時代の交通と貨幣・情報の流通，東アジアにおける冷戦体制の形成	記述
	Ⅳ	中世, 近代	鎌倉幕府における将軍のあり方の変化，明治前・中期における日清関係の推移	論述 （200字×2）
07	Ⅰ	古代, 中世, 近世	古代・中世・近世の諸史料 （7世紀末～8世紀初の政治；懐風藻，鎌倉前期の政治；九条道家願文〔春日社記録〕，ポルトガル船来航禁止；鎖国令）	記述
	Ⅱ	古代～近代	奈良～明治期の諸事項	記述
	Ⅲ	中世, 近世, 近代	室町・戦国時代の浄土真宗と日蓮宗，享保改革，第一次世界大戦とワシントン体制	記述
	Ⅳ	原始, 現代	縄文・弥生時代の生業，日本国憲法の制定過程	論述 （200字×2）
06	Ⅰ	中世, 近世, 近代	中世・近世・近代の諸史料 （応安の半済令；建武以来追加，ラクスマン来航；宇下人言，産業革命と労働運動；内地雑居後之日本）	記述
	Ⅱ	古代～現代	律令制～戦後期の諸事項	記述
	Ⅲ	原始, 古代, 近代	縄文～古墳文化の技術，荘園公領制の形成とその構造，明治期の日朝関係	記述
	Ⅳ	古代, 近世	9世紀前半の政治と文化，元禄～天明期の江戸幕府の貨幣政策	論述 （200字×2）

	I	古代, 中世, 近代	古代・中世・近代の諸史料 （加墾禁止令；続日本紀，平安末期の3事件； 百錬抄，日露和親条約）	記述
05	II	原始～現代	弥生文化～戦後期の諸事項	記述
	III	古代, 近世, 近代	奈良・平安初期の土地・租税制度の変化， 江戸時代の飢饉とその影響，近代の高等教 育機関をめぐる問題	記述
	IV	中世, 近代	室町・戦国時代における都市の発達，日清 戦争終結時から日露戦争までの外交	論述 （200字×2）
	I	古代, 中世, 近代	古代・中世・近代の諸史料 （改新の詔；日本書紀，京都大番役；吾妻鏡， 国際協調外交；ロンドン海軍条約調印に関 する幣原外務大臣談話）	記述
04	II	原始～現代	縄文文化～池田勇人内閣の諸事項	記述
	III	古代, 中世, 近世	藤原道長・頼通期の政治・文化，室町～戦 国時代の東国，近世の出版文化	記述
	IV	近世, 近代	18世紀以降の江戸幕府の農村・農民政策， 幕末開港期～1920年代の貿易収支の推移	論述 （200字×2）
	I	古代, 近世, 現代	古代・近世・現代の諸史料 （平将門の乱；将門記，生類憐みの令；江 戸町触集成，サンフランシスコ平和条約； 南原繁「世界的危機と日本の独立」）	記述
03	II	原始～近代	縄文～明治期の諸事項	記述
	III	古代, 近世, 近代	武士の台頭，江戸幕府の職制，明治天皇の 生涯	記述
	IV	古代, 中世	律令国家の成立から終焉，日明貿易の開始 から断絶	論述 （200字×2）

出題分析と対策

◆スタイルと分量◆

　京大日本史は，大問4つで，それぞれ I 史料問題（3つのテーマの史資料を用いて空欄補充・関連設問で小問20題），II 空欄補充問題（10の短文を用いて小問20題），III テーマ問題（3つのテーマのリード文を用いて空欄補充・関連設問で小問30題），IV 論述問題（200字が2題），という構成をとっており，問題数が極めて多いという点に特徴がある。

特徴1　70題の記述問題と計400字の論述問題で構成される

　試験時間は90分もあるが，問題数が多く，かつ論述問題が2つ出題されることを考えれば，時間的に余裕があるわけではない。200字の論述問題にそれぞれ20分程度が必要とすれば，I ～ III の記述問題を50分以内で解答しなければならない。記述問題が手際よく解答できるよう，知識をしっかり身につけておくことが不可欠である。

◆出題の形式と内容◆

　古代・中世・近世・近現代という時代区分でみると，それほど偏りはなく，バランスのとれた出題となっている。

特徴2　各時代から偏りなく出題される

　下のグラフは，過去20年間にどれくらい出題されたのかを分野別に集計したもので，各分野とも左から2003年，2004年，……2022年の順に区分けしてある。

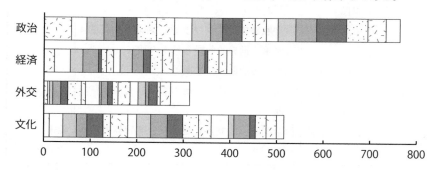

特徴3　政治と文化の分野からの出題が多い

問題形式としては，先に確認したように，史料問題，短文空欄補充問題，テーマ問題，論述問題の4つが出題されているが，これらのうち，得点で差がつきやすいのが$\boxed{\text{I}}$の史料問題と$\boxed{\text{IV}}$の論述問題である。

特徴4　史料問題では初見史料が頻出する

史料問題で扱われる史料（歴史資料）には2種類あり，1つは大半の受験生が目にしたことのある基本史料，もう1つは初見史料である。もちろん両者の区別は明確ではなく，受験生によって差があるだろうが，京大日本史では初見史料が出題されることが多い点に特徴がある。

特徴5　論述問題は発問形式に注意が必要である

論述問題では，たとえば東大日本史のように複数の資料文や年表・統計などを用いた形式の出題はなく，シンプルな作問となっている。したがって，設問の要求に即して必要なデータのみを用いて答案を作成すれば，高得点を取れそうである。だからといって必ずしも簡単ではない。

京大日本史で出題されている発問形式には，①推移・変化を問う，②時代・時期の異なる2つ(以上)の事項を対比させる，③事項の内容説明と共にその背景や目的，結果や影響を問う，④1つの時代・事象をさまざまな観点から多面的に説明させる，などがある。なかでも近年多いのは，①と④である。

①推移・変化型＝推移・変化を問う

　(例)　近代日本において，金本位制が成立し，終焉する過程を述べよ。(2001)

②対比・特徴型＝時代・時期の異なる2つ(以上)の事項を対比させる

　(例)　考古資料(遺構や遺物)を具体的な証拠として示して，縄文時代と弥生時代の主要な生業の違いを述べよ。(2007)

③因果型＝事項の内容説明と共にその背景や目的，結果や影響を問う

　(例)　明治十四年の政変について，この前提となった諸条件，政変の内容，およびその影響を総合的に論ぜよ。(1999)

④多面的な説明型＝1つの時代・事象を複数の観点から多面的に説明させる

　(例)　足利義満の時代はどのような時代であったか。いくつかの側面から論ぜよ。
(2010)

◆入試対策◆

京大日本史は，一部にやや瑣末な，あるいはマニアックな設問も見られるが，おおむね高校教科書に準拠した標準的な設問からなっている。したがって，教科書に書か

れていること，授業で教わったことを確実に自分のものにできれば，こと日本史に関しては絶対に合格点を確保できる。しかし，教科書程度のデータを縦横にアウトプットできるようになることは，決して簡単なことではない。

京大日本史で求められているのは，連想力と要約力の2つに集約することができる。

対策1　事項どうしの関連や全体像に想像を働かせよう

＜出題の形式と内容＞で確認したように，史料問題と論述問題の攻略が得点のポイントである。そして，史料問題では初見史料が頻出であり，論述問題では単純な内容説明（背景や影響を含む）を求める形式ではなく，展開過程や対比，多面的・総合的な説明を求める形式が多く出題されている。

このことを念頭におけば，いわゆる一問一答式の丸暗記学習だけでは対応できないことが了解できるはずである。もちろん，知識を蓄える作業の初歩は，一問一答式の丸暗記から始まるともいえる。しかし，それにとどまるのではなく，個々の事項が他の事項とどのようにつながっているのか，さらには時代・社会の全体的な特徴，それと個々の事項との関連にしっかりと想像を働かせ，理解に努めることが不可欠である。それが連想力の鍛練である。

対策2　高校教科書などの記述を要約しよう

さらに，先述のような特徴をもつ論述問題に対処するには，ある一定のテーマのもとで高校教科書の記述を200字以内で要約する練習を積み重ねるとよい。とはいえ，テーマを自分で設定するのは難しいので，『日本史の論点－論述力を鍛えるトピック60－』（駿台文庫）を活用するとよい。

また，駿台では夏期講習で「京大日本史」，直前講習で「京大プレ日本史」が設置されているので，それらを受講することをぜひとも薦めたい。

解答・解説

I

解説 例年通りの史料問題である。史料は3つで，今年度はA古代（延長四年二月十三日民部省符），B近世（奉公人の請状），C近代（日露戦争・第一次世界大戦・アジア太平洋戦争の宣戦詔書）であった。**まず史料文をざっと一読し，さらに出典，設問文をすべてチェックし，ヒントを探ってから解答に取りかかりたい。**

A 古代の寺院と土地制度

問(6)の設問文から**渤海が滅亡**し，また『**延喜式**』が完成した頃，つまり**10世紀前半**の史料であると判断できる。

(1) 空海が活動する寺院であり，飛鳥地域の弘福寺が平安京の東寺とこの寺院とのほぼ中間地点にあることから，高野山の**金剛峰寺**であることがわかる。

(2) 「百六十一歩」「四段百十一歩」「五段」「四段百四十四歩」を加算すれば，一町**四段五十六歩**となる。

(3) 空欄に続く文に「収公して百姓の戸の田に授給せらるる」とあることに注目すれば，**班田**が入ると判断できる。

(4) 設問文中の「豊前国宇佐に鎮座する神」から称徳天皇の時の宇佐八幡神託事件を想起すれば，この神社が八幡宮であることがわかる。そして，平安京南方にある八幡宮といえば，大山崎の油神人の本所として有名な**石清水八幡宮**である。

(5) 問(6)(い)の設問文から，この史料の頃の天皇が『延喜式』の編纂を命じた天皇であることがわかり，この「勅」を発した天皇が**醍醐天皇**であると判断できる。

(6)(あ) 渤海を滅ぼしたのは**契丹（遼）**である。

(い) 『延喜式』以前に存在した式とは，嵯峨天皇が編纂を命じた『**弘仁式**』と清和天皇が編纂を命じた『**貞観式**』である。

B 江戸時代の商家奉公人

史料中の**宝暦**という元号から，**18世紀半ば**の史料であると判断できる。

(7)難 問(8)の設問文から史料が「商家に提出されたもの」であることがわかり，そのうえ，史料中に「この小兵衛と申す者」を「御 ウ に遣し申す」，「御家の御作法の通り急度相勤めさせ申すべく候」とあることから，小兵衛が商家に勤めるにあたっての史料であると判断できる。そこから ウ に**奉公**が入ると判断したい。

(8) 下線部(e)に「給銀」とあり，銀貨が取引きの中心となっている地域だとわかる。したがって三都の中で該当しない可能性が最も高いのは，金遣いの**江戸**である。

(9)　「江戸幕府が禁止している」「宗門」で，片仮名で記せと指定されているのだから**キリシタン**が入る。なお，幕府は他に日蓮宗不受不施派も禁制とした。

(10)　仏教諸宗派すべてを共通して統制するため，徳川家綱政権は1665年，**諸宗寺院法度**を発した。

(11)　当事者間での解決を幕府が命じた法令といえば，金銭貸借に関する訴訟を三奉行所で受理しないとした**相対済し令**である。享保の改革のなかで1719年に発令されたものが最も有名である。

(12)　宝暦期頃，公家たちに尊王論を説いて処罰されたのは垂加神道の神道家**竹内式部**で，宝暦事件と呼ばれる。

Ｃ　近代の戦争

問(13)に「日本が対外戦争を開始した際に，天皇の名前で出された詔書(詔勅)の一部」とあるので，それぞれがどこの国との間の戦争なのかを判断することから始めよう。

(13)　①は「米国および英国に対して」なので**アジア太平洋戦争(太平洋戦争)**，②は「独逸国に対して」なので**第一次世界大戦**，③は「露国に対して」なので**日露戦争**である。したがって，古いものから年代順に並べると③→②→①となる。

(14)　アジア太平洋戦争を開戦当時の東条英機内閣は**大東亜戦争**と命名した。

(15)　「中華民国政府」との戦争は**1937年**から始まっており，アジア太平洋戦争開戦の1941年には既に４年ほどの年月が経っていた。

(16)　「更新」された国民政府が日本と「善隣の誼を結び相提携」しているのに対し，「重慶に残存する政権」が米英両国の支援を受けていると書かれており，「更新」された国民政府が**汪兆銘(汪精衛)**を中心とする政府，「重慶に残存する政権」が蔣介石を中心とする政府であると判断できる。

(17)　第一次世界大戦の勃発にともなってドイツに宣戦布告する際，日本政府が口実としたのは日英同盟である。日英同盟が最初に締結された1902年は第一次桂太郎内閣で，外相は**小村寿太郎**であった。

(18)　第一次世界大戦勃発の頃，ドイツが「東洋」あるいは「極東」に持っていた租借地は中国の**膠州湾**であり，ドイツはその湾口にある青島を軍港として整備した。

(19)　日露戦争開始の直前に「露国」が占拠していた地域は**満洲(満州)**である。ロシアは北清事変に乗じて軍隊を駐留させて占領した。

解 答

A　(1)　金剛峰寺　　(2)　四　　(3)　班田　　(4)　石清水八幡宮　　(5)　醍醐天皇
　　(6)㋐　契丹(遼)　　㋑　弘仁式・貞観式

B　(7)　奉公　　(8)　江戸　　(9)　キリシタン　　(10)　諸宗寺院法度

　　(11)　相対済し令　　(12)　竹内式部

C　(13)　③・②・①　　(14)　大東亜戦争　　(15)　1937年　　(16)　汪兆銘(汪精衛)

　　(17)　小村寿太郎　　(18)　膠州　　(19)　満洲(満州)

Ⅱ

【解説】　古代〜現代の諸事項についての空欄補充問題であり，単純に知識の有無を問うた問題である。

　ア　蘇我馬子が587年，政敵物部守屋を滅ぼして**崇峻**天皇を擁立したが，592年には崇峻天皇も暗殺して政治権力を握った。

　イ　推古天皇のもとで史書として『天皇記』に並んで『**国記**』が編纂された。

　ウ　斉明天皇は蝦夷支配を進めるため，秋田・津軽方面に**阿倍比羅夫**を派遣した。

　エ　712年，東北地方の日本海側に設置されたのは**出羽**国である。

　オ　708年，**武蔵**国から自然銅が献上されたことを契機に元号が和銅と改められるとともに和同開珎が鋳造された。

　カ　和同開珎は，**元明**天皇が708年に建設を開始した平城京の造営経費を調達することを目的として鋳造・発行された。

　キ　称徳天皇が平城京の右京に建立したのは**西大寺**である。

　ク　称徳天皇により恵美押勝の乱後，鎮護国家の目的から木造小塔の百万塔がつくられ，内部には印刷された陀羅尼経が納められた。**百万塔陀羅尼**と呼ばれる。

　ケ　江戸時代の五街道の一つで，近江国の草津で東海道と合流するのは**中山道**である。

　コ　宿駅に人馬を常備する負担を**伝馬役(助郷役)**と呼ぶ。

　サ　熊沢蕃山を登用した「名君」は岡山藩主**池田光政**である。

　シ　池田光政は，藩士だけでなく庶民も学ぶ郷学として**閑谷学校**を開いた。

　ス　明治政府が神道によって国民教化を進めるために1870年に発したのは**大教宣布**の詔である。

　セ　教派神道の一つで，川手文治郎を開祖とするのは**金光教**である。

　ソ　江華島事件を理由として日朝間で結ばれたのは**日朝修好条規(江華条約)**である。

　タ　日朝修好条規に基づいて釜山・仁川・元山が開港されたが，そのうち，首府漢城にほど近いのは**仁川**である。

チ　韓国併合によって韓国は朝鮮と改称されて日本の植民地となり，朝鮮人は**日本**国籍をもつこととなった。

ツ　1919年におきた，独立を掲げた民族主義運動は**三・一独立運動（万歳事件）**である。

テ　日米安全保障条約でアメリカ軍が日本に駐留することが規定されたが，その細目は**日米行政協定**で定められ，日本がアメリカに基地を提供した。

ト　1950年代における米軍基地反対闘争として有名なのが石川県の**内灘**事件と東京都の砂川事件である。

解答

ア　崇峻　　イ　国記　　ウ　阿倍比羅夫　　エ　出羽　　オ　武蔵　　カ　元明
キ　西大寺　　ク　百万塔陀羅尼　　ケ　中山道　　コ　伝馬（助郷）
サ　池田光政　　シ　閑谷学校　　ス　大教宣布　　セ　金光教
ソ　日朝修好条規（江華条約）　　タ　仁川　　チ　日本
ツ　三・一独立運動（万歳事件）　　テ　日米行政協定　　ト　内灘

Ⅲ

（解説）　3つのテーマによる記述問題であり，今年度は古代，中世，近現代から各1テーマが出題された。

A　古墳文化の展開

ア　邪馬台国の卑弥呼が遣使した中国王朝は**魏**である。239年に遣使した際，親魏倭王の称号を受けている。

イ　古墳時代前・中期，つまり4〜5世紀頃，朝鮮半島最南部には**加耶（加羅）**と呼ばれる小国の連合体が成立していた。

ウ　朝鮮半島から日本列島に多くの**渡来人（帰化人）**が渡ってきて先進的な文化や技術を伝えた。

エ　「日出づる処の天子」の語句で知られる国書を隋にもたらした遣隋使は**小野妹子**である。

オ　奈良県明日香村の**高松塚**古墳は，1972年に四神や男女群像の壁画が発見された。

（1）**やや難**　大阪府堺市の**百舌鳥古墳群**は大阪府羽曳野市・藤井寺市の古市古墳群とともに世界遺産「百舌鳥・古市古墳群」を構成しており，日本最大の前方後円墳である大仙陵古墳（伝仁徳天皇陵古墳）など複数の巨大古墳が築かれている。

(2)**難**　胴部を防御するよろい(甲)と頭部を防御するかぶと(冑)をあわせて**甲冑**と呼ぶ。

(3)　倭の五王は讃・珍・済・興・武で,「ワカタケル」(雄略天皇)にあたると考えられているのは最後の**武**である。

(4)　6世紀初め,儒教経典を講じる**五経博士**が百済から派遣された。

(5)　飛鳥寺(法興寺)は**蘇我馬子**によって建立された。

B　源頼朝の挙兵と治承・寿永の乱

カ　御家人らの先祖伝来の所領の領有を認めることを**本領安堵**といい,新しく敵方所領を給与するのを新恩給与という。

キ　治承・寿永の乱のさなか,西国を中心として**養和の飢饉**が生じた。

ク　信濃国から北陸道を経て入洛したのは**源義仲**である。

ケ　**難**　源義仲が越中・加賀国境の**倶利伽羅峠(砺波山)**の戦いで平氏方を破った。

コ　朝廷は1183年,源頼朝に対して**寿永二年十月宣旨**を発し,東海・東山道の支配権を認めた。

(6)　源頼朝は,父義朝が藤原信頼とともに挙兵し敗北した**平治の乱**でとらえられ,伊豆に配流された。

(7)**やや難**　山や丘を切り開き,両側から崖にはさまれた形に作った道路を一般に**切通し**と呼ぶ。

(8)　安徳天皇が平氏政権とともに西国に移った後も京都にとどまった後白河法皇は**後鳥羽天皇**を即位させた。

(9)　**奥州藤原氏**は,1185年以降,源頼朝と対立した源義経をかくまい,それを口実として1189年に滅ぼされた。

(10)　平家没官領などで構成される将軍家の荘園群を**関東御領**と呼ぶ。

C　近現代の女性史

サ　**難**　女子に対して男子の中学校相当の教育をさずける中等教育機関は**高等女学校**である。

シ　**難**　母性とは女性の産む者としての特性を指し,平塚らいてうは国家による母性の保護が必要と論じ,与謝野晶子は女性の経済的自立を主張した。一方,山川菊栄は母性の保護と女性の自立の必要をともに認めたうえで,そのためには資本主義の変革が必要だと論じた。これを**母性保護論争**という。

ス　**難**　『**女工哀史**』は,細井和喜蔵が過酷な労働環境のもとで働く紡績女工の実情を記した。

セ　アジア太平洋戦争での戦局が悪化し，多くの成人男子が出征して労働力が著しく不足するなか，未婚の女子が**女子挺身**隊に編成され，勤労動員を受けた。

⑾　津田梅子から判断すればよい。津田梅子は1871年，岩倉遣外使節団に同行して**アメリカ**に留学し，帰国後に女子英学塾を開いた。

⑿　与謝野晶子は夫の与謝野鉄幹が主宰する雑誌『明星』で活躍し，日露戦争中の1904年，厭戦詩「君死にたまふことなかれ」を『**明星**』に発表した。

⒀　山川菊栄は1947年，片山哲内閣によって**労働省**が設置されると，初代婦人少年局長に就任した。なお，設問では「婦人青年局長」とあるが，「婦人少年局長」の誤りである。

⒁(あ)難　刑法は1880年に公布され，家制度を守る目的から，夫のある女性の不倫は**姦通罪**として処罰の対象となっていたが，1947年の改正によって皇室への犯罪である大逆罪・不敬罪とともに廃止された。

(い)　1945年12月に衆議院議員選挙法が改正され，選挙資格が満20歳以上の男女に改められた。そのため，1946年4月におこなわれた衆議院議員選挙では**満20歳**以上の女性が選挙権を行使した。

⒂　1950年代後半以降，電気冷蔵庫・白黒テレビ・**電気洗濯機**が普及し，3つを総称して「三種の神器」と呼ばれた。

解答

A　ア　魏　　イ　加耶(加羅)　　ウ　渡来(帰化)　　エ　小野妹子
　　オ　高松塚
　　⑴　百舌鳥古墳群　　⑵　甲冑　　⑶　武　　⑷　五経博士　　⑸　蘇我馬子
B　カ　本領安堵　　キ　養和　　ク　源義仲　　ケ　倶利伽羅峠(砺波山)
　　コ　寿永二年十月
　　⑹　平治の乱　　⑺　切通し　　⑻　後鳥羽天皇　　⑼　奥州藤原氏
　　⑽　関東御領
C　サ　高等女学校　　シ　母性保護　　ス　女工哀史　　セ　女子挺身
　　⑾　アメリカ　　⑿　明星　　⒀　労働省　　⒁(あ)　姦通罪　　(い)　満20歳
　　⒂　電気洗濯機

Ⅳ

解説　論述問題であり，本年度は中世と近世から各1テーマが出題された。2題とも**推移・変化型**であった。

(1) モンゴル襲来後～足利義満政権期の日中関係

　問われているのは，**モンゴル襲来後から足利義満政権期までの日本と中国の関係**である。条件として，政治・経済・文化などの面に留意することが求められている。

　まず，モンゴル襲来の直後と足利義満政権期に注目したい。

モンゴル襲来後

・元と正式な国交はなし，私的な貿易船が往来

足利義満政権期（15世紀初め）

・明と正式な国交を結ぶ，勘合を用いた朝貢貿易が開始

　このような違いが生じた背景は何か？それは，南北朝期に中国で明が成立し，海禁政策をとって民間貿易を禁じる一方，日本に朝貢と倭寇禁圧を求めたことであり，南北朝の動乱を収め，全国支配を整えた足利義満政権がそれに応じたことである。

モンゴル襲来後

・元と正式な国交はなし，私的な貿易船が往来

南北朝期

・明が成立＝民間貿易を禁止（海禁政策），日本に朝貢と倭寇禁圧を要請

足利義満政権期（15世紀初め）

・背景：足利義満政権が全国支配を確立

・明と正式な国交を結ぶ，勘合を用いた朝貢貿易が開始

　このままでは**政治（国際政治）**と**経済（貿易）**という側面からの**説明しかできていない**。条件に注目すれば，**文化面からみた日中関係**についても説明しなくてはならない。したがって，貿易船を通じて禅僧が往来し，活発に文化交流が行われたことを指摘しておきたい。その上で，具体的な内容を少し補うと次のようになる。

モンゴル襲来後

・元と正式な国交はなし，私的な貿易船が往来→禅僧が往来＝活発な文化交流

　：軍事的な緊張　　　　　：中国銭などの輸入・金などの輸出

南北朝期

・明が成立＝民間貿易を禁止（海禁政策），日本に朝貢と倭寇禁圧を要請

足利義満政権期（15世紀初め）

> ◦ 背景：足利義満政権が全国支配を確立
> ◦ 明と正式な国交を結ぶ，勘合を用いた朝貢貿易が開始

　ところで，ここで注意しておきたいことがある。

　経済面で中国銭の輸入にともなって国内で貨幣経済が発展したこと，文化面で禅僧を通じて大陸文化が受容・普及されたことまで指摘しようとした場合，これは**日中関係そのものではなく日中関係の国内への影響についての説明になっている点**である。その場合，日中関係の国内政治への影響についても説明しなければ「政治・経済・文化などの面」に等しく留意したことにならない。では，日中関係と国内政治との関わりはどうか。思いつくのは，モンゴル襲来後も警戒態勢が続いたことが御家人制の動揺につながり，鎌倉幕府の滅亡を招いたことである。ここまで説明したい。

　こうした**国内の「政治・経済・文化などの面」への影響に触れた解答も可能**であり，別解で示しておく。受験生としては，どちらの方針で書くのかを見定めてから答案を作成したい。

(2) 19世紀前半における江戸幕府の対外政策

　問われているのは，**19世紀初頭から天保年間における江戸幕府の対外政策の展開**である。条件として，イギリスの動向との関わりを中心とすることが求められている。

　まず，19世紀前半における欧米諸国の接近とそれに対する江戸幕府の対応を確認しよう。

1804（文化元）	ロシア使節レザノフが長崎に来航・通商を要求→幕府は拒絶
1806（文化3）	外国船に薪水等を与えて穏便に退去させる方針を示す　　…………①
	ロシア軍艦蝦夷地襲撃事件（～07）
1807（文化4）	幕府が全蝦夷地を直轄化（松前奉行を設置）
1808（文化5）	フェートン号事件（イギリス軍艦が長崎に乱入）　……………………ア
1811（文化8）	ゴローニン事件（国後島でロシア軍人ゴローニンを捕縛）
1824（文政7）	イギリス捕鯨船が常陸大津浜などに接近　………………………………イ
1825（文政8）	幕府が異国船打払令を発令　………………………………………………②
1837（天保8）	モリソン号事件（来航したアメリカ商船モリソン号を撃退）
1840（天保11）	中国でアヘン戦争開始＝清国とイギリスが交戦　……………………ウ
1842（天保13）	幕府が異国船打払令を緩和＝薪水給与令を発令　……………………③
1844（弘化元）	オランダ国王が開国を勧告→幕府は拒絶

　これらのうち，ア～ウがイギリスの動向であり，それに対応した幕府の政策が①から②への変化，②から③への変化である。したがって，**大きく3つの時期に区分し**，

時期による違いを説明していけばよいと判断できる。なお，①については高校教科書では具体的な年代が記されておらず，異国船打払令より以前の方針として書かれているにすぎないので，設問で用いられている「19世紀初頭」，あるいは「当初」との表現を使って時期を表記しておけばよい。

ところで，注意したいのが「展開」が問われている点である。「展開」は推移・変化と同様に考えることができる一方，ある事態がくり広げられることを意味することもあり，時期による大きな違いがないと見なすこともできる。そこで，**この時期における幕府の対外政策に共通点はないか**，考えてみたい。

そもそも幕府は，ペリー来航以前においては**鎖国制を維持する姿勢**を貫いている。いいかえれば，従来からの朝鮮・琉球やオランダ・中国とのみ交渉する国際秩序を維持する姿勢を貫いていた。この共通点を加味しながら時期ごとに整理すれば，次のようになる。

共通点
- 鎖国政策をとる
  従来からの朝鮮・琉球やオランダ・中国とのみ交渉する国際秩序を維持

当初
- 外国船に薪水・食料を与えて穏便に退去させる方針をとる

文化・文政期
- 背景：イギリス船の接近＝軍艦の長崎乱入や捕鯨船の近海出没
- 異国船打払令を出す＝外国船を撃退する方針

天保年間
- 背景：アヘン戦争でイギリスが優勢（清がイギリスに大敗）
- 薪水給与令を出す＝欧米諸国との紛争を回避する

解答例

(1) モンゴル襲来後から南北朝期，日元間に正式
　　な国交はなく軍事的緊張が続いたが，私的な
　　貿易船が活発に往来して中国の銭貨などと日
　　本の金などが交易され，禅僧が往来して文化
　　交流もさかんであった。南北朝期，倭寇と呼　　5
　　ばれる海賊集団が横行するなか，新たに成立
　　した明が民間貿易を禁じるとともに，日本に

朝貢と倭寇禁圧を求めてきた。15世紀初め，全国支配を整えた足利義満政権は正式な国交を結び，勘合を用いた朝貢貿易を開始した。　*10*

（200字）

（別解）モンゴル襲来後から南北朝期には，元との正式な国交はなく軍事的緊張が続いたが，商船が往来して交流が活発であった。この間，元への警戒態勢の継続により御家人体制は動揺し，鎌倉幕府は滅亡した。商船を通じて大量　*5*
に中国銭が輸入され，貨幣経済の発展を促すとともに，往来した禅僧を通じ，大陸文化が受容された。元に代わって明が成立すると，足利義満政権期には室町幕府の安定を背景に正式な国交が結ばれ，朝貢貿易が行われた。　*10*

（200字）

（2）江戸幕府は従来からの朝鮮・琉球やオランダ・中国とのみ交渉する国際秩序を堅持する鎖国政策を展開し，当初は渡来する他の外国船に薪水・食料を提供して穏便に退去させる方針をとった。文化・文政期，軍艦フェートン　*5*
号の長崎侵入以降，イギリス船などの接近が相次ぐと，幕府は異国船打払令を出して撃退を命じた。天保年間，アヘン戦争でのイギリスの優勢が伝わると，薪水給与令を出して紛争を回避しながら鎖国制の維持をはかった。　*10*

（200字）

解答・解説

I

解説　例年通りの史料問題である。史料は3つで，今年度はA古代（『古事記』序文），B中世（御成敗式目），C近代（徳富蘇峰「福沢諭吉君と新島襄君」）であった。**まず史料文をざっと一読し，さらに出典，設問文をすべてチェックし，ヒントを探ってから解答に取りかかりたい。**

A　天武天皇と史書の編纂

　まず史料を一読し，「飛鳥清原大宮」「天皇」から天武天皇に関する史料であることを把握し，次に問(7)から，この史料が『古事記』序文であることをつかみたい。

　(1)**やや難**　脚注を手がかりとして天武天皇（大海人皇子）が「まだ即位していない」時期に「兵を集めながら移動」したこと，問(3)から「前天皇の皇子」と戦って「自害」に追い込んだことに気づけば，壬申の乱について説明した箇所であることがわかる。大海人皇子は吉野で挙兵したあと東国へ移ったので，ここには**東**が入る。

　(2)　皇室の祖先神を祭った宗教施設は**伊勢神宮**である。

　(3)　壬申の乱で敗れたのは**大友皇子**である。

　(4)　「飛鳥清原大宮」の北西に造営されたのは藤原京で，**中国の都城制を採用し，宮城（宮）のまわりに東西・南北の道路で区画された京**を設けた。

　(5)　天武天皇の時代に展開したのは**白鳳文化**である。

　(6)　2回めの　**イ**　が「旧辞」と並び称されている点に注目すれば，**帝紀**が入ると判断できる。

　(7)　天武天皇の命により稗田阿礼が誦習していた帝紀・旧辞の内容を**太安万侶（安麻呂）**が撰録し，712年に『古事記』として完成させた。

B　承久の乱と御成敗式目

　冒頭を読めば，史料が御成敗式目の条文を抜き出したものであると判断できる。

　(8)　御成敗式目に記載された「右大将家」とは**源頼朝**をさす。頼朝が1190年，右近衛大将に任じられたことに基づく呼称である。

　(9)　守護の職権の一つである「大番催促」とは，**任国の御家人を指揮・統率して京都大番役に従事させる**ことである。

　(10)　脚注から守護が職務として遂行すべき事柄について定めた条文だとわかり，そのなかに「所帯（所持）の職」とあるので，これは**守護**をさすと判断できる。

　(11)　「京方の合戦を致す」から　**ウ**　には承久と入ることがわかる。承久の乱当時，

鎌倉に在住し，のちに将軍になったのは**藤原頼経（九条頼経）**である。

⑿　承久の乱での「勲功の奉公」なので，**承久の乱で幕府方として戦って軍功をあげたことである。**

⒀　「関東御恩の輩」は幕府から御恩を受けている人々，つまり御家人をさす。したがって御家人統率のために置かれた機関は侍所で，その初代長官は**和田義盛**である。

⒁　承久の乱に際して「京方」を統率したのは後鳥羽上皇であり，彼は北面の武士に加えて**西面の武士**を新設し，軍事力強化を図っていた。

Ｃ　文明開化と福沢諭吉・新島襄

出典が「『国民之友』第17号　1888年３月２日」なので，明治中期に書かれた史料であることがわかる。

⒂　第２段落に「西洋事情，学問の勧め，文明論の概略」とあり，　エ　には**福沢諭吉**が入るとわかる。

⒃(あ)　「1870年に設置」，「鉄道や電信を所管」に該当するのは**工部省**である。殖産興業を担当する官庁には，他に1873年設置の内務省，1881年設置の農商務省がある。

(い)**やや難**　東海道線は**東京・神戸間**を結ぶ官営鉄道である。

⒄(あ)　「基督教」（キリスト教）は，五榜の掲示によって**禁制とされていた**が，のち1873年に高札が撤去され，黙認された。

(い)**やや難**　大日本帝国憲法第28条では，信教の自由は**臣民**としての義務に背かない限りで認められた。

⒅　「　オ　は私学校を有せり，然れども之れが為めに心ならずも十年内乱の総大将となれり」とある。「私学校」とともに，明治10年が1877年であり「十年内乱」が西南戦争をさすことに気づけば，**西郷隆盛**が入るとわかる。

解答

Ａ　(1)　東　　(2)　伊勢神宮　　(3)　大友皇子

　　(4)　中国にならった都城制が採用された（宮のまわりに京が設けられた）

　　(5)　白鳳文化　　(6)　帝紀　　(7)　太安万侶（太安麻呂）

Ｂ　(8)　源頼朝　　(9)　国内の御家人を催促して京都大番役に従事させる

　　(10)　守護　　(11)　藤原頼経（九条頼経）

　　(12)　承久の乱で幕府方として戦い軍功をあげたこと

　　(13)　和田義盛　　(14)　西面の武士

Ｃ　(15)　福沢諭吉　　(16)(あ)　工部省　　(い)　東京・神戸間

　　(17)(あ)　禁制の方針を示した　　(い)　臣民　　(18)　西郷隆盛

解説　原始～近代の諸事項についての空欄補充問題であり，単純に知識の有無を問うた問題である。

　　ア　　旧石器時代の遺跡で動物の化石骨と打製石器がともに発見されているのは，長野県の**野尻湖遺跡**が有名である。

　　イ　　旧石器時代，長野県など本州以南に生息していたのは**ナウマン象**である。マンモスは北海道でのみ発見されている。

　　ウ　　**やや難**　気候が温暖化し，更新世から完新世に変化するのにともない，東日本は落葉広葉樹林，西日本は**照葉樹林**が広がった。

　　エ　　縄文時代で「食物残滓や土器などが捨てられた」のは**貝塚**である。

　　オ　　佐賀県吉野ヶ里遺跡では「何重もの濠をめぐらせた」集落つまり**環濠集落**の跡が発掘されている。

　　カ　　**やや難**　『後漢書』東夷伝によれば，107年，倭国王**帥升**が後漢に朝貢し，生口(奴隷のこと)を献上している。

　　キ　　527年に九州で発生したのは**磐井(筑紫国造磐井)の乱**で，これを契機としてヤマト政権は西日本各地に屯倉を設けるとともに国造制を敷いた。

　　ク　　福岡県**岩戸山古墳**は，磐井が生前に造成していた墓だとされる。

　　ケ　　前九年合戦を描いた軍記物語は『**陸奥話記**』である。

　　コ　　『**今昔物語集**』は平安時代末に成立した説話集である。

　　サ　　蒙古襲来絵詞を描かせたのは肥後国御家人の**竹崎季長**である。

　　シ　　「のちに霜月騒動で敗死する」から**安達泰盛**だとわかる。「北条貞時の母の兄」とあるが，妹を養女として嫁がせたので，貞時の外祖父とも言われる。

　　ス　　鎌倉時代末ごろから室町時代にかけて畿内近国を中心として惣村と呼ばれる自治的な村落が成立した。惣村が主体となり，年貢納入を請け負う**地下請**(百姓請)，警察・裁判権をみずから行使する**地下検断**(自検断)が行われた。

　　セ　　惣村では戦乱や飢饉に際し，農耕を放棄して山林などに退去する**逃散**などの手段により年貢減免などを領主に要求した。

　　ソ　　**やや難**　室町将軍に側近として仕え，芸能などに従事した人々を**同朋衆**と呼ぶ。3代義満に仕え，能を大成させた観阿弥・世阿弥父子が有名である。問題文中の能阿弥は，8代義政のもとで将軍家所蔵の唐物の鑑定・管理にあたった。

　　タ　　侘茶(佗び茶)の開祖とされるのは**村田珠光**である。

　　チ　　自由民権運動の広まりとともに各地で演説会が開かれると，政府は1880年，**集会条例**を定めて規制した。

　　ツ　　　オッペケペー節で知られる演劇家は**川上音二郎**で，新派劇を始めた人物の一人である。

　　テ　　　沖縄戦で日本軍の組織的戦闘が終わったのは**6月**23日で，沖縄県によって沖縄慰霊の日と定められ，毎年，沖縄全戦没者追悼式が開かれている。

　　ト　　　昭和戦前期において教員養成を担ったのは**師範学校**である。

解 答

　ア　野尻　　イ　ナウマン　　ウ　照葉樹林　　エ　貝塚　　オ　環濠
　カ　帥升　　キ　磐井(筑紫国造磐井)　　ク　岩戸山　　ケ　陸奥話記
　コ　今昔物語集　　サ　竹崎季長　　シ　安達泰盛　　ス　地下　　セ　逃散
　ソ　同朋衆　　タ　村田珠光　　チ　集会条例　　ツ　川上音二郎
　テ　6　　ト　師範

Ⅲ

解説　　3つのテーマによる記述問題であり，今年度は古代，中世，近世から各1テーマが出題された。

A　菅原道真の生涯

　　ア　　　嵯峨天皇は平安宮の諸門の呼称を唐風に変更するなど，**唐風化政策**を進めた。

　　イ　　　奈良時代以来，日本が外交関係をもった国家に唐，新羅，渤海があったが，奈良時代末に新羅からの使節が途絶え，唐への遣唐使派遣は838年が最後となった。したがって，9世紀後半に定期的な外交関係をもつ唯一の国家は**渤海**である。

　　ウ　　　戸籍・計帳による公民の把握，租税徴収などは**民部省**が管轄した。

　　エ　**やや難**　　藤原基経，橘広相が関わった出来事は**阿衡事件(阿衡の紛議)**である。宇多天皇が即位にあたって藤原基経を関白に任じた際，詔の文言に言いがかりをつけたもので，この結果，詔の起草にあたった橘広相が処罰されるとともに，関白の職掌が明確化された。

　　オ　　　菅原道真を登用し，公卿まで抜擢したのは**宇多天皇**である。

　(1)　最初の勅撰漢詩文集は『**凌雲集**』で，嵯峨天皇の命により編纂された。

　(2)**やや難**　国司など官吏の人事を選考する政務・儀式を**除目**という。

　(3)**難**　惟宗直本は，養老令の条文についてのさまざまな解釈を集成して『**令集解**』を編纂した。

　(4)　下線部(d)の「八十九郷」から讃岐国には89郷あったことがわかり，設問文の「1

郷あたり平均1,500人前後」という数値に基づけば，8世紀末ころの讃岐国全体の人口は13万人強である。ところが，9世紀後半，道真が国司として把握していた人口は「20万人」だという。つまり，戸籍・計帳に登録される人数は増加しているので，まず②を消去できる。次に，浮浪・逃亡の意味を考えれば，浮浪・逃亡が増加しても戸籍・計帳に登録されている人数が増えることはないとわかり，①は誤りと判断できる。一方，戸籍・計帳に「偽って登録される」ことを偽籍といい，9世紀には横行していた。したがって，**③**が正しいと判断できる。

(5)　10～11世紀には負名体制が成立し，名を単位として官物・臨時雑役が賦課された。このうち，**臨時雑役**は労働力を徴発するもので，律令制下の租税のうち，労働力を徴発した雑徭などを引き継いだものとも考えられている。

▎B　室町時代の京都をめぐる政治・社会・文化

　カ　　南北朝の合一を実現させたのは3代将軍**足利義満**である。

　キ　　義満は1394年，将軍職を辞して太政大臣に就き，さらに翌年，太政大臣を辞して出家し，1397年から**北山殿（北山第・北山山荘）**の造営を開始した。

　ク　　日明勘合貿易において幕府船の運営は民間商人が請け負い，幕府に**抽分銭**を納めた。

(6)　足利尊氏・直義兄弟は後醍醐天皇の冥福を祈るため，禅僧夢窓疎石の勧めにより**天龍寺**を建立した。

(7)　南朝方の貴族北畠親房が，南朝の皇位継承の正しさを主張するために書いた歴史書は『**神皇正統記**』である。

(8)　南北朝の合一は，南朝の後亀山天皇が北朝の後小松天皇に譲位するという形式で実現し，これ以降，**後小松天皇**がただ一人の天皇となった。

(9)　1441年，6代将軍足利義教が嘉吉の変で殺害されたことを契機として発生したのが**嘉吉の徳政一揆**で，7代将軍足利義勝が家督を相続したタイミングだったため，代始めの徳政が掲げられた。

(10)　山城の国一揆は畠山政長・義就両軍が南山城で戦闘を繰り広げるなか，1485年に発生し，両**畠山氏**の軍勢を南山城から撤退させた。

(11)難　応仁の乱での足軽の乱行は『**真如堂縁起（真如堂縁起絵巻）**』に描かれ，一条兼良『**樵談治要**』でも指摘されている。

(12)　日明貿易で富を築いた守護で，雪舟を保護したのは大内氏で，その城下町である**山口**は五山禅僧や公家が多く集まり，文化が栄えた。

▎C　江戸時代後期の村々と国訴

　ケ　　百姓一揆のうち，大勢の百姓が村を単位に結集し，集団で領主に強訴する

形態のものを**惣百姓一揆**という。

　　コ　　畿内の村々が連合し，幕府の流通政策に反対し，幕府に対して木綿・菜種の自由な取引きを求めた訴願を**国訴**という。

　　サ　　問屋が同業種どうしで作った集団・組織を仲間といい，幕府が公認したものを**株仲間**と呼ぶ。

　　シ　　蝦夷地方面と大坂とを結んで活動した，買積を主流とする廻船は**北前船**である。同じ買積式の廻船としては内海船などの尾州廻船がある。

⒀　『世間胸算用』は井原西鶴の浮世草子で，同じく西鶴が書いた町人物の代表作に『**日本永代蔵**』がある。

⒁　木綿衣料の染料となった商品作物で有名なものに藍と紅花があるが，主に阿波で生産されたのは**藍**である。紅花は出羽村山が有名である。

⒂　村々で商品作物の栽培など商品生産がさかんになるなかで，百姓のなかにも商業活動に従事するものが増えたが，そのなかで比較的規模の大きな商業活動を行ったものを総称して**在郷商人（在方商人）**と呼ぶ。

⒃　大坂・江戸間の荷物を扱う江戸の問屋が作った仲間の連合組織を**十組問屋**という。17世紀後半，大坂から自らの資金で商品を集荷し仕入れる問屋が江戸で増加するなか，海損による被害に対処するために組織された。

⒄　房総半島の九十九里浜では，**地引網（地曳網）**による鰯漁がさかんだった。

⒅　幕府から蝦夷地での交易独占権を認められた松前藩では，藩主松前氏が有力な家臣に蝦夷地でアイヌと交易する権利を給付する商場知行制が行われていたが，18世紀には，交易権をもつ藩主や有力な家臣が和人商人に運上金を上納させて交易を請け負わせるようになり，この制度を**場所請負制**と呼ぶ。

解答

A　ア　唐　　イ　渤海　　ウ　民部　　エ　阿衡事件（阿衡の紛議）　　オ　宇多

　⑴　凌雲集　　⑵　除目　　⑶　令集解　　⑷　③　　⑸　臨時雑役

B　カ　足利義満　　キ　北山殿（北山山荘）　　ク　抽分銭

　⑹　天龍寺　　⑺　神皇正統記　　⑻　後小松天皇　　⑼　嘉吉の徳政一揆

　⑽　畠山氏　　⑾　真如堂縁起絵巻（真如堂縁起）　　⑿　山口

C　ケ　惣百姓一揆　　コ　国訴　　サ　株仲間　　シ　北前船

　⒀　日本永代蔵　　⒁　藍　　⒂　在郷商人（在方商人）　　⒃　十組問屋

　⒄　地引網（地曳網）　　⒅　場所請負制

Ⅳ

解説　論述問題であり，本年度は近世と近代から各１テーマが出題された。**推移・変化型**と**多面的な説明型**であった。

（1）**徳川家綱の時代**

　問われているのは，**徳川家綱の時代はどのような時代であったか**である。条件として，**政治を中心とすること**，そして**他分野の動向もふまえること**が求められている。

　内容の説明が求められているので，いくつかの観点を立てて多面的に構成したい。だからと言って，政治面と社会経済面，文化面，対外面といった観点を想定しようとすると，条件から外れてしまう。条件では政治を中心とすることが求められ，それ以外の分野については「ふまえる」ことが求められている。したがって他分野の動向については政治面での説明の前提や根拠となることがらに限り，そして政治面での説明に関連づけて説明すればよい。したがって，政治での動向を多面的に考えていこう。

　徳川家綱の時代を政治に即してひと言でまとめれば，**平和と秩序の時代**である。いいかえれば，幕藩体制が安定期を迎えたのが徳川家綱の時代であった。

　どういった点で安定期だったのか，これを多面的に整理したい。

　第一に，**武家社会，主従関係の安定**である。

　幕府の政策として，慶安の変を契機として**末期養子の禁を緩和**し，大名家の存続を重視したこと，代替わりの武家諸法度の発布にあわせて**殉死を禁じ**，家臣が主家（代々の主君）に奉公することを促したことが思い浮かぶ。これらの政策の結果，主従関係が制度として安定し，主君や家臣の代替わりに関わらず半ば自動的に継承される体制が整う。このことを象徴するのが，徳川家綱の代になって初めて全ての大名に対して一斉に領知宛行状が発給されたこと（**寛文印知**）である。将軍の権威が制度的に確立したことを象徴するできごとであった。そして，諸藩でも行政機構が整い，武士は統治をになう官僚としての性格を強めて城下町に集住することが一般化していく。

　第二に，**幕藩領主による民衆支配の安定**である。

　背景となっていたのは，３代将軍徳川家光の時代の末期，寛永の飢饉が発生して百姓経営が破綻に直面したことである。これ以降，幕府は百姓の安定した経営が成り立つように配慮した政策を行うようになる。17世紀前半，幕府は諸大名にくりかえし軍役負担を課していたが，その負担が百姓ら民衆に転嫁されていたことを重視し，徳川家綱の時代には明暦の大火で焼失した江戸城の天主を再建しないなど，**大名の軍役動員を軽減**し，そのことを通じて**百姓の小農経営を維持**しようとする政策を進めた。幕府が**分地制限令**を出して分割相続に制限を加えたのも，その一環であった。

　また，島原の乱（島原・天草一揆）を契機として本格的に導入された**寺請制度**が徳川

家綱の時代に制度化され，幕藩領主の民衆支配は寺院によって補完されつつ安定していく。

さて，こうした政治的な安定の前提は何か。

国内的には島原の乱を最後に戦乱が終焉したことがある。また，幕藩領主による新田開発の活発化とともに民衆支配の安定が進んだことにも注目したい。新田開発による耕地面積の拡大は小農民の自立を促し，小農民を中心として比較的に均質な構成をもつ村を広範に成立させていった。

一方，対外面に注目すると，中国で明清交替の動乱が展開し，1660年代初には清による中国本土の支配が進んでいた。とはいえ，台湾を拠点とする鄭氏との対立など動乱が続いていたため，幕府は動乱に巻き込まれることを警戒し，鄭氏による支援要請を拒んだ。つまり，中国での明清交替は，幕府に軍事力の発動を抑止させ，国内での平和の到来を促した背景となったと評価することができる。

以上をまとめると次のようになる。

```
◎まとめ：平和と秩序の時代
◎主従関係が安定＝武家社会が安定　←国際的環境：中国で明清交替が進む
  促進した幕府の政策
    ◦末期養子の禁が緩和される　　〔契機〕慶安の変
    ◦殉死が禁止される　　　　　　〔契機〕代替わりの武家諸法度の発布
  象徴的なできごと
    ◦寛文印知（全大名へ一斉に領知宛行状が発給される）
◎幕藩領主による民衆支配が安定　←経済的背景：新田開発が活発
  小農維持がはかられる
    ◦大名の軍役動員の負担が軽減
    ◦分地制限令
  寺請制度が整備・浸透
```

全てを盛り込もうとすると字数を超過するので，観点ごとにバランスを考えながら知識を取捨選択したい。

(2) 第一次世界大戦中～日米開戦までの日米関係

問われているのは，第一次世界大戦中から太平洋戦争（アジア太平洋戦争）の開戦までの間，日本の中国における勢力拡大が日米関係に与えた影響である。

「第一次世界大戦中から太平洋戦争（アジア太平洋戦争）の開戦までの間」との時期

設定から推移・変化，つまり時期による違いを説明することが可能であることに注目したい。まず日米関係がどのように推移したのか，ざっくりと確認しておこう。

第一次世界大戦中＝緊張 → 1920年代＝協調

→ 1930年代＝悪化 → 1940年代初＝決裂

次に，こうした日米関係の推移に「日本の中国における勢力拡大」を関係づけていこう。とりわけ契機に注目したい。

◎第一次世界大戦中

日本は1914年，（第3次）日英同盟を口実としてドイツに宣戦布告して参戦し，中国ではドイツの租借地である青島を占領したうえで1915年，**二十一カ条の要求**を中国袁世凱政権に突きつけ，権益拡大をはかろうとした。それに対してアメリカは警戒を強めた。

ところが，アメリカは1917年，第一次世界大戦に参戦するにあたって石井＝ランシング協定を結び，日米関係の安定をはかった。この動きは**第一次世界大戦後，1920年代にかけての日米関係の安定・協調への転換の端緒**であった。

◎1920年代

第一次世界大戦中における日本の中国進出をうけ，アメリカは日本の膨張を抑制することを目的の一つとして1921年，ワシントン会議を開催した。日本も会議に参加し，アメリカとの協調を第一とすることで中国・太平洋地域での勢力確保をはかった。これ以降，**日米関係は協調を軸として展開**していく。

◎1930年代

1930年代前半，関東軍が**満州事変**を引き起こして満州全域を日本の勢力下におき，満州国を樹立したのに対し，日本政府は日満議定書を結んで承認した。これに対してアメリカが不承認の姿勢を表明し，日米協調が崩れ始めた。

とはいえ，アメリカが日本に対して経済制裁など具体的な行動に出たわけではなかった。アメリカの態度が変化するのは1930年代後半，日中戦争が長期化するなかでのことである。

1938年，日本は**東亜新秩序声明**を発し，日本の戦争目的が日満華3カ国の連帯による東亜新秩序の建設にあることを表明すると，**アメリカはワシントン体制の否定，アメリカの東アジア政策への本格的な対抗**とみなし，1939年に日米通商航海条約の廃棄を通告して経済制裁を準備するとともに，中国蔣介石政権への支援を本格化させた。**日米関係が悪化した**のである。

◎1940年代初

日本が日中戦争の打開を目的の一つとし，大東亜共栄圏の建設を掲げて**南進**の第一

歩としてフランス領インドシナへの進駐を進めると，同時期に始まった日米交渉は難航し，アメリカが日本への経済制裁を強化した。そして1941年，日本が南部仏印に進駐したのに対してアメリカが日本人資産を凍結し，石油の禁輸措置をとると，日米対立が決定的となり日米開戦にいたった。

以上をまとめると次のようになる。

```
◎第一次世界大戦中
　日本が二十一カ条の要求で権益拡大 → 日米関係が緊張
◎アメリカの参戦～1920年代
　日米協調が続く
◎1930年代
　日本の満州事変で日米協調が崩れ始める
　日中戦争のなかで日本が東亜新秩序声明
　→ アメリカが経済制裁へ＝日米関係が悪化
◎1940年代初
　日本が南進に着手＝日中戦争の打開へ → 日米対立が決定的＝開戦へ
```

解答例

(1) 中国で明清交替が進み，国内では島原の乱を最後に戦乱が終焉するなか，平和と秩序の時代を迎えた。将軍就任の直前に生じた慶安の変を契機として末期養子の禁が緩和され，代替わりの武家諸法度の発布にあわせて殉死が　　5
禁じられ，全大名へ一斉に領知宛行状が発給されるなど，主従関係の制度的な安定が進んだ。一方，新田開発が進むなか，大名の軍役負担が軽減されて小農維持が図られるなど，幕藩領主による民衆支配も安定に向かった。　　10

（200字）

(2) 第一次世界大戦中，日本の二十一カ条の要求にともない日米関係は緊張したが，アメリカの参戦にあたり妥協が成立し，1920年代にかけて日米協調が進んだ。1930年代，日本が満

州事変を起こすと日米協調は崩れ始め，日中　　*5*
戦争が長期化する中で日本が東亜新秩序の形
成に乗り出すと，アメリカは日米通商航海条
約を破棄して経済制裁を進めた。1940年代初
，日本が日中戦争打開をめざして南進すると
日米対立は決定的となり，開戦にいたった。　*10*

（200字）

解答・解説

I

解説 例年通りの史料問題である。史料は3つで，今年度はA古代（『日本三代実録』），B中世（北畠親房『神皇正統記』），C近代（北一輝『日本改造法案大綱』）であった。まず史料文をざっと一読し，さらに出典，設問文をすべてチェックし，ヒントを探ってから解答に取りかかりたい。

A 9世紀後半の政治・外交・文化

史料は，『日本三代実録』元慶4年（880）12月4日癸未条である。

(1)**やや難** 史料中の「摂政」や「応天門を焼く」という表現から下線部(a)の「太上天皇」（つまり史料文中の「天皇」）が**清和太上天皇（清和天皇）**であると判断できる。そして出典によれば，数え年の31歳で死去したのが「元慶4年（880）」である。そして，**858年に清和天皇の即位と共に藤原良房が実質的に摂政を行った**という知識を使えばよい。880－858＝22，31－22＝9，となり，数え年の**9歳**で即位したと判断できる。

(2) 清和天皇のもとで摂政を行った藤原良房の養子は**藤原基経**である。そして，この記事の4年後である884年，基経は光孝天皇の即位と共に実質的に**関白**を務めた。

(3) 「九州北部」と「海峡を隔てた」「ある国家」を問うている。時期は9世紀後半なので，その国家は**新羅**である。なお，870（貞観12）年，大宰少弐藤原元利万侶が新羅国王と通じて謀反を計画しているという理由で捕えられる事件が起きている。

(4) 「応天門を焼く」から**応天門の変**が思い浮かべば，大納言**伴善男**だとわかる。

(5) 謀反・謀大逆・謀叛など国家・天皇などに対する重大な犯罪を**八虐**と総称した。

(6) (あ)設問(い)の説明文を手がかりとして考えればよい。**寺門派**は円珍の門徒をいう。(い)寺門派が拠点としたのは**園城寺（三井寺）**である。

B 平安末～南北朝期の武家と朝廷

史料は，北畠親房『神皇正統記』の一節である。「**頼朝**」や「**承久ニ義時**」，「**高氏**」といった記述から鎌倉時代前後についての武家をめぐる史料であると判断できる。

(7) 平氏が滅亡した1185年から「二十六年」を引けば1159年となり，平治の乱が起こった年にあたる。したがって空欄　イ　には**平治**が入る。

(8) 平氏は1185年，**壇の浦の戦い**で滅亡し，治承・寿永の乱が終結した。

(9) 「頼朝，権ヲモハラニセシ」から「父子アイツギテ三十七年」，「承久ニ義時，世ヲトリオコナイショリ百十三年」とある。つまり源頼朝が権力を握ってから150年後，「此ノ(g)天皇ノ御代ニ」「一統シ給ヌ」とあるので，この天皇は**後醍醐天皇**である。

— 40 —

⑽　設問文で「得宗に背いて，天皇の「御方」(味方)に参入した」と書かれており，高氏が**足利高氏(のち尊氏)**であり，出陣を命じた得宗は**北条高時**であると判断できる。

⑾　足利高氏(のち尊氏)と二頭政治を行い，幕府の内紛のなかで滅亡した人物は**足利直義**である。尊氏・直義兄弟が対立した室町幕府の内紛を**観応の擾乱**という。

⑿　設問文に「頼朝と主従関係を結んだ」とあるので，足利義兼は**御家人**という立場にあったと判断できる。

⒀**やや難**　設問では「当時の天皇」と限定されているので，史料のなかから後醍醐天皇に関連する部分を抜きだし，そのなかから「批判」にあたる文章を探し出せばよい。そうすれば，史料末尾の「サシタル大功モナクテ，カクヤハ抽賞(恩賞を与えること)セラルベキ」に気づく。ここから，**大きな功績がないのに多大な恩賞を与えたこと**を批判していることがわかる。

━━━━━━━━━━━━━━━━━━━━━━━━━
C　1920年代～1940年代後半の政治・社会経済
━━━━━━━━━━━━━━━━━━━━━━━━━

史料は，北一輝『日本改造法案大綱』の一節であるが，史料問題としての工夫がなく，**史料の内容を読み取れなくても全ての設問に答えることができる**。

⒁　陸軍の青年将校らが首相官邸などを襲撃し，内大臣の斎藤実や大蔵大臣の高橋是清らを殺害した事件は，1936年の**二・二六事件**である。

⒂　納税資格を撤廃し，男子普通選挙を実現したのは護憲三派内閣であり，首相は憲政会総裁の**加藤高明**である。

⒃　㈠土地を借りて農業を営む者を**小作人**という。

㈡「1947年に行われた農地改革」とあるので第二次農地改革の内容を説明すればよい。不在地主を認めず，在村地主の貸付地を1町歩(北海道は4町歩)に制限したうえで，政府が地主から土地を強制的に買い上げ，小作人に安価で売却したのだが，これを全て書き切るだけのスペースは解答用紙にはない。したがって，**地主の貸付地を政府が買収したこと，それを小作人に売却したことの2点**に絞り込めばよい。

⒄　1947年に制定され，最低賃金や労働時間などの労働条件を定めた法律は**労働基準法**である。

⒅　1911年に制定され，12歳未満の工場労働を禁じるなど，労働者の保護をはかった法律は**工場法**である。

解　答

A　(1)　9歳　　(2)　関白　　(3)　新羅　　(4)　善男　　(5)　八虐
　　(6)㈠　円珍　　㈡　園城寺(三井寺)

B　(7)　平治　　(8)　壇の浦の戦い　　(9)　後醍醐天皇　　⑽　北条高時

(11)　観応の擾乱　　　(12)　御家人

(13)　大きな功績がない者に多大な恩賞を与えたこと

C　(14)　二・二六事件　　　(15)　加藤高明

(16)(あ)　小作人　　(い)　地主の貸付地を政府が買収し，小作人に売却する

(17)　労働基準法　　　(18)　工場法

Ⅱ

解説　原始〜現代の諸事項についての空欄補充問題であり，単純に知識の有無を問うた問題である。

　ア　縄文時代の遺跡で発見される**石錘**は漁網のおもりと考えられている。

　イ　縄文文化の特徴の一つが弓矢の使用であるが，これは矢の先端に取り付けられる**石鏃**が発見されていることから分かっている。

　ウ　佐賀県**菜畑**遺跡や福岡県板付遺跡などから縄文時代晩期の水田遺構が発見されている。

　エ　弥生時代，水稲耕作は東北から九州南部までしか普及せず，北海道ではサケ・マスの漁労を中心とする**続縄文**文化が展開した。

　オ　古墳時代の豪族居館跡としては**群馬**県三ツ寺Ⅰ遺跡が有名である。

　カ　古墳時代後期，ヤマト政権が各地の有力農民を支配下に組み込んだことを背景として，小円墳の密集する**群集墳**が各地に造成された。

　キ　隋と国交が結ばれたのは**推古**天皇の時である。

　ク　推古天皇の時代に展開した文化を**飛鳥**文化という。ただし，隋の文化ではなく，百済など朝鮮諸国から流入した文化を基礎として展開した。

　ケ　**大唐米**は鎌倉時代に輸入された品種で，旱害に強く多収穫米であった。

　コ　備前国福岡の市を描いているのは『**一遍上人絵伝**』である。

　サ　後鳥羽上皇の勅撰によって編纂された和歌集は『**新古今和歌集**』であり，藤原定家らが編纂に関わった。

　シ　後鳥羽上皇の子順徳天皇が著した有職故実書を『**禁秘抄**』という。

　ス　後嵯峨上皇は幕府の要請により**評定衆（院評定衆）**を新設し，院政のもとでの合議制を整えた。

　セ　後嵯峨上皇の子**宗尊親王**は1252年，幕府の将軍に迎えられた。執権北条時頼の時である。

　ソ　15世紀前半，朝鮮が対馬を倭寇の根拠地とみなして襲撃した事件を一般に**応永の外寇**という。

| タ | 16世紀初め，三浦在住の日本人居留民らが蜂起した**三浦の乱**をきっかけとして日朝貿易は衰微した。

| チ | **難**　幕末期に来日し，ローマ字の和英辞書（『和英語林集成』）をつくったのはアメリカ人宣教師**ヘボン**である。

| ツ | 黒田清隆内閣の外務大臣として条約改正交渉に従事した**大隈重信**は1889年，交渉に反発する玄洋社の社員来島恒喜に爆弾を投げつけられ右脚を失った。

| テ | 1948年，教育行政に民意を反映させるために設置されたのは**教育委員会**で，当初は公選制だが，1956年，鳩山一郎内閣が首長による任命制に変更した。

| ト | **難**　文化財を保護し文化を振興するため，1968年に設置されたのは**文化庁**である。

解答

ア　石錘　　イ　石鏃　　ウ　菜畑　　エ　続縄文　　オ　群馬　　カ　群集墳
キ　推古　　ク　飛鳥　　ケ　大唐　　コ　一遍上人絵伝　　サ　新古今和歌集
シ　禁秘抄　　ス　（院）評定衆　　セ　宗尊親王　　ソ　応永の外寇
タ　三浦の乱　　チ　ヘボン　　ツ　大隈重信　　テ　教育委員会
ト　文化庁

Ⅲ

解説　3つのテーマによる記述問題であり，今年度は古代，中世，近世から各1テーマが出題された。

A　律令国家の形成

| ア | 大化改新では，人民を領域的に編成するため**評**が設置された。

| イ | 評は**国造**の支配領域を再編して設置されたもので，国造層の豪族から役人が登用された。

| ウ | 天智天皇のもと，670年に作成された全国的な戸籍を**庚午年籍**という。

| エ | 天武天皇は675年，豪族が私的に支配する部曲を廃止し，代わりに**食封（封戸）**を支給した。

| オ | 律令制のもとでは戸ごとに徴発された兵士は諸国の**軍団**に配属され，軍事動員に備える体制がとられた。

（1）　630年，第1回遣唐使として派遣されたのは**犬上御田鍬**である。

（2）　大化改新の際，中臣鎌足は**内臣**に任じられた。

（3）　人民が戸籍に登録された地（本貫）を離れる行為・状態を**浮浪・逃亡**という。流

浪先が把握されていて調・庸を納める者を浮浪，所在不明で納めない者を逃亡と言うと説明する教科書もあるが，養老律令の戸令には「浮逃」という用語が使われており，政府の政策では浮浪・逃亡を一括するのが一般的であった。

(4)　蔭位の制は，**五位以上（貴族）の子，三位以上（上級貴族）の子・孫に対し，父や祖父の位階に応じて所定の位階を与える**制度である。これを20字程度でコンパクトに表現したい。有力な中央豪族が氏を単位として支配機構を掌握する旧来のあり方にかえ，新しく支配機構を担う人々を再生産するため，大宝律令によって導入された。

(5)　8世紀半ば，西海道諸国から兵を集めて反乱を起こした大宰府の官人は**藤原広嗣**である。740年，吉備真備・玄昉の排斥を掲げて挙兵した。

B　鎌倉〜室町時代における仏教の広まり

カ　東大寺は1180年，治承・寿永の乱のなかで平重衡が南都を攻撃した際に焼失した。**重源**は勧進上人に登用され，その復興に尽力した。

キ　鎌倉幕府の保護をうけ，貧民救済などの社会事業を展開した西大寺の叡尊とその弟子忍性は**律宗（真言律宗）**の僧侶である。

ク　金沢文庫は，**北条（金沢）実時**が設けて和漢の書籍を収集した。

ケ　京都の日蓮宗の信者は1532年，一向一揆に対抗するために**法華一揆**を結び，山科の本願寺を焼打ちした。その後，京都の市政を掌握したが，1536年，対立した延暦寺や近江守護六角氏の軍勢によって市中の日蓮宗寺院を焼打ちされた。

コ　本願寺の蓮如は，各地の信者（門徒）に向け，平易な文章で書かれた**御文（御文章）**で専修念仏の教えを説いた。

(6)　「興福寺奏状」を起草した法相宗の僧侶は**貞慶（解脱）**で，笠置山などにこもり，戒律の復興に努めた。

(7)　後白河上皇が持仏堂である長講堂の名義で集めた荘園群を**長講堂領**という。

(8)　重源が主導した東大寺の復興に協力した宋の工人は**陳和卿**である。

(9)　忍性は，ハンセン病患者を救済するため，奈良に**北山十八間戸**を設けた。

(10)　加賀国では1488年，一向一揆によって守護**富樫政親**が滅ぼされ，代わって一族の富樫泰高が守護に立てられた。

C　江戸幕府の全国支配とそのしくみ

サ　幕府直轄領の支配は勘定奉行のもと，**郡代**や代官が担っていた。**郡代**は10万石以上の広域な地域を支配し，関東や飛騨などに置かれた。

シ　江戸以外の要地に置かれた奉行を**遠国奉行**と総称する。京都や大坂，長崎，佐渡などに置かれた。

ス　幕府は1807年，松前と全蝦夷地を幕府直轄とした際，**松前**奉行を置いて管

轄させたが，1821年，松前藩の復活にともなって廃止された。

　　セ　　朝廷の統制・監視を担った役職は**京都所司代**である。

⑪　東日本有数の金山で，幕府が奉行を置いたのは**佐渡（相川）金山**である。

⑫　百姓が課せられた負担は田畑・屋敷地にかかる本途物成が中心だが，それに加え，山野河海などからの収益にかかる**小物成**などがあった。

⑬**やや難**　1808年にイギリス軍艦が長崎港に侵入した事件はフェートン号事件である。当時の長崎奉行**松平康英**はその責任をとって切腹した。

⑭　日光東照宮では**権現造**という神社建築様式が採用されている。

⑮　元禄文化期，大坂で人形浄瑠璃を大成させたのは**竹本義太夫**である。近松門左衛門を座付き作家に迎え，義太夫節を完成させた。

⑯　**武家伝奏**は公家のなかから選ばれ，幕府から役料を支給されて朝幕間の連絡を担った。

解答

A　ア　評　　イ　国造　　ウ　庚午年籍　　エ　食封（封戸）　　オ　軍団
　⑴　犬上御田鍬　　⑵　内臣　　⑶　浮浪（逃亡）
　⑷　貴族の子・孫に所定の位階を与える制度　　⑸　藤原広嗣

B　カ　重源　　キ　律（真言律）　　ク　北条（金沢）実時　　ケ　法華一揆
　コ　御文（御文章）
　⑹　貞慶（解脱）　　⑺　長講堂領　　⑻　陳和卿　　⑼　北山十八間戸
　⑽　富樫政親

C　サ　郡代　　シ　遠国　　ス　松前　　セ　京都所司代
　⑾　佐渡（相川）金山　　⑿　小物成　　⒀　松平康英　　⒁　権現造
　⒂　竹本義太夫　　⒃　武家伝奏

Ⅳ

解説　論述問題であり，本年度は近世と近代から各1テーマが出題された。**推移・変化型**と**多面的な説明型**であった。

（1）老中田沼意次の財政政策

　問われているのは，**田沼意次の財政政策の基本方針，具体的政策**である。条件として，享保の改革との違いにも着目することが求められている。

　老中田沼意次の財政政策を享保の改革と対比することで基本方針を確認したうえで，具体的な政策を**いくつかに場合分け**しながら説明すればよい。

　まず，**基本方針**から確認しよう。

　享保の改革の財政政策は，上米の制によって一時的に財政補填を行ったうえで，定免法の採用や新田開発の推進などによって**年貢収入の増加をはかる**というものであった。しかし，年貢増徴策は百姓の生活を圧迫し，百姓一揆の増加を招いていた。そのため，老中田沼意次は収入源をもっぱら年貢に求めるやり方を改め，**経済活動を活発化させ，その成果を財源にくみ込むこと**を重視した。

　　○**基本方針**

　　　経済活動の成果を財源にくみ込む　↔　享保の改革＝年貢増収が中心

　次に，**具体的な政策**をピックアップしよう。

　　　株仲間を広く公認して運上・冥加を上納させる

　　　幕府の専売のもと，銅などの座を作らせて運上を徴収する

　　　幕府が俵物を独占的に集荷する体制を整える

　　　長崎で銅や俵物の輸出を奨励する

　　　蝦夷地の開発やロシアとの交易を計画する（実現せず）

　　　新田開発をめざして印旛沼・手賀沼の干拓に着手する（実現せず）

　これくらいの知識をあげることができるだろう。しかし，ピックアップしただけに留まらず，共通点・類似点に注目しながら，いくつかにグルーピングしたい。そうすれば，次のように整理できる。

　　○**具体的な政策**

　　　国内面

　　　　株仲間を広く公認

　　　　銅などの座を作らせる，俵物を独占的に集荷：幕府の専売

　　　貿易面

　　　　長崎貿易で輸出を奨励　ロシアとの交易を計画

　　　（銅座・俵物の集荷独占と蝦夷地の開発を長崎貿易に関連づけることも可能）

　なお，印旛沼・手賀沼の干拓計画は享保の改革と同じく年貢増収をめざした政策であり，先に確認した基本方針に合致しない。したがって，答案に書く必要はない。

　　（2）　明治・大正期の社会主義運動

　問われているのは，**明治・大正期の社会主義運動の展開**である。展開が問われているので，**時期区分し，時期ごとの特徴を説明**しながら答案を書きたい。

　とりあえず明治期と大正期とに分けたうえで，知識をピックアップしてみよう。そのうえで，展開・推移をどのように表現するかを考えながら時期の区切り方を再確認するとよい。

明治期

◦社会民主党(1901年)や日本社会党(1906年)が結成される　…(a)

◦大逆事件(1910年)での弾圧を契機として「冬の時代」となる　…(b)

大正期

◦ロシア革命や米騒動を背景として活動が再開

　　　→日本社会主義同盟(1920年)が結成される　…(c)

◦コミンテルン日本支部として日本共産党(1922年)が結成される　…(d)

◦普通選挙法の制定を契機に無産政党が結成される　…(e)

このまま時系列に書き並べても答案は書けるが，展開・推移を表現するため，時期による違いを考えてみたい。すると，次のような構成を考えることができる。

1900年代：(a)＝**始まり → 議会進出をめざす**

1910年代：(b)＝**沈滞**

1920年代：(c)と(d)＝**復活 → (e)＝議会進出をめざす**

それぞれの時期について背景や内容を補足しておこう。

1900年代：(a)

　産業革命が進展して資本主義的な生産様式が広まるなか，労働者が増加して社会問題が発生したことを背景として，キリスト教徒や旧民権派など知識人のあいだで社会主義への関心が広まった。そして，社会主義の研究や実践が進むなか，1901年，安部磯雄や木下尚江，幸徳秋水らによって社会民主党が結成された。社会主義と民主主義とによって社会問題の解決をめざすことを掲げたが，すぐに結社を禁止された。1906年に結成された日本社会党は，第一次西園寺公望内閣により当面の存続を認められたものの，翌年には結社を禁止された。

　これらの政党は**議会への進出**，より直接的には普通選挙の実現をめざしたものであったが，個々の活動としては足尾銅山鉱毒事件に参加したり，日露戦争に際して平民社を組織して非戦論を展開したものもいた。

1910年代：(b)

　日本社会党が結社を禁止されたのは，議会を重視する人々(議会政策派)に対し，**労働者の直接行動を重視する**幸徳秋水ら直接行動派が優位を占めるようになったことが背景で，政府は次第に直接行動派への取り締まりを強化した。その結果，1910年，明治天皇の暗殺を計画したという理由で多数の社会主義者を逮捕し，翌年，幸徳秋水らに大逆罪を適用して処刑した。この大逆事件を契機として社会主義運動は

沈滞し，「冬の時代」となった。

1920年代：(c)と(d)

　大逆事件以降，沈滞していた社会主義運動が復活する契機となったのが1917年のロシア革命と翌年の米騒動であった。1920年にさまざまな社会主義者が大同団結して日本社会主義同盟が結成されたのが，復活を象徴する出来事であった。しかし，ロシア革命の評価などをめぐって内部対立をかかえており，翌年に結社を禁止されて以降，**社会主義運動は対立・分裂を強めていく**。そのなかで1922年，ロシア革命にともなって組織された世界共産党組織であるコミンテルンの日本支部として日本共産党が非合法下に結成された。こうして，議会へ進出し，議会での議論を通じて社会問題の解決をめざす潮流，労働者の直接行動を重視する潮流（直接行動派＝無政府主義・アナーキズム），コミンテルンの指導のもとで革命をめざす潮流（共産主義・ボリシェビズム）が並び立つ状態となった。そして，共産主義派が労働運動などに勢力を浸透させるのにともない，**社会主義運動内部では思想的対立がより激しくなる**。

1920年代（半ば）：(e)

　1925年に普通選挙法が制定されて男子普通選挙が実現すると，労働組合や農民組合の指導者らは社会主義の実現を掲げた政党を組織し，**議会への進出をめざした**。1926年に労働農民党が結成されたが，内部における思想的対立によってすぐに社会民衆党，日本労農党，労働農民党に分裂した。これらの社会主義政党を一般に無産政党と称す。

解 答 例

（1）　享保の改革では収入源をもっぱら年貢に依存
　　したのに対し，田沼意次は経済活動を活発化
　　させ，その成果を財源にくみ込むことを重視
　　した。国内では，株仲間を広く公認し，営業
　　税として運上・冥加を上納させるとともに，　　　5
　　幕府の専売のもと，銅などの座を設けさせ，
　　俵物を独占的に集荷する体制も整えた。貿易
　　では，長崎貿易を積極化させ，銅や俵物の輸
　　出を奨励して銀の輸入をはかって収益の増加
　　をはかる一方，ロシアとの交易を計画した。　　　10
　　　　　　　　　　　　　　　　　　（200字）

(2)　社会問題が発生するなか，日清戦争後に社会
　　主義の研究や実践が進み，1900年代に議会進
　　出をめざして社会民主党や日本社会党が結成
　　された。直接行動派が台頭すると，1910年代
　　に大逆事件で弾圧されて運動は沈滞した。大　　*5*
　　正期，ロシア革命や米騒動を背景として復活
　　し，1920年代には日本社会主義同盟が結成さ
　　れたが，コミンテルンのもと日本共産党が結
　　成されると，対立が広がった。一方，普通選
　　挙法の制定を契機に無産政党が結成された。　　*10*
　　　　　　　　　　　　　　（200字）

I

解説 例年通りの史料問題である。史料は３つで，今年度はＡ古代（『続日本紀』），Ｂ近世（渡辺崋山『慎機論』），Ｃ（1890年山県有朋の井上毅宛て書簡）であった。鉄則通り，**まず史料文をざっと一読し，さらに出典，設問文をすべてチェックし，ヒントを探ってから解答に取りかかりたい。**

A　奈良時代後期の政治

史料は，『続日本紀』宝亀３年４月丁巳条で，「道鏡」という人物が登場することから称徳天皇の治世前後についての史料であると判断できる。

(1)　１つめの空欄の直後に「造薬師寺別当道鏡」とあり，２つめの空欄の前後には「造　ア　国薬師寺別当」とあるところから，道鏡が左遷された**下野**国の薬師寺を思い浮かべればよい。

(2)　蘇我馬子に滅ぼされた大連は**物部守屋**である。

(3)　道鏡が太政大臣禅師となる少し前に大師（太政大臣）だったのは**恵美押勝（藤原仲麻呂）**である。

(4)　道鏡は太政大臣禅師となり，最終的には**法王**の地位を得た。

(5)　下線部(b)の少し前に「八幡神」とあることから，道鏡の天皇への即位計画である宇佐八幡（宮）神託事件を想起できる。そして，注から「覬覦」が「うかがいねらう」という意味であることが分かるので，下線部(b)は**皇位（天皇への即位）をねらうこと（意志）**という内容であると判断できる。

(6)　道鏡を重用したのは称徳天皇であり，称徳天皇の死去をうけて次に即位したのは**光仁天皇**である。

(7)　藤原仲麻呂のもとで757年に養老律令が施行されていたので，この時期に施行されていたのは**養老律令**である。

B　欧米列強の接近

史料は，モリソン号事件での幕府の対応を批判した渡辺崋山『慎機論』の一説である。史料中の「ゴローウニン」や「レザノフ」から，18世紀末〜19世紀前半にかけての欧米列強の接近に関する史料であると判断できる。

(8)　「船の名を人の名と誤解して記した」との説明からモリソン号事件を思い浮かべることができる。㈲モリソン号は**アメリカ**の商船である。㈸モリソン号が浦賀に来航した際，江戸幕府は**異国船打払令**に基づいて撃退した。

(9)　「江戸湾に出入り」，「ペリー来航の際には交渉の場となった」から**浦賀**であると判断できる。

(10)　下線部(g)に続いて「ゴローウニン」が挙がっており，**ロシア**を指すことが分かる。

(11)　「漂流民の送還を理由に来航した外国の使節」としては，漂流民**大黒屋光太夫**をともなって根室に来航したロシア使節ラクスマンが想起できる。

(12)　**林子平**は寛政改革期，『海国兵談』で「江戸の日本橋より唐、阿蘭陀迄境なしの水路也。然ルを此に備へずして長崎にのミ備ルは何ぞや」と書き，江戸湾防備の必要を説いた。

『**C　教育勅語と帝国議会の始まり**』

　史料は，出典に明記してあるように，山県有朋が井上毅に宛てて書き送った1890年9月23日付書簡である。

(13)　㋐地方行政や警察などを統轄したのは**内務省**で，日露戦争後に地方改良運動を推進した。㋑「1923年」「9月に起こった大規模な災害」から**関東大震災**であると判断できる。

(14)　軍隊を指揮する天皇の権限を**統帥権**という。一方，兵力量を決定するのは編制権で，これは陸軍省・海軍省が関与した。

(15)　「1885年以来」，日清両国間で結ばれていたのは天津条約である。これは朝鮮での甲申事変の事後処理をめぐって締結された条約で，**日清両国の朝鮮からの相互撤兵，今後朝鮮に出兵する際の相互事前通告**を定めていた。

(16)　第1回帝国議会で予算問題をめぐって民党(立憲自由党・立憲改進党)は**政費節減・民力休養**を掲げ，**行政費を節約して地租軽減を行うこと**を政府に訴えた。

(17)　1890年，帝国議会が開設され，教育勅語が出された時の首相は**山県有朋**である。

『**解答**』

A　(1)　下野　　(2)　物部守屋　　(3)　恵美押勝(藤原仲麻呂)　　(4)　法王
　　(5)　皇位を狙う意志(天皇に即位しようとする意志)　　(6)　光仁天皇
　　(7)　養老律令

B　(8)㋐　アメリカ　㋑　異国船打払令に基づき撃退した　　(9)　浦賀
　　(10)　ロシア　　(11)　大黒屋光太夫　　(12)　林子平

C　(13)㋐　内務省　㋑　関東大震災　　(14)　統帥権
　　(15)　日清両国の朝鮮からの相互撤兵，今後朝鮮に出兵する際の相互事前通告
　　(16)　政費節減・民力休養(行政費を節約して地租軽減を行うこと)
　　(17)　山県有朋

Ⅱ

（解説）　原始〜近代の諸事項についての空欄補充問題であり，単純に知識の有無を問うた問題である。

　　ア　　1949年の発掘調査により存在が確認されたのは，**更新**世後期の打製石器である。

　　イ　　群馬県**岩宿**遺跡で，更新世後期の打製石器が最初に確認された。

　　ウ　　青森県にある縄文時代の遺跡で，集合住居と推定される大型住居などが発見されたのは**三内丸山**遺跡である。

　　エ　　縄文時代に装飾品の素材として流通し，姫川（糸魚川）流域を原産とするのは**ひすい（硬玉）**である。

　　オ　　『**漢書**』地理志には「**楽浪**海中に倭人有り」と記されている。楽浪郡が漢への遣使の窓口であったとは明記されていないが。

　　カ　　紀元57年の遣使とは，『**後漢書**』**東夷**伝に記された奴国の遣使である。

　　キ　　**難問**。「額田部臣」は**島根**県岡田山1号墳出土鉄刀に刻まれている。

　　ク　　岡田山1号墳出土鉄刀銘は6世紀後半のもので，臣の**姓**が使われていたことを示す最古の資料である。

　　ケ　　『夢の代』は**山片蟠桃**の著書で，無鬼論など合理的な議論が展開されている。

　　コ　　長州藩出身の**大村益次郎**は大坂の適塾などに学び，明治維新後は徴兵制の導入に努めた。

　　サ　　村の中での村政参加などを要求する運動を**村方騒動**という。

　　シ　　寛政改革で老中松平定信は**旧里帰農令**を出し，江戸に流入した貧民に資金を与えて帰村させようとした。

　　ス　　幕末開港期における日本最大の輸出品は**生糸**である。

　　セ　　**（綿糸）**紡績業は，1880年代後半以降に民間企業が勃興し，原料綿花と機械を輸入に依存しながら生産を拡大し，日清戦争後には輸出産業へ成長した。

　　ソ　　**平塚らいてう**は青鞜社を結成し，のち新婦人協会の創立にも関わった。

　　タ　　1898年に公布された民法では男性の家長が強い権限をもつ戸主制度が定められていたが，1947年の**民法**改正で廃止された。

　　チ　　1910年の韓国併合にともない，朝鮮統治のために**朝鮮総督府**が設置され，陸軍軍人寺内正毅が初代総督に就任した。

　　ツ　　1919年に朝鮮で三・一独立運動が起きたのは**原敬**内閣の時代である。

　　テ　　日本軍の南部仏印進駐に対抗し，アメリカは日本人資産を凍結するとともに**石油**の対日輸出を禁じた。

$\boxed{ト}$　日米交渉が行われるなか，日本で東条英機内閣が成立すると，アメリカは日本軍の**中国**および仏印からの全面撤退をもとめる要求（ハル・ノート）を提出した。東条内閣は，これが受け入れることのできない内容だったことを利用して，対米英開戦に踏み切った。

解答

ア　更新　　イ　岩宿　　ウ　三内丸山　　エ　ひすい（硬玉）　　オ　楽浪
カ　東夷　　キ　島根　　ク　姓　　ケ　山片蟠桃　　コ　大村益次郎
サ　村方騒動　　シ　旧里帰農令　　ス　生糸　　セ　（綿糸）紡績
ソ　平塚らいてう　　タ　民法　　チ　朝鮮総督府　　ツ　原敬
テ　石油　　ト　中国

Ⅲ

解説　3つのテーマによる記述問題であり，今年度は古代，中世，現代から各1テーマが出題された。

A　平安京遷都と仏教界の動向

$\boxed{ア}$　710年，元明天皇により**藤原京**から平城京へ遷都が行われた。

$\boxed{イ}$　平安京の正門は**羅城門**であり，その左右に東寺・西寺の2つの寺院が建立された。「羅生門」（芥川龍之介の小説）と間違わないようにしよう。

$\boxed{ウ}$　**やや難問**。延暦寺での大乗戒壇の設立をめざす最澄はまず『**山家学生式**』を著したが，南都の諸寺院からの批判をうけ，『**顕戒論**』を著して反論した。

$\boxed{エ}$　2つめの空所の後ろに「摂関家への奉仕」とある点から平安時代中期のことがらであると判断して答えたい。**受領**とは国司の最上席者を指し，朝廷から任国支配を一任されて税の納入を請け負った。

$\boxed{オ}$　平城京の寺院のうち藤原氏の庇護を受けたのは，藤原氏の氏寺**興福寺**である。

（1）　空海に与えられた「左京の寺」とは東寺で，東寺には宇宙の本質を体系的に描いた密教絵画である（**両界**）**曼荼羅**が伝えられている。

（2）　「11世紀前半」「平安京」「阿弥陀堂を中心とする寺院」から，藤原道長が建立した**法成寺**であると判断できる。

（3）　平城太上天皇（上皇）が重祚と平城京への還都を企てたのに対し，**嵯峨天皇**はその計画を未然に防いだ。810年の平城太上天皇の変（薬子の変）である。

（4）　内裏などの造営を請け負う代わりに官職に任じてもらうことを**成功**という。摂

関政治期から院政期にかけて横行した。

(5)　北陸地方の東大寺領荘園は初期荘園の代表例で，**8世紀**半ばに墾田永年私財法が制定されたことを契機として成立した。

B　建武の新政と室町幕府の全国支配

　カ　建武の新政では，鎌倉と**陸奥**に後醍醐天皇の皇子が派遣され，それぞれ鎌倉将軍府，陸奥将軍府が設けられた。

　キ　足利尊氏は**中先代の乱**を鎮圧し，それを契機として建武政権に反旗をひるがえした。

　ク　足利尊氏の子足利基氏は**鎌倉公方**として伊豆・甲斐・関東八か国の統治を任された。

　ケ　室町幕府における将軍直轄軍を**奉公衆**という。

(6)　大犯三カ条とは，国内の御家人を京都大番役に促す**大番催促**，謀叛人（謀反人）・殺害人の逮捕である。

(7)　南北朝の内乱を描いた軍記物は『太平記』で，九州探題を務めた**今川了俊（貞世）**は『難太平記』を著し，その誤りを指摘した。

(8)　室町幕府が新たに認めた守護の権限の一つで，幕府の判決を強制的に執行することを**使節遵行**という。

(9)　室町幕府のもと，全国の田地に応じて課されたのは**段銭**であり，内裏造営など国家的な行事の経費を調達する目的で賦課された。

(10)　(あ)1391年，山陰を中心とする国々の守護を務めていた**山名氏清**は3代将軍足利義満により討伐を受けた（明徳の乱）。(い)やや**難問**。堺で挙兵し，足利義満によって鎮圧されたのは大内義弘で，大内氏は戦国時代になり**大内氏掟書（大内家壁書）**と呼ばれる分国法を定めた。

C　サンフランシスコ平和条約以降の戦後処理問題

　コ　サンフランシスコ平和条約でアメリカが施政権を獲得し，沖縄に先立ち，1968年に日本へ返還されたのは**小笠原諸島**である。

　サ　サンフランシスコ平和条約発効と同日，アメリカの要請を背景として，台湾の中華民国との間で**日華平和**条約を結んだ。

　シ　日中共同声明で国交を正常化した中華人民共和国とは，1978年，**日中平和友好**条約を結んだ。

(11)　鳩山一郎文部大臣（斎藤実内閣）の圧力により休職処分を受けたのは刑法学者の京大教授滝川幸辰であり，彼の休職処分を発端とする事件を**滝川事件**と呼ぶ。

(12)　日ソ共同宣言には，平和条約締結後にソ連から**色丹島**と歯舞群島が引き渡され

ることが盛り込まれている。

⒀　(あ)**やや難問**。明治の１つ前の元号は**慶応**である。この元号の年間に福沢諭吉が江戸(のち東京)に開いた学塾が慶應義塾である。(い)**やや難問**。明治元年つまり1868年に戊辰戦争が始まった。**戊辰**が明治元(1868)年の干支である。(う)『竜馬がゆく』や『坂の上の雲』などの歴史小説を発表したのは**司馬遼太郎**である。

⒁　**難問**。2002年，**小泉純一郎**首相が北朝鮮を電撃訪問して初めて日朝首脳会談を実現し，国交正常化への第一歩をふみ出したかに見えたが，いまだ実現していない。

⒂　財政再建が求められるなか，1989年，竹下登内閣によって**消費税**が導入された。

解　答

A　ア　藤原　　イ　羅城門　　ウ　顕戒論　　　エ　受領　　　オ　興福寺
　　⑴　(両界)曼荼羅　　⑵　法成寺　　⑶　嵯峨天皇　　⑷　成功
　　⑸　８世紀
B　カ　陸奥　　キ　中先代の乱　　ク　鎌倉公方　　ケ　奉公衆
　　⑹　大番催促　　⑺　今川了俊(貞世)　　⑻　使節遵行　　⑼　段銭
　　⑽(あ)　山名氏清　　(い)　大内氏掟書(大内家壁書)
C　コ　小笠原　　サ　日華平和　　シ　日中平和友好
　　⑾　滝川事件　　⑿　色丹島　　⒀(あ)　慶応　　(い)　戊辰　　(う)　司馬遼太郎
　　⒁　小泉純一郎　　⒂　消費税

Ⅳ

解説　論述問題であり，今年度は中世と近世から各１テーマが出題された。**推移・変化型**と**多面的な説明型**であった。

⑴　執権政治の確立と北条時政・義時

問われているのは，**執権政治の確立過程において北条時政・義時が果たした役割**である。

執権政治の確立過程が設問の要求ではない点に注意が必要だが，まずはその確立過程を見通したうえで，そのなかで北条時政・義時が行ったことを整理していきたい。

では，幕府がどのように運営されていたのか，初代将軍源頼朝の時代と執権政治とを対比しながら確認しておこう。

鎌倉幕府はもともと将軍源頼朝が政務・裁判を自ら決裁する将軍親裁(あるいは将軍独裁)という形式で運営されていた。そして２代将軍源頼家や３代将軍源実朝も将軍親裁を志向していた。ところが頼朝の死後，幕府のなかでは御家人中心の政治を求

める動きが広がる。しばしば教科書で，源頼家の親裁を停止して有力御家人13人の合議制を採用したと記載されているのがその最初である。ところが，この13人の合議制は実際には運用されず，将軍頼家の親裁をサポートする役割を果たしていたとされる。また，3代将軍源実朝も，朝廷で院政を行っていた後鳥羽上皇との協調を重視しながら親裁していたことが知られている。つまり，源頼朝が死去した後しばらくは将軍親裁と有力御家人中心の政治を求める動きとが拮抗していた時期であった。

　一方，執権政治は，北条泰時の時代に確立した幕府運営のあり方を指す言葉で，北条氏を中心とする有力御家人で構成される執権・連署・評定衆の合議（評定という）に基づいて執権が政務・裁判の裁決を行うもので，そのもとでは将軍は政治権力を失って名目的な存在となっていた。つまり，将軍頼家・実朝の時期にあった拮抗が終焉し，有力御家人中心の政治，集団指導体制が整ったのが北条泰時の時期であった。

　こうした幕府政治の推移を念頭におきながら，北条時政，そして義時がどのような動きを見せたのか，彼らの行動がどのように執権政治の成立につながったのかを確認していこう。

　まず，北条時政である。

　将軍親裁を続けようとする2代源頼家と彼を後見する有力御家人比企能員を排除し，北条氏中心の政治体制への第一歩をふみ出したのが時政である。具体的には，比企能員の乱（1203年）により比企能員を滅ぼすとともに将軍頼家を伊豆修禅寺に幽閉し，代わって弟源実朝を将軍に擁立したうえで，政所別当に就任し，執権と称した。ところが1205年，子の北条政子・義時と対立して失脚し，伊豆に幽閉された。

　次に，北条義時である。

　幕府の民政・軍事にわたる権限を実質的に握って執権の地位を整えたのが義時である。具体的には，時政失脚をうけて政所別当の地位を継承した義時は，和田合戦（1213年）により侍所別当をつとめる有力御家人和田義盛を滅ぼし，政所と侍所の別当を兼任し，民政・軍事にわたる幕府内の要職を独占した。しかし，3代源実朝が将軍親裁を進めるとともに朝廷で院政を行う後鳥羽上皇と協調関係を築く一方，政所別当は北条義時一人ではなく，義時が幕府政治の中心であったわけではない。彼が幕府政治を主導する立場に立ったのは源実朝暗殺事件（1219年）が契機である。実朝の暗殺と源氏将軍の断絶をうけ，義時は摂関家から幼少の藤原（九条）頼経を次の鎌倉殿として招いた。これにより将軍親裁が実質的に終わり，政治権力をもたない将軍のもとで執権を中心とする有力御家人が幕府の政務・裁判を処理する体制の基礎が整った。

　以上をまとめれば，次の通りになる。

　。源頼朝死後の動き

　　将軍親裁と御家人中心の政治をめざす動きが拮抗

。**北条時政**

　　比企能員の乱→源実朝を擁立

　　政所別当に就任（執権と称す）

。**北条義時**

　　和田合戦→民政・軍事にわたる要職を独占

　　実朝暗殺事件に際して藤原頼経を擁立＝将軍親裁が終焉

（2）　**石高制とその機能**

　問われているのは，**石高制の成立過程**，そして**石高制に基づく大名統制と百姓支配**である。

　まず，石高制の成立過程から確認しよう。その際，過程つまり推移・変化が問われているのだから，段階的に整理したい。

　石高制を全国的に整えたのは豊臣政権であり，豊臣政権が行った太閤検地は二つの段階を経て行われた。

　一つめが，豊臣政権が直轄地と征服地において村ごとに行った検地である。

　役人を村々に派遣して実地調査を行い，村ごとに検地帳を作成して田畑・屋敷地を登録した。登録した田畑・屋敷地については，一区画（一筆という）ごとに面積を測定すると共に等級を定め，等級ごとに1反あたりの標準の米量（石盛）を規定することで土地全体の価値を米量で表示し，それぞれの石高を確定した。と同時に，それぞれに百姓を一人ずつ登録し，それぞれの石高に応じた年貢・諸役を負担する名義人（名請人という）を確定した。この結果，村ごとに村全体の石高つまり村高が確定された。

　二つめが，豊臣政権が全国統一を実現した直後，全国の大名に対して国絵図と国ごとの検地帳の提出を命じたこと（1591年）である。国絵図は国・郡単位で描かれた絵図で，村の名称とその石高を記させ，国ごとの検地帳とともに提出させることにより，大名の石高を確定した。この政策は，全国の土地を石高で統一的に表示する石高制を整える画期であった。

　次いで成立した江戸幕府は，こうした豊臣政権の政策を継承し，直轄地で村ごとに検地を行う一方，諸大名から国絵図と郷帳（郡ごとに村名とその石高を書き上げて一国単位でまとめた帳面）を提出させた。

　ここまでをまとめると，次の通りになる。

。**豊臣政権による太閤検地**

　　村ごとに検地→村高が確定

　　諸大名から国絵図と検地帳を徴収→大名の石高が確定

○**江戸幕府が継承**

では，こうして成立した石高制が大名統制と百姓支配にどのように役立ったのか，確認していこう。

まず，大名統制についてである。

石高制の成立にともない，豊臣政権や江戸幕府が大名に対して給付・保障するものは石高となり，その結果，豊臣政権や江戸幕府の大名に対する統制力が強まり，大名の領地は一時預かりが原則と観念されるようになった。つまり，大名の在地性，豊臣政権や江戸幕府からの自立性は弱まった。そのうえで豊臣政権や江戸幕府は，大名に対して石高(知行高)に応じた領地(領知)を給付するとともに，その石高にみあった軍役を負担することを義務づけて統制した。

次に，百姓支配についてである。

村ごとに検地帳が作成された結果，村とその村高が確定したことをうけ，豊臣政権や江戸幕府は村ごとに百姓支配を進めた。村請制を採用し，村高に応じた年貢・諸役を賦課して村の責任で納入させる体制をとった。

以上をまとめると，次の通りになる。

○**石高制に基づく大名統制**

　大名への知行給付＝石高が対象

　→石高(知行高)に応じた領地を給付，軍役負担を義務づけ

○**石高に基づく百姓支配**

　村請制を採用＝村ごとに村高に応じた年貢・諸役を納入させる

解答例

(1)　源頼朝の死後，将軍親裁と御家人中心の政治をめざす動きとが拮抗するなか，北条時政は，比企能員の乱にともない，親裁をめざす将軍頼家を廃して実朝を擁立し，政所別当に就任して執権政治の道を開いた。その子義時は，侍所別当和田義盛を滅ぼし民政・軍事にわたる幕府内の要職を独占し，実朝暗殺による源氏将軍の断絶に際して幼少の藤原頼経を鎌倉に迎え，政治権力をもたない将軍のもとで有力御家人による幕府運営の基礎を整えた。

（200字）

(2) 豊臣政権は村ごとに検地を行い，田畑・屋敷
地の面積や等級を調査して村全体の石高であ
る村高を定める一方，諸大名から国絵図と国
ごとの検地帳を徴収し，大名の石高を確定し
た。この結果，土地を米量で統一的に表示す　　*5*
る石高制が整い，江戸幕府も継承した。大名
への知行の保障は石高が対象となったため大
名の在地性が抑制され，大名は知行高に応じ
て軍役を賦課された。百姓は村ごとに村高に
応じた年貢・諸役の納入を義務づけられた。　　*10*

(200字)

2018 年

解答・解説

I

解説　例年通りの史料問題である。史料は３つで，今年度はＡ中世(『吾妻鏡』)，Ｂ近世(西川如見『百姓嚢』)，Ｃ(大佛次郎『終戦日記』)であった。

A　治承・寿永の乱と鎌倉幕府

　史料Ａは，『吾妻鏡』(寿永３年２月25日条)から取られたもので，源頼朝が高階泰経を通じて後白河院に提出した文書の一部である。

　(1)　**徳政**とは善政・仁政を意味する言葉である。儒教(儒学)では，天変地異や災厄を為政者の不徳によるものとする考えがあり，天変地異や災厄を防ぐために為政者には徳政が求められた。

　(2)　上級貴族ら有力者に特定の国の支配を委ねる制度を**知行国制**といい，支配を委ねられた人物(知行国主)は近親や側近を受領に推挙し，国の支配にあたらせた。

　(3)　「北国」が七道のうち**北陸道**を指すことはすぐに判断できるだろう。一方，「東国」は，源義仲が木曽(信濃国)で挙兵したことから**東山道**と推測したい。

　(4)　平安時代末・鎌倉時代初めという時代状況を念頭におき，そこから国司＝受領の任務を考えてもよいが，史料の内容も参考して判断したい。下線部(b)のあとに，朝廷に対する反乱者を追討するなかで「土民」がほとんどいない状態になってしまった，今春より浮浪した人々を旧里に帰還させて土地の耕作を保障させる，そうしたら来秋ころ，国司を任命され……，と述べられている(大意)。ここも手がかりとすれば，**徴税**を想起することができる。

　(5)　「畿内近国」という地域，そして「弓箭に携わるの輩」つまり武士，という２つを根拠として選べばよい。**源頼政**は摂津国に拠点をもちながら京都を中心として活動し，1180年，以仁王とともに平氏追討を掲げて挙兵し，敗死した。

　(6)　治承・寿永の乱のなかで源頼朝の名代として軍勢を率い，平氏追討にあたったのは**源義経**である。義経は平氏政権の滅亡後，源頼朝と対立して奥州藤原氏を頼ったものの，頼朝の圧力をうけた藤原泰衡の攻撃を受け，自殺した。

　(7)　**やや難問**。動員された武士たちに対して源頼朝が与える勲功賞は恩賞と総称されるが，ここでは「朝廷に対し「計らい申し上」げる」とあり，朝廷が任じる**官位**を解答するのが適当である。承久の乱に際して北条政子が演説した「故右大将軍朝敵を征罰し，関東を草創してより以降，官位と云ひ，俸禄と云ひ，其の恩既に山岳よりも高く，溟渤よりも深し。報謝の志浅からんや」(『吾妻鏡』)のフレーズを思い起こしたい。

B　江戸時代の農業と幕政

史料Bは西川如見『百姓嚢』から３カ所を抜粋したものであり，それに加え，宮崎安貞『農業全書』に付された「農事図」の一部も取りあげられている。

(8)　江戸時代に改定された暦としては安井算哲(渋川春海)の貞享暦，高橋至時の寛政暦などがあるが，それらのうち，作成者が暦を改定した後に幕府の天文方に登用されたのは**安井算哲(渋川春海)**である。彼は17世紀後半，平安時代以来使われてきた宣明暦に代え，中国の授時暦をもとに自らの観測などを加えて貞享暦を作成した。高橋至時は18世紀末，天文方に登用された後，西洋天文学の知識を活用して寛政暦を作成した。

(9)　日本初の体系的な農書は，宮崎安貞**『農業全書』**である。中国の農書や自らの体験と見聞に基づき，小農経営に適合した農業のあり方を紹介した。

(10)　(あ)　**難問**。牛に引かせて田を耕起する農具を**犂**（からすき）と呼ぶ。

(い)　図βは扱き箸による脱穀の様子を描いたもので，それに代わって**千歯扱**が発明されると，脱穀作業の効率化がはかられた。

(11)　**やや難問**。中国(「唐土」)では隋代から人材登用のための学科試験として**科挙**が導入され，宋代に官吏登用制度の中心となった。

(12)　史料Bの出典に「西川如見(1648-1724)」と書かれており，そこから「西川如見が最晩年に面会した将軍」が８代将軍徳川吉宗だと分かる。

(あ)　将軍吉宗が行った享保改革のなかで，幕府は評定所などの門前に**目安箱**を設置し，庶民から国政や民政についての意見を聴取しようとした。

(い)　目安箱への投書(建白)に基づいて実現した政策としては，町医者小川笙船の建白に基づく**小石川養生所**が有名である。窮迫した民衆の治療施設である。

C　近現代の政治・外交

史料Cは，大佛次郎『終戦日記』1945年９月の記事である。史料中の下線部(j)「連合軍」，問(13)(い)の設問文などから第２次世界大戦後の占領期に関する史料であると判断でき，そのうえで，下線部(i)「総理の宮」，それに関する問(13)の設問文から，東久邇宮稔彦(王)内閣の時期をめぐる史料であることも分かる。

(13)(あ)　**プレス＝コード**は，新聞・雑誌での連合国軍やその占領政策に対する批判について報道の自由を禁じたもので，GHQが1945年９月に公布した。「①　労働組合法の制定」「②　農地改革の実施」「③　持株会社整理委員会の発足」が，いずれも連合国軍最高司令官マッカーサーから幣原喜重郎首相に出された五大改革指令に基づく政策なので，消去法で正解を導くことができる。

(い)　占領期以降，五次にわたって内閣を組織したのは吉田茂である。第１次吉田茂内閣のとき，石炭・鉄鋼・肥料などの重点産業に対して資金・資材を集中させる傾斜

生産方式が採用され，それを進めるため，資金供給を目的として**復興金融金庫**が設立された。

(14)　連合国軍の日本占領機関のうち，占領政策の最高決定機関は**極東委員会**である。東京に置かれた対日理事会はGHQの諮問機関である。

(15)　「日清戦争後」という時期，「労働運動…などの取り締まりを目的とした」との内容説明から，1900年に制定された**治安警察法**であると分かる。

(16)　1901年,日本で初めて結成された社会主義政党は**社会民主党**である。安部磯雄・幸徳秋水・片山潜・木下尚江らによって結成されたが，すぐに治安警察法により結社を禁止された。

(17)　**やや難問。大佛次郎**<ruby>大佛次郎<rt>おさらぎじろう</rt></ruby>は1920年代に『鞍馬天狗』などを執筆し，大衆小説作家として有名になった。

解答

A　(1)　徳政　　(2)　知行国制　　(3)　東山道・北陸道　　(4)　徴税

　　(5)　③　　(6)　源義経　　(7)　官位

B　(8)　安井算哲（渋川春海）　　(9)　農業全書　　(10)(あ)　犂　　(い)　千歯扱

　　(11)　科挙　　(12)(あ)　目安箱　　(い)　小石川養生所

C　(13)(あ)　④　　(い)　復興金融金庫　　(14)　極東委員会　　(15)　治安警察法

　　(16)　社会民主党　　(17)　大佛次郎

Ⅱ

解説　中世～近代の諸事項についての空欄補充問題であり，単純に知識の有無を問うた問題である。

　ア　鎌倉時代の彫刻で六波羅蜜寺に所蔵されているのは，康勝（運慶の子とされる）が製作した**空也**上人像が有名である。

　イ　**難問。**似絵と呼ばれる写実的な絵画を描いた画家としては，藤原隆信・信実父子が有名で，「伝源頼朝像」は**藤原隆信**の作品ともされる。しかし，「伝源頼朝像」は足利直義の肖像画とする学説が有力であり，この設問は不適切である。

　ウ　足利尊氏は1336年に京都を制圧し，持明院統の**光明**天皇を擁立した。

　エ　室町幕府は，動乱が全国化・長期化するなか，各地の武士を動員・組織するため，国ごとの軍事指揮官である**守護**を重視し，その権限を強化した。追加された権限としては半済が最も有名である。

　オ　鎌倉公方**足利持氏**は，6代将軍足利義教により永享の乱で滅ぼされた。

　カ　　持氏の子で鎌倉公方の足利成氏は1454年，対立する関東管領上杉憲忠を殺害して**享徳の乱**を起こし，翌年以降，古河（下総国）を拠点に幕府に対抗した。

　キ　　鎌倉・室町時代，遠隔地間の決済には**為替**が用いられた。**割符**は室町時代に主に用いられた為替手形の一種なので，「鎌倉・室町時代」という時期設定から言えば適切ではないが，正解として許容されるかもしれない。

　ク　　大山崎離宮八幡宮に属した神人は，荏胡麻を原料とする**油（灯油）**の製造・販売に従事した。

　ケ　　安土桃山時代以降，城郭には**天守**（俗に天守閣ともいう）が設けられ，城主の権威が誇示された。

　コ　　会津藩主**保科正之**は4代将軍徳川家綱の叔父で，家綱を補佐して幕政を主導した。

　サ　　徳川家康によりオランダとイギリスが商館を設置することが認められたのは，肥前国の**平戸**である。

　シ　　イギリス人**ウィリアム＝アダムズ**は，1600年豊後に漂着したオランダ船リーフデ号の乗組員で，徳川家康の外交顧問として活躍し，三浦半島に領地をもらって三浦按針と名乗った。

　ス　　良銭の基準や銭貨の交換比率を定めた法令を撰銭令という。**撰銭**は，銭貨の授受に際して質の悪い銭貨（悪銭）の受取りを拒否する行為をいう。

　セ　　江戸幕府が1636年に鋳造・発行した銭貨を**寛永通宝**という。

　ソ　　**井原西鶴**は17世紀後半，『好色一代男』などの浮世草子を書いた。

　タ　　多色刷版画浮世絵を**錦絵**と呼び，18世紀後半に鈴木春信が完成させた。

　チ　　明治期の下層社会についてのルポルタージュとしては，横山源之助『**日本之下層社会**』が有名である。

　ツ　　民友社は1887年，**徳富蘇峰**が創設し，雑誌『国民之友』を刊行した。

　テ　　第1次世界大戦の勃発にともなって輸出が急増し，1915年から**輸出**超過となった。

　ト　　1918年に米騒動が生じたのは，寺内内閣による**シベリア**出兵の実施を見込んだ米の買い占め・売り惜しみによって米価が急騰したためであった。

解答

　ア　空也　　イ　藤原隆信　　ウ　光明　　エ　守護　　オ　足利持氏
　カ　享徳の乱　　キ　為替　　ク　油（灯油）　　ケ　天守（天守閣）
　コ　保科正之　　サ　平戸　　シ　ウィリアム＝アダムズ　　ス　撰銭

　セ　寛永通宝　　ソ　井原西鶴　　タ　錦絵　　チ　日本之下層社会
　ツ　徳富蘇峰　　テ　輸出　　ト　シベリア

Ⅲ

（解説）　3つのテーマによる記述問題であり，今年度は古代，中世，近世から各1テーマが出題された。

A　古代の交通をめぐる諸問題

　ア　**聖武**天皇が741年，国分寺建立の詔を発して以降，国々では国分寺と国分尼寺の建立が進んだ。

　イ　戸籍に登録された正丁から徴発された兵士は，まず諸国の軍団に配属されたあと，そのなかから宮城の警備にあたる**衛士**が選ばれた。

　ウ　三関の一つで美濃国に設けられたのは**不破**関である。その地は，のち関ヶ原と呼ばれた。

　エ　古墳の墳丘上には**埴輪**が配置された。埴輪のうち，筒状のものを円筒埴輪，家屋や動物，器材などをかたどったものを形象埴輪と呼ぶ。

　オ　玄界灘に浮かぶ孤島である**沖ノ島**(福岡県)は，4世紀から9世紀にかけて海上交通の安全を祈って祭祀が行われた。

　(1)　畿内には，大和国・山背(山城)国・摂津国・河内国・和泉国の5カ国が属しており，これらのうち，現在の大阪府と兵庫県にまたがるのは**摂津国**である。

　(2)　律令の施行細則集を式といい，そのうち，927年つまり10世紀前半に完成したのは**延喜式**である。

　(3)　律令制において中央財源となる調・庸を都まで運ぶ人夫を**運脚**という。

　(4)　日本に戒律を伝えた唐僧鑑真は，東大寺に戒壇院を整備するとともに，平城京内に**唐招提寺**を建立した。

　(5)　『三国志』魏書東夷伝倭人条は俗に『魏志』倭人伝とも称され，王に立てられた邪馬台国の**卑弥呼**が239年，帯方郡を経由して魏の皇帝に使節を送り，親魏倭王の官爵などを賜ったことなどが記されている。

B　中世の日中関係

　カ　栄西は『**興禅護国論**』を著し，仏教の根本には戒律を守ることにあり，それを旨とする禅宗こそが鎮護国家の役割を果たすことを論じた。

　キ　建長寺は，南宋から来日した禅僧**蘭溪道隆**によって開かれた。

　ク　来日した禅僧蘭溪道隆を鎌倉に招き，建長寺の開山としたのは，執権**北条時頼**である。禅僧無学祖元を南宋から招き，円覚寺を開いた執権北条時宗と混同しな

いようにしたい。

ケ　　足利義満が1401年，側近の祖阿とともに博多の商人**肥富**を明へ使者として派遣した。

コ　　足利義満は1403年，明の3代皇帝永楽帝から**勘合**を交付され，翌1404年から勘合貿易を開始した。

(6)　大和国では，藤原氏の氏寺である**興福寺**が大きな勢力をもち，鎌倉時代以降，実質的な守護としての役割を果たしていた。

(7)　禅宗寺院の寺格を定める制度は**五山（・十刹）の制**と呼ばれ，中国では南宋の代に整えられた。日本では鎌倉時代後期から移入され，足利義満のもとで整備された。

(8)　鎌倉幕府の御家人のもとでは，元来，所領は女子を含めて分割相続されていた。ところが，経済的な窮乏が進むなか，鎌倉時代後期から女子への相続は本人一代限りの**一期分**とされることが増えた。

(9)(あ)　日明勘合貿易の実権をめぐって争った細川氏と大内氏の派遣した遣明船が1523年，明の貿易港寧波で衝突した事件を**寧波の乱**という。

(い)　1551年，大内義隆を自害に追い込んだのは**陶晴賢**である。

C　江戸時代の旗本・御家人をめぐる諸問題

サ　　知行高に応じて人馬・兵器を常備し，合戦に動員する負担を**軍役**という。

シ　　8代将軍徳川吉宗が，経費を節減しつつ人材を登用するための制度として設けたのが**足高の制**である。役職ごとに基準の禄高を定め，人材登用の際，禄高が不足する場合は在職中に限って不足分を支給する制度である。

ス　　旗本・御家人を相手として金融を行ったのは，彼らの俸禄米の換金に携わっていた**札差**である。

(10)　17世紀，異様な風体で集団をなして江戸市中を練り歩いたり，乱暴を働いたりしたものを**かぶき者**という。

(11)(あ)　享保改革では財政再建策が一つの柱とされ，そのための一時的な措置として諸大名に**上げ米**を命じた。石高1万石につき米100石を献上させ，その代わりに参勤交代を緩和して江戸滞在期間を半減するものである。

(い)　財政再建に向けた中心的な政策が年貢収入の増加策で，そのため，年貢徴収方法を従来の検見法から**定免法**に変更した。定免法は，農業生産力が向上して村々に富が蓄積されるなか，一定期間，年貢率を固定にする徴収方法である。

(12)　1657年の明暦の大火後，幕府直轄の消防組織として**定火消**が設けられた。

(13)　寛政異学の禁で**朱子学**が正学とされて奨励され，続いて旗本・御家人やその子弟を対象として朱子学の理解を試す学問吟味が始められた。

⒁　**山東京伝**は『仕懸文庫』などの洒落本，『江戸生艶気樺焼』などの黄表紙を書き，寛政改革で幕府により処罰された。

⒂　**高橋景保**は1811年，オランダ語書籍の翻訳に携わる蛮書和解御用の設置を提案した人物であり，その前後に長崎に来航した外交使節といえば，1804年に来航したロシア使節**レザノフ**しかいない。

解答

A　ア　聖武　　イ　衛士　　ウ　不破　　エ　埴輪　　オ　沖ノ島

　　⑴　摂津国　　⑵　延喜式　　⑶　運脚　　⑷　唐招提寺　　⑸　卑弥呼

B　カ　興禅護国論　　キ　蘭溪道隆　　ク　北条時頼　　ケ　肥富

　　コ　勘合

　　⑹　興福寺　　⑺　五山（・十刹）の制　　⑻　一期分

　　⑼㋑　寧波の乱　　㋺　陶晴賢

C　サ　軍役　　シ　足高の制　　ス　札差

　　⑽　かぶき者　　⑾㋑　上げ米　　㋺　定免法　　⑿　定火消

　　⒀　朱子学　　⒁　山東京伝　　⒂　レザノフ

Ⅳ

解説　論述問題であり，今年度は古代と近代から各1テーマが出題された。**推移・変化型**と**対比・特徴型**であった。

⑴　平安時代の文化

問われているのは，**9世紀の文化と10・11世紀の文化を対比して特色を述べる**ことである。

この問題を解くにあたって注意しておきたいのは，まず，特色をひと言で説明しようとしないことである。文化とは人々の精神的な活動の成果や生活様式の総体を表す言葉であり，ひと言で端的にまとめられるとは限らない。いくつかの観点を立てて整理してみたい。次に，人物や文化財を羅列しないことが大切である。特色として説明した内容を具体的に表わす典型的な事例を書くことができれば十分である。

さて，弘仁・貞観文化と呼ばれる9世紀の文化は，⒜平安京での貴族を中心とした文化，⒝文章経国の思想が広まって漢文学が発達するなど唐風文化が展開したこと，⒞仏教では密教が盛んになり，貴族を中心に広まったこと，これらを主な要素として指摘できる。一方，国風文化とも呼ばれる10・11世紀の文化は，ⓐ平安京での貴族を中心とした文化，ⓑかな文学など日本人の嗜好を加味した文化が生まれ，漢文学など

大陸文化と並ぶ地位を確立したこと，ⓒ仏教が社会に浸透し，密教に加えて浄土教が広まったこと，これらが主な要素である。

　これらのうち，(a)とⓐは共通点なので説明する必要はなく，(b)ⓑと(c)ⓒが相違点であり，これらを対比的に説明すればよい。

9世紀	唐風＝漢文学が発達	密教が盛んになる→貴族中心 現世利益を求める
10・11世紀	唐風と国風が併存＝かな文学が発達し漢文学と並ぶ	密教と浄土教が広まる→社会に浸透 現世利益とともに極楽往生を求める

　ここで注意しておきたいのは，10・11世紀の文化がかな文学など国風の文化ばかりでないこと，そして，仏教も浄土教だけではなかったことである。つまり，かな文学など日本独自の文化（国風文化）が発達したものの，漢文学など大陸文化が9世紀から続いて重視されており，国風文化も大陸文化を基調としたものであった。また仏教では，引き続き密教や法華経信仰などによって現世利益が期待される一方で来世での幸福（極楽往生）を求める浄土教が新たに広がりをみせ，仏教が社会・生活のなかに深く浸透した。このように10・11世紀は，9世紀に発達したものを継承しつつ，新たなものを加えて併存させた文化が展開していたのである。もし10・11世紀の文化の要素のうち，9世紀から継承した漢文学や密教を共通点として考えて削ろうとすると，9世紀の文化について特色（10・11世紀の文化と異なる点）として説明する内容がなくなってしまう。したがって，唐風と国風の共存・併置，密教と浄土教の共存が10・11世紀の特色と判断するのが適当である。

　まとめると，次のようになる

◦ **9世紀の文化**

　唐風文化が展開　（例）漢文学が発達

　現世利益を求める貴族中心に密教が広まる

◦ **10・11世紀の文化**

　大陸文化と国風文化が並立　（例）かな文学が漢文学と並ぶ地位を確立

　仏教が社会に浸透＝密教（現世利益を求める）と浄土教（極楽往生を願う）

（2）　幕末期における薩摩藩の動向

　問われているのは，**1863（文久3）年から慶喜将軍就任までの間における薩摩藩の動き**である。ただし設問文では，「これ」は薩摩藩の政治方針のどのような変化によるものか，とも表現されており，**政治方針の変化を中心としながら薩摩藩の動きを説明することが不可欠である。**

　ところで,「これ」とは何を指すのか。それは, 1862年には一橋慶喜を将軍後見職に推挙したにも関わらず, 1866年に慶喜が将軍となった時には敵対したこと, である。したがって, 慶喜と薩摩藩の関係が提携・協調から対立・敵対へと転換したのがいつなのかを考えながら, 薩摩藩の政治方針の変化を整理していきたい。

　さて, 一橋慶喜ら幕府と薩摩藩との関係が悪化するようになったのは, 八月十八日の政変(1863年)や禁門の変(1864年)などにより尊王攘夷派が衰退して以降のことであり, その時期, 慶喜ら幕府が権力の再強化に向けて動き出したからであった。

　では, 幕府が権力の再強化に向けて動き出すと, なぜ幕府と薩摩藩との関係が悪化するのか。それを, 薩摩藩の政治方針とその変化から説明せよというのが, 設問の要求である。

　薩摩藩は1862年, 島津久光が中心となって幕政改革を求め, 一橋慶喜を将軍後見職に推挙したが, それは, 朝廷(孝明天皇)の意向を利用して雄藩連合による幕政改革を実現させようとしたからであった。薩摩藩はその際, 越前藩主松平慶永の政事総裁職への就任をも推挙し, ともに実現させた。そして慶喜・慶永を中心として行われた文久改革では, 幕府と諸藩が協力しながら西洋技術を導入して軍事力の強化をはかる体制をめざし, 参勤交代の緩和が実施された。

　ところが同じ頃, 朝廷では長州藩士を中心とする尊王攘夷派が発言力を増し, 幕府に対して攘夷の実行と14代将軍徳川家茂の上洛を求めたことから, 政治情勢は大きく変化する。1863年, 将軍家茂と一橋慶喜が京都に赴いて朝廷に対して攘夷実行を約束すると, 幕府が朝廷から政策の実行を委任されるという関係が成立することとなり, 政局の中心が次第に江戸から京都へと移ることとなった。

　そのなかで薩摩藩が会津藩などと協力し, 急進化する尊王攘夷派を朝廷から排除したのが八月十八日の政変(1863年)から禁門の変(1864年)にいたる政治過程であった。

　薩摩藩はこれ以降, 朝廷のもとに雄藩連合(大名会議を中核とする政権)を実現させることをめざした。しかし, 一橋慶喜が孝明天皇からの信任を背景として朝廷で実権を握るなど, 幕府の政治力が再び強まると, 薩摩藩は朝廷から勢力を後退させ, 次第に慶喜ら幕府と対立するようになる。その対立が表面化したのが, 長州藩が再び幕府に対抗する姿勢を示し, 幕府が第2次長州征討を宣言した際である。薩摩藩は1866年, 長州藩と盟約を結び(薩長盟約・薩長連合), 幕府に対抗する姿勢を示した。このことが, 14代将軍家茂が死去して長州征討が終了し, 慶喜が15代将軍に就任して以降, 薩摩藩が慶喜に敵対する発端となった。

　なお, 薩摩藩での軍事力の強化は, 文久の改革以前, 藩主島津斉彬の頃から始まっていたが, 薩英戦争(1863年)をきっかけにイギリスと接近したことで本格化していた。

このことも答案のなかに書き込んでおくとよい。

　以上をまとめると，次のようになる。

○ **はじめ**

　朝廷の意向を利用して雄藩連合による幕政改革へ

　薩英戦争を機に軍事力を強化

○ **変化のきっかけ**

　尊王攘夷派が朝廷で勢力を伸ばす

　→会津藩と協力して尊攘派を朝廷から排除（八月十八日の政変と禁門の変）

○ **のち**

　朝廷で雄藩連合の実現をめざす

　→一橋慶喜ら幕府と対立：薩長盟約を結ぶ＝幕府による第2次長州征討に対抗

解 答 例

(1)　9世紀は，漢文学が発達して勅撰漢詩文集が
　　編まれるなど，唐風文化が展開するとともに
　　，仏教では現世利益を求める貴族の間に密教
　　が広まり，曼荼羅が描かれるなどした。10・
　　11世紀は，大陸文化を基調として日本人の嗜　　　*5*
　　好を加味した文化が展開し，勅撰和歌集が編
　　纂されるなど，かな文学が漢文学と並ぶ地位
　　を確立するとともに，仏教が社会に浸透し，
　　密教に加えて極楽往生を願う浄土教が貴族や
　　庶民に広がり，来迎図が描かれるなどした。　　*10*
　　　　　　　　　　　　　　　　　　　　（200字）

(2)　薩摩藩は朝廷の意向を利用して雄藩連合によ
　　る幕政改革をめざすとともに，薩英戦争をき
　　っかけに軍事力の強化を進めた。長州藩など
　　尊王攘夷派が朝廷で勢力を伸ばし急進化する
　　と，会津藩と協力して尊攘派を追放し，朝廷　　　*5*
　　の実権を奪った。これ以降，薩摩藩は朝廷で
　　雄藩連合の実現をめざしたが，一橋慶喜が朝
　　廷で実権を握って権力を強化したため次第に
　　対立した。慶喜ら幕府が第2次長州征討を宣

言すると，長州藩と盟約を結び，対抗した。　*10*

（200字）

（掲載写真資料所蔵・提供・協力）

　国立国会図書館ウェブサイト

解答・解説

I

解説 例年通りの史料問題である。史料は３つで、今年度はA．古代(『小右記』)、B．中世(『建内記』)、C．近現代(安倍談話)であった。

A 平安時代中期の政治

史料Aは、藤原実資の日記『小右記』寛仁３年６月条で、受領の苛政を百姓らが訴えた(上訴という)ことについての記事である。

(1) 山陰道は、律令制下の広域な行政区画七道のうち山陰地方の諸国を含む区画である。そのうち、山城国に最も近いのは**丹波**国である。

(2) 受領は任国の支配を任されたため、課税率を高めるなどの方法で私財を蓄えるものがいた。『今昔物語』で「**受領は倒るる所に土をつかめ**」と言い放ったエピソードが書き残されているのは、信濃守**藤原陳忠**である。

(3) 内裏は宮城のなかに設けられた天皇の邸宅であり、紫宸殿や清涼殿などによって構成された。紫宸殿は儀式を行う場所、**清涼殿**が日常生活を行う場所であった。

(4) まず「入道殿」が誰かを考えたい。その際、①史料の出典にある「1019年」という年代、②当時の「摂政殿」の父であること、③設問(5)で「摂政殿」が宇治に寺院を建立したと説明されていること、に注目したい。①の時期と③の事実とから「摂政殿」が藤原頼通であることがわかり、そのうえで②から「入道殿」が藤原道長であると判断できる。道長の日記は**『御堂関白記』**と一般に呼ばれている。

(5) 「摂政殿」＝藤原頼通は宇治の別荘を寺院に改め、平等院鳳凰堂を建立した。ただし鳳凰堂は阿弥陀堂であり、**平等院**が寺院の名称である。

(6) 史料中の「入道殿・摂政殿の勘当殊に重し」に注目したい。脚注から、「入道殿と摂政殿のお叱りが普通と違って重い」という意味だと読み取れ、百姓を追捕し捕縛したことを彼らが非難していたことがわかる。つまり、彼らは**「受領が圧政を上訴する百姓を追捕すること」**を認めず、**「百姓が公門に立って受領の圧政を上訴すること」**を認めていた。

(7) 1019年に九州北部を襲ったのは刀伊(女真族)である。この事件を一般に**刀伊の来襲(襲来・入寇)**という。

B 嘉吉の土一揆

史料Bは、史料中に「土一揆」、出典に「嘉吉元年(1441)」とあることから、嘉吉の土一揆(徳政一揆)に関する史料であると判断できる。

(8)　嘉吉の土一揆は，1441年に室町幕府6代将軍足利義教が播磨国守護**赤松満祐**によって謀殺されたことがきっかけとなって発生した。

(9)　**やや難問**。「嵯峨」は現在，嵯峨・嵐山と併称される地域で，京都五山の第一天龍寺がある。後醍醐天皇の冥福を祈るために建立された寺院で，**夢窓疎石**が開いた。

(10)　侍所の長官である所司は，四職と総称される京極・山名・赤松・一色の4つの大名家から任じられた。四職のうち，1391年に起きた乱に関わったのは山名氏で，その事件は**明徳の乱**である。当時一族で11か国の守護を兼ね，六分一衆(殿)とも称されていた山名氏が勢力を削減された事件である。

(11)(あ)　代始に際して土一揆(徳政一揆)が起こったのは1428年の正長の土一揆が最初で，**足利義持**が死去し，弟義教の将軍就任が決まった際のことである。

(い)　足利義持が将軍だった時代に関東で反乱を起こしたのは，前関東管領**上杉禅秀(氏憲)**である。彼は1416年，鎌倉公方足利持氏と対立して蜂起し，翌年，敗死した。

(12)　史料中に「侍所」という用語が下線部(i)だけでなく，下線部(g)にもあることを手がかりとすればよい。下線部(g)とその続きには，「侍所多勢をもって防戦す。なお承引せず。土民数万のあいだ，防ぎ得ずと云々」とある。そこから下線部(i)は**侍所が土一揆を鎮圧するのが難しい**という意味だと判断できる。

C　近現代の政治・外交

史料Cは，2015年8月に安倍晋三首相が発表した「戦後70年の安倍首相談話」である。現代的な問題関心から採用されたのだろうが，果たして内容読解を必要とする史料問題の素材として適切なのかどうか，疑問である。

(13)　日露戦争の結果，長春以南の鉄道と付属の利権がロシアから日本に譲渡された。その際，アメリカの鉄道企業家ハリマンが来日し，鉄道などの権益を共同経営する計画をもちかけた。提案した人物の名をとって**ハリマン計画**という。桂太郎首相が同意して予備覚書を交わしたが，小村寿太郎外相の反対により破棄された。

(14)　史料では「第一次世界大戦を経て」「人々は「平和」を強く願い，　イ　を創設し」とあり，さらに「満州事変，そして　イ　からの脱退」とある。この2カ所から，　イ　には，1920年に国際的な平和機関として設立され，満州事変のさなかの1933年，日本が脱退を通告した**国際連盟**が入ると判断できる。

(15)　金解禁(金輸出解禁)政策を実施したのは浜口雄幸立憲民政党内閣で，当時の蔵相は**井上準之助**である。

(16)　第二次世界大戦後，連合国が日本の戦争指導者を戦争犯罪人として裁いたのは**極東国際軍事裁判**である。略称を東京裁判というが，正式な呼称で答えたい。

(17)　**やや難問**。第二次世界大戦後に日本の首相として初めて東南アジア諸国を歴訪

したのは**岸信介**首相で，インドネシアや南ベトナムとのあいだで賠償協定を結び，東南アジア諸国への経済進出の足がかりを確保した。

⑱　1972年，日中両国の国交を正常化させた文書は**日中共同声明**である。当時の田中角栄首相が中国を訪問し，周恩来中国首相との間で調印された。

⑲　「戦後50周年」の1995年に首相だった人物を考えればよい。1995年は阪神・淡路大震災が起こった年であり，このときの首相は日本社会党委員長**村山**富市であり，自由民主党・新党さきがけとの3党連立内閣を率いていた。

解答

A　(1)　丹波　　(2)　藤原陳忠　　(3)　清涼殿　　(4)　御堂関白記
　　(5)　平等院　　(6)　②③　　(7)　刀伊の来襲(入寇)
B　(8)　赤松満祐　　(9)　夢窓疎石　　⑽　明徳の乱
　　⑾(あ)　足利義持　(い)　上杉禅秀(氏憲)　　⑿　土一揆の鎮圧
C　⒀　ハリマン計画　　⒁　国際連盟　　⒂　井上準之助
　　⒃　極東国際軍事裁判　　⒄　岸信介　　⒅　日中共同声明　　⒆　村山談話

Ⅱ

解説　原始～近代の諸事項についての空欄補充問題であり，単純に知識の有無を問うた問題である。

　ア　旧石器時代や縄文時代の人々が石器材料として用いたものには黒曜石やサヌカイト，ひすい(硬玉)などがあり，二上山(大阪府・奈良県境)を産地とするのは**サヌカイト**である。

　イ　縄文時代には**丸木**舟で航行する技術があった。実際，福井県鳥浜貝塚から発見されている。

　ウ　古墳時代を代表する銅鏡は**三角縁神獣**鏡であり，邪馬台国連合の女王卑弥呼が魏から贈られた銅鏡だともされる。

　エ　難問。**黒塚**古墳は三角縁神獣鏡が国内最多の33面も発見された。

　オ　5世紀後半に刻まれた銘文をもつ鉄刀が出土した江田船山古墳は**熊本**県にある。埼玉県稲荷山古墳出土鉄剣銘と同じく「ワカタケル大王」と解読できる文字が刻まれている。

　カ　難問。埼玉県稲荷山古墳出土鉄剣銘には，被葬者が祖先以来，大王のもとに出向いて**杖刀**人の首として仕えたことが記されている。この「○○人」の制度がのち伴造－伴の制度につながったと考えられている。

　　キ　　6世紀末に建立され，日本最古の本格的伽藍をそなえた寺院は**飛鳥寺**である。蘇我馬子が建立した。

　　ク　　飛鳥寺は，高句麗など朝鮮諸国で最も格式の高い伽藍配置とされる1塔3**金堂**式を採用している。

　　ケ　　三十三間堂は**蓮華王院**本堂の俗称である。鎌倉時代に再建された現存の本堂は和様の建築様式を採用している。

　　コ　　後三年合戦は，陸奥・出羽にわたって勢力を誇った清原氏の内紛に陸奥守**源義家**が介入して生じた戦いで，清原清衡(のち藤原清衡)が勝ち残った。

　　サ　　沖縄島では12世紀頃から**按司**が各地で勢力をもった。彼らが拠点としたのがグスク(城)であり，グスクは聖域としての役割も兼ね備えた城砦であった。

　　シ　　尚巴志によって統一された琉球王国は，**首里**に王府を置いた。

　　ス　　1871年から73年にかけて欧米諸国を歴訪したのは，**岩倉具視**を正使，大久保利通，木戸孝允，伊藤博文らを副使とする使節団である。

　　セ　　岩倉使節団が欧米諸国を歴訪している最中，明治政府は1873年1月から**太陽暦**を採用した。

　　ソ　　「神道は祭天の古俗」という論文を発表して批判を浴び，帝国大学教授を辞職に追い込まれたのは**久米邦武**である。

　　タ　　『民権自由論』や「東洋大日本国国憲按」を執筆したのは土佐出身の**植木枝盛**である。

　　チ　　大井憲太郎や景山英子らが朝鮮の内政改革を企てたのは**大阪**事件である。1884年に朝鮮で甲申事変が失敗に終わったことがきっかけであった。

　　ツ　　衆議院議員選挙法では選挙資格は当初，直接国税を15円以上納める満**25歳**以上の男子とされ，有権者は全人口の約1.1％にすぎなかった。

　　テ　　直接国税とは国(中央)に直接納める租税のことで，議会開設当初は**地租**が中心であり，次第に所得税の比重も増加した。地租は第二次世界大戦後，固定資産税に継承されたが，これは地方税である。

　　ト　　1945年4月に総辞職したのは**小磯国昭**内閣である。4月は，本土決戦のための捨て石とも言われた沖縄戦が始まった頃であり，小磯内閣に代わって鈴木貫太郎内閣が成立し，本土決戦を掲げつつソ連を仲介とする終戦工作に着手した。

解答

ア　サヌカイト　　イ　丸木　　ウ　三角縁神獣　　エ　黒塚　　オ　熊本
カ　杖刀　　キ　飛鳥　　ク　金堂　　ケ　蓮華王院　　コ　源義家

サ	按司	シ	首里	ス	岩倉具視	セ	太陽	ソ	久米邦武
タ	植木枝盛	チ	大阪	ツ	２５	テ	地租	ト	小磯国昭

Ⅲ

(解説)　３つのテーマによる記述問題であり，今年度は古代，近世，近代から各１テーマが出題された。

A　奈良時代の政治・社会

　ア　藤原４兄弟（藤原四子）があいついで死去した後に太政官を主導したのは**橘諸兄**である。県犬養（橘）三千代の子で，光明皇后の異父兄にあたる。

　イ　九州の防衛にあたったのは**防人**で，東国の兵士が３年間勤務した。

　ウ　**難問**。奈良時代初め，人民の実態をより正確に把握するため，里を郷と改称し，その下に里を設けた際，戸（郷戸）を分割して複数の**房戸**を設けた。

　エ　口分田や墾田には，土地税として**租**が課税された。

　(1)　藤原４兄弟は，**藤原不比等**の子である武智麻呂，房前，宇合，麻呂である。

　(2)　律令制下では中央の官人養成機関として**大学**が設けられた。

　(3)　出挙は稲を貸付ける制度であり，地方豪族らが私的に行う私出挙が禁じられれば，その分だけ国司が公的に行う**公出挙**の比率が増加する。公出挙で回収される利息の稲は国衙の財源になったので，設問の説明「財政面での目的」にも合致する。

　(4)　大隅・薩摩地方に住み，もともと律令政府の支配下になかった人々は**隼人**と称され，一般の公民とは異なる形で支配下に組み込まれ，服属儀礼を行わされた。

　(5)　聖武天皇は，740年に藤原広嗣の乱が発生すると，山背国に**恭仁京**を建設し遷都した。その後，難波宮，紫香楽宮と遷都をくり返し，745年に再び平城京に戻った。

　(6)　三世一身法では，**灌漑施設（溝池）**を新規に作るか，旧来のものを利用するかによって私有期間がそれぞれ三世，一身と区別された。

B　近世初期の政治

　オ　３か所めの空欄から判断すればよい。徳川家康が1603年に得た征夷大将軍（　**カ**　）の職を譲られたのは，その子**徳川秀忠**である。

　カ　徳川家康は1603年，**征夷大将軍**の宣下をうけ，全ての大名に対する指揮・統率権を正当化した。

　キ　天皇の領地は江戸時代，**禁裏御料**と称された。

　ク　後水尾院（後水尾上皇）の山荘は**修学院**離宮である。八条宮智仁親王の別邸桂離宮とともに数寄屋造の建築として有名である。

　(7)　豊臣（羽柴）秀吉が柴田勝家を近江国で破った戦いは，1583年の**賤ケ岳の戦い**で

ある。この後，勝家は秀吉の追撃をうけ，越前国北庄城で自害した。

(8)　第2段落に「長女の子豊臣秀頼」とある点から判断すればよい。秀頼の母は**淀殿**であり，幼名を茶々という。

(9)　大坂冬の陣の口実となったのは**方広寺鐘銘**問題である。豊臣秀頼が方広寺に奉納した梵鐘の銘文に「国家安康」とあった点を取り上げ，徳川方は家康の名を分け身を切るものだと非難し，これを口実として大坂城を攻めた。

(10)　江戸幕府が武家諸法度で禁じたのは，**大名が幕府の許可なく婚姻を結ぶこと**，簡潔に表現すれば**私婚**である。

(11)　紫衣事件をめぐり1629年に後水尾天皇が退位した際，天皇に即位したのは**明正天皇**である。奈良時代の称徳天皇以来の女性天皇である。

(12)　江戸幕末期に公武合体政策を進め，孝明天皇の妹和宮と14代将軍家茂との婚姻を実現させたのは老中**安藤信正**である。

C　大正・昭和戦前期の政治と軍事

　ケ　やや難問。護憲三派内閣のもとで実施された陸軍軍縮にともない，中学校などの中等学校以上に現役将校を配属して軍事訓練を行うことが本格化した。これを**軍事教練**という。

　コ　二・二六事件後に成立したのは**広田弘毅**内閣である。このもとで帝国国防方針が改定され「国策の基準」が策定された。

　サ　陸軍は独ソ戦争が始まるとソ連侵攻を計画し，その準備として**関東軍特種演習**を実施した。しかしドイツの苦戦により，まもなくソ連侵攻を中止した。

　シ　当時の徴兵制では，学生は徴兵を猶予されていた。ところが1943年，兵員不足を補うため，20歳を越えた文系大学生に対して徴兵猶予を停止し，直ちに徴兵検査をうけることを義務づけた。これを**学徒出陣**という。

　ス　難問。鈴木貫太郎内閣のもと，本土決戦に備えて編成されたのが**国民義勇隊**だが，実際には戦災復旧活動に従事した。

(13)　ワシントン会議では，太平洋に関する四カ国条約，主力艦に関する海軍軍縮条約とともに，中国に関する**九カ国条約**が締結された。

(14)　護憲三派内閣の陸軍大臣(陸相)は**宇垣一成**である。憲政会・立憲民政党に近い陸軍軍人として，元老西園寺公望ら政界上層部からは陸軍の急進を抑えつつ政党の支持を取り付けることのできる政治家として期待された。そのため，1937年，広田内閣の総辞職後に首相に推挙されたが，陸軍の反発をうけ組閣に失敗した。

(15)　浜口雄幸内閣が海軍軍令部の反発を押し切ってロンドン海軍軍縮条約に調印したため，国内では立憲政友会や海軍の一部などから統帥権の干犯であると批判された。

統帥権干犯問題である。この設問では，条約反対派が条約批准に反対した理由が問われており，**条約締結を統帥権干犯だと判断したこと**が書けていればよい。

⒃　満州事変のなかで関東軍が1932年，満州国を建国した際，満州住民による自発的な建国を偽装するため，清朝最後の皇帝**溥儀（愛新覚羅溥儀）**を執政に擁した。

⒄　盧溝橋事件を発端として日中戦争が始まるなか，第一次近衛文麿内閣は国策を総合的に立案するため，内閣直属の機関として**企画院**を設けた。物資動員計画の作成とともに国家総動員法の立案などにもあたった。

解答

A　ア　橘諸兄　　イ　防人　　ウ　房戸　　エ　租
　　⑴　藤原不比等　　⑵　大学　　⑶　公出挙　　⑷　隼人
　　⑸　恭仁京　　⑹　灌漑施設（溝池）
B　オ　徳川秀忠　　カ　征夷大将軍　　キ　禁裏御料　　ク　修学院
　　⑺　賤ケ岳の戦い　　⑻　淀殿　　⑼　方広寺
　　⑽　私婚（幕府の許可のない婚姻）　　⑾　明正天皇　　⑿　安藤信正
C　ケ　軍事教練　　コ　広田弘毅　　サ　関東軍特種演習
　　シ　学徒出陣　　ス　国民義勇隊
　　⒀　九カ国条約　　⒁　宇垣一成　　⒂　条約締結を統帥権の干犯と判断した
　　⒃　溥儀（愛新覚羅溥儀）　　⒄　企画院

Ⅳ

解説　論述問題であり，今年度は中世と近世から各1テーマが出題された。2題とも**推移・変化型**であった。

⑴　鎌倉時代における荘園支配の変遷

　問われているのは，**鎌倉時代における荘園支配の変遷**についてであり，条件として，**幕府・地頭の動向**に留意することが求められている。「変遷」が問われているので，**時期による違い**を考えながら，関連する知識をリストアップしていこう。

　その際，荘園支配に焦点があたっている点に注意しよう。支配の主体を意識しながら荘園のあり方とその変化を整理することがポイントである。

　荘園はもともと荘園領主の私有地であり，荘園領主は天皇家や摂関家，有力な寺社などからなる本家，荘園の経営を預けられた領家の2階層からなり，年貢収納権と支配権（検田や警察・裁判の権限）をもっていた。荘園現地には領家が預所を派遣し，現地の有力者を下司や公文などに編成して勧農や年貢徴収，治安維持などにあたらせる

とともに，田堵などを名主に編成して年貢・公事・夫役を納めさせた。

　平安時代後期，このようなしくみをもつ荘園が全国的に成立したのに対し，鎌倉時代には，鎌倉幕府により各地の荘園に地頭が新しく補任された。治承・寿永の乱から奥州合戦にいたる過程で平家没官領など謀叛人跡（敵方所領）に補任され，さらに承久の乱にともない院方没収所領にも新しく任じられた。これら鎌倉幕府により設けられた地頭は，職務は旧来の荘官（預所や下司，公文など）と同じく勧農や年貢徴収，治安維持などを担ったが，任免権を荘園領主でなく幕府がもつ点で異なっていた。

　つまり，鎌倉時代には荘園支配のなかに幕府補任の地頭という新しい要素が加わることとなった。この結果，荘園領主による荘園支配に変化が生じる。とりわけ承久の乱以降，幕府の勢力が大きくなるのにともない，地頭が次第に非法をくりかえすようになった。逃亡した百姓の土地を勝手に地頭の私的な支配地域にくみ入れたり，荘園領主に納める年貢・公事を横領したりなどして，荘園領主の荘園支配に打撃を与えた。

　これに対して荘園領主は，荘園の経営に練達した人物を預所や雑掌に任じて現地に派遣したり，幕府へ地頭の非法を訴えたりするなどして対抗したが，幕府は当事者どうしでの解決（和与）を進めたため，やがて地頭請や下地中分といった方法によって対応するようになった。地頭請は，地頭に荘園の管理を任せて一定の年貢納入を請け負わせる地頭請所の契約を結ぶもの，下地中分は，荘園の下地を地頭とのあいだで分割し，相互の支配権を認め合う取決めであった。この結果，地頭が荘園現地の支配権を獲得する動きが広がった。とはいえ，地頭が設置されず，幕府の勢力が及ばない荘園も多く残っていたし，下地中分が行われた場合，荘園領主と地頭による支配の二重性は解消された。こうした結果，地頭が支配権をもつ武家領と，地頭が設置されず荘園領主が支配権をもつ本所一円地とが並び立つ状態ができあがった。

　続いて，モンゴル襲来頃から本所一円地を中心として悪党が横行したことを想起したい。悪党とは，荘園領主に対して集団で敵対的な行動をとった人々をさし，荘園領主の要請により幕府が討伐にあたったが効果はあがらず，次第に荘園支配は動揺した。

　以上の内容を，時期に区分しながらコンパクトに整理していくとよい。

◦ **鎌倉前期**

　鎌倉幕府が地頭を設置

◦ **承久の乱後**

　地頭が非法を展開→荘園領主と地頭が紛争→地頭請・下地中分

　　→地頭の支配地と本所一円地が並立

◦ **鎌倉末期**

　悪党が横行→荘園支配が動揺

(2) 江戸幕府の仲間政策

　問われているのは，**田沼時代から幕末までの三都における江戸幕府の仲間政策**についてであり，条件として，**地方市場や物価の問題**に留意することが求められている。

　問いの型としては，形式面から言えば，政策の内容について問うタイプだが，対象時期が「田沼時代から幕末まで」と長く，推移・変化型の問題と考えて対処することも可能である。どちらで構成するかは知識に即して考えたい。

　そこで，最初に江戸幕府の仲間政策に時期による違いがあるかどうか，確認しよう。

　田沼時代に仲間を積極的に公認したのに対し，天保改革では解散を命じていることを知っているだろう。正反対の政策をとっている時期があるのだから，**推移・変化型の問題と判断し，時期をいくつかに分けて構成するとよい**。

　では，三都における仲間（幕府公認の仲間を株仲間ともいう）について幕府がどのような政策をとったのか，仲間のあり方をも念頭におきながら確認していこう。

　最初は田沼時代についてである。18世紀後半に幕政を主導した老中田沼意次は，年貢だけに頼らない幕府財政のしくみを確保することを目的の一つとして仲間の設立を広く認めた。営業独占を認める代わりに運上・冥加を上納させ，収入の増加をはかろうとしたのである。ところが，それだけが目的ではなかった。三都だけでなく村々の商工業者にも仲間の結成を認め，そのことを通じて流通や物価の統制を強化しようという意図もあった。地域経済の発達とともに広がりをみせる地方市場どうしの流通を，大坂など三都で仲間を組織する問屋の統制下にくみ入れようとしたのである。

　ところが，このような仲間を通じた流通統制は次第に動揺した。先に指摘した地方市場の成長が背景である。百姓出身の在郷商人が各地で活躍し，海上交通では北前船や内海船（尾州廻船）など新興の廻船業者が台頭し，その結果，地方市場どうしを結ぶ流通が拡大した。また，村々の領域をこえて人や物の交通が活発となるなか，近隣どうしで組合村が形成されたり複数の村々が話し合って取決め（郡中議定）を定めたりする動きが広がった。化政時代には，大坂周辺でこうした村々の広域な結びつきを基礎に，仲間による流通独占に反対して自由交易を求める国訴が起きた。

　これらの結果，三都を介さない流通が活発となり，仲間のもつ流通への統制力が低下した。このことが三都での物価高騰の一因であった。

　次に幕府の仲間政策が出てくるのは，天保改革である。老中水野忠邦は江戸での物価高騰の原因が仲間の流通独占にあると判断し，1841年，仲間の解散を命じた。仲間外の商人にも自由な売買を認めることにより三都への商品移入量を増加させ，そのことを通じて物価の引下げをはかろうとねらったのである。ところが，仲間はそれまでの流通を担っていた公的な組織・流通機構であり，それがなくなれば流通が混乱する

のは当然である。物価はそれなりに下がったともされるが，流通が混乱したのでは逆効果である。そのため，水野が失脚した後，1951年に仲間の再興が認められた。

　最後に幕末期である。教科書の記述から考えると，幕末期に幕府の仲間政策はないと思うかもしれない。しかし，この問題では幕末期までが対象である。関連すると思われることを考え，探してみて欲しい。

　19世紀前半の状況をヒントに考えれば，横浜などが開港して欧米諸国との自由貿易が始まって以降，在郷商人が産地から開港場に商品を直接送ったため，江戸の特権的な問屋を頂点とする流通機構がくずれ，物価が騰貴したことに思い至るだろう。その際，幕府は江戸の問屋を保護し，物価を統制するため，生糸など五品をいったん江戸に送るよう命じている。この五品江戸廻送令が仲間保護策だったのである。しかしこの政策は，在郷商人の活動や欧米商人の反対により効果があがらなかった。このあとも仲間（株仲間）は残るものの，明治維新になり1872年，廃止された。

　以上の内容をまとめると次のようになる。

- **田沼時代**
  幕府：仲間の設立を広く公認＝営業独占を認める→流通の統制をはかる
- **田沼時代から化政時代にかけて**
  仲間の流通統制力が低下＝物価騰貴の一因となる
  〔背景〕地方市場どうしを結ぶ流通が拡大，自由交易を求める国訴が発生
- **天保改革**
  幕府：仲間の解散を命令→物価引下げをめざす
  〔影響〕流通の混乱を招く→やがて仲間の再興を認める
- **幕末期**
  幕府：五品江戸廻送令により江戸の仲間を保護
  〔背景〕開港にともない流通機構が崩壊・物価が騰貴
  〔影響〕効果なし

解答例

(1)　鎌倉時代には幕府により地頭が任じられ，荘園領主の支配下で年貢徴収などを担った。承久の乱後，幕府の勢力拡大とともに地頭が非法を行って荘園領主の支配を侵すと，幕府による和解の斡旋もあって地頭請や下地中分が実施された。その結果，地頭が新しく支配権

を得た荘園と，地頭が設置されず，荘園領主
が支配する本所一円地が並び立った。鎌倉末
期，本所一円地を中心として領主の支配に敵
対する悪党が横行し，荘園支配は動揺した。　*10*

（200字）

(2)　田沼時代，幕府は仲間の設立を広く公認して
流通の統制をはかった。しかし，地方市場ど
うしを結ぶ流通が広がり，大坂周辺では自由
交易を求める国訴も起こったため，仲間の集
荷力が低下して物価騰貴の一因となった。幕　*5*
府は天保期，仲間の解散を命じて物価引下げ
をねらったが混乱を招き，やがて再興を認め
た。幕末期，開港にともない流通機構がくず
れ物価が騰貴すると，幕府は五品江戸廻送令
で仲間の保護をはかったが効果はなかった。　*10*

（200字）

解答・解説

Ⅰ

解説 史料(歴史資料)問題である点では例年通りだが，A．原始・古代で初めて歴史資料の図版を素材とする出題があった。しかし，図版の内容を読み取る作業はほぼ不要であり，まとまったテーマのない雑題でしかない。残りの2つは例年通りの史料問題であり，B．近世，C．近代ともに初見史料が使われている。

A　原始・古代の遺物

銅鐸に描かれた絵3枚，「漢委奴国王」印，石上神宮(奈良県)所蔵の七支刀，長屋王家木簡という6つの図版を素材としているものの，工夫のない出題である。

(1) **太占**は，鹿の骨を焼いたときに生じる裂け目の形によって吉凶を判断するうらないで，『魏志』倭人伝にも記事が見られる。

(2) 弥生時代，木臼と竪杵を用いて穀粒と籾殻を取り離す**脱穀**が行われた。

(3) 収穫された稲穂を貯蔵するために**高床倉庫**が設けられた。掘立柱式の建造物である。

(4)(あ) 『後漢書』東夷伝によれば，紀元57年に倭の奴国の王が後漢の都洛陽へ使節を送り，**光武帝**から印綬を賜った。18世紀後半，福岡県志賀島で発見された「漢委奴国王」と刻まれた金印が，その時に賜った印だと考えられている。

(い) **奴国**は今の福岡市(福岡県)付近にあった小国の一つとされる。

(5) 石上神宮(奈良県)に伝えられた七支刀は，泰和4(369)年に**百済**王が倭王のために造らせたという意味の文が刻まれている。

(6) 図(f)のなかに「長屋親王」と書かれていることに気づけば，長屋王邸跡から発見された木簡の一つであると判断でき，そこから，この荷札がみつかった都城が**平城京**であることが分かる。

B　天保改革とその経緯

史料の出典は未詳だが，下線部(j)と問(12)から天保改革に関する史料であると判断できる。

(7) 天保改革が始まる前に死去した「大御所」とは11代将軍徳川家斉である。家斉は1837年，将軍職を子の家慶に譲ったのちも大御所として権勢をふるった。徳川家斉が存命の大御所時代，幕府の対外政策を批判したことで処罰されたのは1839年の蛮社の獄である。モリソン号事件(1837年)で漂流民を送還するために来航したアメリカ商船モリソン号を浦賀沖で撃退した際，渡辺崋山が『慎機論』，高野長英が『戊戌夢物語』

を著して批判したのに対し，幕府が彼らを処罰した事件である。2人のうち，三河国田原藩家老だったのは**渡辺崋山**である。高野長英は蘭学医である。

(8)　下線部(h)の直前に「三代将軍家光公より」とあることから下線部(h)「当代」が将軍を指すことが分かる。大御所徳川家斉が死去したときの将軍は**徳川家慶**である。

(9)　のちの安政の大獄で処罰された水戸藩主（安政期にはすでに藩主を退いていた）は**徳川斉昭**である。彼は1839年，前年に執筆した意見書「戊戌封事」を幕府へ提出し，内憂外患への危機意識を説き，幕政改革の必要性を訴えた。

(10)　天保改革を進めた老中は**水野忠邦**である。

(11)　**難問**。幕府は18世紀後半以降，財政立て直しなどを目的として有力商人に対して**御用金**を課し，強制的に資金を提供させた。明治新政府が三井・鴻池らの豪商から御用金を徴発したのも，幕府の政策を継承したものである。

(12)　天保改革のなかで大坂周辺の大名領・旗本領を「地替」しようとしたのは**上知令（上地令）**である。大坂だけでなく江戸周辺の大名領・旗本領も対象で，直轄地に編入することによって幕府財政の基盤を固めるとともに，江戸・大坂の沿岸警備を強化しようとした政策であった。しかし，関係する大名・旗本らの反対により撤回に追い込まれ，これが原因となって老中水野忠邦は失脚した。

(13)　「雁ノ間」がどういう場所なのかはわからずとも，「当地面替の儀相成申さず候」が上知令の撤回を指すとわかれば，水野忠邦が失脚し，**老中を辞職した（罷免された）**ことだと判断できる。

C　壬午軍乱への対応

史料は「陸軍者送達送甲第一五〇四号　陸軍省稟議朝鮮事変ニ依リ準備トシテ第六軍管々下予備軍召集ヲ裁可ス」で，1882（明治15）年に朝鮮で壬午軍乱が発生し，日本公使館が襲撃された際の対応に関する史料である。

(14)　「明治十五年」つまり1882年に「朝鮮」で発生し，「我公使館に対し容易ならさる挙動に及」んだ事件なので，同年，朝鮮軍兵士ら攘夷派が蜂起してクーデタを挙行するとともに日本公使館を襲撃した**壬午軍乱（壬午事変）**である。

(15)　明治政府と朝鮮が初めて条約を結んだのが1876年の**日朝修好条規**である。日本が清・朝鮮間の宗属関係を否定することをねらい，朝鮮が「自主ノ邦」であると規定するとともに，釜山ほか2港の開港，日本の領事裁判権の承認，使節の相互往来と首都滞在などを定めた外交文書である。公使の首都駐在は，この条約に基づいて日本側が求めたものの朝鮮側が拒否して難航し，日本が1880年に漢城に公使館を設置して長期に滞在を続け，朝鮮がそれを黙認したことによって事実上の解決をみた。

(16)　「　ウ　第五条中非常之事故云々之趣意に基き，第六軍管々下予備軍召集致度」

とあり，条文に基づいて予備軍を召集することが求められていることから，□ウ□には軍事に関する法令が入ることが分かる。1873年に公布された軍事に関する法令は**徴兵令**である。

　⒄　設問文中に「□ウ□も第七軍管の管轄地域の一部にしか適用されなかった」とあることから，第七軍管の管轄地域が**北海道**であると判断できる。北海道では，函館周辺の一部に1877年から徴兵令が適用されたものの，それ以外の地域には適用されず，全域で適用されるようになるのは1898年のことであった。沖縄も1898年から徴兵令が適用された。

　⒅　選択肢１〜５の事件はすべて，いわゆる激化事件であり，これらのうち1882年におこったのは「**５．福島事件**」である。福島県令三島通庸が会津三方道路の建設を強行したことに反発した農民たちの抵抗運動にからみ，県会議長河野広中ら自由党員や農民らを検挙した事件である。

　⒆　1882年当時，大蔵卿松方正義が財政緊縮政策を実施していた。いわゆる**松方財政**である。紙幣整理と正貨蓄積を進めるために徹底した歳出の削減をはかったものの，壬午軍乱の影響から軍事費は，削減の対象にならなかっただけでなく拡張がはかられた。

解答

　A　⑴　太占　　⑵　脱穀　　⑶　高床倉庫　　⑷⒜　光武帝　⒤　奴国
　　　⑸　百済　　⑹　平城京
　B　⑺　渡辺崋山　　⑻　徳川家慶　　⑼　徳川斉昭　　⑽　水野忠邦
　　　⑾　御用金　　⑿　上知令（上地令）
　　　⒀　老中を辞職したこと（老中を罷免されたこと）
　C　⒁　壬午軍乱　　⒂　日朝修好条規　　⒃　徴兵令　　⒄　北海道
　　　⒅　5　　⒆　松方財政

Ⅱ

解説　古代〜現代の諸事項についての空欄補充問題であり，単純に知識の有無を問うた問題である。

　□ア□　平城京造営の経費を調達するために和同開珎を発行した律令政府は，その流通を促すため，711年，**蓄銭叙位**令を出し，一定額の銭貨を蓄積し政府に納入したものに一定の位階を与えることとした。

　□イ□　和同開珎など律令政府が発行した銭貨の流通は京・畿内やその周辺に限られ，それ以外の地域では米や**布**などが貨幣として通用した。

　ウ　　**行基**は民間布教につとめ，信者を組織して橋をかけたり布施屋を設けたりするなど社会事業に従事していたため，大仏造立事業に際し，その人望と組織力に注目した律令政府により大僧正に登用された。

　エ　　聖武天皇の発願によって造立された東大寺盧舎那大仏は金銅像であり，**銅**を主な原材料とし，表面には鍍金がほどこされた。

　オ　　漢字の音・訓を借りて日本語の音節を表記したものを仮名といい，そのうち，仮名(漢字)を草書体で極度にくずしたものを**平仮名**，仮名(漢字)の字画の一部をとったものを片仮名という。平仮名は9世紀後半以降，和歌や物語などを書き記すのに用いられた。

　カ　　『源氏物語』を著した紫式部は，**藤原道長**の娘で，一条天皇に嫁いで中宮となった彰子に女房として仕えた。

　キ　　班田が廃絶した10世紀，課税対象の田地が名という単位に編成され，広さを基準として**官物**や臨時雑役が賦課された。納入を請負ったものを負名という。

　ク　　課税免除の特権を不輸の権といい，太政官・民部省の認可をうけたものを官省符荘，受領の認可をうけたものを**国免荘**という。

　ケ　　有田焼は，朝鮮出兵で連行された李参平が**肥前**国で始めたとされる。

　コ　　**酒井田柿右衛門**は，釉薬をかけて高温で焼いた陶磁器にガラス質の絵の具で絵や文様を描き，低温で焼きあげる上絵付けの手法を使って赤絵(色絵)を完成させた。

　サ　　宇治に万福寺を開いたのは明僧**隠元隆琦**であり，彼によって黄檗宗が伝えられた。

　シ　　池大雅や田能村竹田は，詩情を描く**文人画(南画)**の代表的な画家である。特に池大雅は与謝蕪村との合作『十便十宜図』が有名である。

　ス　　薬草や鉱物などを研究する学問を**本草学**という。

　セ　　代表的な本草学者として，『大和本草』を著した貝原益軒，『庶物類纂』の編纂に携わった**稲生若水**がいる。

　ソ　　庶民道徳を説く心学は，**石田梅岩**が始めた。

　タ　　石田梅岩は京都で心学を始め，弟子の手島堵庵らが普及につとめた。

　チ　　それまでの専門学校を官・公・私立大学として昇格させることを可能としたのは，1918年，原敬内閣が定めた**大学令**である。

　ツ　　民本主義を唱えた吉野作造が福田徳三ら知識人とともに黎明会を結成して啓蒙活動に従事する一方，吉野の影響を受けた東京帝国大学学生によって**(東大)新人会**が結成された。

　　テ　　　日本が植民地とし，アジア太平洋戦争の敗戦にともなって中国に返還されることとなったのは**台湾**と澎湖諸島である。日清戦争の結果，下関条約により清から割譲を受けていた。

　　ト　　　沖縄諸島と同様に米軍の軍政が敷かれ，1953年，日本に返還されたのは**奄美諸島**である。なお，沖縄諸島は1971年に結ばれた沖縄返還協定に基づき，翌72年に返還された。

解答

　ア　蓄銭叙位　　　イ　布　　　ウ　行基　　　エ　銅　　　オ　平仮名　　　カ　藤原道長

　キ　官物　　　ク　国免　　　ケ　肥前　　　コ　酒井田柿右衛門　　　サ　隠元隆琦

　シ　文人(南)　　　ス　本草　　　セ　稲生若水　　　ソ　石田梅岩　　　タ　京都

　チ　大学令　　　ツ　新人会　　　テ　台湾　　　ト　奄美

Ⅲ

解説　　3つのテーマによる記述問題であり，今年度は古代，中世，近世から各1テーマが出題された。

A　奈良時代～平安時代前期の政治

　　ア　　　嵯峨天皇は，平城上皇(太上天皇)の変に際して藤原冬嗣と巨勢野足を**蔵人頭**に任じ，天皇の意思を太政官にすみやかに伝達する体制を整えた。

　　イ　　　**清和**天皇は858年，父文徳天皇の急死によって即位した，初の幼帝である。外祖父の太政大臣藤原良房が実質的に摂政を行った。

　　ウ　　　清和天皇の治世の866年，平安宮朝堂院の南門である**応天門**が焼失した際，大納言伴善男が放火したとの罪で配流された。応天門の変である。

　　エ　　　太政大臣藤原良房は，応天門の変に際し，清和天皇から正式に**摂政**に任じられた。

　(1)　光明皇后は仏教に深く帰依し，その教えに基づいて貧窮民や病人を救済するための**悲田院，施薬院**を設けた。

　(2)　坂上田村麻呂は北上川流域を制圧して胆沢城と志波城を築き，**胆沢城**に鎮守府を移した。

　(3)　藤原冬嗣は，大学で学ぶ一族の子弟のため**勧学院**と呼ばれる大学別曹を設けた。

　(4)　唐から真言宗を伝えた空海は，高野山に**金剛峰寺**を開いた。

　(5)　**在原業平**は平安時代前期の代表的な歌人の一人で，『伊勢物語』は彼の和歌を素材とした仮名物語である。

B 鎌倉時代中期～室町時代の政治

オ　　北条泰時は1225年，尼将軍北条政子の死去を契機に，執権の補佐役として**連署**を設置して叔父藤原時房を任じた。

カ　　後嵯峨上皇は1246年，鎌倉幕府執権北条時頼の要請に基づき，幕府にならって**評定衆（院評定衆）**を設け，院政のもとでの合議制を整えた。

キ　　建武政権では，後醍醐天皇の命令によって発給された**綸旨**で所領の安堵を行おうとした。しかし，ニセモノの綸旨が出回るなど，大きな混乱を招いた。

(6)　北条泰時の孫北条時頼は1249年，訴訟の迅速な処理をはかるため，**引付**を設置した。

(7)　**難問**。鎌倉幕府の裁判制度のもとでは，原告から相手の非を訴える訴状が提出されると，訴えられた被告は自らの主張を書き記した**陳状**を提出することが求められ，この応酬（訴陳）が3回くり返された（三問三答）うえで裁決が下された。

(8)　下地中分は，荘園領主と地頭との紛争が生じた際に採られた解決方法の一つで，**荘園の土地を荘園領主と地頭で分け合い，相互の支配権を認め合う**ものである。

(9)　文永・弘安の役と2度にわたって生じた蒙古襲来は，モンゴル（元）・**高麗**の連合軍が九州北部に襲来したものである。

(10)　執権北条時宗が1284年に死去すると，時宗のもとで寄合を支えていた御家人安達泰盛と内管領平頼綱の対立が激しくなり，翌85年，霜月騒動で安達泰盛が滅ぼされた。この結果，内管領**平頼綱**が幕政の主導権を握ったものの，執権北条貞時が成人すると1293年，平禅門の乱で貞時により滅ぼされた。

(11)　建武政権期の政治・社会を風刺した「二条河原落書」は『**建武年間記**』に収められている。

(12)　**難問**。室町幕府では1393年，京都内外の土倉・酒屋から一律に営業税として土倉役・酒屋役を徴収する制度を整え，数名の有力な土倉を**納銭方**に任じて徴収を請負わせた。

C 近世初期における武士の城下町集住とその影響

ク　　年貢収納や村落行政（法令の伝達と順守など）を村に請負わせる制度を**村請制**という。

ケ　　現金そのものを輸送せず，手形で決済する方法を**為替**という。

(13)　朝鮮出兵（壬辰戦争）に際し，豊臣秀吉は**名護屋城**（肥前）に本陣をおいた。

(14)(あ)　豊臣政権は太閤検地に際し，米の容量をはかる枡を**京枡**に統一した。

(い)　計算方法は二つある。一つは，上田どうしを対象として比で計算する。空欄部分を x とおいて，6畝20歩：1反4畝＝1石：x，という式を立てればよい。1反＝

10畝＝300歩なので，（6＋20/30）：14＝1：x → x＝14×3/20＝2.1，となり，1石
＝10斗なので**2石1斗**となる。もう一つは，中田の石盛（斗代）を計算し，そのうえで
上田の石盛を考えて計算する。中田に注目すると，9斗1升(0.91)÷7畝(0.7)＝1.3，
なので中田の石盛は1石3斗。上田と中田の石盛の差は2斗なので，上田の石盛は1
石5斗。したがって，1石5斗×1.4＝**2石1斗**，となる。

　⒂　鎌倉時代，尊円法親王（入道親王）が始めた書道の流派は，彼の所属した寺院名
をとって**青蓮院流**と称され，江戸時代には御家流とも呼ばれた。

　⒃　**貝原益軒**は儒学者として『**養生訓**』『**和俗童子訓**』などの通俗道徳書を著す一方，
『**大和本草**』を著した本草学者でもあった。

　⒄　上方から江戸への物資輸送は当初，菱垣廻船が担っていたが，酒専用の，船足
の早い**樽廻船**が後から登場した。

　⒅　綿花など商品作物の栽培では即効性に富む金肥が多く使用され，なかでも房総
半島の九十九里浜で作られる**干鰯**が多用された。

　⒆　波線部(s)のなかの「江戸屋敷」に注目すれば，「上方から江戸への送金」が大
名（あるいは藩）によるものだと判断できる。そして，大名（藩）により上方から江戸屋
敷へ送られる貨幣とは何か？と考えれば，**年貢米など蔵物の販売代金**であることが思
いつく。大名（藩）は，参勤交代やそれにともなう江戸での生活の経費を調達するため，
上方や江戸に蔵屋敷を設け，年貢米など蔵物を廻送して販売（換金）していた。その販
売代金が江戸屋敷へ送金されたのである。あとは，「「江戸から上方への送金」につい
ての波線部(s)の記述に対応させて」という指定に即し，「上方」「江戸屋敷」を組み込
んで解答を整えればよい。

解 答

A　ア　蔵人頭　　イ　清和　　ウ　応天門　　エ　摂政
　　(1)　悲田院，施薬院　　(2)　胆沢城　　(3)　勧学院　　(4)　金剛峰寺
　　(5)　在原業平
B　オ　連署　　カ　評定衆（院評定衆）　　キ　綸旨
　　(6)　引付　　(7)　陳状
　　(8)　荘園の土地を荘園領主と地頭とで分け合い，相互の支配権を認めあうこと
　　(9)　高麗　　(10)　平頼綱　　(11)　建武年間記　　(12)　納銭方
C　ク　村請制　　ケ　為替
　　(13)　名護屋城　　(14)(あ)　京枡　　(い)　二石一斗　　(15)　青蓮院流
　　(16)　貝原益軒　　(17)　樽廻船　　(18)　干鰯

⒆　上方で換金され江戸屋敷での経費にあてる蔵物の販売代金

Ⅳ

解説　論述問題であり，今年度は中世と近代から各１テーマが出題された。２題とも**多面的な説明型**であった。

（1）中世後期の禅宗

　問われているのは，**南北朝・室町時代における禅宗**であり，条件として**幕府との関係，文化への影響**に触れることが求められている。

　禅宗の**内容**について**説明する**ことが求められているので，**多面的に**考えてみたい。その際，南北朝・室町時代では**五山派**と**林下（林下の禅）**という区分が一般的であったことを想起し，まずはこの２つに分けて知識を整理していこう。

　ⓐ**五山派**について。

　五山派は，五山・十刹の制に組み込まれた禅宗（臨済宗）の諸寺院である。五山・十刹の制は室町幕府が南宋の官寺の制にならって整えられた制度で，ここに属した相国寺などの諸寺院は幕府の保護・統制をうけた。そして，五山禅僧は外交文書の作成や外交使節，さらに政治顧問として幕府に重用される一方，金融活動に従事するものもおり，幕府財政の一端を支えた。

　しかし，応仁・文明の乱以降，幕府が弱体化するとともに五山派も後退した。

　ⓑ**林下（林下の禅）**について。

　林下は，五山・十刹の制に属さなかった禅宗諸寺院の総称で，臨済宗では大徳寺・妙心寺，曹洞宗では永平寺・総持寺などが含まれる。室町幕府の保護・統制を受けずに地方での布教につとめ，次第に五山派と勢力を逆転した。

　ここまでの説明で，すでに「幕府との関係」に触れるとの条件はクリアできている。そこで，もう一つの条件「**文化への影響**」について知識を整理しよう。その際，五山派と林下の区別は不要である。

　◦**文化への影響**について。

　禅宗では鎌倉時代以来，中国との間で僧侶の往来が活発であった。明の海禁政策の影響から室町時代には中国からの渡来僧が途絶えるものの，鎌倉時代後期には蘭溪道隆や無学祖元らの禅僧が渡来して建長寺や円覚寺を開いて在住していた。一方，鎌倉時代後期から南北朝時代には日本から禅僧が中国に留学しており，たとえば絶海中津が有名である。こうした交流の蓄積を背景に，禅宗寺院では漢詩文や水墨画など中国の影響を受けた文化が発展し，日本への中国文化（宋元文化）の浸透を促した。その結果，伝統的な公家文化などとの融合も進み，新たな住宅建築様式である書院造，石組

と白砂を用いて自然を表現する枯山水の庭園，わびの風流を楽しむ侘び茶など，新た
な文化が生み出された。

　以上をまとめれば，次のようになる。

　　◦ **五山派**
　　　　五山・十刹の制のもとで幕府の保護・統制
　　　　五山の禅僧＝幕府の政治・外交顧問，金融活動に従事
　　◦ **林下（林下の禅）**
　　　　幕府の保護・統制をうけない
　　　　地方で布教（自由な活動を求める）
　　◦ **文化への影響**
　　　　中国文化が浸透　　例）漢詩文・水墨画
　　　　伝統文化との融合により新しい文化を創出　　例）書院造・侘び茶

　⬚ **(2)　第１次近衛内閣の政策**

　問われているのは，**第１次近衛文麿内閣がとった政策**であり，その際，ⓐ**対中国政
策**，ⓑ**国内政策**の２面から述べることが求められている。

　ⓐ**対中国政策について。**

　第１次近衛内閣が成立した直後の７月７日，中国北平（北京）の郊外で盧溝橋事件が
発生した。内閣は当初，不拡大方針をとり，現地でも停戦が成立したものの，一転し
て軍隊増強を決定した。それに対して中国側が国民政府と共産党の協力体制（第二次
国共合作）のもと徹底抗戦で応じたため，宣戦布告をともなわないまま日中間の全面
戦争へ突入した。そして同年12月，国民政府の首都南京を占領すると，ドイツを介し
た国民政府との和平交渉を打ち切り，傀儡政権を樹立する方針へと転じていく。1938
年１月，「国民政府を対手とせず」と声明し，同年11月には東亜新秩序声明を出して
日本の戦争目的が日満華３国連帯による東亜新秩序の建設にあると声明し，国民政府
の実力者汪兆銘を傀儡政権の首脳として擁立する工作に着手した。

　しかし，傀儡政権の樹立は難航し，さらに，ドイツが防共協定を強化してイギリス・
フランスを仮想敵国とする軍事同盟を結ぶことを提案するなか，対外政策を一定させ
ることができず，近衛内閣は1939年初めに総辞職した。

　ⓑ**国内政策について。**

　日中戦争の開始・全面化とともに，近衛内閣は徐々に戦時経済体制を整えていった。
臨時資金調整法や輸出入品等臨時措置法を定めて資金・貿易面から経済統制を進める
とともに，国策の総合的な立案機関として企画院を設置した。そして，企画院の立案
により国家総動員法を制定し，議会の承認なく戦争遂行のために経済や国民生活を統

制することができる権限を獲得した。一方で，国民を戦争に動員するため，国民精神総動員運動を展開し，矢内原事件や人民戦線事件などで社会主義・自由主義思想への弾圧を強めたり，職場ごとに産業報国会の組織を進め，労使一体で生産力増強に邁進する体制を整えたりした。

以上をまとめると次のようになる。

○ **対中国政策**

日中戦争を開始　〔契機〕盧溝橋事件

→中国国民政府との和平交渉を打ち切る＝傀儡政権の樹立へ

→東亜新秩序建設を声明

○ **国内政策**

戦時経済体制を構築（経済統制を進める）

〔中心〕企画院　〔具体例〕国家総動員法など

国民を戦争へ動員（国民の戦争協力を促進）

〔例〕国民精神総動員運動，思想統制，産業報国会の組織など

解答例

(1) 禅宗には五山派と林下があった。五山派は五山・十刹の制のもとで幕府の保護・統制をうけ，五山の禅僧は幕府の政治・外交顧問として重用され，金融活動にも従事して幕府財政の一端を支えたものの，幕府の弱体化とともに後退した。一方，五山派に属さない林下は，幕府の保護・統制を受けずに地方布教を志した。文化では，漢詩文や水墨画など中国文化の浸透を促し，伝統文化との融合から書院造や侘び茶などの新たな文化も生み出した。

(200字)

(2) 対中国政策では，盧溝橋事件を契機に日中戦争を開始した。戦争が長期化するなか，近衛声明を発して中国国民政府との和平交渉を打ち切り，中国に傀儡政権を樹立する方針をとって東亜新秩序建設をめざした。国内政策では，国家総動員法を制定するなど，企画院を

中心に総力戦を想定した戦時経済体制の構築
をめざす一方，国民の戦争協力を促すため，
国民精神総動員運動を展開するとともに社会
主義・自由主義思想に対する弾圧を強めた。　　*10*

(200字)

(掲載写真資料所蔵・提供・協力)

Image：TNM Image Archives／福岡市博物館所蔵(画像提供：福岡市博物館／
DNPartcom)／石上神宮／奈良文化財研究所

解答・解説

I

解説 例年通りの史料問題である。史料は3つで，今年度はA．古代（『扶桑略記』），
B．中世（『三槐荒涼抜書要』），C．近代（山県有朋「〔日露〕戦後経営意見書」）であった。

A　平安時代中期の政治・社会

　史料は，『扶桑略記』天徳4 (960)年の記事であり，出典で「天徳4 (960)年」と明
記されている点に注目すれば，村上天皇の治世についての史料である，とわかる。

　(1)　史料文に「内裏焼亡三度なり。難波宮，藤原宮，今　ア　なり。遷都の後，
既に百七十年を歴て，始めて」と書かれている点に注目すればよい。「天徳4 (960)年」
よりも170年ほど前に遷都されたところだから平安京が入りそうだと，予想が立つ。
しかし，焼亡した「内裏」が列挙されており，「難波宮，藤原宮」と表現されている
ことを考えれば，**平安宮**と答えるのが妥当だと判断できる。

　(2)　「天徳4 (960)年」の出来事を日記に記した天皇なのだから**村上天皇**である。村
上天皇の治世は，父醍醐天皇の治世とともに延喜・天暦の治と称された。

　(3)　**やや難問**。勅撰和歌集の最初は醍醐天皇の命による古今和歌集で，2番目は**後
撰和歌集**である。

　(4)　「988年に，郡司や有力農民が受領の非法を書きあげ朝廷に提出した訴状」は**尾
張国郡司百姓等解**である。尾張守藤原元命の非法を31カ条にわたってあげつらい，太
政官に対して処分を要請した。

　(5)　空欄　イ　の直前に「故」と記されている点もヒントにしたい。960年の時点
ですでに死去しており，かつ「下総国を根拠地とする桓武平氏」は，**平将門**である。
将門は下総国猿島を拠点とし，939年に常陸の国府を襲撃したのを端緒として反乱し
たものの，941年に平貞盛と藤原秀郷によって滅ぼされた。

　(6)　「令外官」であること，史料文で「入京」した「故　イ　の男」を「捜し求め」
させたと書かれている点に注目すればよい。京内の治安維持をになった令外官である
検非違使が思い浮かぶ。

　(7)　**難問**。「代々武芸を職業とし，五位程度の位階を有する武士の家柄」は武家ま
たは軍事貴族と称され，そのなかの第一人者を武家の棟梁と呼ぶ。これらのなかで「漢
字4字」という指定に合致するのは**軍事貴族**である。

B　鎌倉幕府の成立

　史料は『三槐荒涼抜書要』建久三年七月条である。史料中にも設問文中にも「源頼朝」

が出てくるので鎌倉幕府成立期に関する史料であると判断できる。なお，この史料は，源頼朝が任官を望んだのが「征夷大将軍」ではなく「大将軍」だったこと，朝廷内での協議の結果，「征夷大将軍」が選ばれたことが判明したものとして近年，話題になった。もう一つ，源義仲が任じられたのが「征夷大将軍」ではなく「征東大将軍」であったことが確定されたことでも有名である。

(8)　源頼朝が征夷大将軍に任じられた1192年に死去したのは後白河法皇であり，彼は今様など当時流行していた歌謡を集めて**『梁塵秘抄』**を編纂した。

(9)　摂関家のうち，源頼朝に協力したのは**藤原(九条)兼実**である。のち，兼実の曾孫が鎌倉幕府第4代将軍として鎌倉へ下る。藤原(九条)頼経である。

(10)　源頼朝は，奥州藤原氏を滅ぼした後，1190年に挙兵後初めて京都を訪れ，後白河法皇から右近衛大将と権大納言の官職を得た。このうち武官は**右近衛大将**である。

(11)　**やや難問**。設問では「宗盛の総官」について問われているものの，史料のなかで「不快」とされているのは「総官・征東大将軍」の「近例」である。したがって，「宗盛の総官」とともに「近例不快」として併記されている「　オ　の征東」と合わせて考えるとよい。平宗盛と　オ　(源義仲)はともに源頼朝軍との戦いに敗れて**滅びている**。

(12)　「北陸道からいち早く上洛し，平氏を京から追い落とし」たものの源頼朝と対立したのは，**源義仲**である。1180年，以仁王の令旨に応じて木曽で挙兵した。

(13)　征夷大将軍に任じられた「田村麻呂」は坂上田村麻呂であり，彼が下向したのは陸奥の北上川流域である。源頼朝が同じ地方に大規模な遠征を行ったのは，1189年の奥州合戦で，源義経をかくまったとの理由で**藤原泰衡**を滅ぼすためであった。

　C　日露戦後経営

　史料は，山県有朋「〔日露〕戦後経営意見書」である。史料中の「満州」という用語，問(19)に「数年後に，軍備拡張をめぐって内閣と陸軍が対立し，内閣が総辞職するという事件が起こった。」と書かれている点に注目すれば，日露戦争直後の時期に関する史料であると判断できる。

(14)　史料が日露戦争直後の時期のものだと判断できれば，下線部(h)の「平和条約」がポーツマス条約であることがわかる。ポーツマス条約には**賠償条項(賠償金の支払いについての条項)**がなかったため，不満をもった民衆により日比谷焼打ち事件が生じた。

(15)　**やや難問**。「参謀総長」が陸軍の参謀本部の長官であり，設問中に大山巌が登場しているところから，大山巌と同じようなトップクラスの陸軍軍人を思い浮かべればよい。陸軍や内務省を中心として大きな派閥を作りあげた**山県有朋**が想起できる。

⑯　問⑭とあわせて考えれば，**日比谷焼打ち事件**であるとわかる。対露同志会が東京・日比谷公園でポーツマス条約反対の国民大会を開いた際，集まった民衆が暴動を起こし，その後，横浜や神戸などへも波及した。

⑰　日比谷焼打ち事件は，東京周辺に**戒厳令**が布告され，軍隊が出動して鎮圧された。戒厳令とは，統治の全権を一時的に軍隊に付与する天皇の命令であり，この発令権は天皇大権の一つである。

⑱　設問のなかで「韓国に対する我が保護権を確立し」と書かれている点に留意すれば，**第二次日韓協約**であるとわかる。ポーツマス条約でロシアが日本の韓国に対する保護・指導・監理権を承認し，アメリカが桂・タフト協定，イギリスが第二次日英同盟協約で日本の韓国支配を認めたことを背景とし，日本は1905年，韓国に第二次日韓協約を押しつけ，外交権を奪って保護国とした。

⑲　この事件は**(陸軍)二個師団増設問題**である。1912年，陸軍が朝鮮駐屯の二個師団の増設を要求したのに対し，第二次西園寺公望内閣が財政緊縮の立場から拒否すると，陸相上原勇作が帷幄上奏したうえで単独辞職し，陸軍が後継の陸相を出さなかったため，第二次西園寺内閣は総辞職に追い込まれた。

⑳　日露戦争直後の時期に日本が同盟を結んでいた相手国で，「印度」が関連するのはイギリスである。したがって，**日英**同盟についてふれてあると判断できる。

解答

A　⑴　平安宮　　⑵　村上天皇　　⑶　後撰和歌集　　⑷　尾張国郡司百姓等解

　　⑸　平将門　　⑹　検非違使　　⑺　軍事貴族

B　⑻　梁塵秘抄　　⑼　藤原(九条)兼実　　⑽　右近衛大将

　　⑾　平宗盛が滅んだこと　　⑿　源義仲　　⒀　藤原泰衡

C　⒁　賠償条項(賠償金の支払い)　　⒂　山県有朋　　⒃　日比谷焼打ち事件

　　⒄　戒厳令　　⒅　第二次日韓協約　　⒆　(陸軍)二個師団増設問題

　　⒇　日英

Ⅱ

解説　原始～現代の諸事項についての空欄補充問題であり，単純に知識の有無を問うた問題である。

　　ア　　**難問**。土器など遺物の年代を測定する方法には，年輪年代法と炭素14年代法がある。このうち，炭素14年代法は近年，AMS法(加速器質量分析法)という測定法によって精度が高められた。そこで，問題文では「近年」と書き出されているので，

AMS法を答えるのが妥当である。

　　イ　日本列島では，土器が出現するのは縄文文化であり，縄文文化は更新世最後の氷期が終わって完新世を迎え，温暖化が進むなかで生まれた文化である。このことを念頭におけば，問題文に「氷期の寒冷な気候下で土器の製作が開始された」と書かれている点から**更新**世が入ると判断できる。

　　ウ　660年，唐・新羅連合軍により**百済**が滅ぼされたが，鬼室福信らを中心として百済復興の運動が進められ，倭へも支援の要請が寄せられた。

　　エ　百済救援戦争が663年，白村江の戦いでの敗北により失敗に終わると，大宰府を守るために水城や大野城，基肄城が築かれた。このうち，朝鮮式山城で，大宰府の北側に位置するのは**大野**城である。基肄城は南側に位置する。

　　オ　古代の建築様式としては掘立柱建物と礎石建物があり，6世紀末以降，寺院建築を最初として瓦葺きの屋根をもつ礎石建物が広がった。「屋根をはじめて**オ**で葺き」と書かれているので，藤原宮では宮殿の建物が瓦葺きの屋根をもつ礎石建物であったことがわかる。

　　カ　平城宮に遷ったのは710年，**元明**天皇のときである。

　　キ　菅原道真の漢詩文集を『**菅家文草**』という。894年の遣唐使派遣計画を停止すべきことを建議した史料の出典として有名である。

　　ク　中国商人が舶載した品々は**唐物**と総称された。

　　ケ　正長の土一揆は，坂本（近江国）に集住していた零細な陸運業者**馬借**の蜂起が発端となって発生した。

　　コ　土一揆の多くは徳政を掲げ，土倉や酒屋，寺院を襲撃して負債破棄などの行動をくり広げた。1441年，嘉吉の土一揆が発生した際，幕府は土一揆の鎮圧に失敗し，はじめて**徳政令**を発して負債破棄を認めた。

　　サ　**難問**。東大寺は鎌倉時代初め以降，兵庫に関所を設けて通行税（関銭）を徴収する特権を朝廷から認められていた。『**兵庫北関入船納帳**』は，その東大寺領の兵庫北関で15世紀半ばに賦課された関銭の徴収台帳である。

　　シ　15世紀後半における日明貿易の拠点で，和泉国にあるのは**堺**である。堺は，日明勘合貿易の実権を大内氏と争った細川氏と結んだことで有名である。

　　ス　江戸幕末期にロシアとの間で結ばれた日露和親条約では，**樺太**は両国雑居の地と定められた。

　　セ　琉球最後の国王で，1872年に琉球藩王に封じられたのは**尚泰**である。

　　ソ　1887年，**東京音楽学校**が創設され，西洋音楽に基づいた専門的な音楽教育が始められた。卒業生に滝廉太郎，山田耕筰らがいる。

　　タ　　三宅雪嶺・志賀重昂らが創刊したのは雑誌『**日本人**』で，政教社の機関誌である。

　　チ　　東条英機内閣は，アジア太平洋戦争が敗勢に陥るなか，1943年，占領下のフィリピンやビルマ（現ミャンマー）を独立させたうえで，満州国や中国・汪兆銘政権などの代表者を東京に集めて**大東亜会議**を開催した。

　　ツ　　アジア太平洋戦争の末期，アメリカ軍が本土爆撃の根拠地としたのがマリアナ諸島のサイパン島である。1944年7月，**サイパン**島が陥落したことで絶対国防圏が破られたため，東条英機内閣は総辞職に追い込まれた。

　　テ　　1964年，東京・新大阪間に**東海道新幹線**が開通した。オリンピック東京大会の開催にあわせての国家事業であった。

　　ト　　高度経済成長のなかで公害問題が深刻化したため，1967年に公害対策基本法が制定され，1971年には環境保全にあたる官庁として**環境庁**が設けられた。

解　答

　ア　AMS法　　イ　更新　　ウ　百済　　エ　大野　　オ　瓦　　カ　元明
　キ　菅家文草　　ク　唐物　　ケ　馬借　　コ　徳政令　　サ　兵庫北関入船納帳
　シ　堺　　ス　樺太　　セ　尚泰　　ソ　東京音楽学校　　タ　日本人
　チ　大東亜会議　　ツ　サイパン　　テ　東海道新幹線　　ト　環境庁

Ⅲ

解説　3つのテーマによる記述問題であり，今年度は古代，近世，近代から各1テーマが出題された。

A　飛鳥〜平安前期の近江国

　　ア　　群集墳を構成する小さな円墳では，玄室と羨道をもつ**横穴**式石室が採用されている。

　　イ　　天智天皇は670年，最初の全国的な戸籍である**庚午年籍**を作成し，王族や豪族が領有する人民の把握を進めた。

　　ウ　　律令制下における七道の区分では，近江国は**東山**道に属した。

　　エ　　聖武天皇は743年，紫香楽宮で**大仏（盧舎那大仏）造立**の詔を出し，当初は紫香楽宮で造立に着手したものの，745年に平城京に戻ると，その郊外・東大寺の地で改めて造立事業を行った。

　　オ　　最澄が創建した延暦寺は平安京の東に位置する比叡山にあり，近江国と**山城（山背）**国の国境付近である。延暦寺が創建された時，国名が山背か山城のいずれで

あったかは高校日本史レベルでは判断できず，どちらの表記でも構わない。

(1)　筑紫の豪族**磐井**は527年，新羅と結んで挙兵し，継体天皇に対抗したものの，物部麁鹿火らによって鎮圧された。

(2)　天智天皇の没後，大王継承をめぐって子大友皇子と弟大海人皇子とが対立し，672年，**壬申の乱**が生じた。吉野で挙兵した大海人皇子が勝利し，天武天皇として即位した。

(3)　律令制下の租税のうち，京・畿内で全額免除されたのは**庸**である。

(4)　恵美押勝とは藤原仲麻呂のことであり，仲麻呂は749年，聖武天皇が譲位して孝謙天皇が即位すると，**光明皇太后**を後ろ盾として政治権力を掌握した。のち淳仁天皇を擁立したものの，760年に光明皇太后が死去すると，孝謙上皇(太上天皇)の政治力が増し，追いつめられて764年，反乱を起こして滅びた。淳仁天皇は仲麻呂の傀儡にすぎず，権力の後ろ盾となりえなかった。

(5)　近江国現地での土地区画なので**条里制**である。都城の区画である条坊制と間違えないようにしよう。

B　江戸時代の歴史書

　カ　林羅山が江戸幕府に歴史書編纂を命じられて着手し，子の林鵞峰が完成させたのが『**本朝通鑑**』で，神代から後陽成天皇までの治世を編年体で記している。

　キ　『大日本史』は，水戸藩主**徳川光圀**の命により編纂が始められた。

　ク　難問。『日本外史』を執筆したのは朱子学者**頼山陽**である。情熱的な漢文体で書かれ，幕末期の尊王攘夷派に影響を与えた。

(6)　徳川家光の祖父は初代将軍徳川家康であり，家康は没後，東照大権現として神格化され，**日光東照宮**に祀られた。

(7)(あ)　礼儀・礼節を重んじる儒学のなかでも，朱子学は**社会秩序**を**自然秩序**と同じように定まったものとみなした。そのため，幕藩領主に歓迎された。

(い)　**懐徳堂**は，享保期に大坂町人の共同出資によって設立された学問塾である。ここに学んだ人物としては，老中松平定信の諮問に応えて『草茅危言』を著した中井竹山，『夢の代』で無鬼論を説いた山片蟠桃らが有名である。

(8)　豊臣政権の朝鮮出兵の際，朝鮮から木製の活字が伝えられ，それを使って後陽成天皇の命によって刊行された書物を**慶長勅版(慶長版本)**と総称する。

(9)　『大日本史』編纂局として設けられたのは**彰考館**で，幕末期に藩主徳川斉昭が設けた藩校弘道館と間違えないようにしたい。

(10)　殉死の禁止は，4代将軍**徳川家綱**が1663年，寛文の武家諸法度を公布した際，大名に対して口頭で命じた。

⑾　ナポレオン戦争の余波から1808年，イギリス軍艦**フェートン号**が長崎に乱入した。少し前にはロシア軍艦蝦夷地襲撃事件(1806〜07)が生じており，幕府が海防体制の強化をはかる契機の一つとなった。

▷ C　第一次世界大戦後の国際関係 ◁

　ケ　パリ講和会議には，元老西園寺公望や牧野伸顕らが全権として派遣された。そのうち，元首相に該当するのは**西園寺公望**である。

　コ　第一次世界大戦の終結にあたり，アメリカ大統領**ウィルソン**は民族自決，国際平和機関の設立など平和原則14カ条を掲げ，それに基づいてヴェルサイユ条約で国際連盟の設立が規定された。

　サ　パリ講和会議で山東省旧ドイツ権益の中国への返還要求が認められなかったのに対し，中国では学生たちが中心となって**五・四運動**が生じた。その結果，中国全権はヴェルサイユ条約への調印を拒否した。

　シ　東アジア・太平洋地域での国際秩序を安定させるため，アメリカ大統領ハーディングの提唱により1921年から**ワシントン会議**が開催された。

　ス　ワシントン会議では，1921年に太平洋に関する**四カ国**条約，1922年には中国に関する九カ国条約，海軍軍縮条約などが結ばれた。

⑿　**鈴木商店**は，神戸に本店をおく商社で，第一次世界大戦中の好景気に乗じて急成長したものの，米騒動(1918)や戦後恐慌(1920)，ワシントン海軍軍縮条約(1922)などによって経営を悪化させて台湾銀行からの債務がふくらみ，1927年，金融恐慌のさなかに倒産した。

⒀　原は，藩閥でも華族でもない初めての首相であったため，**平民宰相**と称された。

⒁　日本が国際連盟を脱退するきっかけは満州事変である。関東軍による満州事変の勃発に対して中国が国際連盟に提訴したことで連盟によって**リットン調査団**が関係各国に派遣された。1933年の国際連盟臨時総会でその報告書に基づいて日本軍の撤退などの勧告が採択されたため，日本は国際連盟からの脱退を通告した。

⒂　**漢冶萍公司**は，漢陽の製鉄所，大冶の鉄山，萍郷の炭坑を経営した民間企業で，日本は第一次世界大戦中の1915年，二十一箇条の要求のなかで日中合弁化を求めた。

⒃　ワシントン会議の首席全権は**加藤友三郎**海軍大臣で，会議終了後，高橋是清に代わって首相となり組閣した。

解答

　A　ア　横穴　　イ　庚午年籍　　ウ　東山　　エ　大仏造立(盧舎那大仏造立)
　　　オ　山城(山背)

(1)　磐井　　(2)　壬申の乱　　(3)　庸　　(4)　光明皇太后　　(5)　条里制

B　カ　本朝通鑑　　キ　徳川光圀　　ク　頼山陽

(6)　日光東照宮

(7)　㋑封建的秩序を自然秩序と同じように定まったものとみたため

　　　㋺懐徳堂

(8)　慶長勅版（慶長版本）　　(9)　彰考館　　(10)　徳川家綱

(11)　フェートン号

C　ケ　西園寺公望　　コ　ウィルソン　　サ　五・四　　シ　ワシントン

　　ス　四カ国

(12)　鈴木商店　　(13)　平民宰相　　(14)　リットン調査団　　(15)　漢冶萍公司

(16)　加藤友三郎

Ⅳ

解説　論述問題であり，今年度は中世～近世初頭と近世から各1テーマが出題された。いずれも**推移・変化型**であった。

(1) 中世～近世初頭の銭貨の流通

　問われているのは，**鎌倉時代から安土桃山時代までの銭貨の流通**についてであり，条件として，**税制や鋳造の面にも留意する**ことが求められている。

　まず銭貨という表現から確認しておこう。「貨幣」と書かれていない点に注目すれば，貨幣一般ではなく銭貨，つまり円形で真ん中に穴が開けられた貨幣（多くは銅銭）に焦点があたっていることがわかる。したがって**金貨や銀貨**，たとえば豊臣政権が鋳造した天正大判にふれると主題から外れる**ことになるので注意したい。

　次に「流通」について説明することが求められている点に注目したい。「流通した銭貨」ではなく「銭貨の流通」について問われているのだから，どのような銭貨が流通したのかを説明するだけに留まらず，銭貨がどのような用途で流通したのかを説明することも必要である。具体的には，(a)さまざまな品物を**売買する手段**（交換手段）として流通し，(b)税制面に留意することが条件として示されているように，**租税などを支払う手段（支払手段）**として流通した。

　では，鎌倉～安土桃山時代にどのような銭貨が存在し，流通したのか，確認しよう。

　鎌倉時代には**宋銭**が普及し，室町時代には新しく**明銭**が輸入された。銭貨が不足がちになった戦国時代には**私鋳銭**などの悪銭が使われた。これらのうち私鋳銭のなかに日本国内で鋳造されたものが含まれるものの，**中国で鋳造**され，貿易を通じて日本に流入した銭貨が中心であった。このように中国銭を中心としながら，**悪質なものを含**

む，規格の異なる多様な銭貨が混在していたのが中世であった。

　こうした状況のなか，**朝廷や幕府，各地の戦国大名は銭貨を鋳造しなかった**。銭貨に対する施策と言えるのは，15世紀末以降に出された撰銭令くらいである。撰銭令は，私鋳銭が広がり，悪質な銭の受け取りを拒否する撰銭が横行するなか，銭貨どうしの交換比率を定めるなどして銭貨の流通を円滑化しようとした施策であった。こうした**状況は豊臣政権期にあっても変わりはなかった**。豊臣政権は贈答用として天正大判を鋳造したものの，銭貨を鋳造して流通させることはなく，中国銭や私鋳銭などの悪質な銭が混在して流通する，不安定な状況であった。

　なお，この設問では推移・変化が直接問われているわけではないから時期区分する必然性はないものの，**撰銭が横行し，撰銭令が出されるようになる段階の前後で区切って構成すると説明しやすい**。

　最後に，税制面について確認しておこう。

　先にも確認したように，銭貨は売買の手段として広く流通しただけでなく，租税などを支払う手段としても使用された。鎌倉時代後期には**荘園年貢を銭貨で納める代銭納**が普及し，室町時代には，**国家的な行事に際して諸国に臨時に課す段銭や棟別銭，関所での通行税である関銭などが銭貨で徴収された**。

　なお，戦国時代には，年貢基準額を銭額に換算した貫高で土地の価値を表示する貫高制が広く採用され，貫高に応じて年貢や陣夫役などが百姓に賦課されている。これも銭貨が流通したことの影響だが，貫高制が採用されたからといって年貢や陣夫役など全ての負担が銭貨で納められたとは限らず，また，年貢の銭納であれば鎌倉時代後期から共通している。したがって，答案のなかに盛り込む必要は特にない。

　以上をまとめれば，次のようになる。

＜鎌倉～室町時代＞
- 朝廷や幕府＝銭貨を鋳造せず
- 中国銭＝宋や明が鋳造した銭貨
  - →売買の手段，租税の支払手段として流通　　（例）年貢の代銭納，段銭や関銭

＜戦国～安土桃山時代＞
- 私鋳銭が広まる＝多用な銭貨が混在→不安定（撰銭が横行）
- 戦国大名や織豊政権＝銭貨を鋳造せず→撰銭令で流通を円滑化

(2)　**17世紀前半の江戸幕府のキリシタン政策**

　問われているのは，**1610年代～40年代にかけての江戸幕府のキリシタン政策の変遷**である。条件として明示されてはいないものの，第1文で「幕府のキリシタン政策は，対外政策と連動していたことに特色がある」と書かれていることに注目し，**対外**

政策に関連させながら説明していくとよい。

　まず，変遷が問われ，段階的に説明することが求められているので，キリシタン政策を**時期区分しながら整理**しよう。

　容認するか否かで区分すれば，1612年に**禁教令(キリスト教禁止令)**が出された時点を境に，次のように2つに区分できる。

①当初＝**キリシタン黙認**

②1610年代初め＝**禁教令→キリシタン禁制へ転換**

　さらに，キリシタン禁制策も**キリシタンを摘発し，弾圧する段階**と，**人々がキリシタンでないことを証明させ，キリシタンの根絶をはかる段階**とに区分できる。その画期は1637年の**島原・天草一揆(島原の乱)**である。

③1630年代後半＝**島原・天草一揆→キリシタン根絶へ(キリシタン禁制を徹底)**

　この段階で導入されたのが**寺請制度**である。個々の家がどこかの寺院の信徒＝檀家(檀那)となり葬式や祖先供養をゆだねること(寺檀関係)が広がり始めていたのに注目した幕府は，武士や神職を含めて全ての人々がどこかの寺院の檀家となることを強制し，そのうえで，寺院に人々が檀家であること，つまりキリシタンでないことを証明させようとした。

　次に，それぞれの時期ごとに**対外政策との関連**を確認しよう。その際,問題文では「連動」としか書かれていないので，原因・背景か結果・影響かに関係なく，関連の思いつくものをピックアップしよう。

①の時期＝キリシタン黙認。

貿易を奨励。

〔背景〕　ポルトガル・スペインによる南蛮貿易がキリスト教の布教活動と密接に関連していたため。

②の時期＝キリシタン禁制へ転換。

貿易を厳しく制限＝宣教師の潜入を防ぐ。

。**ヨーロッパ諸国との外交・貿易を制限。**

(例)　ヨーロッパ船の寄港地を平戸・長崎に限定(1616年)，スペイン船の来航を禁止(1624年)。

。**日本人の海外渡航・帰国を禁止(1635年)。**

③の時期＝キリシタン根絶へ。

鎖国制を整備。

(例)　ポルトガル船の来航を禁止(1639年)。

以上をまとめればよい。

解　答　例

(1)　鎌倉時代から室町時代，朝廷や幕府は銭貨を
鋳造せず，宋銭や明銭など中国政府が鋳造し
た銭貨が輸入され，普及した。中国銭は交換
手段としてだけでなく租税などの支払手段と
しても通用した。年貢の代銭納が広まり，国　　*5*
家的行事に際して賦課される段銭や関所での
通行税なども銭納された。戦国時代から安土
桃山時代，私鋳銭など悪質な銭貨が増加し，
撰銭令により流通の円滑化がはかられたもの
の，多様な銭貨が混在して不安定であった。　*10*

　　　　　　　　　　　　　　　　（200字）

(2)　幕府は当初，貿易奨励のためキリシタンを黙
認したが，1610年代初めに禁教令を出して以
降，キリシタンを迫害する一方，宣教師の潜
入を警戒し，ヨーロッパ船の寄港地を平戸と
長崎に限定するなどヨーロッパ諸国との貿易　　*5*
を制限するとともに，日本人の海外渡航・帰
国を禁じた。1630年代後半に潜伏キリシタン
らにより島原・天草一揆が生じると，ポルト
ガル船来航を禁じて鎖国制を整える一方，寺
請制度を設けてキリシタン根絶をはかった。　*10*

　　　　　　　　　　　　　　　　（200字）

I

解説　例年通りの史料問題である。史料は3つで，今年度はA．中世(応安元年の南禅寺楼門事件:『愚管記』)，B．近世(『鸚鵡返文武二道』)，C．近代(東京商船学校の由来)であった。

A　室町時代の政治・禅宗

　史料は，応安元(1368)年に生じた南禅寺楼門事件に関する史料(『愚管記』)である。史料の冒頭に「応安元年(1368)」と年代が明記されており，「山徒ら」とそれに関する問(4)の設問文，そして「南禅寺の破却」から，南北朝期に生じた延暦寺(僧兵)と南禅寺が関わった事件についての史料であると判断できる。

　(1)　設問文中の「1352年に発布された法令がこの年に改訂され」と「それにより武士の荘園侵略を一層促すことになった」とを手がかりとすれば**半済令**と判断できる。半済令は観応の擾乱の直後に近江・美濃・尾張3国を対象として発令され，守護に荘園の年貢半分の収納を認めるものであったが，すぐに全国化，永続化し，1368年には下地半分の収納を認めるものへと変化した。

　(2)　**やや難問**。下線部(c)「山徒ら」から延暦寺僧兵を想起し(問(4))，空欄の前にある「日吉」(神社)から，彼らが強訴の際にかついだ**神輿**を考えればよい。

　(3)　法成寺は11世紀前半，**藤原道長**が建立した，阿弥陀堂を中心とする寺院である。

　(4)　「山」と設問文中の「寺院」を総合して考えればよい。**延暦寺**である。

　(5)　南禅寺は，3代将軍足利義満が整えた五山の制では**五山の上**と位置づけられた。

　(6)　足利義満が建立した相国寺には五山諸寺院を統轄するための僧録司が置かれ，春屋妙葩はその長官**僧録**に任じられた。

　(7)　1368年つまり足利義満が将軍に就任した当初，管領として補佐したのは**細川頼之**である。

B　寛政期の小説・思想

　この史料は，問(8)の設問文にあるように恋川春町作の黄表紙『鸚鵡返文武二道』の一節である。黄表紙であることから，田沼時代から寛政改革にかけての時期が主題になっていると判断できるだろう。

　(8)　設問文で，この黄表紙がある人物を「主たる風刺対象」として制作されていると書かれている点に注目したい。黄表紙が洒落本とともに風俗を乱すとして寛政改革で厳しく取り締まられていることを想起できれば，寛政改革を主導した老中**松平定信**

が風刺されていることに気づく。

(9)　「竃」から何が「たつ」のかを考えればよい。竃は5世紀ころから住居に作り付けられるようになった炊事用の設備であり，そこからたつのは**煙**である。

(10)　寛政改革のなかで「学校」における講釈や学問内容の統制が強化された，と説明されている点から寛政異学の禁を思い起こそう。**聖堂学問所での儒学の講義を朱子学だけに限った(朱子学以外の儒学の講義を禁じた)**政策である。

(11)　**難問**。けいさいが答えだが，漢字で表記すると「経済」となる。経済とは「経世済民」の略で「世を治め民をたすける」ことを意味し，それゆえ設問文に「天下国家を治める心得」と書かれている。荻生徂徠が打ちたてた政治経済政策を提言する学問を経世論と称し，その弟子太宰春台が『経済録』というタイトルの著作を書いたのも，ここに由来している。

(12)　化政文化期の出版物が木版であったことを思い起こせば，和紙に刷る前に**版木(板木)を彫る**という工程が必要であることがわかる。

(13)　**正解は②③⑤**。まず①と②について。もとの文章は平仮名が多かったことは，脚注に「もとの文章の平仮名については，40ケ所以上を漢字に置き換えてあり」と書かれていることから正しいと判断できる。平仮名が多ければ庶民にも読みやすく読者層が広がったことは正しいと判断できる。もちろん，文章中の風刺，穿ちを理解するにはそれなりの教養が必要だが，だからと言って読者がほぼ武士層に限られるわけではない。絵入りであることもあって庶民に広く読まれた。③と④について。黄表紙は風刺や穿ちのきいた読み物であり，その影響の広がりが警戒されたために寛政改革で取締りの対象となった。内容があまり理解されなかったのであれば取り締まる必要はない。⑤と⑥について。「馬術稽古」の箇所が「ナンセンスなパロディ」であることは脚注から判断できる。そしてパロディは，作者の感情・感動を表現したもの(叙情)ではなく，また，明治期に西洋から近代小説を導入する際に強調された写実主義(リアリズム)やロマン主義でもない。

(14)　世相風刺を試みた歌といえば狂歌や川柳が思い浮かぶ。「幕府家臣」でいずれかの作者として有名なのは狂歌師蜀山人つまり**大田南畝**である。

C　明治期の経済・政治

　史料は東京商船学校の由来について書かれたものだが，史料の内容読解はほぼ不要である。

(15)　大阪会議は大久保利通，木戸孝允，板垣退助らによって行われた会談で，**立法機関として元老院，司法機関として大審院を設けて三権分立をはかる(＝立憲主義の採用)**とともに，**府知事・県令を召集して地方官会議を開いて民意を把握する**ことに

合意し，その内容は(漸次)立憲政体樹立の詔として発表された。

(16)　「明治八年」つまり1875年に「内務卿」だったのは**大久保利通**である。

(17)　前島密は**郵便制度**の創設を建議した。

(18)　三菱に対抗するために設立されたのは**共同運輸会社**である。激しい競争の結果，両社がともに倒産することを危惧した政府の斡旋により1885年に合併し，日本郵船会社が発足した。

(19)　「明治十五年」の前年である明治14(1881)年に設置された官庁は，殖産興業の新たな中心的機関として設けられた**農商務省**である。

解答

A　(1)　半済令　　(2)　神輿　　(3)　藤原道長　　(4)　延暦寺　　(5)　五山の上

　　(6)　僧録　　(7)　細川頼之

B　(8)　松平定信　　(9)　煙　　(10)　聖堂学問所での儒学の講義を朱子学に限った

　　(11)　けいさい　　(12)　版木(板木)を彫る　　(13)　②③⑤　　(14)　大田南畝

C　(15)　元老院の設置，大審院の設置，地方官会議の召集のうち２つ

　　(16)　大久保利通　　(17)　郵便制度　　(18)　共同運輸会社　　(19)　農商務省

Ⅱ

解説　中世〜近代の諸事項についての空欄補充問題であり，単純に知識の有無を問うた問題である。

　ア　建武新政で所領をめぐる裁判を扱ったのは**雑訴決断所**で，鎌倉幕府の引付を継承した機関である。

　イ　幕府の判決を強制的に執行する権限を**使節遵行**と言い，室町幕府は南北朝動乱の初期，刈田狼藉の検断とともに守護の新たな職権として追加した。

　ウ　一条兼良が儀式や先例について著した有職故実の書は**『公事根源』**であり，後醍醐天皇の『建武年中行事』をベースにしたとされる。

　エ　東常縁が始めた古今伝授は**『古今和歌集』**の秘事口伝である。

　オ　『瓢鮎図』は禅の公案を絵画化した水墨画で，相国寺の僧**如拙**が４代将軍足利義持の命によって描いたものである。

　カ　雪舟は相国寺で水墨画を学び，1467年の遣明船で明にわたって研鑽を積んで帰国した後は大内氏などの保護のもとで作画活動を進めた。作品としては『四季山水図巻』が最も有名だが，**『天橋立図』**のように日本の風景を実写した水墨画も描いた。「京都府にある名所」から判断したい。

　キ　　狩野正信・元信父子によって始められた狩野派は，水墨画と**大和絵**を融合した新しい絵画流派である。

　ク　　智積院襖絵の『楓図』を描いたのは**長谷川等伯**である。金碧濃彩の濃絵とともに水墨画も描いた。

　ケ　　岡山藩主池田光政に登用された陽明学者**熊沢蕃山**は，『大学或問』を著し，武士土着論に基づいて参勤交代の緩和などを論じた。

　コ　　岡山藩で設けられた**閑谷学校**は，藩士の子弟や庶民なども入学が許可された郷学であった。

　サ　　江戸時代の長崎に設けられた中国人居留地は**唐人屋敷**と呼ばれる。1680年代に清の中国支配が安定し，中国商船の長崎来航が増加するなか，密貿易を防止するために設けられた。

　シ　　18世紀末以降に長崎貿易での主要な輸出品となったのは**俵物**である。「海産物」で判断すればよい。

　ス　　江戸時代における男女の一般的な日常着は**小袖**である。小袖は桃山文化で取り上げられることが一般的であり，そこから類推したい。

　セ　　『浮世床』という滑稽本を書いたのは**式亭三馬**である。他に『浮世風呂』がある。

　ソ　　江戸時代後期から大流行し，「ころり」との別名があったことから**コレラ**と判断できる。一般的には細かな用語だが，2007年度に既出である。

　タ　　**瓦版**は江戸時代に街頭で売られた，不定期刊行の印刷物で，現在の新聞のひとつの源流となった。

　チ　　第一次世界大戦に参戦した日本は，中国におけるドイツの拠点**山東**半島の青島を攻め，軍事占領した。山東半島にあったドイツ権益は，ベルサイユ条約で日本が継承することが規定されたものの，ワシントン会議で中国へ返還された。

　ツ　　第一次世界大戦で占領したドイツ領南洋諸島は，ベルサイユ条約で赤道以北について日本の**委任統治**領となった。

　テ　　満州事変勃発後，犬養，斎藤，岡田内閣で大蔵大臣を務めたのは**高橋是清**である。犬養内閣成立とともに金輸出再禁止，金兌換停止を行って管理通貨制度へ移行し，積極財政と低為替政策によって恐慌からの脱出をはかった。

　ト　　高橋是清は，恐慌脱出以降，景気への悪影響をおそれて予算の膨張を抑えたため陸海軍との対立が生じ，**二・二六事件**で暗殺された。

解答

ア　雑訴決断所　　イ　使節遵行　　ウ　公事根源　　エ　古今和歌集
オ　如拙　　カ　天橋立図　　キ　大和絵　　ク　長谷川等伯　　ケ　熊沢蕃山
コ　閑谷学校　　サ　唐人屋敷　　シ　俵物　　ス　小袖　　セ　式亭三馬
ソ　コレラ　　タ　瓦　　チ　山東　　ツ　委任統治　　テ　高橋是清
ト　二・二六

Ⅲ

解説　3つのテーマによる記述問題であり，今年度は古代，中世，近世から各1テーマが出題された。

A　飛鳥～奈良時代の仏教

ア　飛鳥寺釈迦如来像(飛鳥大仏)は金銅像であり，**銅**を主な材料とし，もともと鍍金が施してあった。

イ　厩戸皇子(聖徳太子)が著したとされる『三経義疏』は勝鬘経・維摩経と**法華経**の3つの経典についての注釈書である。

ウ　本朝三戒壇は東大寺，下野薬師寺，**(筑紫)観世音寺**の3つである。

(1)　仏・法・僧を総称して**三宝**という。憲法十七条の第2条に「篤く三宝を敬え。三宝とは仏法僧なり」と出てくる。

(2)　古代寺院では当初，仏舎利(釈迦の遺骨)は**塔**に安置されており，それゆえ，最古の本格的な寺院である飛鳥寺は塔を中心とし，3つの金堂がそれを取り巻く伽藍配置が採用されている。

(3)　飛鳥寺は平城京遷都とともに外京に移転した際，**元興寺**と改称された。

(4)　飛鳥寺釈迦如来像は，法隆寺金堂釈迦三尊像と同じく，**鞍作鳥(止利仏師)**によって製作された。

(5)　正倉院宝庫は**校倉造**という建築様式が採用されている。

(6)　律令制下において僧尼となるには得度と呼ばれる政府の許可が必要であった。政府の許可なく僧尼となることを私度といい，その僧尼を**私度僧**と称した。

(7)　称徳天皇の寵愛をうけて権力をふるった僧侶は**道鏡**で，称徳天皇の死去を契機として失脚し，下野薬師寺に流された。

B　鎌倉時代の公家政権

エ　承久の乱に勝利した鎌倉幕府は，仲恭天皇を廃し，代わりに**後堀河**天皇を擁立した。

オ　四条天皇の死去にともない，幕府は朝廷の実力者藤原道家の意向を抑え，

後嵯峨天皇を擁立した。下線部(k)に「その子宗尊親王」とある点に注目し，幕府6代将軍宗尊親王の父という点から判断すればよい。

　　カ　　後嵯峨上皇は，宮騒動(1246)にともなって朝廷で藤原道家が失脚した直後，幕府の要請もあって院に**評定衆**を設置して合議制を整えた。

(8)　平安時代に生じた兵乱で上皇が関わったのは平城上皇の変(藤原薬子の変)と保元の乱であり，上皇が配流されたのは**保元の乱**である。保元の乱で後白河天皇方に敗北した崇徳上皇は，乱後，讃岐国に配流された。

(9)　1179年，後白河上皇(法皇)と対立した**平清盛**は，上皇を鳥羽殿に幽閉し，その院政を停止させた。そして翌年，高倉天皇を退位させて院政を行わせ，外孫安徳天皇を擁立した。

(10)　順徳上皇が天皇在位中に著した有職故実書が『**禁秘抄**』である。『禁秘抄』は，江戸幕府のもとで定められた禁中並公家諸法度の第1条(「天子諸芸能の事，第一御学問也。……」)がベースにしていることで有名である。

(11)　宗尊親王を6代将軍に推戴した幕府執権は北条時頼で，彼は禅僧蘭渓道隆を招いて**建長寺**を建立した。子の時宗が建立した円覚寺と間違わないようにしたい。

(12)　1285年に得宗の外戚である有力御家人が滅んだ事件とは**霜月騒動**で，滅んだのは安達泰盛である。内管領平頼綱によって滅ぼされた。

(13)　後嵯峨上皇の死後，天皇家は後深草天皇の系統と亀山天皇の系統とに分かれ，皇位や荘園群の相続をめぐって抗争する。(あ)後深草天皇の系統を**持明院統**といい，亀山天皇の系統を大覚寺統という。(い)持明院統は長講堂領を相続し，それに対して大覚寺統は**八条院領**を相続した。

C　江戸時代の三都

　　キ　　「1657年」に「江戸の大半を灰燼に帰した」出来事は**明暦の大火**である。

　　ク　　「京都」の「織物業」と言えば**西陣**の絹織物業が想起できる。西陣は当初，高機という高度な技術をもって高級な絹織物の生産を独占していたが，18世紀には桐生や伊勢崎などにも高機の技術が伝わり，相対的な地位低下を招いた。

　　ケ　　「年貢米や諸国の物産を販売」するために諸大名が「大坂」に置いたのは**蔵屋敷**である。蔵屋敷に廻送された物資(蔵物)は蔵元が出納を担当し，その売却代金は掛屋が管理した。

(14)　歌川広重が描いた浮世絵で最も有名なものが「**東海道五十三次**」である。東海道の53の宿駅(宿場)の情景を描いたものである。

(15)　「1603年」に注目すれば，**徳川家康が征夷大将軍の宣下をうけた年**であることに気づく。家康は征夷大将軍の宣下によって諸大名の動員権を正当化し，江戸城など

の築城工事を諸大名に分担して行わせ(お手伝普請)，主従関係を作り上げた。

⒃　『風神雷神図屛風』は**俵屋宗達**の作品である。宗達は，元禄文化期の尾形光琳に影響を与えた。

⒄　**難問**。寺社が所蔵する秘仏や宝物を公開することを**開帳**という。

⒅　大坂を拠点として活動し，銅山を経営した豪商は**住友家**である。伊予の別子銅山を経営し，大坂に銅精錬業を営んでいた。

⒆　大坂で安治川を開削したのは**河村瑞賢**である。17世紀後半，幕府の命によって東・西廻り海運を整備した河村瑞賢が，大坂の港湾機能を高めるため淀川の放水路を新しく開削した。それが安治川である。

⒇　『日本誌』を著したオランダ商館付医師は**ケンペル**である。『日本誌』の一部を翻訳したのが志筑忠雄『鎖国論』である。

解答

A　ア　銅　　イ　法華経　　ウ　(筑紫)観世音寺
　　⑴　三宝　　⑵　塔　　⑶　元興寺　　⑷　鞍作鳥(止利仏師)
　　⑸　校倉造　　⑹　私度僧　　⑺　道鏡
B　エ　後堀河　　オ　後嵯峨　　カ　評定衆
　　⑻　保元の乱　　⑼　平清盛　　⑽　禁秘抄　　⑾　建長寺
　　⑿　霜月騒動(弘安合戦)　　⒀　(あ)持明院統　　(い)八条院領
C　キ　明暦の大火　　ク　西陣　　ケ　蔵屋敷
　　⒁　東海道五十三次　　⒂　徳川家康が征夷大将軍の宣下をうけた
　　⒃　俵屋宗達　　⒄　開帳　　⒅　住友家　　⒆　河村瑞賢　　⒇　ケンペル

Ⅳ

解説　論述問題であり，今年度は古代と現代から各1テーマが出題された。**推移・変化型**と**多面的な説明型**がそれぞれ1つずつ出題された。

⑴　平安前中期における財源確保策の変遷

　問われているのは，**9世紀〜10世紀**を対象時期とし，ⓐ**財源確保**，ⓑ**有力農民に対する課税**について，それぞれの方法の**変遷**であり，条件として，**10世紀初めの変化に留意することが求められている。**

　まず思い浮かべたいのは，高校教科書のなかの平安時代中期の「地方政治の転換」のセクションであるが，対象時期が10世紀だけではないことに注意したい。そして**変遷が問われているのだから，時期を区切り，時期による相違点を明確化することが不**

可欠である。

　では，どこで時期を区切ればよいのか。それを判断する手がかりは，条件のなかにある「10世紀初めの変化」との表現である。10世紀初めには律令制の原則に依拠して財政を維持することが困難となっていたことは知っているだろう。したがって，これ以前と以後，つまり**9世紀と10世紀初め以降（あるいは10世紀）とで区切ればよい**と判断できる。

　なお，「財源確保」は何の財源を確保するのかが不明だが，高校教科書の「地方政治の転換」での記述を念頭に，中央政府の財源確保だと判断したい。また，「有力農民に対する課税」についても，高校教科書の知識に即して，有力農民を対象とする課税ではなく有力農民が納税者となる賦課だと判断して対応しよう。

＜9世紀＞

　ⓐ財源確保の方法について。　　税収入の維持が難しくなっていたとはいえ，律令制の原則は維持されていた。その原則とは，**戸籍・計帳に人民を登録し，そこに記載された成年男子に対して人頭税を課税する**ことによって中央政府の財源を確保するというものであった。ところが8世紀以来，本籍地を離れる浮浪・逃亡が後を絶たず，戸籍・計帳の記載をいつわる偽籍が横行するなかで，その原則に基づいて税収入を確保することは次第に困難となった。そのため9世紀には，政府は**直営田方式を採用**した。823年，大宰府管内諸国に**公営田**，879年には畿内諸国に**官田**を設け，有力農民に賃租させて収納物を確保し，財源を補填しようとした。このように9世紀には，2つの財源確保の方法がとられていたのである。

　ⓑ有力農民に対する課税について。　　先ほど確認した直営田方式が有力農民を利用した財源確保であり，これに相当すると考えてよい。**公営田や官田は有力農民に賃租させ，収穫の20％を地子として徴収**した。

＜10世紀＞

　ⓐ財源確保の方法について。　　9世紀末から既に国司制度の修正が図られ，現地に赴任する最上席者（たいていは守）に責任と権限を集中させる体制がとられ，その最上席者は受領と呼ばれるようになっていた。そのうえで政府は**10世紀初め**，律令制の原則に基づいて税収入を維持することが困難であることがはっきりするなか，**受領に国内統治を一任し，税の貢納を請負わせる**方式へと転換した。つまり，受領のもとに一定の富が蓄積されていることを前提として政府財政を組み立てる方式を採用したのである。

　なお，「10世紀初めの変化」を班田の廃絶と考えることも可能であり，それによって律令制の原則によって財政を維持できなくなったと論じてもよい（別解参照）。

　　ⓑ**有力農民に対する課税について。**　　受領はやがて戸籍に記載された成年男子に課税する方式をやめ，口分田などの公田を名に編成し，**名の面積に応じて官物・臨時雑役を課税する**方式を新しく採用するようになった。そして**有力農民などに名を単位とする徴税・輸納を請負わせる**体制（負名体制）とした。

　　以上をまとめれば，次のようになる。

＜９世紀＞

　　ⓐ原則＝戸籍に記載された成年男子に課税→浮浪・逃亡や偽籍により維持困難

　　　直営田として公営田・官田を設置

　　ⓑ直営田…有力農民を利用して直営（有力農民に賃租）

＜10世紀＞

　　ⓐ受領（国司）に税の納入を請け負わせる

　　ⓑ名を編成→有力農民に納税を請負わせる

(2)　２つのニクソン・ショックとその影響

　　問われているのは，ⓐ**２つのニクソン・ショックの内容**，ⓑ**これらに対する日本の対応**，である。

　　ニクソン・ショックは外交問題に関する７月の声明と経済問題をめぐる８月の声明の２つにともなうものなので，**外交問題と経済問題とに場合分け**し，それぞれの内容と日本の対応を説明する，という構成をとるとよい。

＜外交問題について＞

　　「**７月の声明**」（ⓐ）は，**中華人民共和国訪問を予告し，中国との関係改善をはかる方針を表明**したもので，実際，翌72年にニクソン米大統領の中国訪問が実現し，朝鮮戦争以来の**米中の敵対関係が終了**した。

　　このときの日本の内閣は佐藤栄作内閣であったが，日本には事前の連絡のない，頭越しの交渉であったため対応できなかった。ところが，沖縄の日本復帰が実現したことをうけて佐藤内閣が退陣し，代わって田中角栄内閣が成立すると，**田中首相が中国を訪問して日中共同声明を発表し，中華人民共和国との国交正常化が実現した**（ⓑ）。

＜経済問題について＞

　　「**８月の声明**」（ⓐ）は**ドルと金の交換を停止する**ことなどを発表したものである。アメリカはこの時，貿易収支が黒字であった日本や西ドイツに対して為替相場の引き上げを求めており，アメリカにとっては**貿易収支の悪化を防いでドルを防衛すること**を目的とし，為替相場を多角的に調整するための緊急避難的な措置であった。

　　これに対して日本政府は１ドル＝360円の固定相場を堅持しようとしたものの，西欧諸国が変動為替相場制に次々と移行すると追随する。しかし同年末，国際通貨体制

を安定させるためにアメリカのスミソニアン博物館で先進10国蔵相会議が開かれると, **日本政府は1ドル＝308円への円切り上げを受け入れ, 固定相場制の維持に努めた**(ⓑ)。

＜背景は何か＞

　2つのニクソン・ショックに共通する背景があった。一言でいえば, **ベトナム戦争のなかでのアメリカの国際的な威信の低下**である。ベトナム戦争は, 世界各地での反戦運動の高まりもあって**アメリカの敗勢**となっており, 中ソ対立を背景として中国との関係改善を進め, **中国を通じて北ベトナムとの和平を引き出そう**とした。これが「7月の声明」の背景である。さらに, ベトナム戦争にともなう軍事支出の増加は, 日本や西ドイツからの輸入増加ともあいまって**アメリカの国際収支を悪化させ, ドルの信用低下**をもたらしていた。これが「8月の声明」の背景である。

　以上をまとめれば, 次のようになる。

＜背景＞

　ベトナム戦争によるアメリカの国際的威信の低下

＜外交問題＞

　ⓐベトナム和平のために米中の関係改善(ニクソン米大統領訪中の発表)

　ⓑ日中共同声明で中国と国交正常化

＜経済問題＞

　ⓐドル防衛(国際収支改善)のために金・ドル交換の停止

　ⓑ円切り上げ

解答例

(1)　　9世紀には, 戸籍に記載された成年男子に課
　　　税する律令制の原則は, 浮浪・逃亡や偽籍に
　　　より維持が困難となった。そのため, 朝廷は
　　　公営田や官田を設けて有力農民を利用した直
　　　営方式を採用し, 財源確保をはかった。10世　　*5*
　　　紀初めには, 朝廷は国司の長官である受領に
　　　国務を委任し, 税の納入を請け負わせた。受
　　　領は口分田などの公田を名という課税単位に
　　　分け, 有力農民に経営を請け負わせ, 面積に
　　　応じて官物・臨時雑役を課すようになった。　　*10*

　　　　　　　　　　　　　　　　　　(200字)

（別解）

　9世紀，政府は戸籍の作成と班田収授法に基
づき，成人男性を中心に調庸など人頭税を課
税するのを原則とする一方，公営田や官田と
いった直営田を設けて有力農民に賃租させ，
調庸の減収を補った。しかし10世紀初めには　　*5*
班田収授が実施できなくなり，律令制の原則
により財政を維持することができなくなった
。そこで，課税対象となる田地を名という徴
税単位に分けて官物・臨時雑役を土地税とし
て課し，有力農民に納税を請け負わせた。　　*10*

（199字）

(2)　ベトナム戦争の敗勢と戦費支出に伴うドル危
機によりアメリカの国際的威信が低下してい
た。外交問題では中国を通じて北ベトナムと
の和平を企図し，ニクソンは中国訪問を発表
した。米中接近をうけて田中角栄首相が訪中　　*5*
し，日中共同声明に調印して両国の国交正常
化を実現した。経済問題では国際収支の悪化
防止のため，ニクソンは金とドルの交換の停
止を発表した。これをうけて日本は円を切り
上げ，固定相場制の維持に努めようとした。　　*10*

（200字）

Ⅰ

解説 例年通りの史料問題である。史料は３つで，今年度はＡ．古代（貞観５年の御霊会：『日本三代実録』貞観５年５月条），Ｂ．中世（元弘３年２月21日付護良親王令旨：『播磨太山寺文書』），Ｃ．現代（沖縄返還をめぐる日米共同声明〔1969〕）であった。

Ａ　平安時代前期の政治・文化・外交

　史料は，貞観５年に神泉苑で行われた御霊会に関する史料（『日本三代実録』貞観５年５月条）である。設問はほとんどが史料の内容読解とは無関係に，知識だけで正答を導き出せるものばかりである。

　(1)　「御霊会」は「ごりょうえ」と読む。御霊会は，疫病や飢饉などの災厄に際し，災厄から逃れるために怨霊や疫神を鎮めまつった祭礼で，平安時代前期以降，さかんに催された。

　(2)　薬師寺僧景戒が仏教の功徳を人々に説くための説話を集成したのが『**日本霊異記**』で，最古の仏教説話集である。

　(3)　藤原種継暗殺事件は**長岡京**遷都の直後に発生した。藤原種継は長岡京造営を推進した中心的人物で，その暗殺に皇太子早良親王が関与していると疑われた。

　(4)　平城天皇の父は桓武天皇であり，彼は地方政治を刷新するために**勘解由使**を新設し，国司交替の際の解由状の受け渡しを監督させた。

　(5)　下線部(e)の「文室宮田麻呂」がいつの時代の人物なのかは知らないだろう。しかし，史料中の人物のうち既知の「早良親王」・「藤原仲成」・「橘逸勢」がいずれも平安時代前期であり，史料が「貞観５年(863)」であることから，同じく平安時代前期の人物だろうと推論すればよい。平安時代前期に「朝鮮半島の大部分を支配」していた王朝（国家）は**新羅**である。

　(6)　「貞観５年(863)」の３年後に応天門の変(866)が生じていることに気づけば，「太政大臣として朝廷の実権を握っていた人物」が**藤原良房**だと判断できる。

　(7)　北野社にまつられたのは**菅原道真**である。道真が醍醐天皇により左遷され，死去した後，皇太子が死去するなど災厄が続くと，これらは彼の怨念によるものと信じられ，御霊としてまつられた。

Ｂ　鎌倉時代末期の政治

　史料は，元弘３年２月21日付護良親王令旨（『播磨太山寺文書』）である。受験生にとっては初見史料だろうが，史料中の「元弘三年」から鎌倉幕府滅亡ころの史料であるこ

とがわかる。

(8)　「1180年」に「反乱」をひきおこした「ある皇族」は以仁王であり，その反乱に加わって滅亡した「武将」は**源頼政**である。なお，頼政の滅亡後，伊豆国の知行国主が平時忠に交替したことは，同国に配流されていた源頼朝の挙兵を促した。

(9)　鎌倉幕府草創期に京都で「公武交渉や御家人の統制などを担当」したのは**京都守護**である。のち承久の乱をきっかけに六波羅探題へ発展した。

(10)　空欄　ア　以来，北条時政の子孫が「四海を掌にとり，朝家を蔑如」するようになった，との内容から判断すればよい。その際，足利尊氏が定めた建武式目に「承久に義時朝臣天下を弁呑す」とあることを想起すると，より判断しやすい。後鳥羽上皇が討幕を企てて失敗した**承久**の乱を指す。

(11)　得宗家に仕えた人々は**御内人**と呼ばれ，その首領が内管領である。

(12)　「父の院政を停止した」との表現から下線部(i)の「当今皇帝」が当時の天皇であると判断でき，さらに，史料では「隠州に左遷」と書かれている点から，隠岐国に流された後醍醐天皇を指すとわかる。したがって，その父とは**後宇多上皇**である。

(13)　延暦寺を統括する最高の僧職とは**天台座主**である。下線部(j)の「大塔二品親王」つまり護良親王は，後醍醐天皇の意図により天台座主につき，延暦寺僧兵の組織化につとめていた。

(14)　鎌倉幕府滅亡ころという時期，播磨国という場所，「のちに同国の守護となる」との条件に合致するのは**赤松円心(則村)**である。

C　沖縄返還

史料は1969年，佐藤栄作首相とニクソン米大統領によって発表された日米共同声明である。初見史料であっても，第2段落に「沖縄の日本への早期復帰を達成するための具体的な取決めに関し，両国政府が直ちに協議に入ることに合意した」とあることから，沖縄返還をめぐる文書であると判断できる。

(15)　史料Cが沖縄返還に関するものであり，さらに，問(16)によれば，この総理大臣の在任中に韓国を「朝鮮にある唯一の合法的な政府」と認める条約が締結されているのだから，下線部(1)の「総理大臣」が**佐藤栄作**であると判断できる。

(16)　沖縄返還が実現する少し前，韓国との間で結ばれた条約なので**日韓基本条約**である。日本はこの条約で韓国を「朝鮮にある唯一の合法的な政府」と確認した。

(17)　**難問**。正答を導き出す手がかりは史料中にある。まず，第1文(主語＝総理大臣と大統領)と第2文(主語＝総理大臣)で朝鮮半島に言及があり，第6文(主語＝大統領)と第7文(主語＝総理大臣と大統領)で　ウ　問題に言及がある，という文章構成に注目したい。これらのまとまりを考えると，「中共」(中国共産党の略称)に言及の

ある第3文（主語＝総理大臣と大統領）, | イ |を含む第4文（主語＝大統領）,「台湾地域」に言及のある第5文（主語＝総理大臣）をひとまとまりで捉えることができる, との判断が成り立つ。そして| イ |には「国名」が入るとの指示があるので,「中共」と「台湾地域」をひとまとめにできるのは**中国**だと推論できる。ただし, 当時のアメリカはまだ中華人民共和国と国交を結んでいない。したがって, **中華民国**と答えるのが妥当である。

⒅　沖縄返還をめぐる交渉が日米間で行われている1960年代後半にアメリカが関連していた戦争といえば, **ベトナム**戦争である。

⒆　アメリカは**サンフランシスコ平和条約**で「**沖縄の施政権**」を獲得した。

⒇　宜野湾市にあるアメリカ海兵隊基地は**普天間基地（飛行場）**である。普天間基地は1996年, 移設条件付き返還が日米間で合意され, 2006年に辺野古への移設がいったん決まったものの, 沖縄県民の反対を背景として2009年に鳩山由紀夫内閣が県外移設を提起したが実現せず, 第2次安倍晋三内閣が移設工事を強行した。

解答

A　⑴　ごりょうえ　　⑵　日本霊異記　　⑶　長岡京　　⑷　勘解由使

　　⑸　新羅　⑹　藤原良房　⑺　菅原道真

B　⑻　源頼政　⑼　京都守護　⑽　承久　⑾　御内人　⑿　後宇多上皇

　　⒀　天台座主　⒁　赤松円心（則村）

C　⒂　佐藤栄作　⒃　日韓基本条約　⒄　中華民国　⒅　ベトナム

　　⒆　サンフランシスコ平和条約　⒇　普天間基地

Ⅱ

解説　古代～現代の諸事項についての空欄補充問題であり, 単純に知識の有無を問うた問題である。

| ア |　前漢が朝鮮半島西北部に設置した統治機関は**楽浪郡**である。『漢書』地理志には, 紀元前1世紀頃, 倭の国々から楽浪郡に遣使があったことが記されている。

| イ |　九州北部で銅戈とともに広く用いられた青銅製祭器は**銅矛**である。

| ウ |　「奈良時代の肖像彫刻として著名な| エ |の像」が「布を張り重ねて| ウ |で固める技術」で作られていることから判断すればよい。この技術で作られた仏像を乾漆像ということから, | ウ |には**漆**が入ることがわかる。

| エ |　「奈良時代の肖像彫刻として著名」なのは唐招提寺**鑑真**像である。

| オ |　乙巳の変後の新政権では, 国博士に僧旻と**高向玄理**が登用された。

| カ | 改新政治の大綱として646年に**改新**の詔が発表された。

| キ | 平安時代中期における女官の正装は，一般に十二単と呼ばれるが，正式には**女房装束**という。

| ク | 平安時代中期における男性貴族の正装は束帯と呼ばれ，手に持ったのは**笏**だが，これは**難問**。なお，束帯の略装が衣冠である。

| ケ | 平氏によって擁され，1185年に平氏一門とともに入水したのは**安徳**天皇である。平清盛の娘徳子(建礼門院)と高倉天皇の子である。

| コ | 『方丈記』を著したのは**鴨長明**である。『方丈記』は，問題文で触れてある養和の飢饉とともに福原遷都の史料としても有名である。

| サ | 『一遍上人絵伝』に描かれている備前国の市は**福岡市**である。

| シ | 時宗の総本山は**清浄光寺**で，遊行寺と俗称されている。

| ス | 南北朝時代に叙述され，「源平の争乱以後の歴史を公家側からとらえた」ものは『**増鏡**』である。平安時代末に成立した『大鏡』にならった昔語りの形式でつづられた歴史物語である。

| セ | 『難太平記』を著したのは**今川了俊(貞世)**であり，鎌倉幕府の滅亡から南北朝動乱のなかでの今川氏一族の活躍を記した。

| ソ | 二条良基が救済の協力によって定めた連歌の規則を**応安新式**という。

| タ | 正風連歌を確立し，『新撰菟玖波集』を編纂したのは**宗祇**である。

| チ | 1889年に全通したのは，東京－神戸間の**東海道**線である。

| ツ | 主要な民営鉄道を買収することを定めたのは**鉄道国有法**であり，1906年に第一次西園寺公望内閣のもとで制定された。

| テ | **難問**。日本がオリンピックに初めて参加したのは1912年の**ストックホルム**大会である。

| ト | オリンピック東京大会が開かれたのは1964年だが，昭和戦前期の1940年にも開催が予定されていた。しかし，**日中戦争**の拡大にともなって大会開催を返上した。問題文中の「翌年」を取り違えないように注意したい。

解答

ア	楽浪	イ	銅矛(鉾)	ウ	漆	エ	鑑真	オ	高向玄理
カ	改新	キ	女房装束	ク	笏	ケ	安徳	コ	鴨長明
サ	福岡	シ	清浄光寺	ス	増鏡	セ	今川了俊(貞世)	
ソ	応安新式	タ	宗祇	チ	東海道	ツ	鉄道国有法	
テ	ストックホルム	ト	日中戦争				

Ⅲ

解説　3つのテーマによる記述問題であり，今年度は古代，中世，近世から各1テーマが出題された。

A　律令制下の人民支配とその展開

　　ア　　飛鳥浄御原令に基づいて**庚寅年籍**が作成されて以降，6年ごとに戸籍が作成されるようになった。

　　イ　　民衆を登録した台帳は戸籍と**計帳**であり，計帳は毎年作成された。

　　ウ　　奈良時代の民衆はまだ**竪穴住居**に居住するものが多かったが，しだいに西日本から掘立柱住居が普及していった。

　　エ　　称徳天皇の死去にともない，藤原永手らによって天智天皇の孫**光仁**天皇が擁立された。

　　オ　　律令制の立て直しをはかった桓武天皇は，班田については6年1班から**12年1班**に変更して励行を図った。

　　カ　　桓武天皇のもと，軍団・兵士を廃止する代わりに設けられたのが**健児**で，郡司の子弟らを採用し，少数精鋭によって国府の警備や国内の治安維持にあたらせた。

　(1)　大宝律令で整えられた八省のうち，軍事や武官の人事などを担当するのは**兵部省**である。一方，文官の人事などは式部省が担った。

　(2)　租は1反につき稲2束2把を納めるもので，収穫の約**3%**にあたる。

　(3)　兵士は正丁3〜4人に1人，つまり戸ごとに1人の割合で徴発され，諸国の**軍団**に配属され訓練をうけた。

　(4)　平安時代には，戸籍・計帳での性別や年齢の記載をいつわる**偽籍**が横行し，調庸を負担する成年男子(課丁)が減少した。

B　室町時代後期の諸相

　　キ　　応仁の乱に際して「雑兵」として動員された人々を思い浮かべればよい。**足軽**である。一条兼良が将軍足利義尚に提出した政治意見書『樵談治要』では，「超過したる悪党也」，「洛中・洛外の諸社・諸寺・五山・十刹・公家・門跡の滅亡は，かれらか所行也」と指弾されている。

　　ク　　日明勘合貿易をめぐる細川氏・大内氏の主導権争いの末，1523年に起きたのが**寧波**の乱である。

　　ケ　　京都では，南北朝時代以降，富裕な商工業者の間に**日蓮宗(法華宗)**が広まり，1532年には信徒が中心になって法華一揆が結ばれ，1536年に延暦寺僧兵らによって排除される(天文法華の乱)まで，京都の市政を掌握した。

　(5)　「くじ引き」で次期将軍に選ばれたとのエピソードをもつのは将軍足利義教で

ある。1428年，前将軍**足利義持**が後継者を定めないままに死去した際，石清水八幡宮での「くじ引き」によって将軍後継に選ばれた。

(6)　山城の国一揆は1485年，南山城で戦闘をくり広げる**畠山政長・義就両軍**の撤退をもとめて結ばれた。

(7)　室町幕府のもとで京都の行政・警察権を担ったのは**侍所**である。京都の行政・警察権はもともと検非違使庁が担っていたが，侍所がその権限を吸収した。

(8)　徳政令発布に際し，債務の帳消し，あるいは債権の保護をうけるために納入した銭を**分一銭**という。将軍足利義政のもとで初めて導入された。

(9)　室町時代，将軍の側近にはさまざまな雑務に従事した**同朋衆**が仕え，そのなかには芸能・芸術に優れた才能を発揮したものが多かった。猿楽能の観阿弥・世阿弥，作庭の善阿弥らが有名である。

(10)　一向宗(浄土真宗本願寺派)寺院を核として形成された寺内町としては，石山(摂津国)，**富田林**(河内国)が有名である。

(11)　紛争を当事者が実力によって解決することを禁じた規定は**喧嘩両成敗(法)**と呼ばれる。

> **C　織豊期～江戸時代の公武関係**

　　コ　　織田信長が1568年に将軍に擁立したのは**足利義昭**である。

　　サ　　豊臣秀吉が京都に築いた城郭風邸宅は**聚楽第**と称された。

　　シ　　江戸幕府のもと，大坂の役後，天皇の権限を抑制するために定められたのは**禁中並公家諸法度**であり，禅僧以心崇伝が起草した。

　　ス　　朝廷において江戸幕府との取次を担ったのは**武家伝奏**である。

　　セ　　光格天皇は，父の閑院宮典仁親王に対して**太上天皇**の尊号を宣下しようと幕府に同意を求めたものの，老中松平定信の反対にあって失敗した。尊号事件(一件)といい，幕府と朝廷との協調関係が崩れたことを示す象徴的な出来事である。

　　ソ　　幕末・維新期に摂関の職が廃止されたのは，1867年，**王政復古の大号令**によってである。「自今摂関幕府等廃絶」とあることを知っているだろう。

(12)　豊臣秀吉が軍役賦課量の基準としたのは**石高**である。土地の価値を米量で表示したもので，1591年，諸大名から御前帳と国絵図を提出させることによって諸大名の石高を確定し，その石高にみあった軍役を奉仕させる体制を作りあげた。

(13)　1627年，江戸幕府は大徳寺・妙心寺の住持への紫衣勅許が禁中並公家諸法度に反しているとして咎め，1615年以降に幕府の許可なく着用した紫衣を剥奪した。ここで制限されたのは，**紫衣の着用を許可(勅許)する権限**である。

(14)　武家諸法度第1条には1615(元和元)年以降，「文武弓馬の道，専ら相嗜むべき事」

と定められていたが，将軍徳川綱吉が1683（天和３）年に定めた武家諸法度では「文武忠孝を励し，礼儀を正すべきの事」と改められた。武芸の鍛錬に代えて**忠孝や礼儀による秩序を重視する**内容へと改定されたのである。

⒂　下線部(o)の２人の将軍は徳川家宣・家継であり，そのもとで幕政を主導したのは新井白石である。彼が著し，「九変・五変」の時期区分をもつのは『**読史余論**』である。

【解】【答】

A　ア　庚寅年籍　　イ　計帳　　ウ　竪穴住居　　エ　光仁　　オ　12年
　　カ　健児
　　⑴　兵部省　　⑵　３％　　⑶　軍団　　⑷　偽籍

B　キ　足軽　　ク　寧波　　ケ　日蓮宗（法華宗）
　　⑸　足利義持　　⑹　畠山氏　　⑺　侍所　　⑻　分一銭　　⑼　同朋衆
　　⑽　富田林　　⑾　喧嘩両成敗（法）

C　コ　足利義昭　　サ　聚楽第　　シ　禁中並公家諸法度　　ス　武家伝奏
　　セ　太上天皇　　ソ　王政復古の大号令
　　⑿　石高　　⒀　紫衣勅許の権限
　　⒁　武芸の鍛錬から忠孝・礼儀の重視へ　　⒂　読史余論

【Ⅳ】

【解説】　論述問題であり，今年度は近世と近代から各１テーマが出題された。**推移・変化型**と**因果型**がそれぞれ１つずつ出題された。

【⑴　江戸幕府の財政難とその対応策】

　問われているのは，**18世紀半ば以降**，ⓐ**江戸幕府が直面した財政難の構造的要因**，ⓑ**財源確保のために採用した政策**，である。

　最初に対象時期から確認しよう。「18世紀半ば以降」とある。「半ば」をどこまで幅をとって考えるのかが曖昧だが，1750年前後と考えれば，享保改革（８代将軍徳川吉宗）と田沼政治（10代将軍徳川家治・老中田沼意次）のはざまである。そのことを念頭におけば，**田沼政治以降に焦点をあて**，この時期に新しく直面した財政問題を考えていけばよいと判断できる。

　続いて，田沼政治以降において江戸幕府が実施した財政政策，あるいは財政に関わる政策を思い浮かべてみよう。

㈎田沼政治

　。年貢収入の増加をはかるため新田開発を進める。

　　具体例；印旛沼干拓計画

○**民間の経済活動で蓄積された富を財源に組み込む。**

　　具体例；株仲間を奨励して運上・冥加を上納させる，特定の御用商人に朝鮮人参
　　　　　などの座を作らせて運上を徴収する

　まとめれば，**年貢だけに頼らない幕府財政をめざそうとした**，と表現できる。

　では，田沼政治ではなぜこのような財政政策を採用したのか。18世紀前半，百姓一
揆の発生件数が次第に増加し，同時に，年貢収納高・年貢収納率ともに18世紀半ばで
ピークを迎えていることに示されるように，**享保改革で実施された年貢増徴策が18
世紀半ばには限界に達していた**からであった。そこで田沼政治では，享保改革期の殖
産興業政策によって拡大した民間の経済活動に着目し，そのなかで蓄積された富を幕
府財源のなかに新たに組み込むことを模索したのである。

　　ここから**財政難の構造的要因（ⓐ）**が判断できる。**幕府の主要な財源である年貢は百
姓が負担するものであるだけに，百姓の生存をおびやかし，その反発を引き起こす事
態（百姓一揆の増加）になれば年貢増徴（収入増）は限界を迎える**という点である。

⑷**寛政改革**

　財政政策は思い浮かばないかもしれないが，**財源確保のために採用した政策（ⓑ）**と
の表現に注意したい。**幕府が主要な財源とする年貢は村の責任で納入するシステム（村
請制）がとられていること，それを維持するには一定程度の百姓の確保が不可欠であ
る**ことを念頭におけば，次の政策が思い浮かぶ。

　○**村々の復興を進める。**

　　具体例；社倉・義倉を設けて米穀の貯蔵を奨励，旧里帰農令（江戸への流入者に
　　　　　帰村を奨励）で人口を確保など

　これらは**耕作する百姓を確保・維持するための政策**であり，**百姓の階層分化や天明
の飢饉を背景として多くの百姓が耕作を放棄して江戸に流入し，そのため村々の人口
が激減していたこと（そして耕地の荒廃が進んでいたこと）への対応**であった。

⑺**文化・文政時代**

　文化年間は寛政改革の政策が継承されたが，文政年間は，悪貨である文政金銀を鋳
造・発行し，出目（改鋳にともなう差益）を獲得する政策が採用された。とはいえ，悪
貨の鋳造は一時的な収入増加をはかる政策ではあっても**「財源」を確保する政策では
ない**し，すでに17世紀末の元禄期に実施されており，「18世紀半ば以降」に限られる
わけではない。この点を考慮すれば，設問で求められている財源確保のために採用し
た政策（ⓑ）として**挙げる必要はない**と判断できる。

　以上の考察を，設問の要求に即してまとめ直せば，次のようになる。

ⓐ**財政難の構造的要因**

　幕府財政の基盤＝百姓が村単位(村請)で負担する年貢

　→ { 百姓一揆の増加→年貢増徴が限界

　　　百姓の階層分化や飢饉による人口流出＝村請制維持が困難

ⓑ**財源確保のための政策**

　・年貢以外の財源を確保＝商業資本を利用　例；株仲間の奨励

　・荒廃した村々の復興をはかる　例；旧里帰農令で人口確保

(2)　明治期の初等教育制度

　問われているのは，**明治期における①初等教育制度と，②その普及**であり，条件として，**教育法令の変遷や男女の就学率に留意する**ことが求められている。

　まず，**教育法令を年代順にあげてみよう**。その際，初等教育の「制度」が問われている点に留意しながら内容も書き上げてみよう。

　1872　学制　　　　　　…国民皆学の理念→小学校設立をめざす・画一的

　1879　教育令　　　　　…地域の実情にあわせた小学校設立へ転換

　1880　教育令改正　　　…小学校への政府の監督責任を強化

　1886　学校令(小学校令などの総称)　…尋常・高等2種の小学校を整備

　　　　　　　　　　　　　　　　　　　→尋常科を対象に義務教育を導入

　1900　小学校令改正　…義務教育期間の授業料を廃止・義務教育期間を4年に統一

　1907　小学校令改正　…義務教育を6年間に延長

　※内容や理念は問われていないので，教育勅語(1890)は取り上げなくともよい。

　このままでは単なる羅列でしかなく「普及」の説明にならない。次に考えることは，**これらをどのように区分しながら構成するか**である。

　第一に，**初等教育制度が小学校として整えられ始めた出発点と制度が整った時点**を確認したい。政府が初等教育制度を導入し始めた出発点は**学制**である。男女に等しく学ばせるため小学校の設立に着手した。そして小学校が制度として整えられたと言えるのが**学校令**であり，尋常・高等の2種の小学校が整備された。

　第二に，**小学校に児童を就学させるシステムである義務教育制度**に注目したい。就学の義務は**学校令**ではじめて明記され，義務教育が制度として導入された。なお，1900年の小学校令改正で義務教育期間が4年に統一され，国民共通の義務教育制度が整うのだが，これについては高校教科書ではほぼ記述されておらず，省いてよい。

　以上を小括すれば，次のようになる。

(ア)**明治初期(1870年代)**…学制＝初等教育制度を小学校として導入

(イ)**立憲体制形成期(1880年代)**…学校令＝小学校制度を整備・義務教育を導入

　次に問題になるのは**義務教育の普及**である。1907年の小学校令改正により義務教育期間が6年に延長された点から，**この頃にはすでに義務教育4年制が浸透していた**ことがうかがえる。実際，**1900年代初めには就学率が90％を超え，明治末にはほぼ100％となっている。**

　したがって，次のようにもう1つ時期を設定できる。

(ウ)**日露戦争前後(1900年代)**…義務教育が浸透（就学率が9割超え）

　続いて，**それぞれの画期をつなぐ経緯を説明**しよう。経緯を詳しく説明しすぎると主題を確保することが難しくなる。そこで，次のように大きくまとめるとよい。

(ア)→(イ)：制度を整えるなかでの試行錯誤

(イ)→(ウ)：義務教育の無償化＝就学率上昇の契機

　最後に，「**男女の就学率**」**に留意する**ことが条件として求められている点に目配りしたい。高校教科書に掲載されているグラフからわかるように，**1890年代までは女子の就学率は相対的に低く**，明治末になって**男子とほぼ同じくらいに上昇**した。

　以上をまとめれば，次のようになる。

(ア)**明治初期(1870年代)**

　○学制＝初等教育制度を小学校として導入

　↓試行錯誤　具体例：教育令，教育令改正

(イ)**立憲体制形成期(1880年代)**

　○学校令＝小学校制度を整備・義務教育を導入

　　→女子の就学率は低い

　↓義務教育の無償化

(ウ)**日露戦争前後(1900年代)**

　○義務教育が浸透＝男女とも就学率が9割超え

解 答 例

　(1)　幕府の財源は百姓が村単位で納入する年貢で
　　　　あった。享保期以降の年貢増徴は，百姓一揆
　　　　の増加を招いて限界となった。そのため，田
　　　　沼時代には株仲間を奨励して運上・冥加を徴　　5
　　　　収するなど商業資本を利用した財源確保をは
　　　　かった。一方，百姓の階層分化や飢饉により
　　　　貧農が都市へ流出すると村々の荒廃が進み，
　　　　村請の維持は困難となった。そのため，寛政

　　改革では旧里帰農令を出して帰村を奨励し，
　　人口を確保するなど村々の復興につとめた。　*10*
　　　　　　　　　　　　　　　　（200字）

(2)　明治維新期，政府は学制を公布して小学校の
　　設立を進め，男女を等しく学ばせる初等教育
　　の普及を図った。しかし有償であったため普
　　及は進まず，法令も教育令やその改正と紆余
　　曲折した。立憲体制形成期，学校令で小学校　*5*
　　制度が整い，尋常科を対象として義務教育が
　　導入されたが，女子の就学率は低かった。日
　　清戦争後，義務教育が無償化されると女子の
　　就学率も向上し，男女合わせて9割を超え，
　　日露戦争後には義務教育期間が延長された。　*10*
　　　　　　　　　　　　　　　　（200字）

Ⅰ

解説 例年通りの史料問題である。史料は３つで，今年度はA．古代（律令に基づく地方支配とその動揺：『類聚三代格』），B．近世（江戸とその統治機構：シーボルト『シーボルト江戸参府紀行』），C．近代（朝鮮三・一独立運動：『原敬日記』）であった。

A　律令に基づく地方支配とその動揺

　史料は，寛平８（896）年４月２日，山城国問民苦使に任じられた平季長の奏状に基づいて出された太政官符の一部（「応停諸寺称採材山四至切勘居住百姓事」『類聚三代格』）である。受験生にとって初めて見る史料だろうが，史料を丁寧に読んでいけば空欄補充（問(1)(2)）は難しくなく，問(3)～(6)は史料の内容読解とは無関係に，知識だけで正答を導き出せる。

　(1)　空欄　**ア**　には「国名」が入ることが明記されている点に注目し，最初に，史料中から国名をピックアップしてみるとよい。まず「山城国問民苦使」の奏状であることから，**山城国**についての史料だ（「相楽郡」が山城国にある）と判断できる。そして，「東は伊賀に連なり，南は　**ア**　に接す」と書かれているのだから，山城国の南に隣接する国**大和**が入ると分かる。

　(2)　「百姓の　**イ**　并びに治田・家地」のように，「治田」・「家地」という土地に関する語句と並記されている点に注目したい。そして，脚注から「治田」が墾田のことだと分かる。ここから，「治田」（墾田）と並び称されることから，班田制に基づいて政府から班給されている**口分田**が思い浮かぶ。なお，史料原文では「口分」とあるのだが，史料の前後からは，「田」が欠落した表現が入るとの確証が得られないので，「口分田」で問題ない。

　(3)　設問文に「宇多天皇」が「新君」に「訓戒した」と書かれている点に注目しよう。宇多天皇が「新君」と呼びかける相手なのだから，天皇の地位を譲った子**醍醐天皇**だと判断できる。なお，宇多天皇は譲位に際し，醍醐天皇に対して日常作法や政務の心得を記した『<ruby>寛平御遺誡<rt>かんぴょうのごゆいかい</rt></ruby>』を与えた。

　(4)　律令制下の郡の役所は**郡家（郡衙）**と呼ばれた。郡司が勤務し，郡の支配を担った。

　(5)　仏教の戒律を授ける施設を**戒壇**という。東大寺には，奈良時代，唐僧鑑真によって戒壇を中心とする施設**戒壇院**が設けられた。

　(6)　興福寺は**藤原氏**の氏寺であり，藤原氏は平安時代前期，大学で学ぶ一族の子弟のための寄宿舎（大学別曹）として**勧学院**を設けた。同じような大学別曹として和気氏

の弘文院，橘氏の学館院などがある。

B　シーボルトと江戸

　初見史料であっても，史料本文中に「**将軍**」「**大名**」「**勘定奉行**」があることから**江戸時代の史料**であることはすぐに判断できる。そのことを念頭に置きながら設問を解いていこう。

　(7)(あ)　江戸時代にドイツ語で『**日本**』を著した人物は，ドイツ人医師**シーボルト**である。彼は1823年にオランダ商館付きの医師として来日し，長崎郊外に**鳴滝塾**を開き，26年には江戸にも訪れている。なお，史料はシーボルト『日本』の一部を抄訳した『シーボルト江戸参府紀行』の一節である。

　(い)　シーボルトは幕府天文方の高橋景保から**国外持ち出し禁止の地図**（伊能忠敬の『大日本沿海輿地全図』の写し）を贈られ，1828年に帰国する際，**その地図を日本から持ち出そうとしたことが発覚し，翌年国外追放，再来日禁止の処分を受けた（シーボルト事件）**。つまり，**禁制の地図を国外へ持ち出そうとしたため**である。

　(8)　史料本文から「常住の殿邸」が「全国の大官」の「家族のため」に設けられたものであると判断でき，「大官」は将軍の命令を受け，「多衆の従臣とともに」「住居す」るのだから大名を指すことも分かる。ここから大名が「常住の殿邸」を設けたのは**参勤交代の制度**が定められていたためだと判断できる。

　(9)　空欄　**ウ**　は，「将軍の治所」であり，「全国の大官」（大名）がその「従臣」（家臣）とともにしばらく滞在するところなので，**江戸**だと分かる。

　(10)　空欄　**エ**　は，江戸の「町年寄」たちを隷属させる「二人の知事」であるから，**（江戸）町奉行**である。北町奉行と南町奉行の２人が任じられ，月番交代で江戸の町方支配にあたった。

　(11)　勘定奉行は，**幕領の支配と租税徴収，幕府の財政，幕領と関八州の訴訟処理**を担当する勘定所の長官である。

　(12)　空欄　**オ**　は，　**エ**　（町奉行）や**勘定奉行**と並び称され，「宗教事件の管理者」であり，「裁判所」としての機能も果たす存在である。したがって，**寺社奉行**である。**やや難問**だが，正答したい。

C　朝鮮三・一独立運動

　史料本文を読めば，記されている事項が「**朝鮮**」での「**運動**」であることが分かり，問(13)からは，「**政党**」に所属する人物が総理大臣であった時期に生じた出来事であることが分かる。さらに，問(17)(う)から，**論文「憲政の本義を説いて其有終の美を済すの途を論ず」**を発表した政治学者が同時期に活躍していたことも分かる。これら３つのデータを手がかりとすれば，大正期，**原敬内閣**のとき，1919年に朝鮮で発生した三・

一独立運動についての史料だと判断できるだろう。実際に問題を解く時は，分かった設問から順次解いていけばよい。

(13)　当時の総理大臣は**原敬**((あ))で，彼は**立憲政友会**((い))の第3代総裁である。なお，出典は『原敬日記』(大正八年三月二日，十一日)で，明治後期から大正前期の政治史に関する一級史料である。

(14)　朝鮮での**三・一独立運動**についての史料であることは分かるだろうが，空欄　カ　に実際，何が入るのかを特定する際に迷う。その意味で**やや難問**である。**歴史用語には後から名付けられたものが多い**ことを意識したうえで，史料(日記)の日付が「二日」であることに注目すれば，**独立**が入ると推論することができる。

(15)　1919年は第一次世界大戦の講和会議がパリ・ヴェルサイユ宮殿で開催された年であり，講和会議に出席した**ウィルソン米大統領**は秘密外交の廃止・**国際平和機関の設立・民族自決**などを主張した。それらの主張は前年1月，**ウィルソン**がアメリカ議会での演説のなかで発表した**14カ条の平和原則**に含まれるもので，1917年に成立したロシアのソヴィエト政権に対抗する意味が込められていた。このうち，**民族自決**の主張は東欧・中欧地域に限定するものでしかなかったが，アジア・アフリカへも影響を及ぼし，朝鮮での三・一独立運動など，植民地下にある人々の独立や自治を求める動きを助長する結果となった。

(16)　「朝鮮統治の最高責任者の官職」なので**朝鮮総督**が該当するが，「漢字2字」との指定があるので**総督**が正しい。

(17)(う)　「憲政の本義を説いて其有終の美を済すの途を論ず」を発表したのは**吉野作造**である。1916年，雑誌『中央公論』に発表した。

(え)　民衆が日常生活の実用のために製作する工芸品がもつ独自の美を「民芸」ということばで取りあげたのは**柳宗悦**である。

解 答

A　(1)　大和　　(2)　口分田(口分)　　(3)　醍醐天皇　　(4)　郡家(郡衙)

(5)　戒壇(戒壇院)　　(6)　勧学院

B　(7)(あ)　シーボルト　　(い)　禁制の地図を国外へ持ち出そうとしたから

(8)　参勤交代　　(9)　江戸　　(10)　町奉行

(11)　幕領の民政(幕領と関八州の裁判)　　(12)　寺社奉行

C　(13)(あ)　原敬　　(い)　立憲政友会　　(14)　独立　　(15)　民族自決　　(16)　総督

(17)(う)　吉野作造　　(え)　柳宗悦

Ⅱ

(解説)　　古代〜現代の諸事項についての空欄補充問題であり，単純に知識の有無を問うた問題である。今年度は，2011年3月11日に東日本大震災とそれにともなう福島原発事故があったこともあり，時事的な関心から近現代の電気・原子力問題が出題の半分近くを占めている。

　　ア　　751年つまり奈良時代に成立した，現存最古の漢詩文集は『**懐風藻**』である。9世紀に編纂された勅撰漢詩文集『凌雲集』『文華秀麗集』『経国集』と混同しないようにしたい。

　　イ　　**藤原公任**が編纂した詩歌選集は『**和漢朗詠集**』で，朗詠(節をつけて詠むこと)にふさわしい漢詩文や和歌を集めたものである。

　　ウ　　**平将門の乱**を鎮定したのは**平貞盛**と**藤原秀郷**だが，「子の藤原千晴」に対応するのは**藤原秀郷**である。

　　エ　　やや難問。源頼信の兄で，藤原「道長の邸宅の再建にあたり，調度品一切を献上した」のは**源頼光**である。

　　オ　　江戸時代，琉球王国から**国王の代替わり**ごとに江戸へ派遣されたのは**謝恩使**である。

　　カ　　謝恩使に対し，琉球王国から**将軍の代替わり**ごとに江戸へ派遣されたのは**慶賀使**である。

　　キ　　江戸時代の九十九里浜では鰯漁がさかんで，**地曳網(地引網)**を使って行われていた。

　　ク　　江戸時代の蝦夷地で漁獲されている魚を考えればよい。**鰊**である。

　　ケ　　**円山応挙**は，新しく清から伝えられた写実的な絵画や西洋絵画の影響のもと，**写生画**を確立した。

　　コ　　腐食液を用いた銅版画(エッチング)を日本で初めて実現したのは**司馬江漢**である。

　　サ　　「東海道四谷怪談」は**鶴屋南北**(4世)の代表作である。

　　シ　　難問。歌舞伎の脚本のうち，「町人を生き生きと描いた写実性の高い」ジャンルを**生世話物**という。**鶴屋南北**(4世)によって確立したジャンルで，幕末期から明治初期に活躍した**河竹黙阿弥**に受け継がれた。

　　ス　　やや難問。エジソンは，フィラメントに京都の竹を用いて**白熱電球**を改良し，電灯の事業化を実現させた。

　　セ　　電灯より以前から利用されていたのは**ガス灯**である。明治維新の頃から普及していた。

　　ソ　　日清戦争後に登場し，大衆の人気を博した娯楽で，電気を使うものといえ
ば，**映画**（当時は**活動写真**と呼ばれた）や**レコード**が思いつく。そのうち，「常設館」
つまり常設の施設で楽しむ娯楽は**映画**（活動写真）である。

　　タ　　1925年に始まったのは**ラジオ放送**である。なお，テレビ放送は第二次世界
大戦後，1953年から始まる。

　　チ　　「低価格で豊富に供給される中東産原油」に依存していたのは，**高度経済
成長**期のことである。

　　ツ　　**第一次石油危機**が生じたのは**1973年**である。同年に起こった**第四次中東
戦争**に際し，アラブ産油国が原油価格を引き上げ，イスラエル支持国への原油輸出を
停止することを発表したために生じた。

　　テ　　原子力を何に利用するのかを考えればよい。原子力はもともと爆弾（原子
爆弾）に活用されていた，つまり軍事利用されていたことを念頭におけば，問題文に
書かれている発電での利用（原子力発電）は，それとの対比から**平和利用**であることが
分かる。

　　ト　　日本原子力研究所の研究炉（研究のための原子炉）が設けられたのは茨城県
東海村である。

解答

ア	懐風藻	イ	和漢朗詠集	ウ	藤原秀郷	エ	源頼光	オ　謝恩使
カ	慶賀使	キ	地曳網（地引網）	ク	鰊	ケ	写生画	コ　司馬江漢
サ	鶴屋南北	シ	生世話物	ス	白熱	セ	ガス	ソ　映画（活動写真）
タ	ラジオ	チ	高度経済成長	ツ	1973	テ	平和	ト　東海

III

解説　3つのテーマによる記述問題であり，今年度は中世，近世，近代から各1テー
マが出題された。

A　中世後期の経済発達

　　ア　　鎌倉時代末から室町時代にかけて，刈敷や草木灰に加えて広く使われたの
は，人間の糞尿を使った**下肥**である。都市近郊の野菜栽培などで利用された。

　　イ　　月に6回開かれる市は**六斎市**と称された。

　　ウ　　陸上交通で活躍する運送業者のうち，馬を利用するものを**馬借**，牛に車を
引かせたものを**車借**と呼ぶ。

　　エ　　「悪貨を指定して流通を禁止したり，悪貨と良貨の混入比率を定めたり」

した法令は**撰銭令**と称される。

(1)　中世に各地で栽培されるようになった「虫害や旱害に強く，収穫量の多い稲の品種」は**大唐米**である。その色から，赤米とも呼ばれた。

(2)　美濃・播磨・越前・讃岐に共通するのは**和紙(紙)**である。美濃の美濃紙，播磨の杉原紙，越前の鳥の子紙・奉書紙，讃岐の檀紙が有名で，江戸時代にかけて各地でさかんに生産された。

(3)　**大山崎油座(油神人)**は**石清水八幡宮**を本所とし，灯油を貢納する代わりに，原料である**荏胡麻**の仕入れ，灯油の製造と販売の独占権を許された。

(4)　遠隔地間での金銭や米などの送付を証文(手形)で代用するシステムを**為替**といい，証文(手形)を**割符**という。

(5)　戦国時代の京都では，富裕な商工業者を中心として地域住民どうしの自治的な団体(**町**)が形成された。その構成員は，町のメンバーとして**町衆**と称された。

(6)　明銭(明が発行した銅銭)では洪武通宝・永楽通宝・宣徳通宝などが日本に輸入されたが，なかでも**永楽通宝**が最も多く流通した。

B　織田信長の統一事業

オ　**桶狭間の戦い**は，三河に進出してきた駿河の戦国大名**今川義元**を破った戦いである。織田信長は，この勝利をきっかけとして尾張での地位を確立した。

カ　織田信長が尾張から**美濃**へ移り，本拠としたのが**岐阜**である。これ以降，信長は「天下布武」印を使いはじめ，天下を武力によって統一する意志を示した。

キ　信長が浅井長政・朝倉義景の連合軍を破ったのは**姉川の戦い**である。

ク　信長は1573年，対立した室町幕府第15代将軍足利義昭を京都から追放したあと，同年に朝倉氏，浅井氏を滅ぼし，1575年，長篠の戦いで武田勝頼を破ったことで，義昭のもとに形成されていた信長包囲網を瓦解させたことをうけ，翌76年，新たな本拠として，近江に**安土城**を建設した。

ケ　安土で「城下町の保護・振興をはか」るために出されたのは**楽市令**である。商工業者に自由な営業活動を認め，その集住をはかった。

コ　信長が家臣明智光秀の謀叛で滅んだ事件は，自刃の地の名称をとって**本能寺の変**と呼ばれる。

(7)　「京都とその郊外を描いた絵画作品」は**洛中洛外図**と呼ばれる。織田信長が上杉謙信へ贈ったとされる**狩野永徳『洛中洛外図屛風』**，元禄期の大和絵師住吉具慶の『洛中洛外図巻』が有名である。

(8)　越前の朝倉氏が本拠を構えたのは**一乗谷**で，1967年以来の発掘によって朝倉氏の居館跡や城下町の遺構が明らかになり，1971年特別史跡に指定された。

⑼　織田信長と戦ったときの石山本願寺法主は**顕如**である。1580年，正親町天皇の斡旋により信長と講和し，石山を退去した。

⑽　大友義鎮・大村純忠・有馬晴信の３名が巡察師**ヴァリニャーニ**の勧めによってローマ教皇のもとに，伊東マンショら少年使節を派遣した。ときの元号を使って**天正遣欧使節（天正遣欧少年使節）**という。

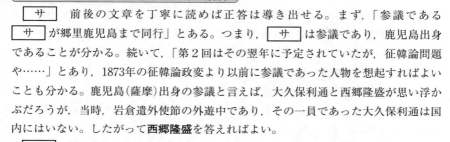

C　明治天皇の巡幸とそれをめぐる政治

　　サ　　前後の文章を丁寧に読めば正答は導き出せる。まず，「参議である　サ　が郷里鹿児島まで同行」とある。つまり，　サ　は参議であり，鹿児島出身であることが分かる。続いて，「第２回はその翌年に予定されていたが，征韓論問題や……」とあり，1873年の征韓論政変より以前に参議であった人物を想起すればよいことも分かる。鹿児島（薩摩）出身の参議と言えば，大久保利通と西郷隆盛が思い浮かぶだろうが，当時，岩倉遣外使節の外遊中であり，その一員であった大久保利通は国内にはいない。したがって**西郷隆盛**を答えればよい。

　　シ　　新政府初の対外戦争は**台湾出兵**である。台湾で生じた琉球民殺害事件の処理問題のこじれから実施され，このことにより琉球の日本帰属を清国に示そうとした。

　　ス　　1870年代，明治政府で右大臣を務めていたのは**岩倉具視**である。

　　セ　　「翌年隣県の県令になるが，道路建設による過重な負担を強いられた県民が抵抗運動を起こし，自由党員が大量に検挙された」から判断すればよい。「翌年」とは1882年であり，「隣県」とは「山形」県の隣（ただし秋田県を除く）である。ここから，ここで述べられている事件が福島事件であり，県令とは**三島通庸**である，と判断できる。なお，三島は1887年，三大事件建白運動が高揚したのに対し，政府が保安条例を発したときの警視総監である。

　　ソ　　1884年に埼玉県で困民党を結成した農民たちが起こした騒動とは**秩父事件**である。

　　タ　　**難問**。天皇の肖像画を写真におさめたものを**御真影**という。空欄に続いて「1890年発布の教育勅語とともに各学校に順次下付され，拝礼の儀式の整備とともに……」と書かれている点から判断できる。各学校では，三大節（新年・天長節・紀元節）の儀式では，学校長による教育勅語の奉読と「御真影」への最敬礼が義務づけられた。

⑾　1946年の元旦に昭和天皇が出したのは「**新日本建設に関する詔書**」だが，そのなかで自ら天皇の神格性を否定したので，一般に**天皇（の）人間宣言**と呼ばれている。

⑿　1875年にロシアとの間で結ばれたのは**樺太・千島交換条約**である。日露両国民雑居の地であった樺太をロシア領とする代わりに，得撫島から占守島までがロシアから日本に譲られることとなった。

⒀　1878年に暗殺された参議は**大久保利通**であり，彼は**内務卿**（内務省の長官）を兼任していた。

⒁　教育勅語への拝礼をおこたったために教職を追われたキリスト教徒は**内村鑑三**である。内村の行為を激しく批判したのは井上哲次郎で，『**教育と宗教の衝突**』を発表し，キリスト教排撃の風潮を煽った。

解|答

A　ア　下肥　　イ　六斎市　　ウ　車借　　エ　撰銭令

　⑴　大唐米　　⑵　和紙　　⑶　石清水八幡宮　　⑷　為替　　⑸　町衆

　⑹　永楽通宝

B　オ　今川義元　　カ　岐阜　　キ　姉川の戦い　　ク　安土　　ケ　楽市令

　コ　本能寺

　⑺　洛中洛外図　　⑻　一乗谷　　⑼　顕如

　⑽　天正遣欧使節（天正遣欧少年使節）

C　サ　西郷隆盛　　シ　台湾　　ス　岩倉具視　　セ　三島通庸　　ソ　秩父

　タ　御真影

　⑾　天皇（の）人間宣言　　⑿　樺太・千島交換条約　　⒀　内務卿

　⒁　内村鑑三

IV

解説　論述問題であり，今年度は原始と中世から各1テーマが出題された。**推移・変化型**と**多面的な説明型**がそれぞれ1つずつ出題された。

⑴　縄文時代～古墳時代初めの墓制の変遷

　問われているのは，縄文時代から古墳時代のはじまりまでの墓や墓地の変遷。条件として，ⓐ貧富の差，身分の区別の発生や，社会の発展と関連づけること，ⓑ6つの指定語句を使用すること，が求められている。

　京大日本史の論述問題で使用すべき語句が指定されたのは初めてである。それも，制限字数200字に対して語句が6つも指定されている。答案のなかで最低限，書き込むべき歴史用語のほとんどがあらかじめ提示された状態である。**特定のテーマに関する歴史用語をどれくらい知っているのか，ではなく，それぞれの時代・社会の特徴と展開をどこまで自分なりに説明できるか，を問うた出題**だと言ってよい。

　さて，設問文の分析から始めよう。対象時期は**縄文時代から古墳時代のはじまり**までである。そして，変遷が問われている。ここから，大きく①**縄文時代**，②**弥生時代**，

③古墳時代のはじまり（古墳時代はじめ）に区分し，それぞれの時期の特徴（他の時期と相互に対照すること）を説明していけばよいことが分かる。

では，「墓や墓地」がそれぞれの時期でどのように異なるのか，整理していこう。その際，指定語句にはこだわらず，各時期ごとに思いつく歴史用語を書き出してみるとよい。ひとまず，次のような表を作成することができるだろう。

①縄文時代	屈葬
②弥生時代	共同墓地に伸展葬 九州に支石墓や甕棺墓 多量の副葬品をもつ甕棺墓や大型の墳丘墓が出現
③古墳時代はじめ	前方後円墳を中心とする古墳が出現

この表では，まだ時期ごとの違い（特徴）が明確ではない。①縄文時代の「屈葬」と②弥生時代の「伸展葬」は対照となっているが，それ以外の項目が相互に対照的にならんでいない。どこに焦点をあわせて違い（特徴）を引き出すのか？　その手がかりが，条件ⓐとして示された事項である。表のなかに「貧富の差，身分の区別の発生や，社会の発展」に関する事項を時期ごとに書き加えてみよう。

①縄文時代	屈葬	貧富の差や身分の上下関係がまだない
②弥生時代	共同墓地に伸展葬 九州に支石墓や甕棺墓 多量の副葬品をもつ甕棺墓や大型の墳丘墓が出現	身分差が形成・各地に強力な支配者（首長）が出現
③古墳時代はじめ	前方後円墳を中心とする古墳が出現	ヤマト政権（ヤマトを中心とする広域な政治連合）の形成

ここで考えることは，どのような筋道をつけるのかだが，表を見れば一目瞭然だろう。まず，①縄文時代には，まだ身分差がなかったが，②弥生時代には身分差が形成されるようになった，という流れがあり，そのうえで，②弥生時代には各地に出現した支配者（首長）が，③古墳時代はじめには，ヤマトを中心として広域な政治連合をつくりあげるにいたった，という筋を読みとることができる。

次にやるべきことは，このような社会の動向と墓・墓地のあり方とを関連づけることである。そして，不足しているデータがあれば適宜，補っていこう。

①縄文時代	屈葬 埋葬に区別がない	貧富の差や身分の上下関係がまだない
②弥生時代	共同墓地に伸展葬 九州に支石墓や甕棺墓 多量の副葬品をもつ甕棺墓 や大型の墳丘墓が出現	身分差が形成・各地に強力な支配者(首長)が出現
③古墳時代のはじまり	前方後円墳を中心とする古墳が出現 ＝各地の首長たちの共通の墓制(画一的な内容をもつ)	ヤマト政権(ヤマトを中心とする広域な政治連合)の形成

　これで答案の骨子ができあがった。**あとは，指定語句をすべて使っているかどうかを確認する**だけである。

　指定語句は，竪穴式石室，副葬品，屈葬，墳丘墓，前方後円墳，甕棺墓，である。これらのうち，まだ使用していないのは，竪穴式石室である。どの時期で，どのような形で活用すべきか，考えよう。

　まず竪穴式石室である。これは③古墳時代のはじまりで使えばよい，とすぐに思いつくだろうが，どのような形で使うのか。ここでは，古墳は各地の首長たちの共通の墓制であり，画一的な内容をもつ，という観点から説明する必要があるのだから，竪穴式石室もその文脈で使えばよい。実際，出現期の古墳は，多くが前方後円墳か前方後方墳で，長い木棺を竪穴式石室におさめた埋葬施設，銅鏡などの呪術的な副葬品を持つといった共通点をもっていた。

　なお，③古墳時代のはじまりのところで，呪術的な副葬品について説明し，そのことが埋葬者の司祭者的な性格を現していることを書こうとした人がいるかもしれない。そのこと自体は間違ってはいないが，**設問の趣旨を考えてほしい。副葬品が呪術的であることは，古墳時代の中期との対比のなかでの特徴でしかない。**しかし，この設問は縄文時代から古墳時代のはじまりまでが対象時期であり，それ以降への展開は問われていない。したがって，**古墳時代はじめの副葬品が呪術的であり，埋葬者が司祭者的な性格を持つことは書く必要のないデータである。**知っている知識を書き出せばよいわけではなく，設問での要求に即して取捨選択することが必要である点を意識してほしい。

【(2)　院政期〜鎌倉時代末の日中関係】

　問われているのは，**平安時代末期から鎌倉時代末の，ⓐ日本と中国との関係，ⓑ日本が中国から受けた影響，**である。

　最初に, ⓐ**日本と中国との関係**から考えていこう。その際, 具体的な指示はないものの, 推移(変化)があるかどうか, あるいは, 多面的に構成することができるかどうか, を意識しながら知識を抽出したい。

　まず, ①**貿易が活発に行われていた**。平安時代末期(院政期)から鎌倉時代前期にかけて中国(南部)には**南宋**があり, **正式な国交関係はないものの, 民間商船がさかんに往来していた(日宋貿易)**。中国が**モンゴル帝国(元)**の支配下に入って以降も, 同じように**民間貿易がさかんであった(日元貿易)**。そして, 平安時代末期(院政期)には, 平清盛(平氏政権)が大輪田泊を修築して宋船を畿内に招き, 鎌倉時代後期には鎌倉幕府が建長寺修造の費用を調達するため公認の貿易船を派遣するなど, **武家政権も民間貿易に関わっていた**。

　次に, 鎌倉時代後期に限定されるが, ②**蒙古襲来(文永・弘安の役)**がある。ただ, モンゴル(元)が2度の襲来後も日本遠征を計画していたことから, **日中間に軍事的緊張が継続**したことも忘れてはならない。つまり, **蒙古襲来による(あるいは, それ以後の)軍事的緊張**がもう一つの日中関係である。

　続いて, ⓑ**日本が中国から受けた影響**を考えていこう。すでに日本と中国との関係(ⓐ)は確認済みなので, そうした関係を通じて**日本で新しくどのような事柄が生じたのか**, 確認していけばよい。

① **活発な民間貿易(日宋・日元貿易)を通じて生じた事柄**

　民間商船の活発な往来を通じて, 商人や僧侶がさかんに行き来していた。商人が日本に持ち込んだのが**銅銭(宋銭など)**であり, **唐物と総称される陶磁器や書画などの品々**であった。一方, 僧侶では, **禅宗を新しく伝えた栄西や道元, 大仏様(天竺様)と呼ばれる建築様式をもたらした重源**など, 日本から中国へ渡ったものもいれば, 蘭渓道隆や無学祖元らの**禅僧が中国から渡来**している。

　これらを場合分け(グルーピング)すれば, (ア)経済面；**銅銭が流入**, (イ)文化面：**禅宗や陶磁器, 新しい建築様式など新しい中国文化(南宋・元の文化)が流入**, と2つにまとめることができる。そして, (ア)銅銭の流入にともない, 鎌倉時代後期に代銭納が普及したように, **貨幣経済が大きく浸透**していくことになり, (イ)**南宋・元の文化(宋元文化)は次第に浸透**し, 室町時代には伝統的な公家文化と融合して新しい文化形成の基盤となっていくのである。

② **蒙古襲来による軍事的緊張(蒙古襲来と軍事的緊張の継続)**

　軍事的緊張が続いたことで, 鎌倉幕府は警戒態勢をゆるめることができず, 沿岸警備に当たらせるため, 御家人だけでなく, **本所一円地に住む武士たちをも動員する権利を朝廷から獲得**したように, **幕府の支配権が全国的に強化**されていった。ところが,

御家人たちは蒙古襲来で多大な犠牲をはらっただけでなく，過重な軍事負担にたえられず**困窮するケースが**多かった。その結果，**所領を質入・売却してしまい，幕府からの軍事動員に応じられなくなる御家人が**増加した。御家人制（に基づく鎌倉幕府の軍事動員体制）が動揺したのである。

解答例

(1)　縄文時代は貧富の差がなく，共同墓地に区別なく<u>屈葬</u>された。弥生時代，伸展葬が普及する一方，水稲耕作の定着により貧富の差が生じて身分の区別が現れ，九州北部に副葬品をもつ<u>甕棺墓</u>，西日本各地では地域的な特性を持つ<u>墳丘墓</u>など，首長墓が築かれた。古墳時代の初め，ヤマトを中心とする広域な政治連合の成立にともない，<u>竪穴式石室</u>，銅鏡などの呪術的な<u>副葬品</u>，<u>前方後円墳</u>という画一的な内容をもつ墓制が西日本中心に出現した。

5

10

（200字）

(2)　中国とは国交はなかったが，民間貿易が行われて商人や僧侶が盛んに往来し，平氏政権や鎌倉幕府も積極的に関わった。経済面では，銅銭が輸入されたことにより，代銭納が普及するなど貨幣経済の進展が促された。文化面では，禅宗など南宋・元の文化がもたらされ，浸透した。鎌倉時代後期には，蒙古襲来が生じ，その後も軍事的な緊張が続いた。そのため，鎌倉幕府の支配権が全国的に強まる一方，警戒態勢の継続は御家人を疲弊させた。

5

10

（200字）

解答・解説

I

解説 例年通りの史料問題である。史料は3つで，今年度はA．古代（藤原広嗣の乱：『続日本紀』），B．中世（南北朝期の守護〔建武5年閏7月29日沙汰〕：『建武以来追加』），C．近代（大日本婦人会定款）であった。

A　藤原広嗣の乱

　史料Aには，本文中に年代が記されておらず，出典も明記されていない。しかし，脚注に「吉備真備」の名が記されている点に注目したい。そのうえで史料本文の内容に目を戻せば，「大宰少弐」という官職にあった藤原　ア　という人物が，吉備真備と「法師」＝僧侶とを「除く」ことを掲げて兵を起こした，とある。これで，奈良時代の藤原広嗣の乱についての史料だと判断できる。

　(1)　白村江での敗戦にともなう対外的な危機意識の高まりのなか，大宰府の北方に**大野城**，南方には**基肄城**が築かれた。

　(2)　史料Aが藤原広嗣の乱についての史料であると判断できれば，空欄　ア　には**広嗣**が入ることが分かる。

　(3)　藤原広嗣により，吉備真備とともに「除く」ことを求められた「法師」＝僧侶とは，**玄昉**である。彼は，吉備真備とともに717年の遣唐使に随行して入唐し，経典5000余巻などをもって帰国したのち，聖武天皇の寵愛をうけ，橘諸兄政権のもとで吉備真備とともに権勢をふるった。

　(4)　**やや難問**。「武官」と書かれているため，何か官職を思い浮かべようと思うと戸惑う。「宮城や京内を警備する」，「右衛士府を含めた」との表現から考えたい。左右衛士府・左右兵衛府・衛門府の総称である**五衛府**が正解である。

　(5)　藤原広嗣の乱が生じた時の天皇は聖武天皇である。彼の遺品は光明皇太后により東大寺大仏に献納され，正倉院に納められた。建築物の呼称としては**正倉院宝庫**が一般的である。

　(6)　律令制のもとでは全国は畿内・七道に区分され，七道は，東国の東海道・東山道・北陸道，西国の南海道・山陽道・山陰道，そして九州の西海道で構成されていた。下線部(d)で列挙されているのは，「本州と四国を構成する地域のうち」「東海・東山・山陰・山陽・南海の五道」である。したがって，欠けている一道は**北陸道**である。京大日本史では地理（地誌）的な知識がしばしば問われるので，注意したい。

B　室町幕府と守護

　史料に「諸国守護人」「守護」とあり，さらに「建武五」，問(7)に「建武5年(1338年)」と書かれていることから，南北朝期の守護に関する史料であると判断できる。

　(7)　「1338年」に「足利尊氏」が任じられたのは**征夷大将軍**である。

　(8)　守護が代官として年貢徴収をひきうけることを**守護請**という。

　(9)　**難問**。史料では，守護が「所々の　ウ　職を管領し，軍士に預け置き，家人に充て行う」とあり，設問で「荘園・公領の管理者」と書かれていることから，荘園・公領の現地を管理する「職」を想定すればよい。そのうえで注目したいのは「荘園・公領」と並記されている点である。平安時代後期に成立した荘園公領制のもとでは，荘園は荘官(預所や下司)，公領は郡司・郷司・保司らが現地を管理しているが，これらを包括する総称がない。したがって，それ以降，南北朝期までの時期において荘園・公領で共通した名称で呼ばれる「職」を思い浮かべるしかない。**地頭**しかないことに気づくだろう。

　(10)　史料に「大犯三ヶ条のほか，相綺う〔関与する〕べからず」と書かれている点から，**貞永式目(御成敗式目)**における守護の職権を定めた条文中の「右大将家御時の例に任せて，大番役に謀叛・殺害の外，守護の沙汰を停止せしむべし」を思い浮かべたい。また，史料が室町幕府によって出された命令である点，室町幕府が**貞永式目**を基本法典として継承していたことから考えてもよい。

　(11)　足利尊氏のもと，守護には**刈田狼藉の検断(取締)**，**使節遵行**という2つの権限が新しく与えられた。**刈田狼藉の検断(取締)**は所領紛争に際しての暴力行為を取り締まる権限で，**使節遵行**は幕府の裁決を強制的に執行する権限である。

　(12)　多くの受験生は，室町幕府のもとでの「引付」の職掌を意識したことはないだろう。したがって，鎌倉幕府のもとでの職掌を想起して答えればよい。**訴訟(裁判)の処理**である。

C　戦時下の国民生活

　史料に「本会ハ……」と列挙されている点から何かの団体に関する史料だと推測でき，さらに第五条で「日本婦人ヲ以テ会員トス」とあることから，その団体が婦人団体であることが分かる。昭和17年(1942年)に結成された，この婦人団体とは，大日本婦人会であるが，そのことが分からずとも問(13)以外は解ける。

　(13)　**難問**。空欄　オ　には**大日本婦人会**が入る。大日本婦人会は，近衛新体制のもと，さまざまな婦人団体を統合して結成された婦人団体で，大政翼賛会の下部組織として全国の婦人を戦時体制に動員するうえで大きな役割を果たした。

　(14)　1935年の国体明徴声明をうけ，文部省は個人主義や自由主義を排して「国体観

念」を涵養するため『**国体の本義**』を作成し，1937年に刊行した。

⒂　**難問**。「空からの攻撃」いいかえれば空襲に対する「国防上必要ナル訓練」は，**防空演習（防空訓練）**と称された。空襲を想定して，被害を最小限にくいとめるためにおこなった訓練で，各自で防空ずきんを作ったり，バケツリレーをしたりした。

⒃　「貯蓄」を奨励することにより期待された効果とともに，戦時下において進んでいた「経済現象」を考えればよい。戦時経済体制では軍需が優先され民需は抑制されたため，生活物資が不足して物価の高騰つまり**インフレーション**が生じていた。「貯蓄」は国民の消費支出を抑制することになり，需要の抑制という側面から**インフレーション**の抑制・防止が期待されていた。

⒄　戦局の悪化にともなって労働力不足が深刻化したため，女性の勤労動員を強化するため，1944年，**女子挺身隊**を強制的に組織させた。女子挺身隊は機械・航空機部品工場などで労働に従事した。

⒅　「町内会及部落会」の下部には隣保組織として**隣組**が編成された。

⒆　**やや難問**。史料には「朝鮮，　カ　，樺太，南洋群島」と並記されている点に注目したい。朝鮮と樺太は植民地，南洋群島は委任統治領，事実上の植民地である。ここから，同様の植民地である台湾か関東州が入ると推論したい。そのうえで，当時，関東軍によって満州国が建国されていたことを念頭に，関東州が他の植民地とは異なる扱いを受けていたと推論し，**台湾**を答えればよい。

解答

　A　⑴　大野城　　⑵　広嗣　　⑶　玄昉　　⑷　五衛府　　⑸　正倉院宝庫
　　　⑹　北陸道
　B　⑺　征夷大将軍　　⑻　守護請　　⑼　地頭　　⑽　貞永式目
　　　⑾　刈田狼藉の検断，使節遵行　　⑿　裁判（訴訟）の処理
　C　⒀　大日本婦人会　　⒁　国体の本義　　⒂　防空演習
　　　⒃　インフレーション　　⒄　女子挺身隊　　⒅　隣組　　⒆　台湾

Ⅱ

解説　原始〜現代の諸事項についての空欄補充問題であり，単純に知識の有無を問うた問題である。

　ア　判断ポイントは，「弥生時代の開始にあっては，（中略）新式の磨製石器をたずさえて渡来してきたとされる。しかし（中略）弓矢には，おもに縄文時代の石器製作技術で作られた　ア　石鏃が使われている。」という対比的な文章構成である。こ

こから**打製**が入ると判断できる。

[　イ　]　弥生時代に「朝鮮半島からの影響により北部九州で造られ」た墓制は，**支石墓**である。

[　ウ　]　**難問**。縄文土器は，煮炊きに用いる**深鉢**を基本として成立した。

[　エ　]　古墳時代に朝鮮半島から新しく伝わったのは**須恵器**である。

[　オ　]　鎌倉初期の東大寺再建事業には，宋の工人**陳和卿**が協力した。

[　カ　]　重源が導入した大仏様（天竺様）と呼ばれる建築様式の代表的な建築物は，東大寺**南大門**や浄土寺浄土堂（播磨）である。

[　キ　]　建武政権において記録所と並んで裁判を担当した中央機関は**雑訴決断所**であり，主に土地関係を扱った。

[　ク　]　建武政権が置いた地方機関は鎌倉将軍府と**陸奥**将軍府で，それぞれ後醍醐天皇の皇子が長官として赴任し，補佐として鎌倉には相模守足利直義，陸奥へは陸奥守北畠顕家が派遣された。

[　ケ　]　足利学校は，関東管領**上杉憲実**が円覚寺から禅僧快元を招いて再興した。

[　コ　]　**難問**。禅僧桂庵玄樹は鹿児島で薩南学派の基礎をつくったのは有名だが，肥後国となると難しい。肥後国では**菊池氏**の保護をうけ，そののち島津氏の招きにより薩摩国に移った。

[　サ　]　検地に際して家臣や村落に自己申告で土地台帳などを提出させることを**指出**という。

[　シ　]　家臣の収入額を銭高に換算したものを**貫高**といい，戦国大名は，家臣に対して，貫高に応じた規模の兵馬を常備・動員することを求めた。

[　ス　]　民撰議院設立建白書は**左院**に提出された。

[　セ　]　片岡健吉が提出に関わった建白書には，立志社建白（1877），三大事件建白（1887）があり，類するものに，国会期成同盟による国会開設請願書（1880）がある。このうち戦争中のものは立志社建白であり，ときの戦争は**西南戦争**である。

[　ソ　]　征韓論政変後つまり1870年代に外務卿として条約改正交渉に携わったのは**寺島宗則**である。

[　タ　]　井上馨外務卿（のち外相）による条約改正交渉に対し，フランス人法学者**ボアソナード**は，かえって主権を損なうと批判した。

[　チ　]　**やや難問**。大正から昭和初期にかけて経済学や歴史学で大きな影響を及ぼしたのが**マルクス**主義である。なかでも経済学者河上肇は『貧乏物語』を著して以降，しだいにマルクス主義経済学へ傾倒した。

[　ツ　]　**難問**。**丸山真男**は『超国家主義の論理と心理』などを著して日本軍国主義

の精神構造を分析し，西欧近代との比較により日本の後進性を批判しながら，日本の近代化に向けた主体形成をはかろうとした。

　　| テ |　**やや難問**。日中戦争での従軍体験に基づく小説としては，石川達三『生きてゐる兵隊』，火野葦平『**麦と兵隊**』が有名である。

　　| ト |　**やや難問**。『俘虜記』は，**大岡昇平**が自らの体験に基づき俘虜(捕虜)の生態と人間性を描いた小説である。

解 答

　ア　打製　　イ　支石　　ウ　深鉢　　エ　須恵器　　オ　陳和卿　　カ　南大門
　キ　雑訴決断所　　ク　陸奥　　ケ　上杉憲実　　コ　菊池　　サ　指出
　シ　貫高　　ス　左院　　セ　西南　　ソ　寺島宗則　　タ　ボアソナード
　チ　マルクス　　ツ　丸山真男　　テ　麦と兵隊　　ト　大岡昇平

Ⅲ

解説　3つのテーマによる記述問題であり，今年度は中世，近世，近現代から各1テーマが出題された。

A　平安末〜鎌倉時代の摂関家

　平安時代後期に摂関家が特定の官職を世襲する家として成立して以降，鎌倉時代中期にいたるまでの推移を中心としながら，関連する政治・文化などを問うた問題である。なお，藤原道家が失脚したときの史料が2007年第1問Bで出題されている。

　　| ア |　「1107年」つまり12世紀初めという年代,「鳥羽天皇が即位」との説明から，**白河上皇**と判断できる。

　　| イ |　保元の乱に際して関白藤原忠通と対立したのは左大臣**藤原頼長**である。

　　| ウ |　**やや難問**。後で「基房の系統は提携した武将の滅亡とともに没落」と書かれており，平清盛，源頼朝と同時期に活躍した武将を思い浮かべたい。その際，長男＝平清盛，三男＝源頼朝，という組合せから，次男が提携した武将は，平清盛の後，源頼朝の前に京都で(あるいは京都の政治に対して)影響力をもった人物だ，と推察できることも考え合わせたい。次男基房が提携したのは**源義仲**である。

　　| エ |　**難問**。摂関家嫡流は**近衛家**である。摂関家は鎌倉時代初めに近衛家・九条家に分かれた後，近衛から鷹司家，九条家から一条家・二条家がさらに分かれ，五摂家と称されるようになった。

　　| オ |　承久の乱で佐渡に流されたのは**順徳上皇**である。

　(1)　保元の乱では源平両氏が軍事力として双方に動員され，平氏では叔父平忠正が

崇徳上皇方，甥平清盛が後白河天皇方につき，源氏では父源為義が上皇方，息子源義朝が天皇方であった。父子で敵味方に分かれたのは源氏である。したがって，長男に処刑された武将とは**源為義**である。

(2)　藤原(九条)兼実の日記は『**玉葉**』である。

(3)　**やや難問**。藤原氏の氏神とは春日神社であり，その霊験談を主題とした絵巻物は『**春日権現験記**』である。

(4)　藤原(九条)道家が京都に建立したのは**東福寺**である。

(5)　藤原(九条)頼経は，1246年，執権就任直後の**北条時頼**の排斥を計画して失敗し(宮騒動)，**時頼**により京都へ送還された。

> **B　鉄砲伝来と製鉄・鍛冶技術の発展**

近世における製鉄・鍛冶技術の進歩とそれに関連する事項を問うた出題である。

　カ　「1575年」という年代と，「鉄砲が勝敗を決した」「合戦」という説明から，織田信長・徳川家康連合軍が武田勝頼軍を破った**長篠の戦い**であると分かる。

　キ　砂鉄を原料とする製鉄は，足踏み式の大型送風装置の名称を使って**たたら**製鉄と呼ばれる。

　ク　農具のうち，「刃先が複数に分かれた」ものは**備中鍬**である。

(6)　**やや難問**。『鉄炮記』によれば，1543年，中国人倭寇の船に乗ったポルトガル人が種子島に漂着した際，島主**種子島時堯**はポルトガル人から鉄砲を入手し，さらにその製法を学んで国産の鉄砲を初めて作らせた。

(7)　**やや難問**。近江国で鉄砲鍛冶が集住していたのは**国友**村である。

(8)　江戸幕末期，佐賀藩は大砲鋳造のために**反射炉**と呼ばれる大型溶鉱炉を築いた。

(9)　**やや難問**。江戸時代における鉄の産地は，東北地方と**中国地方**が有名である。備中鍬(　**ク**　)の備中(今の岡山県の一部)を念頭におけばよい。

(10)　(あ)16世紀初め，石見銀山では博多商人神谷寿禎が朝鮮から招いた技術者により**灰吹法**が導入され，銀産出量を大幅に増加させた。(い)銀は17世紀後半には産出量が激減し，代わって銅の産出が増加した。江戸時代の銅山としては，住友家が経営した**別子銅山**(伊予国)，幕府直轄の**足尾銅山**(下野国)が有名である。

(11)　『農業全書』は，元禄期に**宮崎安貞**が中国農書の知識と全国各地の見聞とに基づいて著した農書である。

> **C　近現代における貿易品目の推移**

　ケ　幕末開港期から1930年代まで「日本の輸出品の代表の地位を占め続けた」のは**生糸**である。

　コ　幕末開港期に，生糸(　**ケ**　)に次いで輸出されたのは**茶**である。

　　サ　　1890年代は産業革命が進み，綿紡績業で機械化が進展した時期である。綿紡績業では原料**綿花**をインドなどからの輸入に依存したため，この時期以降，**綿花**は最大の輸入品となった。

　　シ　　すぐ後ろに書かれている「1970年代にはその安定供給への不安が経済危機の原因ともなった」から判断するとよい。1970年代の経済危機とは石油危機であり，ここには**石油**が入る。

　　ス　　**やや難問**。1960年代半ば以降，重工業製品が主要な輸出品として定着するようになり，なかでも中心は**船舶**であった。日清戦争以降，重工業のなかで造船業がもっとも発展していたことを思い起こせばよい。

　(12)　下線部(1)ならびに設問文には工業部門が明記されていないものの，リード文では，下線部(1)の前で綿花（　サ　）の輸入増加，綿糸（　サ　を原料とする製品）の輸入減少について説明しており，綿紡績業に関する設問であろうとの推測が成り立つ。渋沢栄一らによって1883年に開業されたのは**大阪紡績会社**である。

　(13)　野口遵は**日本窒素肥料会社**を創業し，化学肥料メーカーとしての地位を確立するとともに，それを母体として朝鮮北部に進出して水力発電所と化学コンビナートを建設し，日窒コンツェルンを形成した。

　(14)　(あ)1930年1月の金輸出解禁は，浜口民政党内閣の**井上準之助**蔵相のもとで実施された。(い)1931年12月の金輸出再禁止は，犬養政友会内閣の**高橋是清**蔵相のもとで実施された。

　(15)　ドッジ・ラインによって1949年，1ドル＝**360円**の単一為替レートが定められて以降，1971年に至るまで，そのレートでの固定相場が続いていた。1971年，ドル危機を受けて1ドル＝308円へ切上げられた。

解答

A　ア　白河上皇　イ　藤原頼長　ウ　源義仲　エ　近衛　オ　順徳
　(1)　源為義　(2)　玉葉　(3)　春日権現験記　(4)　東福寺
　(5)　北条時頼
B　カ　長篠の戦い　キ　たたら　ク　備中鍬
　(6)　種子島時堯　(7)　国友　(8)　反射炉　(9)　中国地方
　(10)(あ)　灰吹法　(い)　別子銅山(足尾銅山)　(11)　宮崎安貞
C　ケ　生糸　コ　茶　サ　綿花　シ　石油　ス　船舶
　(12)　大阪紡績会社　(13)　日本窒素肥料会社
　(14)(あ)　井上準之助　(い)　高橋是清　(15)　360円

Ⅳ

解説　論述問題であり，今年度は古代と近世から各1テーマが出題された。**推移・変化型**と**多面的な説明型**がそれぞれ1つずつ出題された。

（1）　**平安時代における浄土教の発展・広まり**

設問の要求は，時期が**平安時代**，テーマが**浄土教の発展・広まり**で，条件として**段階的かつ具体的に述べる**ことが求められている。

まず，**発展・広まり**が問われており，**段階的**に述べることが求められているのだから，時期区分し，**時期ごとに特徴づけながら構成**すればよいことがわかる。時期ごとの特徴を表現するには時期どうしの相違点を明らかにして**まとめる**ことが不可欠で，かつ**具体的**に述べることが求められているのだから，**それぞれの特徴を象徴する具体例をピックアップ**しておきたい。

では，どのように時期区分するのか？　文化史分野からの出題なので，文化史の区分に即して考えてみるとよい。平安時代は，前期＝弘仁・貞観文化，中期＝国風文化，後期＝院政期文化，の3つに区分するのが一般的である。そこで，この時期区分に即して，浄土教の広まり具合いについてのデータを抽出してみよう。

前期(弘仁・貞観文化)	－
中期(国風文化)	貴族をはじめ庶民に広まる
後期(院政期文化)	全国に広まる

前期(弘仁・貞観文化)については知識がないと思うので，省略してよい。中期と後期についてだが，上記の表で，時期どうしの相違点は明らかにできているだろうか？　中期については「貴族・庶民」と階層に注目して表現しているのに対し，後期は「全国」と地域に注目した表現となっている。これでは相違が明確ではない。階層もしくは地域のいずれかに揃えて中期と後期とを対照させよう。

前期(弘仁・貞観文化)	－
中期(国風文化)	京都を中心＝貴族をはじめ庶民に広まる
後期(院政期文化)	全国に広まる＝地方豪族へも広まる

次に，中期・後期の具体例を書き出そう。その際，それぞれの時期の特徴を明示できる事例をピックアップすることを意識したい。

	特　徴	具体例
前期(弘仁・貞観文化)	－	－
中期(国風文化)	京都を中心＝貴族をはじめ庶民に広まる	京都近郊に藤原頼通が平等院鳳凰堂を建立
後期(院政期文化)	全国に広まる＝地方豪族へも広まる	陸奥国平泉に奥州藤原氏が中尊寺金色堂を建立

　続いて，浄土教が平安中期以降，なぜ広まりを見せたのか，その事情を確認しておこう。

　第一に，律令体制の変質にともなって治安が悪化し，争乱が頻発したこと，自然災害などの災厄が続発したことを背景として社会不安が高まっていたこと，第二に，仏教勢力によって末法思想が喧伝され，さらに，地獄など六道輪廻の考え方が浸透し，人びとの間に心理的な不安感が広まっていたことが背景であった。こうしたなかで，阿弥陀仏を信仰し，来世において阿弥陀仏の坐す極楽浄土へ往生することを願う浄土教が広まったのである。

　ここで，もう一つ忘れてはならないことがある。浄土教は広める人びとがいるからこそ，貴族や庶民，地方豪族に広まった，という点である。では，誰が浄土教を広めたのか？　平安中期にあっては，まず，京都市中で念仏を勧めて市聖と称された空也，次に，『往生要集』を著して浄土教を体系化し，極楽往生の方法を論じた源信，そして，『日本往生極楽記』という往生伝を著した慶滋保胤 — これらの人物を挙げることができるだろう。彼らの活動により，京都の貴族を中心として浄土教が受容され，広まっていったのである。さらに，平安後期に浄土教が各地へ広まるうえで大きな役割を果たしたのが，聖などと称された民間布教者である。

　上記の表で整理した知識のなかに，これらのデータを組み込みながら，時期ごとにまとめて構成していけばよい。

　なお，浄土教は平安前期，延暦寺の僧円仁によって唐から伝えられた。

(2)　江戸時代初期，幕府が出した主要な法度の対象と内容

　設問の要求は，時期が**江戸時代初期**，テーマが**幕府が出した主要な法度の対象と内容**である。**それぞれ**説明することが求められているので，**いくつかに場合分けして説明**していくとよい。問いの型から言えば**多面的な説明**のパターンである。

　まず，**江戸時代初期**がいつ頃を指すのか，確定しよう。その際，教科書の章立てを思い起こすとよい。たいていの教科書は，江戸時代を，①家康～家光，②家綱～正徳政治(あるいは享保改革)，③享保改革(あるいは田沼政治)～天保改革，④幕末，の4つに区分している。このことを念頭におけば，この設問の**江戸時代初期**とは，家康～

家光期を想定しておけばよい，と判断できる。

　次に，**法度**と表記されている点を意識しよう。**法令ではなく法度である**。この点を意識すれば，家康～家光期に出されたものとしては，武家諸法度（元和令と寛永令），禁中並公家諸法度，寺院法度の３つをあげればよい，と判断できる。なお，諸宗寺院法度と諸社禰宜神主法度は，1665年，家綱期に出されたものなので，ここで取り上げる必要はない。

。武家諸法度

　大名を対象として出された。「文武弓馬ノ道，専ラ相嗜ムベキ事」や「国主，政務ノ器用ヲ撰ブベキ事」と規定し，大名に武芸の鍛練，政務の器用を求める一方，「諸国ノ居城修補ヲ為スト雖モ，必ズ言上スベシ。況ンヤ新儀ノ構営堅ク停止令ムル事」などと，諸大名に対する規制を定めている。

。禁中並公家諸法度

　朝廷（天皇・公家）を対象として出された。「天子諸芸能の事，第一御学問也」と，天皇の果たすべき行動として学問をとりあげるとともに，「関白・伝奏并びに奉行・職事等申し渡す儀，堂上地下の輩相背くにおいては流罪たるべき事」などと定めて朝廷秩序を規定した。一方で，「武家の官位は，公家当官の外為るべき事」や「紫衣の寺住持職，先規希有の事也。近年猥りに勅許の事，且は臈次を乱し，且は官寺を汚し，甚だ然るべからず，向後に於ては，其器用を撰び，（中略）申し沙汰有るべき事」などと，朝廷の権限に制約を加えている。

。寺院法度

　寺院を対象として出された法度で，宗派ごとに出された。仏教諸宗派ごとに出すことにより，特定の寺院に対して本山・本寺の地位を保障して末寺を組織させ（本山・末寺制の整備），寺院社会の秩序づけをはかっている。そして，のち家綱期になり，宗派を超えた共通の法度として，1665年に諸宗寺院法度が定められた。

解 答 例

　　(1)　律令体制が変質して社会不安が高まり，末法
　　　　思想が浸透するなか，阿弥陀仏を信仰して来
　　　　世の極楽往生を願う浄土教が広まった。平安
　　　　中期には，空也が京都市中で念仏を勧め，源
　　　　信は『往生要集』で念仏往生の方法を論じた　　5
　　　　。京都の貴族を中心に受容が進み，藤原頼通
　　　　による平等院鳳凰堂など，京都近郊で阿弥陀

堂が建立された。平安後期には，聖などの活
動により各地の地方豪族にも広まり，奥州藤
原氏による中尊寺金色堂などが建立された。　*10*

（200字）

(2)　江戸幕府は大名，朝廷，寺院を対象として，
それぞれ武家諸法度，禁中並公家諸法度，宗
派ごとの寺院法度を出し，規範を示した。武
家諸法度では，武芸の鍛錬や政務の器用を求
めるとともに，城の新築・無断修造などを禁　*5*
じた。禁中並公家諸法度では，天皇の行動を
学問第一と規定し，朝廷秩序を定めるととも
に，紫衣勅許などの権限に制限を加えた。寺
院法度は，宗派ごとに出すことで本山・末寺
制を整え，寺院社会の秩序づけをはかった。　*10*

（200字）

解答・解説

Ⅰ

解説 例年通りの史料問題である。史料は３つで，今年度はＡ中世（文永11年11月１日関東御教書〔東寺百合文書〕），Ｂ近世（長崎糸割符并糸面〃株付之事：『京都御役所向大概覚書』），Ｃ近代（石橋湛山「青島は断じて領有すべからず」）であった。

Ａ　蒙古襲来とその時代

史料は「文永11年11月１日関東御教書〔東寺百合文書〕」であり，蒙古襲来に際して鎌倉幕府が，守護に対し，国内の地頭御家人と本所一円地住人（非御家人）を動員して対応すべきことを命じた文書である。史料集によっては掲載されており，また，史料中の「襲来」「合戦」，設問(6)の「鎌倉幕府は，この時の交戦国に対し(中略)貿易船を派遣した」などの記述から，蒙古襲来に関する史料であることを判断するのは難しくない。

(1)　史料Ａが蒙古襲来に関する史料であることが判断できれば，「漢字二字」との限定も付いているので，**蒙古**とわかる。

(2)　**難問**。「鎌倉幕府の九州支配を担当した」との説明から鎮西奉行あるいは鎮西探題を思い浮かべたくなる。しかし，鎮西探題は弘安の役よりも後に設置されており，一方，鎮西奉行だと考えても「その官職名を苗字とした」との説明に合致する武将など，想像がつかない。この「九州を統治する機関」とは**大宰府**であり，「彼の一族」が世襲した官職とは大宰少弐，その苗字とは少弐である。

(3)　**難問**。地頭・御家人がおらず，鎌倉幕府の支配権の及ばない荘園・公領が本所**一円地**もしくは本所領家**一円地**と称された。

(4)　「連署」に並んで署名していることから**執権**であることがわかる。蒙古襲来の際の鎌倉幕府執権といえば**北条時宗**である。

(5)　合戦に際して「国中の地頭・御家人」を催す（催促する）役職なのだから**守護**である。そして，史料では「安芸に下向し」とある点に注目すれば，**安芸国守護**であると判断できる。

(6)　鎌倉幕府が蒙古（元）に派遣した貿易船として最も有名なのが**建長寺船**である。建長寺の修造費用を調達するため，幕府公許のもとで派遣された。

Ｂ　糸割符制度と長崎貿易

史料は「長崎糸割符并糸面〃株付之事〔『京都御役所向大概覚書』〕」であり，受験生にとって初見史料である。しかし，史料中の「寛永十八年」から，江戸時代前期の史料であることがわかり，史料中の「阿蘭陀船」「長崎」などから長崎貿易に関する史

料であると判断できる。

(7)　「阿蘭陀船」を読むことができなくても，「来航時に江戸幕府に提出した海外情報の和文報告書」との問いから**オランダ風説書**が思い浮かぶ。

(8)　1600年に豊後に漂着したオランダ船リーフデ号の乗組員で，徳川家康に仕えた人物としてはヤン・ヨーステンと**ウィリアム・アダムズ**がいるが，そのうちイギリス人は後者である。彼は三浦半島に領地を与えられ，三浦按針と称した。

(9)　「寛永十八年」以降，「阿蘭陀船」が「着岸」した長崎の地名を入れればよいのだから，ここには**出嶋（出島）**が入る。

(10)　**やや難問**。空欄に続いて「割符仕るべき」と書かれている点に注目したい。さらに下線部(h)に「五ケ所割符仲ケ間」とあり，設問(12)で「どこの商人がこの仲間を構成したか」と問われている点にも留意したい。そうすれば，糸割符仲間もしくは糸割符制度を想起することができる。ここから空欄には**糸（生糸）**が入ることが判断できれば十分だが，実際には**白糸**と入る。寛永十年の鎖国令（これは基本史料）に「異国舟につミ来り候白糸，直段を立候て，残らず五ケ所へ割符仕るべき事」とあることを思い出したい。

(11)　（あ）　史料を読めば，「大猷院様」が「申渡し」たのが「寛永十八年」のことであると判断できる。寛永期の将軍は**徳川家光**である。　　（い）　3代将軍家光のときに定められた将軍の対外的な呼称とは**日本国大君**である。これは，朝鮮通信使が持参する朝鮮国王の国書で使用することを求めたもので，のち6代将軍家宣のとき，新井白石の建議により一時「日本国王」に変更されたが，8代将軍吉宗が大君にもどし，幕末期には欧米諸国に対しても使用された。

(12)　糸割符仲間は，当初，**京・堺・長崎**の三ケ所の特定商人によって構成されたが，のち**江戸・大坂**が加わり，五ケ所商人とも称された。

C　第1次世界大戦

史料は石橋湛山「青島は断じて領有すべからず」である。もし読んだことがなくても，設問(17)には「この史料が書かれた翌年，日本は中国へ21か条にわたる要求をつきつけ」とあり，第1次世界大戦の初期に書かれた史料であると判断できる。

(13)　史料中に「新たに支那　カ　省の一角に領土を獲得する」とある点に注目すればよい。第1次世界大戦に参戦した日本が最初に軍事占領したのが中国（当時は支那と表記された）の山東省にある青島とドイツ領南洋諸島であることから，空欄　オ　には**青島**という地名が入ることがわかる。

(14)　（あ）　青島を中心とする膠州湾を租借していたのは**ドイツ**である。　　（い）　ヨーロッパでの第1次世界大戦の勃発に際し，ときの第2次大隈重信内閣は**（第3次）日英同盟**を口実として参戦し，ドイツに対して宣戦布告した。

⒂　**やや難問**。設問文中の「この租借地」とは，「1905年にロシアから遼東半島先端部の租借権」をうけた表現であり，ロシアから租借権を譲り受けた「遼東半島先端部」の地域，つまり旅順・大連をさす。この地域を日本は**関東州**と名づけ，1906年に関東都督府を設置して統治した。

⒃　設問⒀を考えた段階ですでに**山東省**であることに気づく。

⒄　中国袁世凱政権に対して二十一か条の要求をつきつけたのは，第２次**大隈重信**内閣である。この要求で，旅順・大連の租借期限や南満州鉄道の権益期限の99か年延長，山東省ドイツ権益の継承，漢冶萍公司の日中合弁化などを認めさせた。

⒅　史料が初見であっても，「雑誌『東洋経済新報』」と「筆者(中略)は後年，首相になった」の２つのヒントで**石橋湛山**が導き出せる。

解｜答

A　(1)　蒙古　　(2)　大宰府　　(3)　一円地　　(4)　執権北条時宗

　　(5)　安芸国守護　　(6)　建長寺船

B　(7)　オランダ風説書　　(8)　ウィリアム・アダムズ　　(9)　出嶋(出島)

　　(10)　白糸　(11)(あ)　徳川家光　(い)　日本国大君

　　(12)　京・堺・長崎・江戸・大坂

C　(13)　青島　(14)(あ)　ドイツ　(い)　イギリス　　(15)　関東州　　(16)　山東

　　(17)　大隈重信　　(18)　石橋湛山

Ⅱ

解説　中世～現代の諸事項についての空欄補充問題であり，単純に知識の有無を問うた問題である。

①　鎌倉時代の仏教界の中心勢力は東大寺・興福寺・延暦寺など顕密仏教の諸寺院であったが，その腐敗ぶりに対し，戒律の重視をうったえる改革運動が展開した。鎌倉前期に活躍したのが，笠置山に隠棲した**法相　ア　**宗の貞慶，栂尾高山寺を再興し，『**摧邪輪　イ　**』を著した高弁(明恵)，鎌倉後期に活躍したのが律宗の叡尊と忍性である。

②　明応の政変(1493)で管領**細川政元　ウ　**が，室町幕府10代将軍足利義稙を廃して足利義澄を新将軍に擁立して以降，室町幕府は細川氏が実権を掌握した。しかし，細川政元が家臣に暗殺されて以降，内紛が続き，16世紀半ばには三好長慶が13代将軍足利義輝をいただいて畿内近国を制覇したものの，やがて家臣**松永久秀　エ　**が台頭した。**ウは難問**。

③　貨幣の鋳造・発行権を独占した江戸幕府は，まず慶長年間に金銀貨を発行し，

続いて寛永年間に銭貨・**寛永通宝** オ を発行した。これら三貨のうち，金貨と銭貨は計数貨幣であるのに対し，銀貨は**秤量貨幣** カ であった。

④　江戸幕府10代将軍徳川家治のもとで権勢をふるったのは老中**田沼意次** キ である。彼は，年貢増徴が限界に達する一方，商品・貨幣経済が進展する状況を背景として，都市や村々の商工業者がつくった仲間を**株仲間** ク として積極的に公認し，営業税として運上・冥加を徴収するなどして，幕府財政のたて直しをはかった。

⑤　江戸時代後期，諸藩は財政難を打開するための方策として**藩専売制** ケ を導入した。領内で作られた特産物を国産品に指定し，その仕入れ・販売を藩が独占したもので，経世論者・海保青陵が『稽古談』でその実施を説いていた。**阿波（徳島）** コ **藩**の藍，長州藩の紙などが有名である。

⑥　1863年，長州藩が**下関** サ 海峡を通過する外国船を砲撃する（長州藩外国船砲撃事件）など尊王攘夷運動が高まるなか，薩摩・会津両藩が朝廷から尊王攘夷派を一掃したのが**八月十八日の政変** シ である。これをきっかけとして朝廷では徳川慶喜を中心とする幕府側勢力が主導権を握るにいたった。

⑦　欧米の先進文化を移入するため，明治政府は各部門にわたって欧米人を指導者として雇った。学問分野では，東京大学で動物学・進化論を教授し，大森貝塚（東京都）を発掘調査した**モース** ス ，その仲介で来日し，東京大学で哲学・美学などを教えた**フェノロサ** セ らが著名である。なかでもフェノロサは岡倉天心とともに日本の伝統保存，日本画の革新を主張し，新日本画運動を進めた。そして，江戸狩野派の流れをくむ**狩野芳崖** ソ や橋本雅邦を見出し，芳崖の『悲母観音』制作などを指導した。

⑧　明治以降の国税としては，地租，所得税，営業税，酒造税などがある。はじめ地租が中心であったが，日清戦争後には酒造税，さらに資本主義経済の発展のなかで**所得** タ **税**がしだいに増加した。そして，所得税は，第2次世界大戦後の**シャウプ** チ 使節団の勧告に基づいて国税収入の中心に位置づけられた。また，地租は，その税制勧告に基づいて地方税に移管され，**固定資産** ツ **税**の一部へと転換した。ツは難問。

⑨　第2次世界大戦後の財閥解体では，持株会社整理委員会を通じて財閥家族や持株会社が所有していた株式の民主化が進む一方，**独占禁止** テ 法によって**持株** ト 会社の設立が禁止され，財閥の復活が防止された。

解 **答**

　ア　法相　　イ　撰銭令　　ウ　細川政元　　エ　松永久秀　　オ　寛永通宝

カ　秤量貨幣　　キ　田沼意次　　ク　株仲間　　ケ　(藩)専売制
コ　阿波(徳島)　　サ　下関　　シ　八月十八日の政変　　ス　モース
セ　フェノロサ　　ソ　狩野芳崖　　タ　所得　　チ　シャウプ　　ツ　固定資産
テ　独占禁止　　ト　持株

Ⅲ

解説　3つのテーマによる記述問題であり，今年度は古代，近世，近現代から各1テーマが出題された。

| A　古代の宮都とその変遷 |

　平城京遷都以降，摂関政治期にかけての古代の宮都とその変遷について問うた問題である。律令国家の整備にともない，中国の都城制を採用した藤原京が建設され，さらに大宝律令制定後に再開した遣唐使の知見に基づき，唐の長安を模して平城京が建設された。天皇の邸宅(内裏)や政務を行う朝堂院などで構成される大内裏と，東西南北の道路で区画された京とからなる，人工的な政治都市である。こうした都城制は，桓武天皇が遷都した平安京でも継承されたものの，10世紀には右京が廃れ，しだいに京と言えば左京を指すようになっていった。

　　ア　　平城京が手本とした唐の都城は**長安(城)**である。

　　イ　　平城京の北辺中央に設けられた宮城(大内裏)のなかには，朝堂院などとともに天皇の邸宅である**内裏**が設けられていた。

　　ウ　　桓武朝末期，藤原緒嗣と菅野真道により，軍事(蝦夷との戦闘)・造作(平安京の造営)を継続するか否かをめぐって議論がくり広げられ，その際，藤原緒嗣の建議に基づき両事業を停止することが決定された。これを**徳政相論(論争)**と呼ぶ。この用語を知っていても，リード文からは判断しにくく，その意味で**やや難問**。

　　エ　　「疫病の流行を政争に敗れた人々の怨霊のしわざと考え，それを鎮める」ために行われた祭礼を**御霊会**と呼ぶ。北野社や祇園社の祭礼が有名である。

　　オ　　藤原道長が「浄土を再現」して造った寺院は**法成寺**である。御堂とも呼ばれ，そこから道長を御堂関白と称するようになった。

　(1)　天武天皇が皇后の病気平癒のために造ったのは**薬師寺**である。なお，天武天皇が造営した寺院には，他に大官大寺があり，これも薬師寺と同様，藤原京から平城京へ移された(大安寺と改称)。

　(2)　長岡京遷都後に発生した藤原種継暗殺事件への関与を疑われ，皇太子の地位を追われたのは**早良親王**である。彼は無実を主張し，淡路へ配流される途中，自ら食を断って自害した。その後，桓武天皇の近親者に不幸が相次いだため，早良親王の怨霊

が取り沙汰されることになった。

(3)　京内の区画を条坊制と呼ぶが，それに対して「京外の農地など」の地割は**条里制**と呼ばれる。聖武天皇の740年頃，班田収授制が本格化するなかで各地で整備されていった。

(4)　『日本往生極楽記』の著者から判断すればよい。**慶滋保胤**である。彼は陰陽道を家業とした賀茂氏の出身だが，紀伝道（文章道）を学んだ文人官僚で，一方で浄土信仰に傾斜し，天台僧源信のもとで出家している。

(5)　尾張守**藤原元命**は，巨利をもとめて暴政を行った受領の代表的人物として有名で，988年の尾張国郡司百姓等解で告発され，尾張守を解任された。

B　江戸時代前・中期の儒学

儒学は幕藩体制を支える教学として幕府や諸藩によって重視され，なかでも上下の身分秩序を重視した朱子学が広く受容された。しかし，同時期の朝鮮に比べて，受容は緩やかなものにとどまり，朱子学が唯一の教学として採用されたわけではなく，仏教や神祇信仰なども併用された。

　[　カ　]　林羅山の僧名は**道春**だが，これは**難問**。

　[　キ　]　山崎闇斎は南学系の朱子学者で，神道を儒学流に解釈し，神の道と天皇の徳の一体性を主張する**垂加神道**を説いた。

　[　ク　]　4代将軍徳川家綱のもと，牢人の増加を防ぐために緩和されたのは**末期養子の禁**である。末期養子とは，大名の死去直前に養子を迎えて跡継ぎとすることで，幕府は当初，これを認めていなかったが，慶安の変（由井正雪の乱）をきっかけとして，50歳未満の大名を対象に認められた。

　[　ケ　]　5代将軍徳川綱吉は，儒学に基づく徳治主義を重視したため，江戸湯島に孔子をまつる聖堂を立てるとともに，林信篤（鳳岡）を**大学頭**に任じた。祖父羅山のように僧職の形ではなく，儒者そのものとして幕府に仕える出発点となった。

　[　コ　]　6代将軍徳川家宣の侍講新井白石は，将軍職の権威を高めるため皇室との協調関係を強化し，**閑院宮家**の創設を建議した。のち，光格天皇が閑院宮家から出て皇統を継いだ。

　[　サ　]　8代将軍徳川吉宗の侍講は**室鳩巣**で，新井白石と同じく木下順庵の弟子である。彼は吉宗の命により，民衆教化のために『六諭衍義大意』を著した。

(6)　元和の武家諸法度は，徳川家康の命により禅僧**以心崇伝**が起草した。なお，以心崇伝は禁中並公家諸法度も起草している。

(7)　5代将軍綱吉のもと，勘定吟味役（のち勘定奉行）荻原重秀の建議によって実施されたのが**金銀貨の改鋳（元禄金銀の鋳造）**である。金貨・銀貨それぞれに含まれる金・

銀の量を減らすことで，改鋳にともなう差益(出目)を生じさせ，それによって幕府収入の増加をはかろうとしたものである。

(8)　新井白石が著した自伝は『折たく柴の記』である。それ以外に，古代以来の政権の移り変わりを論じ，江戸幕府成立の正統性を説いた歴史書『読史余論』，古代史研究の『古史通』，イタリア人宣教師シドッチの尋問により得た知識に基づいて著した『西洋紀聞』『采覧異言』などがある。

(9)　荻生徂徠は儒学の立場から，現実の諸問題を解決するための政治経済学とも言うべき経世論の基礎を作り，将軍吉宗の諮問に応じて『政談』を著して提出した。

C　岸信介とその時代

昭和戦前期に商工省官僚から東条英機内閣の商工相となり，第2次世界大戦後はA級戦犯容疑者として逮捕されたものの起訴をまぬがれ，のちに政界へ復帰し，自由民主党総裁として首相となった岸信介を素材とし，同時代の政治・経済・外交について問うた問題である。

　シ　リード文中の判断ポイントは，1957年に内閣総理大臣となり，1960年，「新条約」の批准書交換直後に内閣も総辞職した，という点である。ここから**岸信介**についての文章であると判断できる。

　ス　空欄の前に「1939年には商工次官となり」とあるため，第2次近衛文麿内閣と勘違いしてしまいかねない。しかし，空欄のあとに「1944年には倒閣工作に加担し，閣僚辞任を拒否して内閣を総辞職においこんだ」と記述されている点に注目し，1944年に総辞職した内閣を思い起こせばよい。**東条英機**内閣である。

　セ　「1952年に公職追放解除となり，その後自由党に入党」とある点に留意すれば，自由党を基盤として内閣を組織した**吉田茂**が想起できる。

　ソ　日本民主党と自由党との間で行われたことがらなので**保守合同**である。1955年，日本社会党の統一に対抗し，社会党政権成立の可能性を封じ込めるため，保守合同により自由民主党が結成された。

　タ　**やや難問**。岸信介内閣が「改正」をめざし，反対運動により「撤回においこまれた」のは**警察官職務執行法**である。この法改正により警察官の権限強化をはかろうとしたものの，社会党を中心とする革新勢力の反対運動により実現しなかった。岸内閣期における保革両勢力の政治対立を象徴する出来事の一つである。

　チ　岸信介が1960年，アメリカとの間で調印したのは日米相互協力及び安全保障条約だが，リード文には「新しい」との修飾句が着けられているので**日米安保条約**と入れるのが妥当である。

(10)　1920年は原敬内閣の時代である。原内閣のもとでの学問弾圧と言えば，**森戸事**

件が思い浮かぶ。東京帝国大学助教授森戸辰男がロシアの無政府主義者クロポトキンについての研究論文を発表したことを取り上げられ，掲載雑誌（同大学経済学部紀要）の編集発行名義人大内兵衛とともに起訴され，休職処分となった事件である。

⑾　**難問**。商工省が廃止されて新しく設置されたのは**軍需省**である。東条内閣により，軍需産業の一元的管理を目的として新設された官庁で，商工省と企画院を統合・再編する形で設置された。

⑿　第1回アジア・アフリカ会議は，インドネシアのバンドンで開催されたため，**バンドン会議**とも称されている。この会議では，戦争と植民地主義に反対する平和十原則が宣言され，第2次世界大戦後に登場したアジア・アフリカの新興独立国家群が第三勢力として大きな役割を演じ始めたことを象徴した。

⒀　岸信介内閣にかわって成立した池田勇人内閣は，「寛容と忍耐」を掲げて社会党など革新勢力との対立を避ける一方，**国民所得倍増計画**を打ち出し，高度経済成長をさらに促進する経済政策を展開した。

解答

A　ア　長安　　イ　内裏　　ウ　徳政相論（論争）　　エ　御霊会　　オ　法成寺
　（1）薬師寺　　（2）早良親王　　（3）条里制　　（4）慶滋保胤
　（5）藤原元命

B　カ　道春　　キ　垂加神道　　ク　末期養子の禁　　ケ　大学頭
　コ　閑院宮家　　サ　室鳩巣
　（6）以心崇伝　　（7）貨幣改鋳（元禄金銀の鋳造）　　（8）折たく柴の記
　（9）政談

C　シ　岸信介　　ス　東条英機　　セ　吉田茂　　ソ　保守合同
　タ　警察官職務執行法　　チ　日米安保
　⑽森戸事件　　⑾軍需省　　⑿バンドン会議　　⒀国民所得倍増計画

Ⅳ

解説　論述問題であり，今年度は古代と中世から各1テーマが出題された。2題とも**多面的な説明型**であった。

（1）推古朝の政策とその特徴を，具体例を挙げながら述べよ。

　問われているのは，**推古朝の⑺政策，⑷その特徴**である。「具体例を挙げながら」と書かれているからと言って，政策をただ単に羅列すればよいわけではない。**いくつかの側面にわけて整理しよう**。

　まず，㈦**政策**を内政面と対外面とに区分し，具体的な政策を確認していこう。

＜内政面＞

　政策としては，冠位十二階の制と憲法十七条が思い浮かぶ。それぞれの内容や目的を確認すれば，次の通りとなる。

冠位十二階の制	個人に対して冠位を与える →氏族単位の政治組織を改革・再編成する
憲法十七条	豪族に対して官吏(官僚)として守るべき規範を示す →仏教や儒教など中国の思想を導入

＜対外面＞

　旧加羅(伽耶)地域での勢力回復をめざして朝鮮出兵が計画されたことを記述している教科書があるものの，遣隋使の派遣を思い浮かべることができれば十分である。

遣隋使の派遣	中国皇帝に臣属しない形式の国書を送る 仏教など先進文物を学ぶために留学生らを派遣

　次に，㈧**特徴**を確認する作業へ移ろう。

　ところで，特徴を問われたとき，どのような作業が必要だろうか？　特徴とは**他と比べて特に目立つ点**のことなのだから，他と対比することが不可欠である。では，推古朝と対比させる他とは，具体的には何を想起すればよいのか。先に具体的に確認した政策の内容・目的を読み直してもらえれば，大ざっぱに言えば「推古朝より以前」，言い換えれば，氏姓制度あるいは倭の五王の時代を思い浮かべ，それとの違いを明確化すれば「推古朝の特徴」を表現することができることに気づくだろう。内政・対外両面それぞれについての違いは，以下のように整理できる。

内政面	氏族単位の政治組織(氏姓制度)を改革 ＝豪族一人ひとりを官吏(官僚)へと再編成
対外面	中国皇帝に臣属した倭の五王時代とは異なる ＝対等な外交を求める

　ここで考察をとめて答案をまとめてもよいが，推古朝の政策全体をまとめて特徴づけることができればよりよい。そのためには，推古朝がおかれていた情勢，言い換えれば，先に確認した諸政策がとられた背景・基盤を考えるとよい。

　推古朝の始まった6世紀末は，隋が中国を統一して強大な国家を形成したのにともない，東アジア情勢が激動し，国際的な緊張が高まっていた。それに対応した国家体

制の形成をはかろうとして実施されたのが，先に確認した諸政策であった。そして，そうした新たな政策を実施することが可能だったのは，蘇我馬子が対立する物部氏を滅ぼし，大王(崇峻天皇)を殺害して政治権力を握るという，国内の政治状況があったからである。

> **(2)　足利義満の時代はどのような時代であったか。いくつかの側面から論ぜよ。**

　問われているのは，**足利義満の時代はどのような時代であったか**。「いくつかの側面から」論述することが求められており，ここでは，**内政(政治)面，対外面，文化面の3つに場合分け**して考えていこう(一般論としては，これ以外に社会経済面を挙げることができる)。

＜内政(政治)面＞

　一言で表現すれば，室町幕府の全国支配が整った時代である。南北朝の動乱が終息し，室町幕府の政治組織が整った。さらに，検非違使庁がもっていた京都市政権を幕府の侍所が吸収し，あるいは足利義満が太政大臣に就任したことに象徴されるように，公武の融合が進み，義満のもとで公武をまたぐ政権が樹立された時代である。

> ◦南北朝の動乱が終息に向かう　(例)南北朝の合一，有力守護の勢力削減
> ◦幕府の体制が整う　(例)管領など機構，土倉役・酒屋役など財政基盤が整備
> ◦義満が公家社会にも君臨，朝廷の権限を幕府が掌握(吸収)
> 　⇨義満が公武の両権を握る(公武をまたぐ政治権力を樹立)

＜対外面＞

　新しく建国された明のもと，中国を中心とする国際秩序が整い，そのもとで東アジア諸国の間で安定した通交関係が形成された時代である。足利義満は，国内の動乱を終息させたあと，明に使節を派遣して国交を開き，朝貢形式のもとで勘合貿易を開始した。さらに，新しく建国された朝鮮との間にも国交をひらき，そのもと，幕府をはじめさまざまな勢力が参加して日朝貿易が展開した。

> ◦明中心の国際秩序の成立
> 　⇨日明勘合貿易や日朝貿易が開始

＜文化面＞

　北山文化が展開した時代である。禅宗の影響をうけた武家文化が，伝統的な公家文化を取り込みながら展開する一方，猿楽が芸術性を洗練させて猿楽能へ発展すると同時に，庶民生活に題材をもとめた娯楽性の強い狂言が広がるなど，庶民文化も発展した。

。禅宗の影響をうけた武家文化が公家文化を融合して展開　(例)鹿苑寺金閣
。庶民文化が発展　(例)猿楽能の完成，狂言の広がり

|解| |答| |例|

(1)　推古朝では，隋の中国統一にともなう国際的
　　緊張のもと，蘇我氏の権勢を背景に，大王中
　　心の国家建設がめざされた。内政面では，冠
　　位十二階を制定して個人に冠位を与え，憲法
　　十七条では豪族に国家の官僚としての自覚を　　　5
　　求めるなど，氏族単位の政治組織を改め，中
　　央集権の政治体制の形成を進めた。対外面で
　　は，遣隋使を派遣し，倭の五王時代と異なっ
　　て中国皇帝に臣属しない立場から新たな国交
　　を開き，仏教など新知識の摂取をめざした。　　10
　　　　　　　　　　　　　　　　　　　(200字)

(2)　足利義満の時代は，内政面では，有力守護の
　　勢力削減，南北朝の合一などにより動乱が終
　　息して幕府の全国支配が進んだうえ，幕府の
　　機構が整い，朝廷の権限も幕府に吸収され，
　　公武をまたぐ政権が樹立された。対外面では　　　5
　　，明中心の国際秩序に組み込まれ，日明勘合
　　貿易や日朝貿易が開始された。文化面では，
　　鹿苑寺金閣のように，禅宗の影響をうけた武
　　家文化が公家の伝統文化を融合しながら展開
　　する一方，猿楽能など庶民文化も発展した。　　10
　　　　　　　　　　　　　　　　　　　(200字)

Ⅰ

解説 例年通りの史料問題である。史料は３つで，今年度は中世（嘉吉の変：『看聞日記』嘉吉元〔1441〕年６月25日条），近世（密告奨励の高札〔徒党訴人の高札〕：『御触書天明集成』），近代（日独伊三国同盟）であった。例年は初見史料が用いられることが多いが，今年度は３つとも史料集に掲載されており，内容把握は難しくない。

A 嘉吉の変

史料は『看聞日記』嘉吉元〔1441〕年６月25日条であるが，史料並びに設問文に「**管領**」との官職名が記され，さらに設問(7)で「**幕府の将軍が在任中に暗殺された**」との説明がなされている点に注目すれば，時代は**室町時代**，**６代将軍足利義教が謀殺された嘉吉の変(乱)についての史料**であることに気づく。

(1) 「公方」つまり将軍足利義教を謀殺したのは播磨国守護**赤松満祐**であり，
　ア　にあてはまる守護家は**赤松**である。

(2) 嘉吉の変(1441年)の「前年に東国で起こった合戦」とは**結城合戦**である。永享の乱で鎌倉公方足利持氏が滅ぼされたあと，持氏を支持する結城氏朝が1440年，その遺児を擁して挙兵したもので，翌年に関東管領上杉憲実らにより鎮定された。

(3) 嘉吉の変で将軍義教を謀殺した赤松満祐は，本拠である**播磨国**に戻って幕府軍を迎え撃ったものの，一族とともに滅亡した。

(4) 「**管領**」に就任できる守護家が**畠山・細川・斯波**の３家に限られること，嘉吉の変よりも「のちに勃発した大規模な戦乱」が**応仁の乱**であると想定できること，この２点から，下線部(c)の「管領」の息子とは**細川勝元**であると判断できる。

(5) 「綸旨」でもっとも有名なのは，建武新政期，後醍醐天皇によるものだろう。そこから判断すればよい。「綸旨」とは，**天皇**の命を奉じて蔵人など側近が発する命令文書なので，下す主体は**天皇**である。

(6) ６代将軍足利義教の謀殺を「自業自得の結果」と見る観点を意識しながら，彼の行った政治を簡潔に説明すればよい。彼は**将軍権力の強化**を狙い，有力守護家の家督相続にも介入し，自らの意にそわない人物を次々と処罰するなど，**専制的な政治**を行い，「**万人恐怖**」と称された。

(7) 史料Ａが室町時代の史料であるからといって，「幕府の将軍が在任中に暗殺された先例」を室町幕府でのみ探し求めても見当がつかない。鎌倉幕府も含めて考えよう。そうすれば，その先例とは1219年，鎌倉の鶴岡八幡宮で公暁に殺害された鎌倉幕

府３代将軍**源実朝**であることに気づく。

史料は，明和７（1770）年の**密告奨励の高札**〔徒党訴人の高札〕である。18世紀半ば以降に百姓一揆が増加，広域化するなか，それに対応して出された法令で，高札場のある村々では，この「定」が高札に書き写され，立てられた。

(8)・(9)　史料をチェックしていれば文脈を判断せずとも解答できるが，(8)は史料中の「しゐてねがひ事くわだつる」の「しゐて」に注目し，**強訴**（原文は「ごうそ」），(9)は「村方たちのき候」から**逃散**（原文は「てうさん」）と解答したい。

(10)　史料では２カ所とも「帯刀・￢エ￢」と，「帯刀」と併記されている点に注目しよう。もともと帯刀と**苗字**は，ともに武士身分の特権であったが，幕府や藩は武士身分以外のものでも特別に許し，武士身分に準ずる地位を認めていた。

(11)　百姓一揆とならび，18世紀半ば以降，頻発したのは**打ちこわし**である。都市では主に，飢饉などで米価が騰貴した際，米屋などを対象として打ちこわしが生じた。

(12)　史料の末尾に「明和七年（1770）四月」と書かれている点に注目しよう。この当時，江戸幕府において大きな政治力を誇っていたのが**田沼意次**である。彼は10代将軍徳川家治の側用人から老中に就任し，権勢をふるった。

(13)　史料集に記されている，この史料の一般的な名称を知っていれば，**高札**とすぐに解答できるが，「百姓を直接の対象とした」法令が「木札に書かれて掲げられた」との説明から，５代将軍徳川綱吉のときに出された忠孝札，８代将軍徳川吉宗のもとで出された新田開発奨励の高札，あるいは，明治新政府が1868年に掲げた五榜の掲示（高札）を思い浮かべてもよい。

史料は，1940年，第二次近衛文麿内閣のもとで締結された**日独伊三国同盟**である。1937年に始まった日中戦争において中国の軍事制圧に失敗し，次第にアメリカ・イギリスとの関係が悪化する一方，39年に始まった欧州戦争でドイツがフランスを降伏させるなど大陸を席巻する状況下，ドイツとの提携を強化することで東南アジアへの軍事的進出を進めようとする意図のもとで結ばれた条約である。

(14)・(15)　この条約が「日独伊三国同盟」であることを念頭に，呼称に並んでいる順番通り，￢オ￢にドイツ（独逸），￢カ￢に**イタリア**（伊太利）とあてはめればよい。なお，問(20)で￢カ￢が最初に降伏したことが指摘されているので，イタリアが入ると確定できる。

(16)　第二次近衛内閣は発足に際し，国内における新体制の確立に並び，対外的には東アジアを広域ブロック化し，**大東亜**新秩序を建設することを，基本方針として掲げ

ており，日独伊三国同盟にも盛り込まれた。

⒄　「欧州戦争」がドイツ・イタリアとイギリス・フランスとの対立を基軸とし(締
結の時点ではフランスはドイツに降伏しているが)，「日支紛争」が日本と中国との戦
争であることを念頭におけば，ここに含まれない列国が**アメリカ**と**ソ連**であることは
わかる。ソ連とは，すでにドイツが**独ソ不可侵条約**を結んでおり，日本が翌41年に**日
ソ中立条約**を結ぶことを意識すれば，「現ニ欧州戦争又ハ日支紛争ニ参入シ居ラサル
一国」が**アメリカ**を想定したものであることがわかる。実際，日独伊三国同盟は，ア
メリカが欧州戦争並びに日中戦争(と南進)に介入しないよう，その動向を抑制するこ
とを目的としていた。

⒅　日独伊三国同盟を締結した1940年，日本は**北部仏印**に軍隊を進駐させた。東南
アジア進出(南進)の足がかりを確保すること，そして仏印経由の援蔣ルートを遮断す
ることが目的であった。

⒆　⒄で確認したように，1941年，日本はソ連と**日ソ中立条約**を結び，南進を進め
るうえでの北方の安全を確保した。

⒇　日本がアメリカ・イギリスとの開戦に踏み切った直後，1941年12月11日，日独
伊三国が単独不講和協定を結び，それに対してアメリカ・イギリスなどは翌年1月1
日に連合国共同宣言を発表し，ここに全世界的な規模で戦争が展開することとなった。
日独伊三国のうち，もっとも早く降伏した(単独不講和協定を最初に破った)のはイタ
リアで，1943年9月に降伏した。こうした状況を受け，すでに戦局が守勢へと転じて
いた日本は，同月，戦線後退に歯止めをかけるため「絶対確保すべき要域」つまり**絶
対国防圏**を決定した。しかし，44年7月，サイパン島が陥落し，この絶対国防圏も破
られてしまった。

解 答

A　⑴　赤松　　　⑵　結城合戦　　　⑶　播磨国　　　⑷　細川勝元　　　⑸　天皇
　　⑹　将軍権力の強化を狙った専制的な政治(万人恐怖の専制政治)
　　⑺　源実朝
B　⑻　強訴　　　⑼　逃散　　　⑽　苗字　　　⑾　打ちこわし　　　⑿　田沼意次
　　⒀　高札
C　⒁　独逸(ドイツ)　　　⒂　伊太利(イタリア)　　　⒃　大東亜　　　⒄　アメリカ
　　⒅　北部仏印　　　⒆　日ソ中立条約　　　⒇　絶対国防圏

Ⅱ

【解説】　古代～現代の諸事項についての空欄補充問題であり，単純に知識の有無を問うた問題である。

①　平安時代中期，貴族の住宅として寝殿と**対屋（対）**□ ア □からなる**寝殿造**が作り出された。内部の襖障子や屏風には，日本の風景や風俗を題材とした**大和絵**□ イ □が描かれた。なお，天皇が住んだ清涼殿では，私的な面には大和絵が描かれたものの，公的な面には中国を題材とした唐絵が描かれた。

②　鎌倉時代の紀行文では，源親行が書いたとされる『**東関紀行**□ ウ □』，藤原定家の子為家の妻**阿仏尼**□ エ □が著した『**十六夜日記**』が有名である。

③　朝鮮は，略奪行為を繰り返す武装商人集団**倭寇**□ オ □に対処するため，根拠地の対馬を襲撃する（**応永の外寇**）一方，対馬の宗氏を介して通交の制度を定めて平和的な貿易を推進した。朝鮮からは**木綿**や大蔵経が輸入され，日本からは銅・硫黄のほか，**琉球**□ カ □貿易で入手した蘇木・香木などが輸出された。

④　室町時代の公家のあいだでは，有職故実や古典の研究がさかんに行われており，**一条兼良**はその代表者である。有職故実書『**公事根源**』，『**源氏物語**』の注釈書『**花鳥余情**□ キ □』以外にも，『**日本書紀**』神代巻の注釈書『**日本書紀纂疏**』，将軍足利義尚への政治意見書『**樵談治要**』などを著している。彼の息子の興福寺大乗院門跡**尋尊**は，**正長の土一揆**の史料出典で有名な『**大乗院日記目録**□ ク □』を編纂し，**山城の国一揆**の史料出典で有名な『**大乗院寺社雑事記**』を残している。『**大乗院寺社雑事記**』が彼の日記であるのに対し，『**大乗院日記目録**』は大乗院所蔵の日記類から抄録したものである。

⑤　江戸時代には，朝廷がもっていた権限の多くは幕府により実質的に吸収されたが，改暦も同様であった。その契機となったのが，**安井算哲（渋川春海）**による新暦作成であった。算哲は，元の授時暦をもとに自らの観測結果を加えて新しく暦を作成し，幕府により**貞享暦**□ ケ □として採用された。これを機に幕府は，**天文方**□ コ □を新設して算哲を登用し，改暦の権限は実質的にここに移った。

⑥　**鈴木牧之**は，江戸時代後期，小千谷縮を商った越後の在郷商人で，江戸の文人たちと親交を結び，雪国の風俗を紹介した随筆『**北越雪譜**□ サ □』を著した。彼と交流した人物としては洒落本『**仕懸文庫**』の作者**山東京伝**□ シ □が有名で，『**北越雪譜**』は京伝の没後，彼の弟京山の協力により刊行された。

⑦　明治期，高等教育機関は，1886年に**帝国大学**が創設されて以降，整備されていく。帝国大学は**東京大学**を前身とし，法・文・医・理・工の5分科大学をもつ総合大学として発足した。当初は東京1校のみであったが，その後，京都・東北・九州に設

置され，大正期には北海道，そして植民地朝鮮の**京城**　セ　にも設けられた。一方，大正期の1918年，原敬内閣により**大学令**　ス　が制定され，単科大学や公立・私立大学も大学として認められた。

⑧　大正デモクラシーの風潮が広がるなか，封建的な家制度のもとに抑圧されていた女性の政治活動の自由を求める動きが広がった。その中心となったのが，1920年，**平塚らいてう**・市川房枝らによって設立された**新婦人協会**　ソ　で，女性の政治結社加入や政談集会への参加などを禁じた**治安警察法**　タ　**第5条**の改正を求め，1922年に一部実現した。その後，婦人参政権の獲得がめざされたものの，その実現は敗戦後を待たねばならなかった。

⑨　大正から昭和初期にかけての文化は，大戦景気にともなって労働者やサラリーマンが増加し，都市化が進展したことを背景として展開した。新聞や雑誌の発行部数が飛躍的にのび，それらを舞台として，**中里介山**　チ　の『**大菩薩峠**』など大衆小説が人気を博した。一方，労働運動が広がり，ロシア革命の影響もあって社会主義運動が影響力をもつなか，労働者独自の文化の創造をめざす運動が展開し，小林多喜二『**蟹工船**』などの**プロレタリア**　ツ　**文学**が創作された。

⑩　1973年の石油危機以降，世界経済が停滞するなかにあって，日本は**赤字国債**を財源とする公共投資などにより，いちはやく不況から脱出した。しかし，そのことがかえって財政赤字の累積という新たな問題を生み出した。そうしたなか，1982年に成立した**中曽根康弘内閣**は，第二次臨時行政調査会の答申に基づいて「増税なき財政再建」を掲げて行財政改革を進め，**電電公社（日本電信電話公社）**　テ　や**国有鉄道（国鉄）**などの民営化を実施した。その後，財源確保のため「増税なき」との方針から転じて大型間接税の導入を企図したものの実現せず，続く**竹下登内閣**のもとで**消費**　ト　**税**として実現した。

解　答

ア　対屋（対）　　イ　大和絵　　ウ　東関紀行　　エ　阿仏尼　　オ　倭寇
カ　琉球　　キ　花鳥余情　　ク　大乗院日記目録　　ケ　貞享暦
コ　天文方　　サ　北越雪譜　　シ　山東京伝　　ス　大学令　　セ　京城
ソ　新婦人協会　　タ　治安警察法　　チ　中里介山　　ツ　プロレタリア
テ　電電公社（日本電信電話公社）　　ト　消費

Ⅲ

解説　3つのテーマによる記述問題であり，今年度は原始・古代，中世，近代から各1テーマが出題された。

Ａ　原始・古代の建築

　原始・古代における建築は，床の位置で分類すると，竪穴住居（床を地面よりも低く掘り込む），平地式建物（地面を掘り下げない），高床式建物の3種類がある。また，屋根の素材で分類すると，植物性の素材で屋根を葺く，屋根に瓦を葺く（瓦葺），の2種類があり，それぞれ柱の立て方に注目すれば，前者は一般的に掘立柱，後者は礎石の上に柱を据える礎石建ち，である。

　　ア　　縄文時代以降，古墳時代にいたるまで，大多数の庶民の住居は**竪穴住居**が一般的であった。床を地面よりも低く掘り込み，屋根を地上まで葺きおろす形式の建物で，東日本では奈良時代にも見られた。

　　イ　　弥生時代に描かれた絵画でまず思い浮かぶのは，**銅鐸**に描かれた農耕やそれに関わる絵画であり，臼と杵で脱穀を行う様子や**高床倉庫**などが描かれている。

　　ウ　　弥生時代の高床式建物が問われているのだから，穀物を貯蔵するための**高床倉庫**を想起すればよい。なお，高床式建物は縄文時代中期にはすでに存在していたことがわかっており，弥生時代には支配者のための住まい，祭祀場（神殿），あるいは集会場などと考えられる大型の高床式建物跡が各地で発見されており（**佐賀県吉野ヶ里遺跡**など），奈良県唐古・鍵遺跡から出土した土器片には2層の屋根をもつ楼閣の絵画が描かれている。

　　エ　　古墳時代，「墳丘に並べた」ものといえば**埴輪**である。埴輪には，土管状の円筒埴輪と，家や武具，人物や動物をかたどった形象埴輪がある。

　　オ　　「掘った穴の中に柱を立てる」のは**掘立柱**建物で，耐久性は礎石建物に劣っていた。なお，仏教寺院，大極殿や朝堂院が礎石建物であったのに対し，天皇の私的な邸宅である内裏は檜皮葺の掘立柱建物であった。

　(1)　**5～6世紀**という時代設定と「**銘文が入った**」との限定にしたがって，㈠鏡，㈡刀剣について具体的に名称を知っているものを思い浮かべてみよう。まず㈠鏡は，一般的には**隅田八幡神社人物画像鏡**しか思い浮かばないだろう。三角縁神獣鏡を思いついた人がいるかもしれないが，これは前期古墳つまり4世紀の主な副葬品であり，誤りである。次に㈡刀剣については，**稲荷山古墳出土鉄剣**や江田船山古墳出土鉄刀が出てくるが，「年号を含む銘文」に該当するのは前者である。「**辛亥年**」（471年とされる）と刻まれている。

　(2)　「島根県の著名な神社」から**出雲大社**が出てくるだろう。なお，神社建築（神

殿建築）の様式で，古くからのものといえば，伊勢神宮に代表される神明造，出雲大社に代表される大社造，住吉大社に代表される住吉造がある。

（3）礎石建物は「仏教建築にともなって倭国で初めて出現した」というのだから，仏教建築を対象としながら，「創建後1300年以上を経た，現存の礎石建物」を探せばよい。今から1300年前とは**西暦700年頃**であるから，その頃すでに創建され現存している建物といえば，**法隆寺金堂**と**法隆寺五重塔**に思い至るだろう。ともに法隆寺創建当初の建物ではなく，7世紀後半に焼失したあと，**白鳳期に再建**されたものである。なお，白鳳文化で扱われる薬師寺東塔を思い浮かべた人がいるかもしれないが，平城京遷都にともない薬師寺が現在の地に移転されたあと，8世紀前半の天平期に建立されたとされるので，適当ではない。

（4）倭国最初の本格的仏教寺院とは**飛鳥寺（法興寺）**で，**蘇我馬子**によって6世紀末に建立された。

Ｂ　鎌倉時代の在地社会（荘園・公領）

鎌倉時代の荘園や国衙領には，身分でいえば，**侍，百姓，下人・所従，非人**などが住んでいた。**侍**とは元来，五位・六位の位階をもち，皇族・貴族の諸家に仕えるものを指したが，鎌倉時代には**武士**の身分的呼称として転用されるようになっていた。彼らは荘園や国衙領では，地頭や郷司・下司・公文などに任じられ，それぞれの職に基づいて在地支配を進めていた。**百姓**は商人や手工業者を含んだ中世庶民の一般的な呼称で，必ずしも農業専従者を指すことばではない。そして，**下人・所従**は主人に隷属した人びとで，しばしば売買・譲与の対象とされ，**非人**は清目・河原者・癩者など百姓の共同体から排除された人びとの総称で，宿などに集住した。

　カ　武士たちの血縁を軸とした結合は**惣領制**と称され，一族は**惣領**を中心に結集し，一族の他のもの（**庶子**）は惣領に従って幕府への奉公に従事した。

　キ　百姓は凡下・平民・甲乙人などとも称された。**難問**だが，「**凡下**」は永仁の徳政令にも記され，そこで「**庶民をさす**」などと注記されているため，続く文章の「百姓は農民だけでなく，商人や手工業者をも含んだ庶民をさす」との表現に注目すれば解答できる。

　ク　**所従**と併記されていること，リード文の最後の段落で「地頭・荘官・名主等に人格的に隷属する非自由民」と説明されている点に注目しよう。

　ケ　鎌倉時代を対象として問われているため，戸惑った人が多いと思うが，鎌倉時代後期，近畿地方などで村が形成されたことについては教科書に記述されている。そうした村々では**寄合**がもたれ，自治運営が行われていた。

　コ　百姓身分のうち，「自分の名田をもたず，**作人**として名主や荘官などの田

地を耕作した」ものは**小百姓**と称された。教科書によっては，作人層を指す名辞として小農民との表現が用いられているが，リード文にあるように百姓身分は農民だけではないため，ここで「小農民」と答えるのは必ずしも適当ではない。

(5)　地頭・荘官らの直営地は**佃・正作**などと称され，なかでも年貢・公事を免除される免田と認定されたものは**門田**と呼ばれた。

(6)　鎌倉時代，惣領制のもとでは所領は惣領・庶子によって**分割相続**された。しかし，鎌倉時代後期以降，次第に惣領制の解体が進み，惣領だけが全部の所領を相続する単独相続が一般的になっていく。

(7)　武士とは軍事・警察を職能とする世襲身分であったため，日常的に武芸が重視され，その生活のなかから武士独特の心構え・道徳が生まれ，**弓馬の道・兵の道・武家の習い**などと称された。

(8)　村々の百姓たちが結集する軸となったのが鎮守社(神社)で，その祭礼を行ったのが**宮座**と呼ばれる祭祀組織であった。百姓たちは，領主との交渉にあたっては，しばしば鎮守社に集まって**起請文**を書き，**一味神水**と呼ばれる集団誓約の儀式を行って団結をかためた。

(9)　百姓たちが領主に対して要求をつきつけるために作成した文書を**百姓申状**という。「阿氐河荘民訴状(阿氐河荘百姓等言上状)」を思い浮かべ，訴状や言上状と答えた人がいるかもしれないが，百姓申状が正確な表現である。

C　立憲体制の形成と定着

明治維新は，幕藩体制に代わる新しい公議政治のあり方を求めて展開した政治変革としての性格をもち，1870年代以降，どのような公議政治をいかに制度化するかをめぐって対立と試行錯誤が続いた。大久保利通の暗殺後，そのなかで中心的な役割を果たしたのが伊藤博文であった。彼は，在野での議会を中心とした政治を求める潮流，政府内部における議会の役割を軽視する保守的な潮流などとの拮抗関係のなか，君主(天皇)・政府・議会の均衡のうえに立つ政治運営をめざしていった。

サ　自由民権運動が高まるなか，1880年に愛国社が中心となって**国会期成同盟**が結成された。政府に対して国会開設を求める請願運動を展開すると共に，各地で憲法起草への取り組みが促された。

シ　明治十四年の政変を契機として本格化した憲法制定作業において中心的な役割を果たしたのは**伊藤博文**であった。彼は憲法調査のため1882年からヨーロッパに渡った。

ス　渡欧した伊藤博文は，まずベルリン大学のグナイスト，続いてウィーン大学の**シュタイン**から憲法を学んだ。特にシュタインから強い感銘を受け，君主は国

家の一機関にすぎないこと，君主・行政府・議会の三機関が相互に均衡すべきことなど，国家制度についてのトータルな教示を受けたことが，帰国後に彼が主導した憲法制定過程に活かされていった。

　　セ　　大日本帝国憲法第64条の空所補充だからと言って，条文を覚えていなければ正答できないわけではない。「**帝国議会ノ協賛**」とある点に注目し，まずは帝国議会が協賛する対象である立法と**予算制定**を思い浮べ，そのうえで「**国家ノ歳出歳入**」に目配りすれば，この空欄には**予算**が入ると判断できる。

　　ソ　　**伊藤博文**　シ　が1900年に創立した政党とは，**立憲政友会**である。伊藤は，党利党略を優先する既成政党のあり方を是正し，国家目標の実現を掲げる政党をみずから組織することにより，藩閥の政治力を補強し，当時東アジアで展開しつつあった分割競争に対応できる政治体制を確保しようとしたのである。他方，解党して合流した旧自由党勢力つまり**憲政党**にすれば，藩閥官僚勢力の一部を取り込むことにより，政策立案と政権担当の能力を獲得し，内閣組織への近道を得た，という意義ももっていた。

　　タ　　大日本帝国憲法では，首相（内閣総理大臣）についての規定はなく，その人選についても明確な規定はなかった。当初，元勲と称された政界の長老のうち，薩長藩閥に属するものが中心となり，天皇の諮詢に基づき合議で選定していたのが，日清戦争後2・3年のうちに，メンバーが**伊藤博文・山県有朋・井上馨・黒田清隆・松方正義・西郷従道・大山巌**の7人に固定した。こうして，天皇を補佐し，首相の実質的な人選など重要政務の決定に関与する**元老**という慣例に基づく機関が成立した。

　⑽　太政官制のもと，太政大臣・左大臣・右大臣とともに国政の審議・政策の決定にあたったのは**参議**である。大臣と異なり，天皇を輔弼する権限をもたなかったが，薩長土肥の有力諸藩出身の実力者が任じられる重要な役職であった。

　⑾　大隈重信が参議を罷免されたのは**明治十四年の政変**でのことである。その政変の背景は，一つに，民間での国会請願運動と私擬憲法作成の動きが広まるなか，政府内部でも国会開設の時期や憲法構想をめぐって意見の対立が激しくなったことであったが，もう一つ，開拓使の廃止にともなう官有物の政商五代友厚への払下げをめぐり，民間で薩摩閥批判が高まったこと，つまり**開拓使官有物払下げ**事件があった。

　⑿　「君主権は国家により拘束されるという考え方」を基礎とする憲法学説を組み立てた人物としては，**美濃部達吉**がもっとも有名である。彼の憲法学説**天皇機関説**は，1935年，岡田啓介内閣の**国体明徴声明**によって否定された。

　⒀　1925年に（男子）普通選挙法が成立したのは，**憲政会**総裁加藤高明を首相とする護憲三派内閣のもとでのことである。憲政会は1916年，第二次大隈重信内閣の総辞職

後，その与党であった**立憲同志会**などが合同して結成され，のち1927年，政友本党と合同して**立憲民政党**となる。

解　答

A　ア　竪穴住居　　イ　銅鐸　　ウ　倉庫　　エ　埴輪　　オ　掘立柱

(1)(あ)　隅田八幡神社人物画像鏡　　(い)　稲荷山古墳出土鉄剣　　(2)　出雲大社

(3)　法隆寺金堂(法隆寺五重塔)　　(4)　蘇我馬子

B　カ　惣領　　キ　凡下(平民)　　ク　下人　　ケ　寄合　　コ　小百姓

(5)　佃(正作・門田)　　(6)　分割相続　　(7)　弓馬の道(兵の道・武家の習い)

(8)　宮座　　(9)　百姓申状

C　サ　国会期成同盟　　シ　伊藤博文　　ス　シュタイン　　セ　予算

ソ　立憲政友会　　タ　元老

(10)　参議　　(11)　開拓使官有物払下げ事件　　(12)　美濃部達吉　　(13)　憲政会

Ⅳ

解説　論述問題であり，今年度は古代と近世から各1テーマが出題された。**推移・変化型**と**多面的な説明型**がそれぞれ1題ずつ出題された。

(1)　古代における国司制度の変遷

　問われているのは，**8世紀から11世紀における国司制度の変遷**で，条件として，郡司との関連をふまえることが求められている。

　「変遷」とは時間の推移によっていくつかの段階を経て移り変わることであり，**時期による違いを問う**形式での発問である。したがって，**対象時期をいくつかに区分し，それぞれの違いを説明する**という形式で答案を構成することが必要である。

　時期区分を行う際，いくつに区分するのかの判断は最後にまわし，与えられたテーマに即してまず**＜A→B＞という転換**があったかどうか，考えたい。そのうえで，AからBのあいだ，もしくはBのあとに，何らかの変化がないか，考えをめぐらせ，最終的にいくつかに時期区分すればよい。

　このように考えたとき，国司制度は，8世紀(奈良時代)から11世紀(平安時代中後期)のうち，**10世紀に大きな転換があった**ことに気づく。中央政府は国司の権限を強化して，地方政治をその最上席者である受領に一任した。

従来　　?
↓転換
10世紀　国司の権限強化・受領に地方政治一任

　では，その「転換」とは，どのようなものであったのか，従来はどのようなもので
あったのか。その際に注目したいのは中央政府と国司の関係であり，条件として求め
られている国司と郡司の関係である。そして，国司の権限を強化し，その最上席者で
ある受領に地方政治を一任することが，この2つの関係にどのような転換をもたらし
たのかを，考えてみよう。

```
従来　　ⓐ国司は中央政府の監督を受ける　　ⓑ郡司が行政の実務を担う
↓転換
10世紀　❶受領に地方政治一任　　　　　　　　❷国司の権限強化
　　　　　　　　　　　　　　　　　　　　　→郡司の地位低下
```

　次に，受領が国司の最上席者であることに注目し，それ以前との違いを補いたい。

```
従来　　ⓐ国司は中央政府の監督を受ける　　ⓑ郡司が行政の実務を担う
↓転換　　└四等官で構成
10世紀　❶受領に地方政治一任　　　　　　　　❷国司の権限強化
　　　　　└国司の最上席者　　　　　　　　　→郡司の地位低下
```

　なお，従来つまり律令制度本来においては，国司は中央から貴族・官人が交替で派
遣されるもので，在地の豪族から任命される郡司とは出自が異なっていた点にも留意
したい。10世紀以降，この関係は変化しないものの，条件として「郡司との関連をふ
まえ」ることが求められているので，このデータを答案に盛り込んでもよい。
　さて，ここで考察をとめず，**他にも変化がないか**，考えてみよう。その際，10世紀
に国司制度が転換したことで生じた諸現象を思い浮かべたい。
　国司制度の転換にともない，国司の地位が**一種の利権とみなされるようになり**，成
功や重任によって任じられることが多くなった。その結果，11世紀には受領も**任国に
常駐せず**，交替のとき以外は赴任しないようになった。こうした事例を具体的に列挙
するのもよいが，できれば，国司制度が形骸化したとまとめて一般化しておきたい。

```
従来　　ⓐ国司は中央政府の監督を受ける　　ⓑ郡司が行政の実務を担う
↓転換　　└四等官で構成
10世紀　❶受領に地方政治一任　　　　　　　　❷国司の権限強化
↓　　　　└国司の最上席者　　　　　　　　　→郡司の地位低下
11世紀　地位が利権視される→任国に常駐しなくなる：国司制度の形骸化
```

(2) 江戸幕府の蘭学政策

　問われているのは，享保期以降，開国以前の時期における，㋐**江戸幕府の蘭学政策**，
㋑**その政策が蘭学に与えた影響**，である。期間が設定されている点に注目すれば，推
移・変化を問う形式ともとれるが，**政策の内容と影響に焦点があたっており，いくつ
かの観点を立てて多面的に説明すること**を求める形式での出題である。

　㋐**江戸幕府の蘭学政策**から確認していこう。

　注意すべきは，まず，**蘭学について説明することは求められていない**点である。し
たがって，蘭学者やその著作，塾などについて具体例を列挙する必要はない。そして
第二に，政策の推移や展開が問われているわけではないのだから，時期区分をしなが
ら政策など事例を年代順に説明する必要はない。したがって，時期（時間軸）で場合分
けするのではなく，**政策の内容面からいくつかに場合分けし，説明していけばよい。**

　こうした点を意識しながら高校教科書の記述を思い起こそう。その際，教科書では，
＜蘭学（洋学）の発達＞というテーマで記述されているため，**幕府を主体とする説明文，
幕府と関連のある説明文を抽出する**という作業を意識してやっていきたい。

　次の3ポイントを抽出することができるだろう。

> (a)将軍徳川吉宗が漢訳洋書の輸入制限を緩和→蘭学発展の契機
> (b)幕府天文方で天文・測地，蘭書の翻訳（蛮書和解御用を設置）
> (c)幕府による規制（蘭学者弾圧事件）＝シーボルト事件や蛮社の獄など

　これらを**グループ分けしてラベル付けする**と，次のようになる。

> (a)と(b)＝受容（奨励）　↔　(c)＝規制（弾圧）

　このように**江戸幕府の蘭学政策は受容（奨励）と規制（弾圧）という二面性**を持ってい
たのである。答案では，この点をまず指摘したうえで，それぞれの面について具体的
に説明すればよい。

　続いて，㋑**その政策が蘭学に与えた影響**である。

　幕府は**実用の学問としての側面を受容（奨励）**する一方，**蘭学者が幕府政治を批判す
ることや政治運動と直接結びつくことを警戒**していた。それゆえ，蘭学は**政治批判や
政治運動から離れ**，医学や天文・測地，兵学など**実学としての性格**を強めることとなっ
た。

> (a)と(b)　⇒　実学としての性格を強める
> (c)　　　⇒　政治批判から離れる（政治運動と直接結びつかない）

解 答 例

(1)　8世紀，国司は四等官で構成され，中央より
　　貴族・官人が派遣されて赴任するのが原則で
　　あった。中央政府の監督の下で行政を担当し
　　，地方豪族より任命された郡司に文書作成や
　　租税徴収などの実務を担わせた。しかし，10　　*5*
　　世紀初以降，国司は中央政府から国内統治を
　　委ねられ，中でも最上席者である受領に権限
　　が集中したため，郡司の地方支配における役
　　割が低下した。11世紀後半，受領は現地に常
　　駐しなくなり，国司制度の形骸化が進んだ。　　*10*
　　　　　　　　　　　　　　　　　　（200字）

(2)　江戸幕府の蘭学政策は受容と規制という二面
　　性を持っていた。享保期，幕府が漢訳洋書の
　　輸入制限を緩和したことが医学を端緒とする
　　蘭学の発展を促し，以後，幕府は天文・測地
　　や兵学など実用の学問として受容し，蛮書和　　*5*
　　解御用を設けて蘭書翻訳にあたらせるなどし
　　た。一方，鎖国政策を堅持する立場から，シ
　　ーボルト事件や蛮社の獄など蘭学者の行動を
　　規制した。このため，蘭学は政治運動とは結
　　びつかず，より実学としての性格を強めた。　　*10*
　　　　　　　　　　　　　　　　　　（200字）

解答・解説

Ⅰ

解説 古代・中世・近世の史料問題，出題形式は例年通りの空欄補充・下線部関連設問である。設問は標準的なものが多いが，3つとも初見史料が出題されている。

A 班田収授法と天平期の田地政策

史料は『続日本紀』天平元年〔729〕11月癸巳条で，同年に口分田の全面的な再配分が行われた際の除外措置を規定したものである。皇族や貴族の位田・功田・賜田や寺社の田地については給付し直さないとの基本方針を示したうえで細則を提示する，という構成をとっている。

班田収授法が本格的に実施されるようになったのは，このときが最初であった。長屋王の変（729年）により，畿内に散在する長屋王家の所領の多くが政府に収公されたため，全面的な収公を実施したうえで口分田を班給・再配分するという計画を構想する余裕が生じたのだとされる。

(1) 行政区画であり，**京**と併記されている点に注目すれば，京周辺地域を指す**畿内**であることが判断できる。史料の後半には「一分は　ア　に，一分は**外国**に」と記されている点もヒントだが，**外国＝畿内以外の諸国**と判断するのは難しいだろう。

(2) 班田収授法に基づいて支給される**口分田**は，良民男子に**2段**（（あ）），女子は男子の3分の2，賤民は良民の3分の1と規定されていた。そして，口分田支給の便宜のため，面積1**町**（**10段**）（（い））の正方形である坊（のち坪）を基準単位とする土地区画である**条里制**が導入された。

(3) 下線部(b)の**太政官による奏**に対応して，史料の末尾には「これを**許す**」と記されていることにも注目したい。そして，律令制下では**太政官での合議と天皇の裁可とによって行政の運営が行われていた**ことを想起すればよい。

(4) 田租を納める田は**輸租田**と称された。

(5) 天平年間は**大宝令**が施行されていた。すでに養老令も編纂されていたものの，その施行は藤原仲麻呂政権の757年であることに注意したい。なお，「令の名」が問われているので，「大宝律令」と解答するのは不適切である。

(6) 民政を担当した官司は**民部省**であり，戸籍や田地などを管轄した。なお，史料原文は「民部」のみだが，「官司」の名称が問われているので「民部省」と答えてよい。

B 南北朝期の国人一揆

史料は，1351年の「山内首藤一族一揆契約連署起請文（『山内首藤家文書』）」である。

山内首藤氏は鎌倉時代以来，備後国(広島県)で地頭職をもつ国人であったが，分割相続がくり返されて多くの家が分立していた。そして，南北朝の動乱期には一族内部で対立・抗争が激しく，一族が分裂して足利尊氏方，足利直義方，南朝方に分れ，戦うことも珍しくなかった。こうした状況下，山内首藤氏の一族11人が結束を誓い合ったのが，この史料である。

(7)　史料末尾に「貞和七年(1351)」とあり，下線部(e)の前後には「去年の秋ごろより，(e)**両殿御不和**の間」と記されている。つまり，下線部(e)は**1350年**から始まった出来事である。さらに，下線部(e)の少し後に「しこうして或いは(f)**宮方**と号し，或いは**将軍家**ならびに**錦小路殿方**と称し，国人等の所存まちまちたりといえども」と記されていることもヒントになる。「(f)**宮方**」が，「有職故実書」を著した人物が属すること(問(8))から**南朝方**と判断できれば，下線部(e)の「**両殿**」とは「**将軍家ならびに錦小路殿**」であることもわかる。つまり「両殿御不和」とは1350年に始まった「将軍家ならびに錦小路殿」の不和すなわち反目・対立であり，**観応の擾乱**である。

(8)　南北朝期の文化で「有職故実書」として教科書に登場するのは**後醍醐天皇『建武年中行事』**と北畠親房『職原抄』しかない。このうち，「『宮方』の重臣」との表現に適うのは**北畠親房**だから，彼の著した『**職原抄**』を答えればよい。

(9)　室町幕府の将軍直轄軍は**奉公衆**である。3代将軍義満のころから整備され，将軍を支え，守護大名を牽制する役割を果たした。

(10)　「御恩」は主君が臣下に対して行う行為であり，それに応えて臣下が主君に対して行うのは「**奉公**」である。そして「奉公」のうちもっとも一般的なものは**軍役**である。このことを念頭におきながら史料を一読すれば，下線部(h)に続いて「いかでかかの御恩を忘れ奉るべけんや。しかれば早く御方において軍忠を致し」と書かれていることに気づくだろう。この**軍忠**(戦いでの勲功のこと)を抜き出せばよい。

(11)　「菩薩」という号は，たとえば東大寺法華堂の日光・月光菩薩像を想起すれば，**仏教に関連する呼び名**であることがわかる。つまり，神に仏教風の呼び名が付けられているのである。これは，古来の神々への信仰と仏教を融合する**神仏習合**の思想・風潮に基づくものであり，神々も人間と同じように仏教に帰依するものとされ，菩薩号を付けるようになったのである。

(12)　「**起請文**」とは何かを知っていれば，すぐに答えられるだろう。しかし，知らずとも解答に辿り着く手段はある。そもそも設問に「史料を参考にして」と書かれているのだから，史料のなかにヒントが隠されているはずである。まず，史料の冒頭に「契約す」，末尾に「一味契約(j)**起請文**の状くだんのごとし」とあることに注目しよう。ここから，史料が**契約内容を記した文書**であることがわかる。次に考えたいのは，契

約の内容だけが記されているのかどうかである。その際に注目すべきは，「この上は
さらに二心あるべからざるか。向後この状に背かば……(中略)……もしこの条々一事
たりといえども，偽り申さば，上は梵天・帝釈・四大天王……(中略)……当国吉備津
大明神等の御罰を，各の身に罷り蒙るべきなり」との文面である。ここでは，さまざ
まな神仏の名にかけて契約を守ることを誓っているのである。

　以上から，「起請文」とは契約の内容を神仏に誓約する文書，いいかえれば神仏を
仲立ちとして契約を誓い合う文書であることがわかる。

> ### C　江戸幕府の職制と宗門改

　史料は，「天明6年7月の宗門改に関する触書」である。やや内容が読み取りにく
いかもしれないが，史料中の指示語に注目しながら読み進めれば難しくはない。

　諸国御料・私領宗門改帳，大概寛文の頃より以来，年々帳面寺社奉行にて取り
集め候筈に候。……
　右の通り①相心得，帳面集まり次第，一箇年ごとの年号ならびに冊数箇条書に
致し，出来次第，牧野越中守方へ差し出し，追って差図次第，帳面も差し出し
申さるべく候。
右の通り②安永五申年相触れ候処，今もって差し出さざる向きもこれあり候間，
此節③相調え，堀田相模守方へ早々差し出すべく候。
　　　(中略)
右の趣④江戸表より到来候条，洛中洛外へ相触るべきもの也。

　まず「右の通り①」は，ここでは省略した「……」の部分に列挙されている細則を
受けたもので，続いて，そこに記された細則に従って宗門改帳を寺社奉行へ差し出す
ようにとの指示が述べられている。

　そして，この指示全体を「右の通り②」との表現で受けるという構成がとられてお
り，続く「安永五申年相触れ候処」から，ここまでの指示が「安永五年」に出された
ものだとわかる。

　次に，「此節③」に注目しよう。その直前の「今もって差し出さざる向きもこれあ
り候間」という表現を念頭におけば，「此節」が「今」すなわち「午(天明6年)」に
あたると判断でき，「安永五申年」に出された指示を再度徹底することが天明6年に
改めて通達されたことがわかる。

　そして，「右の趣④」とは，こうした全ての内容，要するに「午(天明6年)」の通
達であり，「江戸表」からのこの通達を「洛中洛外」を対象として伝達したのが，こ
の史料であると判断できる。

⒀　「洛中洛外へ相触るべき」とあるので，伝達された都市とは京都である。

⒁　宗門改めが全国化した**寛文**期の将軍は，4代将軍**徳川家綱**である。

⒂　史料によれば，勘定奉行の管轄下にあるのだから，幕領(史料では「御料所」と表現されている)において農村支配を担当した役人の職名は**代官**である。

⒃　**勘定奉行**は寺社奉行・(江戸)町奉行と共に三奉行と総称されたが，譜代大名から選任された寺社奉行とは異なり，(江戸)町奉行と同じく**旗本**から選任された。

⒄　遠国奉行とは幕府直轄の要地に置かれた諸奉行の総称であり，九州では，オランダ商館や唐人屋敷が設けられ，オランダや中国との貿易が行われた**長崎**に奉行が置かれていた。**長崎奉行**である。

⒅　「知行所」いいかえれば知行地をもたない武士に対しては，**俸禄**として米が現物支給された。この制度を**俸禄制**と呼ぶ。

⒆　先に確認した史料の構成を念頭におけば，下線部(o)の「堀田相模守」は**寺社奉行**であることが了解できる。

解答

A　(1)　畿内　　(2)(あ)　2段　　(い)　1町(10段)　　(3)　天皇　　(4)　輸租田

　　(5)　大宝令　　(6)　民部(省)

B　(7)　観応の擾乱　　(8)　『職原抄』　　(9)　奉公衆　　(10)　軍忠

　　(11)　神仏習合

　　(12)　契約の内容を神仏に誓約する文書

C　(13)　京都　　(14)　徳川家綱　　(15)　代官　　(16)　旗本　　(17)　長崎奉行

　　(18)　俸禄制　　(19)　寺社奉行

Ⅱ

解説　古代〜近世の諸事項についての空欄補充問題である。思考力のほとんど要求されない，単純に知識の有無を問うた問題である。

①　飛鳥寺の建立には**百済**(ア)からの技術者が参加している。仏教伝来が百済からであることから推論すればよい。そして，金堂釈迦如来像を作成したとされる**止利仏師**は鞍作鳥ともいい，馬具の製作にあたる品部つまり**鞍作**(イ)部を管轄する氏族(伴造)の出身であった。

②　**紡錘車**(ウ)は糸を紡ぎ，撚りをかける道具であり，弥生時代の遺跡から広く発見され，この時代から織物を織ることが始まったことがわかっている。当時の織物の多くは麻布であり，律令制下では，歳役という京での労役の代納である**庸**(エ)として納められていた。

③　乙巳の変後，新たに大王となった孝徳天皇は都を飛鳥（板蓋宮）から**難波**（長柄豊碕宮）（　オ　）に移し，翌年には改新の詔を発して新政の基本方針を示した。そして，旧国造の支配領域を再編して**評**（　カ　）という地方行政組織を置いた。

④　律令制のもとで仏教は国家から保護・統制を受けて発展した。仏教徒の守るべき生活規範である**戒律**（　キ　）は，日本政府の要請によって渡来した唐僧**鑑真**によって本格的に伝えられ，一方，光明皇后が**悲田院**（　ク　）・施薬院を設け，唐にならった貧民救済の制度も整えられた。

⑤　山城国の**大山崎**は，古くから交通の要地で，長岡京・平安京の外港として栄えた。そして，住人は石清水八幡宮の神人として灯油の製造・販売とその原料である**荏胡麻**（　ケ　）の仕入れの独占権を掌握し，**油神人**（**油座**）を構成していた。また，『犬筑波集』を編纂したとされるのは**宗鑑**（　コ　）であり，山崎宗鑑とも称されるが，それは山崎（大山崎）に住んでいた宗鑑という意味の俗称である。

⑥　**大内氏**は1399年の応永の乱で勢力を抑制されたものの，やがて勢力を回復し，幕府から九州経営の重責を任されていた。のち，瀬戸内海の制海権をめぐって細川氏と争い，**博多**（　サ　）商人と結んで日明勘合貿易の実権を掌握した。しかし，1551年，家臣**陶晴賢**（　シ　）によって大内義隆が滅ぼされ，その甥義長が擁されたものの，1557年，毛利氏により滅亡した。

⑦　豊臣秀吉による朝鮮出兵（朝鮮侵略）は，明征服事業の一環として実行された。対馬の**宗氏**（　ス　）を通して朝鮮に対して入貢と明への先導を求めたものの，拒否されたため，大軍を派兵した。しかし，義兵や**李舜臣**（　セ　）の率いる朝鮮水軍の抵抗などにあって休戦となった。これを**文禄の役**ともいう。

⑧　人形浄瑠璃は，三味線の伴奏を取り入れた語り物である浄瑠璃と操り人形とが結び付いたもので，元禄期に**竹本義太夫**（　タ　）が大坂に竹本座を開き，近松門左衛門が書いた脚本を語って人気を博した。近松が著した脚本には，歴史上の事実に取材した時代物，当時の世相に取材した世話物があり，世話物としては『**曽根崎心中**』『**心中天網島**』（　ソ　）などが有名である。

⑨　元禄期に『万葉代匠記』を著した**契沖**（　チ　）は，万葉集を古代人の心に戻って理解することの必要性を論じ，国学の先駆をなした。そして，賀茂真淵やその門人の本居宣長らは，日本の古典研究を通じて日本古来の精神を追究し，中国文化への傾倒や善悪に基づく倫理的判断などを**漢意**（　ツ　）と称して排そうとした。

⑩　江戸時代後期つまり18世紀後半〜19世紀前半は，冷害にともなって天明の飢饉（1782〜87年），天保の飢饉（1833〜39年）という大規模な**飢饉**（　テ　）が２度にわたって生じている。こうしたなかで百姓は，年貢増徴の停止，専売制の廃止などを求めて

各地で**百姓一揆**（　ト　）を起こした。なお，この時期の百姓一揆は，全ての百姓層
が参加したことから**惣百姓一揆**とも称されている。

解答

ア　百済　　イ　鞍作　　ウ　紡錘車　　エ　庸　　　オ　難波（長柄豊碕宮）

カ　評　　キ　戒律　　ク　悲田院　　ケ　荏胡麻　　コ　宗鑑　　サ　博多

シ　陶晴賢　　ス　宗氏　　セ　李舜臣　　ソ　曽根崎心中（心中天網島）

タ　竹本義太夫　　チ　契沖　　ツ　漢意　　テ　飢饉　　ト　百姓一揆

Ⅲ

解説　例年通りの形式によるテーマ問題。本年度は，古代・近世・現代から各1テー
マとなっている。

A　古代の文字史料

　歴史研究の素材となるのは，まず第一に文字史料であるが，法典や史書，日記など
の文献史料とともに，木簡のような遺跡から発見された出土文字史料もある。

　　ア　　『日本書紀』に始まる官撰史書は，平安中期に編纂された『日本三代実録』
をもって最後となり，6つで終わったため，**六国史**と総称される。

　　イ　　『御堂関白記』は**藤原道長**が具注暦の余白に記した漢文日記である。

　　ウ　　律令の注釈書には，官撰の**『令義解』**と私撰の**『令集解』**があるが，問
題文には「注釈も9世紀後半に『　ウ　』に集成されてから後のものは，ほとんど残っ
ていない」と書いてあるのだから，両者のうち**成立が遅いもの**を答えればよい。官撰
注釈書『令義解』が，嵯峨天皇のもとで本格化した法制整備の流れをくみ，次の淳和
天皇期に清原夏野らによって編纂されたことを意識しておきたい。

　　エ　　「出土文字史料」という表現から判断しよう。**木簡**は，当時の生活・社会
の実態を知る重要な手がかりであるとともに，後世に編纂された史書の内容を確認し
たり，修正したりする根拠として役立っている。

　(1)　醍醐天皇期の有名な年号**延喜**と村上天皇期の有名な年号**天暦**とをあわせて，二
人の政治は**延喜・天暦の治**と称された。

　(2)　「日本最初の貨幣」とは，天武天皇の頃に鋳造された**富本銭**であり，巨大な工
房跡である**飛鳥池遺跡**から大量に発見された。細かい設問である。

　(3)　年代順配列問題は，2002年度第1問で出題されたことがあるが，京大日本史と
しては珍しい。Ⅰ（**蜻蛉日記**）とⅢ（**土佐日記**）については，筆者の関連事項（人物）を思
い浮かべたい。『蜻蛉日記』の筆者藤原道綱母は藤原兼家の妻，その子道綱は藤原道

長の異母兄弟であり，『土佐日記』の筆者紀貫之は，醍醐天皇の命により古今和歌集を編纂した人物である。つまり，Ⅰ＝**藤原道長の少し前**，Ⅲ＝**醍醐天皇のころ**と判断できる。次にⅡ（**更級日記**）は，その内容から時期を判断したい。『更級日記』に，筆者が少女時代，源氏物語にあこがれていたことが記されていることは，古文で習っているはずである。『源氏物語』の筆者紫式部は，藤原道長の娘彰子に女房として仕えた人物であるから，ここからⅡ＝**藤原道長よりも後**と判断できる。

(4)　源高明は，村上天皇の死後，冷泉天皇が即位するという状況下，皇太子の同母兄を擁立する計画を企てているとして，969年，大宰府に左遷された。**安和の変**である。

(5)　「大規模に発掘調査されてこなかった」理由を考える際，逆に大規模に発掘調査された事例を想起してみるとよい。木簡（　エ　）が多数出土して古代史研究に役立った事例として，**藤原宮跡，長屋王邸宅跡**くらいは高校日本史レベルでも知っているだろう。これらと平安宮跡とを対比させながら考えるとよい。そうすれば，藤原京も平城京も都（政治都市）としては短命に終わっているのに対し，**平安京が政治都市として長く存続し，今にいたるまで都市として発展してきた**ことが思い浮かぶだろう。この点が答えられれば問題ない。

とはいえ，都市の市街地であっても**大規模な都市開発が行われれば大規模な発掘調査が行われうる**ことも意識したい。たとえば，長屋王邸宅跡は百貨店の建設にともなって発見され，発掘調査されたのである。そして，発掘調査が本格的に行われるようになったのは明治期以降のことである。これらのことを念頭におけば，**平安宮跡は市街地であり続けただけでなく，明治期以降に大規模な都市開発が行われなかったため**，大規模に発掘調査されてこなかったのだとわかる。

(6)　紙・墨の技術は，飛鳥時代に高句麗から渡来した僧曇徴が伝えたとされる。

B　江戸時代の交通と貨幣・情報の流通

江戸時代は石高制を基礎として江戸幕府による統一的な全国支配が整い，そのもとで交通路や貨幣制度の整備が進み，幕府による情報統制も厳しく行われていた。

　オ　17世紀後半すなわち寛文期に，幕府の命により東・西廻り航路を整備したのは**河村瑞賢**である。

　カ　貨幣鋳造権を掌握する幕府のもと，規格の統一された貨幣が全国的に流通していた（実際の鋳造は金座・銀座・銭座に委託）。しかし，金貨・銭貨が計数貨幣であるのに対して銀貨は秤量貨幣であり，さらに，江戸の金遣い・上方の銀遣いと地域によって通用する貨幣が異なるなど，統一的な貨幣制度は実現していなかった。そのため，三貨の両替を担い，さらに諸大名を相手とした金融（大名貸）にも従事する**両替商**が成長することとなった。

$\boxed{キ}$　「鎖国」体制のもと，海外情報は，オランダ商館長（カピタン）が定期的に幕府へ提出する**オランダ風説書**によって伝えられていた。

(7)　五街道は**道中奉行**が管轄し，それ以外の街道は勘定奉行が管轄した。

(8)　大坂が経済的にどのような地位にあったのかを説明すればよい。端的には**全国経済の中心**である点が指摘できればよいが，17世紀半ばに西廻り航路が整備されたことを契機として「天下の台所」と称されるようになった点に留意すれば，諸国から諸物資が流入し，大坂やその周辺で加工され，再び諸国へ運ばれていく，つまり**諸国の諸物資の集散地**であった点を説明しておきたい。

(9)　西廻り航路は，17世紀後半に河村瑞賢によって整備されたとき，出羽国の**酒田**（山形県）が起点とされていた。

(10)(あ)　河村瑞賢が東廻り航路・西廻り航路を整備したのは，幕府から幕領の年貢米の江戸への廻送を命じられたためであった。つまり，**年貢米などの物資の輸送のため**に海上交通網の整備が進められたのである。とはいえ，ここで注意しなければならないのは，なぜ陸路ではなく海路なのか，である。それは，陸路では治安維持の観点から河川によっては架橋や舟運が禁じられ，物資輸送にはさまざまな制約があったのに対し，**海上交通のほうが大量の物資を安価に運べるという利点**があったためであった。

(い)　江戸時代後期に西廻り航路を就航したのは**北前船**である。買積方式で運営され，蝦夷地の海産物と上方の米などを交易して利益をあげた。

(11)　上方では**銀貨**が取引の中心とされ，上方の銀遣いと称された。

(12)　**林子平**は，ロシアの南下に対する危機意識から『三国通覧図説』『海国兵談』を著し，蝦夷地の開発や江戸湾防備の強化を論じ，寛政改革のなかで処罰された。

$\boxed{C　東アジアにおける冷戦体制の形成}$

第二次世界大戦後の東アジアにおける冷戦体制の枠組みは，中国内戦での共産党の勝利を出発点としていた。中国では共産党政権**中華人民共和国**が成立し，さらに，南北に２つの政権が成立していた朝鮮半島では，共産党勢力の朝鮮民主主義人民共和国（北朝鮮）が武力統一にむけた軍事行動を開始した。こうした状況下，アメリカにとっての日本の戦略的な重要性が高まり，アメリカは日本を**共産主義の防壁**として確保するための政策を実行した。それが**経済安定九原則**の指令・実行であり，**サンフランシスコ平和条約**と**日米安全保障条約**の締結であった。

$\boxed{ク}$　中華人民共和国が成立したときの中国共産党主席は**毛沢東**である。

$\boxed{ケ}$　共産党との中国内戦に敗れた中国国民政府は，1949年**台湾**に逃れた。日本は，サンフランシスコ平和条約発効後の1952年４月28日，アメリカからの圧力を背景として，台湾の国民政府と日華平和条約を締結した。

　　コ　　日本と連合国48か国との間の講和会議は，アメリカの**サンフランシスコ**で開催された。

　　サ　　連合国軍による日本占領は，**ポツダム宣言**に基づき，そこに示された条項を間違いなく履行させるために実施された。

　　シ　　サンフランシスコ平和条約締結時の首相は**吉田茂**である。

⒀　国民革命軍による北伐は，北方に割拠する軍閥を打倒し，中国国民党のもとでの中国統一を実現させようとする内戦であり，1926年に開始された。それに対して，1927年から3次にわたって田中義一内閣が山東省に軍隊を派遣して介入した。この軍事行動を**山東出兵**と呼ぶ。

⒁　朝鮮戦争に際しての国連軍司令官は，当初，連合国軍最高司令官マッカーサーが兼任した。したがって，連合国軍最高司令官のアルファベットの略語**ＳＣＡＰ**を答えればよいのだが，**難問**である。

⒂　片面講和は単独講和とも称され，全ての交戦国との講和つまり全面講和に対立する立場であり，**ソ連など東側諸国を排除し，アメリカを中心とする西側諸国とのみ講和**を結ぶものである。

⒃　**日米安保共同宣言**は，1996年に橋本龍太郎首相とクリントン米大統領によって発表された。ソ連崩壊で冷戦体制が崩壊したことにより，日米安保条約は極東におけるソ連の軍事的脅威への対抗という役割は終わったため，この共同宣言により，アジア・太平洋地域の安定を担うものとして再定義され，日米関係は**極東にとどまらない地域を対象とした同盟関係へと強化**された。

⒄　中国本土を支配する中華人民共和国とは，1972年に**日中共同声明**を発表して戦争状態の終結と国交の正常化を実現させた。田中角栄内閣の時である。そして，1978年には福田赳夫内閣のもとで日中平和友好条約が締結された。

解 答

A　ア　六国史　　イ　藤原道長　　ウ　令集解　　エ　木簡
　⑴　延喜・天暦の治　　⑵　飛鳥池遺跡　　⑶　Ⅲ→Ⅰ→Ⅱ　　⑷　安和の変
　⑸　明治期以降，大規模な都市開発が行われなかったから(平安時代以降も都市として発展し続けたから)。
　⑹　曇徴
B　オ　河村瑞賢　　カ　両替商　　キ　オランダ風説書
　⑺　道中奉行　　⑻　諸国の諸物資の集散地であったため。　　⑼　酒田
　⑽(あ)　海路の方が，陸路よりも年貢米などの大量輸送に適していたため。

　　　　(い)　北前船

　　(11)　銀貨　　(12)　林子平

　C　ク　毛沢東　　ケ　台湾　　コ　サンフランシスコ　　サ　ポツダム

　　シ　吉田茂

　　(13)　山東出兵　　(14)　ＳＣＡＰ

　　(15)　西側諸国のみを対象とする講和(東側諸国を排除した講和)。

　　(16)　日米安保共同宣言　　(17)　日中共同声明

Ⅳ

【解説】　論述問題であり，今年度は中世と近代から各１テーマが出題された。２つとも**推移・変化型**である。

(1)　鎌倉幕府における将軍のあり方の変化

　問われているテーマは鎌倉幕府における将軍で，①あり方の**変化**，②その（変化の）**意味**，を説明することが求められている。

＜鎌倉幕府にとって将軍とは？＞

　まず，鎌倉幕府の体制において，将軍が元来どのような存在なのかを確認しておく。

　将軍とは征夷大将軍の略称だが，それは天皇を頂点とする官職体系のなかでのことである。鎌倉幕府の体制にあっては，正式に天皇から将軍職に任じられているかどうかを問わず，幕府の首長として鎌倉殿と称され，御家人たちが主君と仰ぐ存在である。いいかえれば，将軍（征夷大将軍）という朝廷官職のもつ権威を利用しつつも，御家人たちに対し，主君として独自の権威でもって君臨する存在であった。

　こうした将軍＝鎌倉殿の地位を築きあげたのが鎌倉幕府を樹立した**源頼朝**であり，そのことを根拠として幕府にあって**政治的主導権を握り，親裁**を行っていた。

＜源頼朝以降，将軍はどのように推移したのか？＞

　源頼朝が死去して以降，将軍は２代源頼家，３代源実朝と頼朝の子息が継承したものの，1219年に実朝が暗殺されたことを契機として**源氏将軍は断絶**する。そして，頼朝の遠縁にあたる藤原（九条）頼経が招かれ，跡を継いだその子頼嗣とあわせて**摂家将軍**と称される。しかし，共に将軍の地位を追われて京都へ送還され，1252年には後嵯峨上皇の皇子宗尊親王が招かれた。４代続く**親王将軍（宮将軍）**の始めである。

　さて，問題なのは，これらの将軍が源頼朝のもとでの将軍のあり方からどのように**変化**しているのか，である。

　そこで思い起こしたいのは，頼朝の没後に子頼家が跡を継いだ際，頼家の親裁がおさえられ，有力御家人13人の合議によって訴訟の裁決が行われるようになったことで

ある。ここからわかるのは，**頼朝没後の将軍は，政治権力をもたない，あるいはもたされない，名目上の存在であったこと**である。

では，頼家・実朝の源氏将軍と摂家将軍，親王将軍との間に違いはないのか？

頼家・実朝は頼朝の子息すなわち**武家**である。ところが，摂家将軍や親王将軍は京都から招かれ，将軍を退いたのちは京都へ送還されている。つまり，後者はあくまでも**公家**であり，**朝廷内の家格でもって幕府を権威づけ，独自の政権（王権）であることを象徴する存在**であったといえる。

次に，摂家将軍と親王将軍とでは何が異なるか。摂家と親王を比べれば，朝廷内における家格・権威の違いを指摘することができ，**親王将軍は幕府に天皇家と並ぶ，いいかえれば朝廷に並び立つ権威を付与する存在**であったことがわかる。

- 源頼朝：親裁を行う＝政治権力を握る
- 名目上の存在へ＝政治権力をもたない
  - 源頼家・実朝
  - 摂家将軍
  - 親王将軍 ＝朝廷内の家格により幕府を権威づける
    - →天皇家（朝廷）に並び立つ権威を象徴

＜将軍のあり方が変化したことの意味は？＞

まず，頼朝の没後に将軍が名目上の存在へと変化したことは，**将軍親裁から有力御家人の集団指導へと幕府運営のあり方が変化したことを意味**していた。そして，そのあり方は執権政治の確立とそのもとでの摂家将軍の擁立につながる。

次に，摂家将軍から親王将軍へと変化した時期は，北条時頼のころ，執権政治から得宗専制政治への移行が始まった時期である。だからといって，天皇家から将軍が招かれたことは，幕府運営の実権を得宗が掌握するに至ったことを意味するわけではない。たとえば，源実朝暗殺のころに幕府が後鳥羽上皇の皇子を迎えようとしていたことを想起すればよい。したがって，**親王将軍の推戴は，幕府内部の問題ではなく，朝廷との関係に視点をすえて考える必要がある**。北条時頼のころといえば，幕府は前将軍藤原（九条）頼経による宮騒動を契機として，その父藤原（九条）道家を失脚に追い込み，さらに，ちょうど院政を始めた後嵯峨上皇に対し，院にも評定衆を設置することを要請し，実現させている。こうした状況のもと，後嵯峨上皇の皇子宗尊親王が将軍として迎えられているのである。つまり，親王将軍の推戴は，承久の乱を契機として朝廷に対して優位に立った幕府が，**朝廷内部への干渉を本格化させ，次第に全国政権としての性格を強めていたことを意味**していたのである。

```
○ 名目上の存在へ変化
      《意味》幕府運営の変化＝有力御家人による集団指導体制が形成

○ 天皇家(朝廷)に並び立つ権威の象徴へ変化
      《意味》幕府の性格の変化＝全国政権としての性格を強める
```

(2)　明治前・中期における日清関係の推移

　問われているのは、明治維新から日清開戦にいたる日清関係の推移。ただし、「政治・外交関係」と表現されている点にひっかかる受験生がいるかもしれない。しかし、外交のなかには、国際的な政治すなわち国際社会での権力闘争だけでなく、経済的な交渉も含まれる。そのことを念頭におけば、「政治・外交関係」と併記することで、国際政治という視点から考えればよいと指示していると判断できる。

＜明治維新〜日清開戦の時期における日清関係の骨子＞

最初に**全体的な骨子**を確認し、答案の見通しをつけておこう。

```
○ 1870年代初：日清間で初めて国交関係が結ばれる　……①

○ いくつかの問題をめぐって対立　……②

○ 1890年代半ば：日清開戦
```

　この枠組みに従い、まずは①と②について具体的な知識を補っていこう。

＜日清間での国交関係の成立：①＞

　江戸時代から日清間では貿易関係が存在したものの、国交関係が成立したのは、明治政府のもとで1871年、**日清修好条規**が結ばれたときが最初であった。この条約は、相互に領事裁判権を認めあうなど、やや特殊な形をとっていたものの、日本が他国と結んだ最初の対等条約であった。

＜日清間での対立：②＞

　日清間で争点となったのは、**琉球帰属問題**と**朝鮮問題**であった。琉球・朝鮮ともに清との間で宗属関係を結んでおり、**日本が清の宗主権を否定・清算しようと試みたのに対し、清が対抗的な行動をとった**、という点において共通していた。

　まず**琉球帰属問題**である。琉球はもともと日清両属の状態にあった。明治政府は、それを解消し、日本領へ編入することを企図したのである。その第一歩が**琉球藩設置**(1872年)である。明治政府が琉球国王尚泰に対して琉球藩王の称を与え、華族に加え

たのである。そして，台湾で生じた琉球漂流民殺害事件をめぐり，琉球漂流民保護の責任問題のこじれから**台湾出兵を実施し**（1874年），琉球の日本帰属を強く主張し，そのうえで**沖縄県設置**すなわち琉球併合を強行した（1879年）。これに対して清が抗議し，グラント前米大統領による調停も失敗に終わったものの，琉球は実質的に**日本領の一部**として組み込まれた。

　次に朝鮮問題である。発端は**日朝修好条規**（1875年）で「**朝鮮国ハ自主ノ邦ニシテ，日本国ト平等ノ権ヲ保有セリ**」と規定し，日本が清の宗主権を否定しようと企図したことであった。それに対して，日本への警戒を強めていた清が壬午軍乱（1882年）を契機として**朝鮮への内政干渉を強める**と，朝鮮内部から反発を誘発して**甲申事変**（1884年）を招き，このクーデタを日本公使館が支援していたことから日清間の軍事的緊張も高まった。しかし，まもなく両国間で**天津条約**（1885年）が結ばれ，妥協が成立する。朝鮮から両国軍が撤兵するとともに次に出兵する際の相互事前通告が規定され，朝鮮半島情勢の相対的な安定がもたらされたのである。これ以降，**清の朝鮮に対する宗主権が存続**し，イギリスやロシアなど列国もそれを承認し，一方，**日本は朝鮮への積極的な関与を抑制**することとなった。

＜日清開戦へいたる経緯＞

　日清戦争が朝鮮をめぐる日清間の対立から生じたことは周知のことがらだろう。では，1880年代半ば，天津条約締結によって生じた相対的な安定から，どのような経緯をたどり，朝鮮をめぐっての日清開戦へといたったのか？

　ロシアの朝鮮進出への不安が高まるなか，日本政府のなかでは，清と協調しつつも，朝鮮の独立・安全を確保するため**対朝鮮政策を積極化**させようとする動きが強まっていた。それを象徴するのが，山県有朋首相が第1回帝国議会（1890年）で行った施政方針演説である。山県は，日本の独立確保のためには「**主権線**」（国境）の防衛だけでなく「**利益線**」である朝鮮半島も守らなければならない，と主張し，そのための軍備拡張の必要を説いたのである。

　こうしたなかで1894年，**朝鮮で甲午農民戦争が発生**した際，朝鮮政府が清に対して出兵を要請すると，日本もこれに対抗して出兵し，朝鮮で日清両国軍が対峙するにいたる状況が生じる。ちょうど国内では，立憲改進党などの対外硬派が衆議院の多数を占め，条約改正問題をめぐって第2次伊藤博文内閣と厳しく対立し，議会の停会・憲法の停止が危ぶまれる状況にあった。こうした議会運営のゆきづまりを克服する意図もあり，日本は朝鮮政府に対して清との宗属関係を絶つことなどを要求し，拒否されると朝鮮王宮を占領し，そのうえで**清との開戦**へと向かっていったのである。

```
○ 1870年代初　　：日清間で初めて国交関係が結ばれる＝日清修好条規
↓ 1870年代半ば～：いくつかの問題をめぐって対立
    《背景》清と琉球・朝鮮との宗属関係を日本が否定しようと企図
        ◦ 琉球…日本領へ編入
        ◦ 朝鮮…清の宗主権が存続⇄天津条約以降，日本は積極的関与を抑制
○ 1890年代半ば　：日清開戦
    《背景》日本の対朝鮮政策の積極化←ロシアの進出への警戒
    《契機》朝鮮での甲午農民戦争
```

　答案を書くうえでポイントとなるのは，**時期をしっかりと区分**すること，そして日清間で対立した問題をいかにコンパクトに表現するか，の２点である。

解 答 例

(1)　御家人との主従関係をもとに幕府を樹立した
　　源頼朝は，そのことを根拠に政治的主導権を
　　握った。しかし頼朝の没後，有力御家人の集
　　団指導体制が形成されると，将軍は政治権力
　　を失い，源氏将軍の断絶後は京都から摂家将　　　*5*
　　軍が招かれ，名目上の存在とされた。幕府が
　　承久の乱を機に朝廷に対して優位に立ったう
　　え，次第に全国政権としての性格を強めると
　　，幕府を権威づけ，朝廷との関係を架橋する
　　存在として，新しく親王将軍が推戴された。　　*10*
　　　　　　　　　　　　　　　　　　　（200字）

(2)　明治初年，日清修好条規により日清間に初め
　　て国交が成立した。1870年代半ばから日本は
　　清中心の冊封体制の否定を企図し，琉球帰属
　　問題や朝鮮問題をめぐって清と対立した。琉
　　球は日本領に編入されたが，朝鮮では清の宗　　　*5*
　　主権が存続し，天津条約以降，日本は朝鮮へ
　　の積極的関与を抑制した。1890年代に入りロ
　　シアの朝鮮進出が危惧されるなかで日本の対
　　朝鮮政策が積極化し，甲午農民戦争を契機に

日清両国が朝鮮をめぐって対立し開戦した。　*10*

(200字)

解答・解説

I

解説 古代・中世・近世の史料問題。出題形式は例年通りの空欄補充・下線部関連設問である。設問は標準的なものが多いが，初見史料が２つ出題されている。

A　７世紀末〜８世紀初の政治・文化

初見史料が出題されたときは，**史料文をざっと一読したうえで，出典，そして設問を全てチェックし**，史料が扱っている時代や事項についてのヒントを探ってから解答に取りかかるのが鉄則である。

史料Aでは，史料文中の「**高市皇子**」がキーワードになる。ここから**７世紀末，律令国家が整った頃**の話が扱われていそうだということが判断できる。あとは史料中からヒントをピックアップし，当時の政治情勢を思い起こしながら人間関係を整理していこう。登場人物は，「淡海帝」，「大友太子」（淡海帝の子），「浄御原帝」，「高市皇子」，「皇太后」（問(4)によれば「この時天皇」）などであり，問(1)によれば，「大友太子」が「浄御原帝」により滅ぼされた，という。これで「淡海帝」＝**天智天皇**，「大友太子」＝**大友皇子**，「浄御原帝」＝**天武天皇**，と判断できるし，さらに「皇太后」が女性であることに思い至れば，**持統天皇**（問(4)）であることも確定できるだろう。そして，持統天皇のもとで「聖嗣」となった人物とは，問(5)によれば，その後天皇に即位するのだから，**文武天皇**であることもわかる。こうした作業を行ったうえで設問に取り組もう。それも**解ける設問から解いていくのが鉄則**である。

さて，問(1)では「大友太子」が「浄御原帝」（天武天皇）に滅ぼされた事件が扱われている。**壬申の乱**であり，西暦672年のことであった。この乱で「浄御原帝」すなわち大海人皇子は，大友皇子を中心とする近江朝廷を滅ぼし，都を近江大津宮から飛鳥浄御原宮へ移して天皇として即位している。そして，諸豪族の領有民を廃止したり，新しい姓を制定する（八色の姓）などして，豪族の官僚への編成替えを進めるとともに，天皇による統治を正統化するため，神話（史書）編纂事業に着手した。それが帝紀・旧辞の検討作業であり，天武はそれらを**稗田阿礼**（問(2)）に誦み習わせた。それをのち太安万侶が筆録して完成させたのが『**古事記**』である。

史料Aの皇太子選定会議で「聖嗣」（皇太子）とされたのは，先に確認したように持統の孫文武天皇であるが，彼はまもなく持統の譲りをうけて即位し，そのもとで701年，**大宝律令**（問(5)）が制定される。律と令がともに編纂されたのはこのときが初めてであり，律令国家のしくみがほぼ整ったのである。そのもとで官吏養成機関として式部省

管轄下に設けられたのが**大学**(問(6))であった。

　なお，**高市皇子**の子で，左大臣として政界に重きをなしながらも自害に追い込まれた人物は，**長屋王**である(問(3))。

　史料Bでは，まず出典に注目してほしい。「**寛元4年〔1246〕7月16日九条道家願文**」とある。「**寛元4年〔1246〕**」が**鎌倉時代**，それも**北条時頼**のころ，**宝治合戦**の前年であり，「**九条**」といえば**摂関将軍**が九条家出身であったことなどが想起できるだろう。それらのことを念頭におきながら史料文を丁寧に読み進めていこう。

　まず最初に登場するのが「**大織冠**」である。「**入鹿**」を誅し(殺害し)，天智天皇をたてたというのだから，**中臣鎌足**(**藤原鎌足**)(問(8))である。次に出てくるのが**保元の乱**である。この事件は貴族社会の内紛に端を発した戦乱であるが，摂関家では**藤原忠通**(問(9))と弟頼長が対立し，それぞれ後白河天皇側，崇徳上皇側に属して争っている。戦乱は後白河天皇側が動員した源義朝や平清盛らの軍事力によって決着し，これ以降，**武士**(問(7))の政界進出が進むこととなった。その後，治承・寿永の乱を通じて鎌倉幕府が成立するが，創始者源頼朝の血統が1219年，3代源実朝の暗殺によって途絶えると，史料Bで「藤門よりいて丶将軍の仁にさたまる」とあるように，**摂家将軍**が鎌倉殿に迎えられる。4代**九条頼経**(問(13))である。彼は1226年に正式に将軍宣下をうけて以降，約20年間，その座にあったが(「将軍その主君として二十余年，国土をさまり，世たえらきて」)，執権北条経時(泰時の孫)によって将軍を子頼嗣に譲らされ，さらに1246年，**北条時頼**(経時の弟)が執権に就任した直後，陰謀の疑いで京都へ送還されている(宮騒動)。史料Bの「九条道家願文」はこの事件に際し，頼経の父九条道家が藤原氏の氏神春日社にささげたものである(道家もこの直後に失脚した)。

　なお，承久の乱の直前に，摂関家出身の天台座主**慈円**が執筆した歴史書が『**愚管抄**』(問(10))で，「道理」の展開にもとづいて歴史を論じ，後鳥羽上皇による倒幕を諌めようとした。その承久の乱に際し，鎌倉幕府が「二品」すなわち**北条政子**(問(12))の演説によって結束を固めて対応したことは，鎌倉幕府編纂の歴史書『**吾妻鏡**』の史料で知っているだろう。そして，乱に勝利した幕府により没収された上皇方の所領に新しく補任された地頭は，一般に**新補地頭**(問(11))と総称されている。

　史料Cは**寛永16年の鎖国令**であり，基本史料である。当時すでにキリスト教禁制政策が徹底され，それに応じて貿易制限の強化がはかられ，日本人の海外渡航と帰国が全面的に禁止されていた(1635年)。さらに1637年，島原・天草地方で領主の苛政に反発した百姓らがキリシタンの土豪の指導のもとに蜂起する**島原・天草一揆**(島原の

乱）（問⒅）が起きていた。幕府はこの事件からキリスト教勢力に対する危機感を募らせ，**1639年**（問⒂），史料Ｃを発して**ポルトガル**（問⒆）船の来航を禁止したのである。基本史料なのだが，空欄　イ　は難しいかもしれない。日ごろから基本史料は史料集に掲載されている部分全てを読むことを心がけておいてほしいのだが（音読がベストである），ここでは，鎖国令であること，空欄　イ　の直後に「同宗旨」とあること，史料中にすでに「切支丹宗門」という表現が出ていることから総合し，豊臣政権のもとで発せられたバテレン追放令をも想起しつつ，**伴天連**（問⒁）ではないかと推論できればよい。

　なお，キリスト教は**1549年**（問⒃(b)），イエズス会の宣教師**フランシスコ＝ザビエル**（問⒃(a)）によって伝えられ，九州を中心として各地に広まったが，江戸幕府のもとで1612年，禁教令が発せられて禁制とされた。そして幕府は1620年代以降，キリスト教への弾圧を強化し，**絵踏**（問⒄）を実施してキリシタン摘発を進めていった。なお，**絵踏**は踏絵（キリスト教の聖画像）を踏ませる行為のことであるが，両者は次第に混用され，絵踏のことを踏絵と称するようにもなった。

解答

A　⑴　672年　　⑵　稗田阿礼　　⑶　長屋王　　⑷　持統天皇

　　⑸　大宝律令　　⑹　大学

B　⑺　武士　　⑻　中臣鎌足（藤原鎌足）　　⑼　藤原忠通　　⑽　『愚管抄』

　　⑾　新補地頭　　⑿　北条政子　　⒀　九条頼経（藤原頼経）

C　⒁　伴天連　　⒂　1639年　　⒃(a)　フランシスコ＝ザビエル　　(b)　1549年

　　⒄　絵踏（踏絵）　　⒅　島原・天草一揆（島原の乱）　　⒆　ポルトガル

Ⅱ

解説　古代～近代の諸事項についての空欄補充問題である。思考力のほとんど要求されない，単純に知識の有無を問うた問題である。

　①　奈良時代における仏像の彫刻技法には乾漆像・塑像があり，乾漆像では東大寺法華堂**不空羂索観音**（　ア　）像，興福寺阿修羅像，唐招提寺鑑真和上像などが著名である。平安時代初期には一木造の木像が主流となり，太く高い波と低い小波を交互に配置する衣文の表現技法である**翻波**（　イ　）式が用いられた。

　②　藤原道長の全盛期を描いた歴史物語は，平安時代末期に著わされた『栄花物語』と『**大鏡**（　ウ　）』であり，後者は「世継物語」とも称されている。道長の時代は浄土教信仰が貴族社会に広がった時期であり，仏師**定朝**（　エ　）が寄木造の技法を

完成させ，阿弥陀如来像に対する大量の需要に応えていた。

③　伊勢平氏のなかで白河院・鳥羽院から重用されたのが**平忠盛**（　オ　）で，清盛の父にあたる。彼は瀬戸内海の海賊討伐に功績をあげるとともに，興福寺や延暦寺の僧兵による強訴に対抗し，その入京を阻止するなどの役割をになった。なお，強訴に際して興福寺の僧兵は春日社の**神木(榊)**（　カ　）を，延暦寺の僧兵は日吉社の神輿をかついで，その神威により要求の貫徹をはかった。

④　猿楽能はもともと神事奉納の雑芸から発達したもので，**結崎**（　キ　）座出身の観阿弥・世阿弥父子が大成した。世阿弥の著書としては，父観阿弥の遺訓にもとづいて著した『風姿花伝』，彼の芸論を子が筆録した『**申楽談儀**（　ク　）』などがある。

⑤　中世では，中国から輸入された銅銭が流通・商品交換の媒介になった。ところが，宋銭や明銭など複数の銭貨が混在していただけでなく，流通の発達にともなって次第に貨幣不足が生じたため，戦国時代には，粗悪な銭貨の受取りを拒否する**撰銭**（　ケ　）が横行した。一方，信用経済も発展し，代金決済の方法として**割符**（　コ　）とよばれる手形を使って決済する為替がしばしば用いられた。

⑥　桃山文化を代表するのが城郭建築であり，内部の襖や壁を飾る**障壁画**（　サ　）には，金箔地に青・緑を彩色する濃絵の手法をもちいた豪華な絵画が**狩野**（　シ　）派の狩野永徳・山楽，さらには長谷川等伯，海北友松らによって描かれた。

⑦　幕藩体制下の百姓支配は村を単位として行われた。村の運営は村役人を中心とし，**本百姓(高持百姓)**（　ス　）の参加のもとで行われたが，高請地を持たない水呑百姓は村政への参加資格を持たなかった。村ごとに納入を請負った年貢・諸役には，本途物成(本年貢)のほか，山野河海からの収益にかかる**小物成**（　セ　）などがあった。

⑧　幕藩体制の動揺に対応して18世紀末には寛政改革，19世紀半ばには天保改革が実施された。寛政改革では，農村人口を確保するとともに江戸への人口流入を抑制するため旧里帰農令がくり返し発せられる一方，江戸の貧民対策として町費節約分の7割を積み立てる**七分金積立(七分積金)**（　タ　）制度が導入されたり，人足寄場を設け，無宿などを収容して職業訓練を施すなどの政策を実施した。一方，天保改革では江戸の人別改めを強化し，江戸に流入した貧民を強制的に帰農させる**人返し令(人返しの法)**（　ソ　）が発せられた。

⑨　江戸幕末期の社会混乱は，人々の間に社会不安をかき立て，世直しへの期待を高めた。そのなかで，中山みきが創始した**天理教**（　チ　），川手文治郎(赤沢文治)が開いた金光教などの新興宗教が広がり，また第二次長州征討に幕府が敗北するという混乱した政治情勢のもと，武州一揆などの世直し一揆が各地で蜂起し，東海・近畿一帯ではええじゃないか（　ツ　）の乱舞が発生した。

⑩　明治期の都市, とりわけ東京や大阪などには農村からの人口流入にともない, 貧民窟(スラム)が形成され, 日雇いや人力車夫, 工場労働者などが不衛生な環境のもとで生活していた。そのため, コレラ・天然痘・チフスなどの伝染病の流行が激しく, なかでも**コレラ**(　テ　)は明治期を通じて大流行をくり返したため, 明治政府が**内務省**(　ト　)を担当官庁として衛生行政の整備に着手するきっかけともなった。

解 答

ア　不空羂索観音　　イ　翻波　　ウ　大鏡　　エ　定朝　　オ　平忠盛

カ　神木(榊)　　キ　結崎　　ク　申楽談儀　　ケ　撰銭　　コ　割符

サ　障壁画　　シ　狩野　　ス　本百姓(高持百姓)　　セ　小物成

ソ　人返し令(人返しの法)　　タ　七分金積立(七分金積)　　チ　天理教

ツ　ええじゃないか　　テ　コレラ　　ト　内務省

Ⅲ

解説　例年通りの形式によるテーマ問題。本年度は, 中世・近世・近代から各1テーマとなっている。

A　室町・戦国時代の浄土真宗と日蓮宗

　鎌倉時代に創始された鎌倉新仏教のうち, 室町・戦国時代を通じて民衆の間に大きく浸透していったのが**浄土真宗**と**日蓮宗**であった。ともに, 当初は延暦寺の支配下にあったものの, 次第にその支配下から脱し, 独立した教団として成長していった。

　浄土真宗は, 鎌倉前期に活躍した**親鸞**を開祖とあおぐ宗派である。親鸞は主著『**教行信証**』(問(1))で阿弥陀仏への他力信心を説き, 絶対他力の教えを確立した。そして, 南北朝期の覚如以降, 本願寺を中心として教団組織を整えようとする動きが本格化し, 15世紀後半に現れた蓮如の精力的な布教活動によって教線を拡大した。蓮如はまず越前国**吉崎**(　ア　)に道場を構えて北陸で布教活動を行ったあと, ついで京都の近郊, 山城国**山科**(　イ　)に本願寺を建立し, 活動の拠点とした。彼は**御文(御文章)**(　ウ　)とよばれる平易な文章で書かれた手紙で教えを説き, 惣村の地侍・百姓や各地を往来する商工業者の間へ勢力を浸透させて, 信者(門徒)を**講**(問(2))に組織していった。さらに, 本願寺派の寺院・道場を中心として商工業者が集住し, 周囲を環濠で囲んだ寺内町が各地に形成された。本願寺のあった山城国山科, 摂津国石山が有名だが, 他に河内国富田林, 大和国**今井**(　オ　)などがある。これら寺内町は**楽市**, すなわち**自由な交易が保障された**場であり(問(5)), 地域における経済流通の一大拠点となっていた。こうした本願寺門徒の広がりを基礎として発生したのが一向一揆であり, 加賀国

では1488年,守護**富樫政親**(　エ　)を滅ぼし,「百姓ノ持タル国」を約100年間にわたって実現した。

一方,**日蓮宗**は,法華経への信仰を徹底させ,南無妙法蓮華経の題目を唱えることで救われるとした**日蓮**を開祖とあおぐ宗派である。当初,東国を中心として広がっていたが,15世紀前半に日親が出ると,6代将軍**足利義教**(問(3))から弾圧を受けつつ,西日本各地に教線を拡大した。なかでも京都の富裕な商工業者,すなわち町衆のなかに多くの信者を獲得した。そして,一向一揆が畿内各地で蜂起するという状況下,彼らは1532年,法華一揆を結び,山科本願寺を焼打ちするという行動にでている。この法華一揆は,1536年,延暦寺と南近江の六角氏の攻撃をうけて壊滅してしまうものの(天文法華の乱),それまでの数年間,京都の市政を掌握した。

なお,天文法華の乱で法華一揆を弾圧した六角氏は,16世紀半ば,**六角氏式目**(**義治式目**)(問(4))と称される分国法を定めている。これは戦国大名六角氏と有力家臣たちとの間の相互誓約の形で定められたもので,六角氏の行動を規制する内容も含まれている点で注目されている。

B　享保改革の諸政策

享保改革はしばしば,前代の新井白石の政策を全て否定したと思われがちであるが,側用人を廃止しつつも御側御取次を設置して将軍専制体制を維持した点,金銀流出を抑えるために長崎貿易を制限した**海舶互市新例**(**長崎新令・正徳新令**)(問(6))を継承した点,慶長金銀と同じ品位・量目の金銀貨の発行を継続した点などにおいて,白石の政策を継承していた。

とはいえ,前代からの財政難に加え,他家からの養子が将軍家を継承するという例が5代綱吉,6代家宣,そして8代吉宗と3度も続いたこともあって旗本・御家人が増加し,抜本的な財政再建策が求められる情勢にあった。そのため吉宗は,諸大名に対して一時的に米の献上(上げ米)を命じるとともに,町人資本を導入して新田開発を積極的に進め,年貢徴収法を豊凶により年貢高を変動させる検見法から一定させる**定免法**(　カ　)へ変更するなどの手段で年貢増徴をはかった。他方,江戸の都市政策が幕政改革の1つの柱とされた。**大岡忠相**(　キ　)を町奉行に登用し,公事方御定書を編纂させて裁判・行政の基準(内規)を明確化した。そして,目安箱を設けて将軍への直訴を制度化し,庶民の意見聴取につとめ,貧しい病人を収容・治療する**小石川養生所**(　ク　)を設けるなどした。さらに,多発する火事に対応し,防火の必要から**火除地**(問(10))とよばれた空き地,広小路と称された幅広い道路の整備をすすめた。また,実学奨励策の一環として**青木昆陽**(問(11))や野呂元丈に命じてオランダ語を習得させたことも,後世に大きな影響を与えた。

なお，問(7)については，「畿内・西国支配を担当」する役職のうち，三奉行などと同じような重要な地位にあったものを2つ想定すればよい。1つが朝廷の監視などにあたった**(京都)所司代**であることは想像がつくと思うが，もう1つ**大坂城代**は思い浮かぶだろうか。西国の諸大名を監視する重要な地位であり，これについた大名は所司代，老中へと昇進していった。問(8)は，参勤交代制度がどのような役割を果たしたのかをまず考えたい。これは，**諸大名の将軍に対する忠誠を示す儀礼**であり，戦乱が途絶えた時代における**軍役の代替**として重要な意味をもち，諸大名を多くの家臣とともに江戸に隔年で1年間居住させることで彼らの**監視を強化**するとともにその**地方割拠を抑制**するという，大名統制の根幹ともいえる制度であった。そして，こうした内容のうち，江戸滞在期間を半減することに対して将軍が「恥辱」と感じた，という設問の限定に対応するのがどれかを考えよう。問(9)については，柄井川柳が撰者となって編まれた句集は**『誹風柳多留』**で，川柳の地位を確立させる契機となった。

C　第一次世界大戦とワシントン体制

イギリス・フランス・ドイツなどの諸国がヨーロッパを主戦場とし，国家の総力をあげて戦った第一次世界大戦は，それまでの帝国主義的な国際秩序の一つの結末であるとともに，その再編の幕開けともなった。

日本は大戦勃発に際し，東洋での国際的地位を向上させる「大正新時代の天佑」（元老井上馨）と判断し，**第三次日英同盟（[ケ]）**を口実に参戦し，ドイツの東洋における拠点である中国**山東（[コ]）**半島の青島，南洋諸島を占領した。さらに，中国袁世凱政権に対して二十一か条要求を突きつけ，段祺瑞政権に対して**西原借款**（問(12)）とよばれる大規模な資金供与を行うことにより，中国での権益拡大をはかった。もともと中国では，ポーツマス条約でロシアから南満州権益を獲得し，さらに**第一次日露協約**（問(13)）で満州を日露両国によって南北に分割することを相互に認めあっていたものの，権益の期限が迫っており，その維持を図りつつ，さらに強化・拡張するため，第一次世界大戦という国際環境を積極的に活用していったのである。

ところが，東アジア・太平洋地域における日本の勢力拡大は，アメリカの地位上昇，イギリスの地位低下，ロシアでの革命と社会主義政権成立などともあいまって新しい国際秩序の形成をもたらした。第一次世界大戦後，世界戦争の再発を防止し，植民地支配秩序を相対的に安定させるための国際的な試みが進められたのである。その第一歩が国際的な平和機関**国際連盟（[サ]）**の設立であった。続いてアメリカ大統領ハーディングの提唱によって東アジア・太平洋問題などを協議するためにワシントン会議が開催される。中国に関する九か国条約が締結されるとともに，太平洋に関する**四か国条約**，建艦競争を抑制するために主力艦の保有量などを決めた**ワシントン海軍軍縮**

条約が締結され（問(15)），**ワシントン（□ス□）体制**と称される東アジア・太平洋地域における国際協調体制ができあがった。

　他方，第一次世界大戦後には，アメリカ大統領ウィルソンによる民族自決主義の提唱やロシア革命の影響もあり，アジア各地で民族運動が高揚した。朝鮮では三・一独立運動，中国では**五・四（□シ□）**運動が起り，それに対応して日本でも植民地支配の修正が図られた。朝鮮総督や関東都督など植民地長官の武官専任制を廃止し，武断政治を排して巧妙な同化政策（文化政治）への転換が図られたのである。朝鮮では朝鮮総督の任用資格が**武官専任制から文武官併用制に変更**され（問(14)），関東州では関東都督府が廃止され，新しく文官を長官とする関東庁が設けられた。

　こうした東アジア国際秩序における相対的な安定は，中国での民族運動の高揚と統一化の進展，ソ連の経済的・軍事的な成長を背景として動揺し，関東軍の謀略事件**柳条湖事件**（問(16)）をきっかけとする満州事変により崩れていくこととなる。

解答

A　ア　吉崎　　イ　山科　　ウ　御文（御文章）　　エ　富樫政親　　オ　今井
　(1)　教行信証　　(2)　講　　(3)　足利義教　　(4)　六角氏式目（義治式目）
　(5)　自由交易を保証した。

B　カ　定免法　　キ　大岡忠相　　ク　小石川養生所
　(6)　海舶互市新例（長崎新令・正徳新令）　　(7)　（京都）所司代，大坂城代
　(8)　参勤交代は将軍への忠誠を示す儀礼であったため。
　(9)　誹風柳多留　　(10)　火除地　　(11)　青木昆陽

C　ケ　第三次日英同盟　　コ　山東　　サ　国際連盟　　シ　五・四
　ス　ワシントン
　(12)　西原借款　　(13)　第一次日露協約
　(14)　武官専任制から文武官併用制に変更した。
　(15)　四か国条約，ワシントン海軍軍縮条約　　(16)　柳条湖事件

IV

解説　論述問題であり，今年度は原始と現代から各1テーマが出題された。**対比型と推移・変化型**の2つのタイプである。

（1）　縄文・弥生時代の主要な生業の違い

　問われているのは，**縄文時代と弥生時代の主要な生業の違い**である。**時代・時期の異なる2つ（以上）の事項を対比**させる形式の問題であり，何が異なるのか，両者の特

徴を明確に表現することがポイントである。そして，「考古資料（遺構や遺物）を具体的な証拠として示して」という条件がつけられている点にも注意しよう。両者の特徴をよく示す「考古資料（遺構や遺物）」を列挙しながら特徴を表現するという構成をとることが不可欠である。

　ところで，この問題で注意しなければならないのは出題者が用いている表現である。まず「生業」とは何か？　この内容理解が曖昧なまま解き進めても適切な答案はつくれない。「生業」とは「生活のもとでを得るための職業・仕事」であり，原始文化を対象とすれば，食料の調達に焦点をあてればよいことがわかる。次に「考古資料（遺構や遺物）」という表現である。「遺構」については注記が付せられており，かつこの言葉と「遺物」が並列されていることを考えれば，具体的な遺跡名を記すことがもとめられているわけではないことに気づく。注意しておこう。

　まず，縄文時代はどのような食料をどのようにして調達していたのか。

　縄文文化は，最後の氷期がおわって完新世が到来し，地球環境が温暖化するのにともなって形成された。海面が上昇する（縄文海進）とともに，木の実の豊富な落葉広葉樹林や照葉樹林が広がり，動物では大型動物が絶滅してシカやイノシシなどの中小動物が中心となった。こうした自然環境の変化に対応し，縄文時代の人々は魚介類や木の実，中小動物などを食料としていた。そうした生活を具体的に示している考古資料（遺構や遺物）が，**貝塚**であり，**骨角器**や**石錘**，**石皿・すり石**，**弓矢**などである。

```
貝塚→貝の採取が行われていたことを示す  ┐
骨角器→釣針・銛など                      ├…漁労
石錘→網に用いた                          ┘
石皿・すり石→木の実をすりつぶすのに用いた  …採集
弓矢→矢の先端には石鏃を取りつける          …狩猟
```

このように縄文時代の人々は，狩猟・漁労・採集を生業として食料を調達していた。

　ところが，ヒョウタンやエゴマなど栽培植物の種子，イネのプラントオパールなどが発見され，土掘り用の打製石器（打製石鍬）も存在していることから，蔬菜や穀物の栽培が行われていたとされているし，さらにクリやクルミの木を集めて管理した可能性も考えられている。つまり，縄文時代にはすでに植物の栽培や管理がある程度行われていたと考えられているのである。しかし，石器など道具の組合せから，生業の中心・基礎をなす農耕とまでは言えないとされている。つまり，狩猟・漁労・採集，そして植物の栽培・管理など，さまざまな生業を網羅的に組合せながら食料を調達していたのが縄文時代であった。

　次に，弥生時代はどのような食料をどのように調達していたのか。

　弥生時代には，朝鮮半島南部から本格的な水稲耕作が伝播し，定着した。それを示すのが，**灌漑・排水用の水路を備えた本格的な水田跡**であり，**石包丁**や太型蛤刃石斧などの大陸系磨製石器・**木製農具**といった稲作に伴う農工具のセットであり，こうした考古資料が各地で発見されていることを念頭におけば，**水稲耕作が生業において大きな割合を占めるようになった**ことがわかる。

　だからといって，水稲耕作だけに依存していたわけではない。たとえば，銅鐸の絵に狩猟の様子が描かれていることからもわかるように，狩猟などによって獲得した動物性食料にも依存していたし，雑穀類や木の実などコメ以外の植物性食料への依存度も少なくなかった。つまり，水稲耕作を導入しつつも，狩猟・漁労・採集，さらには雑穀栽培などを網羅的に，あるいは選択的に組合せながら食料を調達していた地域も少なくないのである。

　このように弥生時代は，縄文文化を継承し，狩猟・漁労・採集などの生業に依存しつつ，水稲耕作を生業のなかに組込み，大きな割合をもたせるようになった段階なのである。

　これでデータは揃った。最後にやるべきことは答案の構成を考えることである。最初に確認したように，具体的な遺跡名ではなく考古資料（遺構や遺物）を列挙しながら構成しなければならない。そのうえで，生業においてそれぞれどのような特徴をもっているのかを説明していこう。

　先に列挙したデータをみると，水稲耕作の有無，いいかえれば農耕の有無によって縄文・弥生時代における主要な生業を対比してもよさそうである。おそらくそうした骨子を想定した受験生が多いのではないだろうか。もちろん，それでも良いのかも知れない。しかし，先にも確認したように，縄文時代でも植物の栽培，すなわち農耕はすでに行われていたし，イネの栽培も想定されている。では，両者の違いはどこにあるのか。結局のところ，比重の違いでしかない。つまり，狩猟・漁労・採集などを主要な生業として網羅的に組合せていた縄文時代に対し，弥生時代は狩猟・漁労・採集をも主要な生業として継承しつつ，生業における水稲耕作，すなわち農耕の占める割合を上昇させていたのである。

(2) 日本国憲法の制定過程

　問われているのは，**日本国憲法の制定過程**について，**草案起草から公布に至るまでの経緯を説明する**ことであり，いくつかに時期を区分しながら説明していきたい。この問題では対象時期が短く，内閣を明記しながら，内閣ごとに説明するのがよい。

　まず，いつ草案起草が始まり，いつ公布されたかを確認しよう。

　幣原内閣が憲法制定（改正）作業に着手し，第一次吉田内閣が引き継いだ。

幣原内閣	草案起草の開始
第一次吉田内閣	日本国憲法の公布

　次に，その間に変化がないか思い起こそう。

　幣原内閣が起草した草案にもとづいて日本国憲法が制定されたのだろうか？　否と，たいていの受験生が答えられるのではないだろうか。

　では，日本国憲法のもとになった原案は何なのか？　それはGHQが示した草案であった。

幣原内閣	草案起草の開始
	GHQ草案→日本国憲法の原案となる
第一次吉田内閣	日本国憲法の公布

　ここまでデータを揃えることができれば，次に考えなければならないのが，(a)GHQが草案を示すに至った経緯と，(b)GHQ草案がそのまま日本国憲法になったのかどうか，いいかえれば，いずれの機関でも審議・修正が施されないままにGHQ草案が日本国憲法に反映されたのかどうか，の2点である。

　(a)については2点，指摘することができる。第1に，幣原内閣のもとで作成された憲法草案（憲法問題調査委員会の「憲法改正要綱」）が保守的な内容をもつものであったこと，あるいは天皇の統治権を認めていたこと，大日本帝国憲法の一部修正にすぎなかったことである。そして，第2に，GHQがアメリカの占領政策（天皇の温存など）を既成事実化するため，占領政策の最高決定機関である極東委員会が正式に発足し，活動を始める前の憲法改正を急いだという点である。つまり，日本政府の自主性に任せた場合，極東委員会が憲法改正に介入してくる可能性があり，GHQとしてはそれを排除したかったのである。こうした点からGHQは幣原内閣に対して独自の草案を示し，それにもとづいて憲法改正の原案を作成させたのである。

　(b)については第一次吉田内閣のもとで審議・修正が行われている点に注意したい。つまり，吉田内閣が憲法原案を帝国議会に提出し，そこで審議・修正が行われているのである。たとえば，戦力不保持（戦争放棄）を規定した第9条に修正が加えられ，自衛のための軍隊保持に含みが残されることになった。そして衆議院と貴族院で可決されたのち，枢密院での審議も経て，1946年11月3日，日本国憲法として公布された。

幣原内閣	草案起草の開始→保守的な内容
GHQ	極東委員会発足前の憲法改正を急ぐ
	→GHQ草案→日本国憲法の原案となる
第一次吉田内閣	帝国議会で審議・修正→日本国憲法の公布

　あとは，(c)幣原内閣が草案起草に着手した経緯と(d)日本国憲法公布の形式，の２点を答案に組込めればベストである。それぞれ(c)GHQによる憲法改正の示唆，(d)昭和天皇の名による公布，である。

解 答 例

(1)　縄文時代は，木の実をすりつぶすのに用いた
　　石皿・すり石，矢の先端に石鏃を取りつけた
　　弓矢，釣針などの骨角器，網に使ったとされ
　　る石錘が発見され，集落跡の周囲に貝塚が形
　　成されるように，狩猟・漁労・採集などを網　　　*5*
　　羅的に生業としていた。一方，弥生時代は，
　　銅鐸の絵などにみられるように狩猟など採集
　　経済にも依存しつつ，石包丁や木製農具，水
　　路を備えた本格的な水田跡が発見されるよう
　　に，水稲耕作が生業として定着をみていた。　*10*
　　　　　　　　　　　　　　　　　　　（200字）

(2)　幣原内閣がＧＨＱより憲法改正を示唆され，
　　憲法問題調査委員会を政府内に設置して改正
　　案を作成したが，その改正案は天皇の統治権
　　を残す内容であった。極東委員会発足前の憲
　　法改正をめざすＧＨＱは，それを拒否して改　　*5*
　　正草案を提示し，幣原内閣はこれをもとに原
　　案を作成した。原案は第一次吉田内閣のもと
　　，帝国議会で審議・修正が行われたうえ，大
　　日本帝国憲法の改正という形式をとって，昭
　　和天皇により日本国憲法として公布された。　*10*
　　　　　　　　　　　　　　　　　　　（200字）

解答・解説

Ⅰ

解説 中世・近世・近代の史料問題。出題形式は例年通りの空欄補充・下線部関連設問である。標準的な出題がほとんどだが、20字程度の説明問題が3題出題されており、それらは史料の内容把握を不可欠とする問題となっている。

A　応安の半済令

半済令は年貢半分の収納権を守護に認めるもので、観応の擾乱が終わった1352（観応3）年、室町幕府が**近江**（問(4)）・美濃・尾張という京都近郊の3カ国を対象として1年を限って認めたのが最初である（いわゆる観応の半済令）。それ以降、適用地域・年限が拡大し、全国にわたって永続的に行われるようになった。そして、**足利義満**（問(6)）が3代将軍に就任した1368（応安元）年に発令されたのが史料Aである。年貢半分の収納権から**下地**（問(1)）半分の収納権へと変化した点は有名で、これにより守護の荘園・公領に対する土地支配が強化され、半済地の宛行を通じて守護と国人との主従関係が形成された、としばしば説明される。しかし一方で、禁裏＝**天皇**（問(2)）や仙洞＝上皇の所領、寺社が一円支配を行っている所領、摂関家領（殿下渡領）は適用対象から除外され、また法令を遵守しない場合は**半済を解消して下地支配権を本所に戻す**（問(5)）と規定するなど、荘園領主保護策という側面ももっていた。

なお、3代将軍足利義満の周囲で文芸に活躍した人物に**二条良基**（問(3)）、**絶海中津**（問(7)）・義堂周信らがいる。**二条良基**は連歌集『菟玖波集』を編纂し、連歌の規則『応安新式』を定めた人物として有名である。**絶海中津**は、1368年に中国に渡った際、明の初代皇帝・洪武帝から称揚されたほどの詩才の持ち主で、義堂周信とならんで五山文学の双璧をなす。

B　ラクスマン来航と江戸幕府の対応

史料Bは受験生には初見であろうが、問(8)と(12)をセットで判断すればラクスマン来航に関する史料であることがわかる。さらに、出典の『宇下人言』が松平定信の自叙伝であることに気づけば、その推論が妥当であることがよりはっきりするだろう。

ロシア使節ラクスマンは1792（寛政4）年に根室に来航し、漂流民送還のために江戸への入港許可を求めた。それに対して江戸幕府は、まず箱館への回航を指示したうえで、江戸から宣諭使を派遣して松前にてラクスマンと会見させた。そして大黒屋光太夫ら漂流民の送還に応じる一方、江戸への入港については拒否し、長崎に回ることを求めた。その根拠を筆者の**松平定信**（問(11)）は「国法」に求めているが、それに関連す

る内容を史料文から抜き出せば，「**江戸へ出候事相成らざる国法にて願度事は長崎へ来り，所の奉行のさたにまかすべし**」にあたる。つまり，**外国との交渉の窓口を長崎に限定する**というのが，ここでいう「国法」である（問(13)）。鎖国制に対する一般的な知識から，史料を読まずに「オランダ・中国・朝鮮・琉球以外とは交渉しない」などと判断してはならない。長崎入港の信牌（許可証）を渡しているのだから，交渉そのものを拒否しているわけではない。さらに，ラクスマンの来航目的であった**通商の要求**（問(8)）に対しても回答を示しているわけではない。そもそも松平定信は，ラクスマンが長崎に回航したら通商を認める用意があったともされている。とはいえ，ラクスマンは長崎に回航せず，この時わたされた信牌を持って1804年にロシア使節**レザノフ**（問(12)）が来航した際には，幕府では，オランダ・中国を通商国，朝鮮・琉球を通信国と位置づけ，それ以外の国との交渉を拒絶するという対外姿勢をかためていた。ラクスマンによって送還された漂流民大黒屋光太夫は，江戸へ送られ，彼の見聞は桂川甫周によって『**北槎聞略**』（問(9)）にまとめられている。

　なお，老中と三奉行（寺社・勘定・町奉行）などが構成員となり，重要事項を評議裁決する機関は**評定所**（問(10)）とよばれる。

C　産業革命と労働運動

　産業革命とは機械制大工業が普及する過程のことで，1880年代後半以降，庶民衣料の生産部門・綿業を主軸として展開した。まず，綿糸を製造する**綿紡績業**（問(14)）で民間企業が勃興し，大規模な機械紡績が普及する。その結果，1890年には綿糸の生産高が輸入高を上回って国内市場を回復し，日清戦争の勝利によって中国市場への進出を果たすなか，**1897年には綿糸の輸出高が輸入高を上回った**。さらに，綿織物業でも紡績会社の兼営による大規模な織物工場が設立され，日露戦争後の1909年には綿織物の輸出高が輸入高を上回るにいたった。同じ時期，綿業と並んで民間企業が勃興した分野が鉄道業であった。1889年には私設鉄道の営業距離が官設鉄道を上回り，私鉄を軸としながら全国的な鉄道網が整っていった。なかでも最大の経営規模を誇ったのが，華族の共同出資で設立され，上野・青森間の鉄道（東北線）を開通させた**日本鉄道会社**（問(16)）であった。

　こうして民間企業が勃興し，機械制生産と全国的な物流が発展するにともなって労働者数も増加し，劣悪な条件のもとにおかれた労働者に対する関心も高まっていく。1897年，アメリカで労働組合運動の指導をうけた高野房太郎が片山潜らとともに**労働組合期成会**（問(15)）を組織し，労働組合の結成をよびかけると，鉄工組合や日鉄矯正会などが結成され，労働条件の改善を求める運動が展開した。特に，1898年日鉄矯正会を組織した**日本鉄道会社**の機関方や火夫がおこしたストライキは「我が労働社会にて

職工の努力を資本家に示したる嚆矢」（横山源之助）として知られる。また，こうした労働者の実態調査もさまざま行われ，横山源之助が1899年に著した『日本之下層社会』は有名である。彼は同年，『内地雑居後之日本』も著しているが，それは**領事裁判権**（問⒆）の撤廃・内地雑居（**外国人の国内における居住・旅行・営業の自由を許可すること・問⒅**）などを内容とする第一次条約改正が**1899年**（問⒇）に実施されるにともない，欧米資本が日本国内に進出し，労働者が現在よりもより劣悪な状態におかれるおそれがあることを指摘することで，労働問題への取り組みの緊要性を説こうとしたものであった。それに対して第２次山県有朋内閣は，労働運動の高まりを治安問題ととらえ，1900年に**治安警察法**（問⒄）を定めて労働組合の結成・活動を実質的に禁止した。

解答

A　(1)　下地　　(2)　天皇　　(3)　二条良基　　(4)　近江国
　　(5)　半済を認めず，すべて本所の支配とすること
　　(6)　足利義満　　(7)　絶海中津
B　(8)　通商の要求　　(9)　『北槎聞略』　　⑽　評定所　　⑾　松平定信
　　⑿　レザノフ　　⒀　外国との交渉の窓口を長崎だけに限定する
C　⒁　綿紡績業　　⒂　労働組合期成会　　⒃　日本鉄道会社
　　⒄　治安警察法
　　⒅　外国人に国内での居住・旅行・営業の自由を許可すること
　　⒆　領事裁判権　　⒇　1899年

Ⅱ

解説　古代～現代の諸事項についての空欄補充問題である。短文が10題あるが，思考力を要さず，単純に知識の有無を問う問題である。

①　官道に30里ごとに設けられた**駅家**（　ア　）には馬が常備され，宿泊施設も設けられていたが，公用で往来する官吏だけに利用が認められ，それも利用資格を証明する駅鈴を貸与されたものに限定されていた。正丁（21～60歳の良民男子）の３～４人につき１人が徴発された軍団兵士は，戦時動員にそなえて地方で訓練をうけたが，都の警備にあたる**衛士**（　イ　）も彼らが交代で勤務した。

②　騎射三物は，武芸鍛練の方法で，騎馬で遠距離の的を射る笠懸，騎馬で犬を追射する犬追物，疾走する馬上から矢継ぎ早に矢を射る**流鏑馬**（　ウ　）の３つをいう。『**曽我物語**』（　エ　）は，曽我兄弟の仇討ちを題材とする軍記物で，鎌倉幕府成立期の東国社会を知る歴史史料としても貴重だが，**難問**。

③　大和国**柳生**（　オ　）には「正長元年ヨリ　サキ者カンヘ四カン　カウニヲキ メアル　ヘカラス」との碑文が刻まれた地蔵が残っており，1428年の正長の土一揆の 際における在地社会での徳政を記したものとされている。ただし，その時は室町幕府 は徳政の実施を認めていない。室町幕府の徳政令は，1441年に**嘉吉**（　カ　）の土一 揆が発生した際に発したのが最初である。

④　戦国大名が定めた分国法には，朝倉氏（越前）の「朝倉孝景条々」，今川氏（駿河・ 遠江）の「**今川仮名目録**」（　キ　），**伊達**（　ク　）氏（奥羽）の「塵芥集」，長宗我部氏（土 佐）の「長宗我部氏掟書」などが有名。

⑤　江戸時代に，麻に代わって代表的な庶民衣料となったのは木綿であり，その原 料は**綿花**（　ケ　）。木綿は室町時代，朝鮮からの輸入品だったが，戦国時代以降， 国内栽培がはじまった。絹織物の伝統的な産地である京都・西陣から，のちに桐生や 足利などの地方に伝えられた高度な技術とは**高機**（　コ　）である。

⑥　問屋と小売を仲立ちする商人とは**仲買**（　サ　）である。江戸時代に発達した 専門市場としては，大坂に堂島の米市場，天満の**青物**（　シ　）市場，雑喉場の魚市場， 江戸では神田の青物市場，日本橋の魚市場がある。

⑦　「革命後のロシアに対する干渉目的の出兵」とはシベリア出兵で，**寺内正毅** （　ス　）内閣のもとで実施が決定された。米英仏日４カ国による共同出兵なので， 「英・仏」が問題文に明記されているところから（　セ　）はアメリカと判断できる。

⑧　金融恐慌（1927年）の中で鈴木商店の倒産にともなって**台湾銀行**（　ソ　）の経 営危機が表面化した際，第１次若槻礼次郎憲政会内閣は，緊急勅令を使って日本銀行 から台湾銀行への特別融資を行わせて事態の収拾を図ろうとしたが，**枢密院**（　タ　） で否決された。枢密院は，中国情勢が激動するなか，中国内政不干渉主義をとる憲政 会内閣を退陣に追い込み，対中国政策を転換させることを狙ったのである。

⑨　2005年度に続いて現代の大衆文化からの出題である。ヴェネチア国際映画祭で グランプリを獲得した黒澤明監督作は『**羅生門**（　チ　）』（1951年に受賞）で，『西鶴 一代女』『雨月物語』『山椒太夫』でヴェネチア国際映画祭に３年連続入賞を果たした のが**溝口健二**（　ツ　）である。

⑩　1970年代は第２次世界大戦後の国際情勢において転機をなしており，その一つ がドルの信用低下と原油価格の高騰による国際的な経済不安の発生である。ドルの信 用低下は，ベトナム戦争の戦費がかさんだことなどからアメリカ国外でのドル流通量 が膨張したことを原因としていた。それに対してニクソン米大統領が1971年，ドル防 衛のために金とドルとの交換停止を発表したが，ドルの信用低下は止まず，1973年か ら日本円は**変動相場制**（　テ　）に移行することとなった。一方，原油価格の高騰は，

1973年第4次中東戦争を契機としてアラブ産油国が禁輸・量的制限と一方的な原油価格の引き上げを発表したことから発生した。このため世界経済は深刻な不況に直面することとなり，日本も1974年には戦後初のマイナス成長を記録し，1950年代半ば以来，10％前後の実質経済成長率を持続した**高度経済成長**（　ト　）は終わりを告げることとなった。

解答

ア　駅家	イ　衛士	ウ　流鏑馬	エ　『曽我物語』	オ　柳生
カ　嘉吉	キ　「今川仮名目録」	ク　伊達	ケ　綿花（木綿）	コ　高機
サ　仲買	シ　青物	ス　寺内正毅	セ　アメリカ	ソ　台湾銀行
タ　枢密院	チ　『羅生門』	ツ　溝口健二	テ　変動相場制	
ト　高度経済成長				

Ⅲ

解説　例年通りの形式によるテーマ問題。本年度は，原始・古代・近代から各1テーマとなっている。

A　縄文～古墳文化の技術に関する問題

久しぶりに原始文化がまとまって本格的に出題されたが，道具を中心とする技術をテーマに各時代を対比しようという問題意識からの出題となっている。

完新世から更新世への移行にともなう気候の温暖化が，**（縄文）海進**（問(1)）と呼ばれる海面の上昇を招き，大陸と切り離されて日本列島が形成された。さらに，東日本では落葉広葉樹林，西日本では照葉樹林が広がり，こうした植林体系の変化は植物資源の豊富化をもたらし，列島に住む人びとの生活を豊かなものに変えていった。土器や弓矢が出現し，動物の皮をはぐための**石匙**（　ア　）や漁労のための骨角器・丸木舟が発達した。一方，厳しい自然のもとで集団生活をつづけるなか，豊穣や集団の繁栄を祈願する呪術的な儀礼が発達したことは，男性生殖器を表現した**石棒**（　イ　）や女性の特徴を示す**土偶**（問(2)）などの遺物からうかがうことができる。

朝鮮半島南部から水稲耕作が本格的に伝来したのは紀元前5世紀前後とされるが，紀元前4世紀頃には西日本に弥生文化が成立した。水稲耕作が行われていたことを象徴する遺物とされるのが，伐採用の**太型蛤刃**（　ウ　）石斧，加工用の扁平片刃石斧・柱状片刃石斧，稲穂を収穫するための**石包丁**（　エ　）といった大陸系磨製石斧であるが，**ウ**は難問。

弥生文化のもとでは，祭祀に青銅製祭器が使用されていたことが知られており，九

州北部を中心に分布する銅矛(鉾)・銅戈，瀬戸内海地域の平形銅剣，近畿や東海など
を中心に分布する**銅鐸**(□**オ**□)が有名である。また，かつて出雲と呼ばれた島根県
の(**神庭**)**荒神谷遺跡**(問(3))では九州北部地方に分布する細形銅剣と銅矛，近畿などに
分布する銅鐸がそろって発見されており，独自の政治文化圏を形成していたと考えら
れている。

　古墳文化のもとで道具をめぐる技術革新が生じたのは5世紀，朝鮮半島から多くの
技術者集団が渡来した際のことである。彼らはヤマト政権のもとで品部に編成された
が，鉄器製作集団の**韓鍛冶部**(問(4))，須恵器製作集団の陶部，高級な絹織物技術をも
つ錦織部などがあった。さらに，象嵌とよばれる，金や銀などの細線を埋め込んで文
様や文字を表現する技術も本格的に伝えられ，その一例としては埼玉県**稲荷山古墳**(問
(5))鉄剣や熊本県江田船山古墳大刀が有名である。

>　**B　荘園公領制の形成とその構造をめぐる問題**

　荘園は受験生のウィークポイントの一つであるが，「荘園」という用語が一貫して
いるから分かりにくいと言える。同じ用語を使っているとはいえ，11世紀半ば以降に
登場し，中世へとつながる荘園はそれ以前のものとは形態や性格が異なっている。ま
ずはこの本格的な中世荘園を理解することから始めたい。

　たいていの教科書に「**紀伊国桛田荘絵図**」が掲載されているが，これが中世荘園を
視覚的に説明したものである。教科書によっては本文と何の関連もなく掲載されてい
るケースがあるが，この絵図は，11世紀半ば以降に登場した中世荘園が，**耕地や集落**，
周辺の山野河海を含み，ひとまとまりの領域をもった荘園(**領域型荘園**)であることを
示している。それまでの荘園が耕地の集積(奈良末〜平安初期であれば墾田の集積，
10世紀であれば免田の集積)によって成り立っていたのに対し，国衙領とは地域的に
区別されている点に特徴をもつ。こうした新しい形態の荘園が成立した背景には，大
名田堵，すなわち有力な**田堵**(□**カ**□)などが開発を進めて開発領主へ成長し，彼ら
の勢力範囲に基づいて国内の行政区画が再編成されたこと，あるいは田堵たちが村落
形成を進め，その田畑を有力寺社などに寄せたことなどがあった。つまり，開発領主
による領域支配や田堵たちの村落形成を基礎として地域的なまとまりをもった本格的
な荘園が登場したのである。そして，国衙行政を担う**在庁官人**(問(6))たちの介入を排
除するため，検田使や追捕使など国衙の派遣する役人の立入りを拒否できる**不入の権**
(問(7))を獲得し，国衙行政からの独立性を確保するものが多かった。

　こうした荘園と国衙領との領域的・行政的な区別をおしすすめる結果ともなったの
が，朝廷によって繰り返し実施された荘園整理令である。とりわけ，1069年，後三条
天皇によって実施された延久の荘園整理令では，中央に**記録荘園券契所**(問(8))が設け

られ，不法な荘園が徹底的に整理されたが，そのことがかえって明確な券契をもつ荘園の正当性を保証することともなった。そして，11世紀末以降，院庁下文などを使った立荘行為がさかんに行われ，12世紀後半には国内の半ば近くが荘園となり，一国内は荘園と国衙領が並び立つ状態となる。それぞれの荘園・国衙領ごとの名称，耕地面積などは国ごとに作成された**大田文**(問(9))で把握され，国家的な行事の際に臨時に課される一国平均役などの賦課に役立てられた。

　こうして形成された中世荘園では，開発領主など在地の有力者が下司や**公文**([　キ　])といった下級荘官に任じられ，荘園領主から派遣された**預所**([　ク　])や雑掌といった上級荘官の指示のもと，荘園経営が行われた。彼ら荘官や手工業者などには，その職務に対する給付として年貢・公事を免除された**給田**(**免田**)(問(11))や公事のかからない給名が与えられたのに対し，主要な耕地は名に編成されて田堵などの有力な百姓に割り当てられ，**百姓名**(問(10))と呼ばれて年貢・公事・夫役が課せられた。名(百姓名)を割り当てられたものは名主と称され，**下人・所従**([　ケ　])などと呼ばれる隷属民を使って耕作したが，なかには一部を小百姓に貸し付けて耕作させることもあった(この小百姓は作人と呼ばれる)。

[　**C**　**明治初期〜日清戦争後の日朝関係についての問題**　]

　近代の日朝関係は，明治政府が廃藩置県によって対馬藩がもっていた対朝鮮外交事務を外務省に接収し，朝鮮に対して新たな国交関係の樹立を求めたことから始まる。当時の朝鮮は，国王**高宗**([　コ　])の実父大院君が実権を掌握し，朱子学に基づく衛正斥邪という朝鮮独自の華夷思想を背景として鎖国政策を進めており，国交調整交渉は難航した。事態が進展したのは，朝鮮政府での政変により大院君が失脚し，王妃の一族閔([　サ　])氏が実権を掌握するようになってからのことである。明治政府は1875年，軍艦雲揚などを派遣して朝鮮側を挑発し，江華島を占拠したうえで，翌年，**日朝修好条規**([　シ　])を結ばせて開国させた。

　閔氏政権がこの頃から開化政策に転じると，下級兵士などに反発が広がり，1882年，彼らの反乱を契機に**壬午軍乱**(問(14))が発生した。いったん閔氏政権が倒れて大院君が政権を掌握したが，清の軍事介入によって閔氏政権が復活し，大院君ら反乱参加者は処罰された。これ以降，清が宗主権強化をめざして内政干渉を強めたため，清との宗属関係からの離脱などをめざす**金玉均**([　ス　])・朴泳孝ら急進開化派は，1884年，日本公使館の支援をうけてクーデタを敢行した。これが**甲申事変**(問(15))であるが，清軍によって鎮圧されて失敗に終わり，これ以降もイギリスの承認のもとで清の宗主権が存続することとなった。

　こうした朝鮮のあり様を大きく変化させたのが日清戦争である。1894年，朝鮮南部

で宗教結社**東学**(問(16))の信者を中心とする農民反乱(甲午農民戦争)が発生すると，日清両国が朝鮮に出兵し，それをきっかけとして戦端を開くこととなった。戦争は，日本軍が朝鮮王宮を占拠して親日派政権を樹立させたことから始まるが，戦争中を通して行われた日本の朝鮮内政への干渉は，政府内部では国王や閔妃を中心とする反発を引き起こし，ロシアへ接近して日本を牽制しようとする動きとなった。それを警戒した日本公使**三浦梧楼**(　セ　)らは，1895年，閔妃殺害事件を起こしたが，かえって国王高宗がロシア公使館へ避難する事態を招き，日本の勢力を後退させる結果となった。

　なお，豊臣秀吉が行った2度に及ぶ朝鮮出兵(朝鮮侵略)は，日本では年号をとって文禄の役・慶長の役と呼ばれるが，朝鮮(韓国)では干支をとって壬辰・丁酉の倭乱と呼ばれている。問(12)では，このうち，1592年に始まった文禄の役の朝鮮での呼称が問われているので，**壬辰の倭乱**(問(12))が答えとなる。問(13)は，明治政府成立後の日本で発生したキリスト教弾圧事件を問うたものだが，それは浦上信徒弾圧事件をさす。したがって，**浦上**(問(13))が答えとなる。

解 答

A　ア　石匙　　イ　石棒　　ウ　太型蛤刃　　エ　石包丁　　オ　銅鐸
　　(1)　海進　　(2)　土偶　　(3)　荒神谷遺跡　　(4)　韓鍛冶部
　　(5)　稲荷山古墳
B　カ　田堵　　キ　公文　　ク　預所　　ケ　下人(所従)
　　(6)　在庁官人　　(7)　不入の権　　(8)　記録荘園券契所　　(9)　大田文
　　(10)　百姓名　　(11)　給田(免田)
C　コ　高宗　　サ　閔　　シ　日朝修好条規　　ス　金玉均　　セ　三浦梧楼
　　(12)　壬辰の倭乱　　(13)　浦上　　(14)　壬午軍乱　　(15)　甲申事変　　(16)　東学

IV

解説　論述問題であり，今年度は古代と近世から各1テーマが出題された。**多面的な説明型**と**推移・変化型**の2タイプであった。

(1)　9世紀前半の政治と文化

　問われているのは**9世紀前半の政治と文化**である。「「三筆」を通じて」との条件がついているが，だからといって「三筆」と称されている3人の人物について個別に説明すればよいのではない。彼らを素材としながら「9世紀前半」を政治と文化という2つの観点から多面的に説明することが求められているのである。

　まず，9世紀前半の時代状況を「政治」を中心に確認しよう。

「9世紀前半」とは，いつからいつまでなのか。単純に考えれば801〜850年となる。その時期にあてはまる人物や事件などを思い浮かべてみよう。

　　嵯峨天皇，平城太上天皇の変，藤原冬嗣，蔵人頭，検非違使，弘仁格式，令義解，
　　承和の変，藤原良房，伴健岑，橘逸勢，恒貞親王，道康親王（文徳天皇）

　これくらいは思い浮かべられるだろうか？

　これらをグループ分けすれば，(a)嵯峨朝前後の律令政治の再建，(b)藤原北家の台頭（摂関政治の基礎形成）の2テーマとなるだろう。つまり，「政治」については，この2テーマを軸とすればよいことがわかる。なお，ここで注意すべきは「清和天皇」や「藤原良房の摂政就任」は対象時期から外れている点。これらを答案に書いてしまっては評点はきわめて低いものになってしまう。注意しよう。

　では，それぞれのテーマについて具体的な内容を確認しよう。

(a)　嵯峨朝前後の律令政治の再建

　嵯峨天皇の時代は，平城太上天皇（上皇）との対立を背景とする朝廷の分裂（「二所の朝廷」）で始まる。この平城太上天皇の変（薬子の変）を乗り越えた嵯峨天皇は，蔵人や検非違使といった天皇直属の令外官を設置し，①朝廷における天皇の権力を強化する。そして，官制の整理・再編を進めると共に，それまで出されていた格（律令の補足・修正法令）や式（律令の施行細則）を集成して弘仁格式を編纂し，②官僚制の再編・強化，律令政治の再編を進めた。この動きは，次の淳和天皇の時代にも受け継がれ，養老令の公的注釈書として『令義解』が編纂される。こうして律令制が貴族社会に本格的に浸透するなか，唐風の儀礼が整備され始める。

(b)　藤原北家の台頭

　藤原北家が台頭するきっかけとなったのが平城太上天皇の変である。その際に新設された蔵人頭のひとりに藤原冬嗣が任じられたことが北家台頭の出発点となっている。そして，冬嗣・良房父子は嵯峨天皇（上皇）から絶大な信頼をうけ，天皇家との姻戚関係を結びながら権勢を確保していった。さらに，嵯峨上皇が死去した直後には，皇太子恒貞親王を擁して伴健岑や橘逸勢らが反乱を計画したとして逮捕・配流された承和の変をきっかけに，外戚関係のある道康親王（のちの文徳天皇）を皇太子に立てることに成功し，（将来における）天皇との外戚関係を確保し，摂関政治の基礎を築いていく。

　次に「文化」について確認しておこう。

　嵯峨朝前後といえば弘仁・貞観文化であり，唐風文化の全盛，漢詩文と密教の隆盛という特徴は思い浮かぶだろう。

　官僚制の再編・強化が進み，唐風の儀礼が整備されるにともなって文化の唐風化が

徹底され，貴族や官人には文章経国思想に基づいて儒教的学識とともに漢詩文の教養が強く求められるようになった。嵯峨天皇の命により初の勅撰漢詩文集『凌雲集』が編纂され，そののち『文華秀麗集』『経国集』と勅撰漢詩文集が続いたことがそれを象徴している。さらに，大学での教育が活発化し，藤原氏の勧学院など，大学で学ぶ一族の子弟のための大学別曹が作られた。一方，遣唐使に随行して留学した空海が唐から新しく伝えた密教は，加持祈禱を通じて鎮護国家や現世利益を求める朝廷・貴族の期待に応え，広く普及していった。

　これでデータは揃った。最後にやるべきことは答案の構成を考えることである。

　㋐年代順を意識して構成するか，㋑「政治」と「文化」の分野を区別して構成するか。

　㋐の場合だと，まず「嵯峨朝前後の律令政治の再建」を説明し，それに関連づけながら「唐風文化と密教の隆盛」を述べたうえで，「藤原北家の台頭」を説明すればよい。それに対して，㋑の場合，「嵯峨朝前後の律令政治の再建」を説明し，その結果，天皇と結ぶ少数の皇族・貴族が権勢をふるうようになった状況を指摘したうえで「藤原北家の台頭」に触れ，それら政治とはいったん切り離した形で「唐風文化と密教の隆盛」を説明すればよい。

(2) 元禄～天明期の江戸幕府の貨幣政策

　問われているのは，元禄時代から天明年間までの，江戸幕府の貨幣政策である。設問文では「貨幣政策について述べよ」としか表現されておらず，政策の内容説明が求められている。しかし，対象時期が「元禄～天明期」とある程度長く，推移・変化を問うた出題だと判断してよい。いくつかに時期を区分しながら「貨幣政策の移り変わり」を説明したいところである。

　まず，貨幣に関することがらを政権担当者ごとに整理する。

　設問では「貨幣政策」が求められているのだが，準備作業としては「政策」にこだわらずに「貨幣に関することがら」を列挙してみるとよい。

	貨幣に関することがら
(a)将軍綱吉	元禄金銀＝悪貨・勘定吟味役荻原重秀の建議・出目の獲得
(b)新井白石	正徳金銀＝品位を慶長金銀に戻す（良貨）
(c)将軍吉宗	享保金銀＝正徳金銀と品位・量目が同じ（良貨）
	→元文金銀＝品位・量目ともに低下（悪貨）
(d)田沼意次	南鐐二朱銀＝金銀貨の一本化をめざす

　ここに挙げたデータのうち，将軍吉宗のもとでの享保・元文金銀の鋳造は細かなデータであり，思いつかなくとも問題はない。

　さて，次にやるべき作業は「政策」を考えることである。それらの「貨幣に関することがら」について「背景」や「歴史的状況」を確認し，幕府の意図を探っていこう。

　(a)**将軍綱吉**　品位を低下させた元禄金銀を鋳造した背景には幕府の財政難があった。金銀の産出量が減少したことが大きな原因であったが，それ以外にも明暦の大火後の江戸復興にともなう出費や元禄期の寺社造営費用が大きな支出増を招き，幕府財政を破綻させていた。そこで幕府は，慶長金銀と量目は同じだが品位（金銀含有量）を下げた金銀貨を新しく鋳造し，その差益（出目）を収益としようとしたのである。新井白石の自叙伝『折たく柴の記』によれば「金凡ソ五百万両」にのぼったという。

　(b)**新井白石**　元禄金銀の発行は幕府財政を一時的には改善させたものの，貨幣価値の下落と貨幣流通量の大幅な増加は物価上昇（インフレ）を招いた。そこで，品位を慶長金銀に戻した正徳金銀を発行した。インフレを解消するため，貨幣価値を高め，貨幣流通量を減少させようとしたのである。

　(c)**将軍吉宗**　当初は新井白石の政策を引き継ぎ，正徳金銀と同じ仕様のものを鋳造した（享保金銀）。しかし，低落傾向にあった米価を維持・調節するため，品位・量目ともに引下げた元文金銀を発行し，貨幣流通量の拡大をはかった。

　(d)**田沼意次**　新しく鋳造された南鐐二朱銀は，銀貨では初めての計数貨幣であり，8枚で金1両（小判1枚）で通用するものと規定された。もともと江戸時代は，江戸の金遣い・上方の銀遣いと称されるように統一的な貨幣制度が存在していなかった。しかし，全国的な商品流通の活発化にともなって統一的な市場の整備がもとめられ，金銀貨の一本化，金貨による貨幣制度の統合をめざして南鐐二朱銀を発行したのである。

　これまで確認してきたデータをそのまま時代順に配列すれば答案ができあがりそうだが，ちょっと待ってほしい。時期によって貨幣政策の意図が異なっていることを考えれば，それぞれの政権担当者のもとで鋳造された金銀貨の名称とその特徴（悪貨か良貨かなど）だけを羅列しただけでは答案の論旨が確保できない。

　(a)将軍綱吉は**幕府の財政難への対応**が中心的であったが，(b)新井白石や(c)将軍吉宗は**物価調整をねらい**としており，(d)田沼意次は**金銀貨2本建の貨幣制度を改革する**ところに焦点をおいていた。こうした貨幣政策の意図の変化を意識し，それらの背景となった歴史的状況を答案のなかに盛り込んでいきたい。なお，教科書に基づけば(c)将軍吉宗の政策を書かない答案でも問題なく，それを別解として示しておいた。

解 答 例

　(1)　政治では，平城太上天皇の変を契機に権力集
　　　　中をはかった嵯峨天皇のもと，弘仁格式の編

纂などにより律令政治の再編が図られた。一
方，嵯峨天皇の信任を得た藤原氏北家が台頭
し，承和の変で橘逸勢らを排斥して摂関政治　　*5*
の基礎を築いた。文化では，文章経国思想に
基づいて漢詩文の教養が重視され，嵯峨天皇
の命で漢詩文集が編纂されるなど，唐風文化
が隆盛するとともに，空海が伝えた密教が鎮
護国家の使命や現世利益の期待に応えた。　　*10*

（199字）

(2)　金銀産出量の減少などにより財政難に陥った
ため，徳川綱吉は出目獲得を目的として低品
位の元禄金銀を鋳造した。そのためインフレ
を招き，新井白石は品位を慶長金銀に戻した
が，かえってデフレが生じた。徳川吉宗は悪　　*5*
貨の元文金銀を鋳造して物価の調整をはかり
，全国的な商品流通の発達を促進した。その
結果，江戸の金遣い・上方の銀遣いという二
元構造の是正が求められ，田沼意次は南鐐二
朱銀を鋳造して金銀貨の一本化をめざした。　　*10*

（200字）

（別解）

幕府財政が窮乏した元禄時代には，慶長金銀
より品位を下げた金銀貨を鋳造し，出目を獲
得して収入の増加をはかったものの，物価騰
貴を招いた。そのため正徳の治では，再び貨
幣を改鋳して慶長金銀と同品位に戻し，物価　　*5*
騰貴の抑制をはかった。田沼時代には，経済
流通の活発化にともなって江戸の金遣い・上
方の銀遣いという二元的な貨幣制度が経済発
展の障害となったため，南鐐二朱銀などの計
数銀貨を鋳造し，金銀貨の一本化を試みた。　　*10*

（200字）

I

解説 古代・中世・近代の史料問題。出題形式は例年通りの空欄補充・下線部関連設問であり、扱われた時代は04年度と全く同じ。

A 奈良・平安初期における土地制度の変化

奈良後期、称徳天皇のもとで765年に出された**加墾禁止令**(墾田禁止令)を素材として、奈良時代から平安初期にかけての土地制度の変化、とりわけ大土地所有の展開を問うた出題である。

さて、律令制下の土地制度を公地制と表現することが多いが、実のところ、実際に開墾され、耕作されている田地を政府の管理下においたというだけの話であり、未開墾田=山林原野をも含めて政府の管理下にあったわけではない。山林原野は公私共利とされ、さらに、律令では原野を切り開いて新規に田地を開墾すること(墾田の開発)が想定されておらず、墾田に対する権利関係は明確に規定されていなかった。それゆえ、貴族・地方豪族や寺社が私的に土地占有を進めたとしても、それを規制する法的な根拠が存在していなかった。一方、班田制を律令の規定通りに機能させるには相当量の田地を確保しておくことが不可欠であったが、人口増加にともない、すでに奈良時代初めには口分田の不足が生じ始めていた。

そこで政府は、まず723年、三世一身法を定め、墾田の私有を一定期間に限って公認し、期限後には政府が収公することとした。期間の区別は、**灌漑施設を新規に造営して開墾した場合は「三世」、既存の灌漑施設を利用して開墾した場合は「一身」**というものであった(問(3))。さらに、743年には墾田永年私財法(天平十五年の格ともいう)を定め、「今より以後、任に**私財**(問(1))となし、三世一身を論ずることなく、みなことごとくに永年取ることなかれ」と、墾田の永久私有を認めた。これは、同年に**大仏造立の詔**が出されたことに関連しており(問(2))、盧舎那大仏の造立事業に対する貴族や地方豪族らの協力を引き出すことを一つの目的としていた。

こうして墾田永年私財法により墾田の私有が公認されると、貴族や地方豪族、各地の寺社がさかんに墾田開発を行い、私有地の拡大につとめたが、そのことはかえって一般人民の生活を圧迫することとなった。そのため政府は765年、加墾禁止令(墾田禁止令)を定め、新規開墾を禁止した。その際、寺院は規制対象から除外されたが、それは当時、**道鏡**(問(5)(あ))が政権を握っていたことと関連していた。道鏡は法相宗の僧侶で、称徳天皇の寵愛を受け太政大臣禅師、さらには**法王**(問(5)(い))にまで任ぜられた。

しかし，称徳天皇が死去すると道鏡は失脚し，それにともない，加墾禁止令も772年に停止され，墾田永年私財法が復活した。ただし，復活にあたって墾田私有の面積制限がなくなり，貴族や寺社などによる大土地所有を助長することとなり，天皇家もまた**勅旨田**（問(4)）と呼ばれる広大な田地を私的に集積していった。

なお，加墾禁止令など奈良時代についての記事は，そのほとんど全てが**『続日本紀』**（問(6)）を出典としている。このことは覚えておいてほしい。

B 平安末期に発生した3つの事件

3つの史料を一読して，それぞれ何についての史料かがすぐに判断できただろうか。初見史料が出題された場合，(a)史料，(b)脚注，(c)出典，(d)設問文のなかからヒントを探し出し，それらを手がかりとして史料の内容を判断していけばよい。

史料①は，史料中に「頼政」との語が記され，さらに脚注に「討伐される」とあることから，源頼政らの挙兵に関する史料であることが分かる。史料②については問(10)の設問文をヒントに判断しよう。そこには，「下線部(g)の入道大相国とは平清盛のことである。彼はのちに，この時幽閉した法皇に代えて，彼の娘むこである上皇に院政を行わせることになる」と説明されており，さらに史料中に「門戸を閉じて人を通さず」と記されていることに注目すれば，史料②は平清盛による法皇の幽閉についての史料であることが分かる。史料③は，「信頼」との語が記されていることから，藤原信頼らが挙兵し，敗北した平治の乱であることが分かる。全て平氏政権に関する史料で，これらを年代順に配列すれば，**史料③＝平治の乱→史料②＝平清盛による法皇の幽閉→史料①＝源頼政らの挙兵**（問(12)）となる。

さて，武家の棟梁平清盛が朝廷で実権を握ることで成立したのが平氏政権であるが，成立の端緒となったのは平治の乱である。1159年，後白河法皇の近臣藤原信頼が**源義朝**（問(11)）とともに挙兵し，政権を主導していた信西（藤原通憲）を殺害したものの，平清盛により討伐をうけた事件である。平清盛は事件後，急速に昇進を早め，1167年には太政大臣に就任した。まもなく官を辞職したものの，平氏一門も次々と昇進し，荘園や知行国を集積し，清盛は朝廷において政治的にも経済的にも圧倒的な優位性を確立していった。ところが，こうした平氏による権力掌握は，既存の公家勢力の政治的・経済的基盤を侵食する結果となり，次第に平氏に反発する動きが大きくなっていく。なかでも，後白河法皇との対立が深刻化し，1177年には院近臣藤原成親らによる平氏打倒計画が露見する（鹿ケ谷事件）。そして清盛は，79年に後白河法皇を京都南郊外・**鳥羽**（問(9)）にあった院の離宮（鳥羽殿）に幽閉して院政を停止し，翌年には孫の安徳天皇を即位させ，娘むこ**高倉上皇**（問(10)）に院政を行わせて，事実上の独裁政権を樹立することとなった。とはいえ，このクーデタは，かえって反平氏の動きを全国的な内乱

へと発展させてしまう。まず1180年, 後白河法皇の子以仁王(「法皇第三宮」「三条宮」)は平氏追討の令旨をかかげて源頼政とともに挙兵した。彼はまもなく平氏が派遣した軍勢により討伐をうけるが, 彼の挙兵には**興福寺**(問(8))に代表される南都の僧兵らが協力し, さらに以仁王が保護を受けていた**八条院**(問(7))の所有する莫大な荘園ネットワークを通じて彼の令旨が各地に伝えられたため, 挙兵が全国へと拡大していく。治承・寿永の乱の始まりである。

C　日本とロシアの国境

　史料Cは目にしたことのある受験生も多いのではないかと思うが, たとえ初見であったとしても「ウルップ島」に注目すれば史料の内容が判断できるだろう。また, 問(15)には「この条約締結時の幕府の(以下略)」と書かれてあり, ここから時代を限定し, 史料の内容を把握することも可能である。史料Cは1854年に結ばれた**日露和親条約**(問(14))である。ロシア使節**プゥチャーチン**(問(16))との間で締結され, 時の老中首座は**阿部正弘**(問(15))。プゥチャーチンがペリーと同時期に来航したことを念頭におけば, すぐに分かるだろう。

　日露和親条約の締結交渉のなかでの最大の問題は, 国境の画定であった。クリル諸島(千島列島)についてはエトロフ島の帰属をめぐって意見が対立したが, 結局, **エトロフ**(問(13)　エ　)島以南を日本領, ウルップ島以北をロシア領とすることでまとまった。それに対し, **カラフト**(問(13)　オ　)については最後まで妥協が成立せず, それまで通り, 両国民雑居の地とされた。しかし, この後, ロシアとの紛争を回避し, 北海道の開拓事業に専念しようとした明治政府のもと, 1875年になって**樺太・千島交換条約**(問(17))が結ばれ, カラフトは全島がロシア領と変更された。

　なお, 日露和親条約では, その直前に結ばれた日米和親条約で開港の規定された下田・箱館だけでなく, **長崎**(問(13)　カ　)も開港することが定められていた。

解　答

A　(1)　私財　　(2)　大仏造立の詔

　　(3)　開墾に際し, 灌漑施設を新規に造営したか, 既存の灌漑施設を利用したか

　　(4)　勅旨田　　(5)(あ)　道鏡　(い)　法王　　(6)　続日本紀

B　(7)　八条院　　(8)　興福寺　　(9)　鳥羽　　(10)　高倉上皇

　　(11)　(源)義朝　　(12)　③→②→①

C　(13)　エ　エトロフ(エトロプ)　オ　カラフト　カ　長崎

　　(14)　日露和親条約　　(15)　阿部正弘　　(16)　プゥチャーチン

　　(17)　樺太・千島交換条約

Ⅱ

(解説) 原始～現代の諸事項についての空欄補充問題である。短文が10題あるが，テーマに全体としての系統性はなく，単純に知識の有無を問う問題である。

①　弥生文化は水稲耕作と金属器使用の開始によって特色づけることができるが，初期には金属器の使用はまだ一般化しておらず，水稲耕作で用いられていた鍬や鋤は**木（[　ア　]）製**であった。また，年代を判断する有力な方法の一つに**放射性炭素¹⁴C（[　イ　]）測定法**がある。

②　6世紀前半，大伴金村が擁立したのは**継体（[　ウ　]）天皇**で，越前から招いて大王に擁立した。また，埴輪には円筒埴輪と形象埴輪があり，家や人物などをかたどったものは**形象（[　エ　]）埴輪**と呼ばれる。

③　平安初期には，文学の政治的な有効性を強調する文章経国思想が広まり，それにともなって大学が隆盛を迎える。貴族たちは大学に学ぶ一族の子弟の便宜を図るため，藤原氏の**勧学院（[　カ　]）**などの大学別曹を設け，教科では漢詩文や歴史を学ぶ**紀伝道（文章道）（[　オ　]）**が重視された。

④　密教は平安初期，空海により本格的に導入されて以降，貴族の間に広まり，天台宗でも円仁と**円珍（[　キ　]）**により取り入れられた。仏教美術では，密教に基づいて宇宙を描いた**両界曼荼羅（[　ク　]）**などが作成された。

⑤　鎌倉後期に活躍した律宗僧侶に**叡尊（[　ケ　]）**とその弟子忍性がいる。戒律の復興と普及をめざした彼らは鎌倉幕府の積極的な保護をうけ，忍性は北条重時の帰依をうけて**極楽寺（[　コ　]）**を開いている。

⑥　中世は比較的寒冷な気候が長期にわたり，飢饉が続発したが，それへの対応として，災害に強く多収穫の**大唐（[　サ　]）米**が普及し，また農業生産条件の改善も進められ，中国伝来の**水車や竜骨車（[　シ　]）**が使用されるようになった。

⑦　『**柳子新論**』（[　ス　]）を著し，明和事件で処罰された山県大弐は有名だが，寛政期に京都や諸国で尊王論を説いた**高山彦九郎（[　セ　]）**は，やや細かい。京都で公家に尊王論を講じ，宝暦事件で処罰された竹内式部と混同したかもしれないが，時期が異なることに注目しよう。

⑧　蘭学は，1774年に『解体新書』が訳出されて以降，大きく発展する。そのなかで稲村三伯は蘭和辞書『**ハルマ和解（[　ソ　]）**』を著し，江戸幕府の蛮書和解御用では多くの蘭学者を動員して百科事典『**厚生新編（[　タ　]）**』が訳出された。

⑨　近代の**北海道**と**沖縄**は，本土とはさまざまな面で差別されていた。なかでも沖縄での衆議院議員選挙法の適用については知っておきたい。日清戦争後に謝花昇らによる参政権獲得運動が展開したものの，すぐには実現せず，1912年になって実現した。

それゆえ，□ツ□が**沖縄**，もう一つの□チ□が**北海道**となる。

⑩　戦後の大衆文化についての出題である。長谷川町子といえば，日曜の午後6時半からテレビで放映されている「**サザエさん**（□テ□）」，そして戦後マンガ文化の基礎を築いた人物といえば，「鉄腕アトム」などを描いた**手塚治虫**（□ト□）である。

解答

　ア　木　　イ　放射性炭素¹⁴C　　ウ　継体　　エ　形象

　オ　紀伝道（文章道）　　カ　勧学院　　キ　円珍　　ク　両界曼荼羅

　ケ　叡尊　　コ　極楽寺　　サ　大唐　　シ　水車（竜骨車）

　ス　柳子新論　　セ　高山彦九郎　　ソ　ハルマ和解　　タ　厚生新編

　チ　北海道　　ツ　沖縄　　テ　サザエさん　　ト　手塚治虫

Ⅲ

解説　例年通りの形式によるテーマ問題。本年度は，古代・近世・近代から各1テーマとなっている。

A　奈良・平安初期の土地・租税制度の変化

　律令制のもとでの政府による人民支配は，戸籍・口分田・人頭税がキーワード。政府は，まず人民を戸籍に登録して戸ごとに把握し，班田収授法に基づいて口分田を支給して最低限の生活を保障したうえで，計帳に基づいて人頭税（課役）や兵役の負担を賦課していたのである。人頭税（課役）には，郷土の特産物を貢納させられた調，京での労役（歳役）の代わりに布を納めさせられた庸，国司の命令で課せられた地方での労役である雑徭があったが，これらのうち調と雑徭は正丁・老丁（次丁）・少丁（中男）に対して賦課されたものの，**庸のみは少丁（中男）が免除されていた**（問(2)）。また，兵役は正丁3人につき1人を兵士として徴発し，各地の軍団に配属させるものであった。こうした国家に対する負担が重く，たびかさなる飢饉や疫病の流行などもあって，人々の生活は苦しかった。『万葉集』に収録されている「貧窮問答歌」は，そうした人々の生活状態を歌ったもので，**山上憶良**（問(3)）の作品である。

　こうしたなかで人々は，**口分田などを班給した残りの田地**である公田（問(1)・乗田ともいう）や貴族・大寺院の田地を借りて耕作，つまり**賃租**（□ア□）することで生計を補ったが，種籾にも欠くようであれば耕作することもできず，そのため稲の貸付けを受け（出挙），その利息負担も苦しかった。このため，田地を捨てて本籍地から流浪する**浮浪**（浮浪・逃亡）（□イ□）を行うものが多く，また国家の許可なく僧侶となる，つまり**私度僧**（問(4)）となるものも少なくなかった。僧侶になるには治部省の許可が必

要であったが，僧侶は課役免除の特権をもっていたため，許可なく僧侶の姿をとることで課役から逃れようとしたのである。

　他方，私出挙を通じて動産を蓄え，大規模な経営を展開する地方豪族や有力農民（富豪百姓・富豪の輩と称される）も台頭し，在地社会では階層分化が進んでいた。この動きは，墾田永年私財法により大土地所有の展開が促進されて以降，いっそう活発化した。彼らは自ら墾田開発を進める（彼らの経営した田地を私営田とも呼ぶ）一方，院宮王臣家が所有する荘園の経営をまかされたり，あるいは自らの田地（私営田）を院宮王臣家に寄進して**荘園**（　ウ　）とするなどした。なお，院宮王臣家とは，**上皇（院）や皇太子・三后（宮），皇族・有力貴族（王臣），あるいは彼らの家政機関の総称**である（問(5)）。

　こうした富豪百姓の経済活動と院宮王臣家の結びつきは，次第に律令に基づく地方支配を動揺させる。そして，延喜の荘園整理令などの禁令もさほど効果がなく，結局，10世紀半ば，藤原忠平の頃には律令的原則を放棄し，新たな支配方式へと転換していくこととなる。いわゆる負名体制で，国司管轄下の田地を**名**（　エ　）という課税単位に編成し，田堵ともよばれた有力農民に経営と納税を請け負わせ，名の広さに応じて官物と**臨時雑役**（　オ　）を賦課するようになった。

B　江戸時代の飢饉とその影響

　江戸時代には，寛永・享保・天明・天保期と4度にわたって大規模な飢饉が発生しており，それぞれ政治や社会に大きな影響を及ぼしている。

　寛永の大飢饉は3代将軍徳川家光の末期，1641〜42年の凶作による江戸時代最初の大飢饉で，主な原因は西日本は旱魃，東日本は冷害だった。しかも，幕府・大名の苛酷な年貢収奪によって百姓の疲弊が進んでいたため，農村での被害はより深刻なものとなった。そのため，幕府は百姓の没落を防止するため，百姓の生産と生活の細部にわたる規制，たとえば**田畑永代売買の禁**（問(6)）を定め，この後の農民・農村政策の基軸を確立していった。なお，田畑の分割相続を制限した分地制限令は1673年に最初に発令されたとされており，時期が異なるので間違えないようにしよう。

　享保の大飢饉は8代将軍徳川吉宗のとき，1732年に西日本一帯で発生した飢饉で，稲の害虫（イナゴ説とウンカ説がある）の大量発生が直接の原因であった。そして，米の不作は米価の高騰につながり，翌33年には江戸で初めての打ちこわしが起こる。その際，打ちこわしの対象となったのは高間伝兵衛宅であったが，彼は幕府御用の**米商人**（問(7)）で，幕府から大坂に派遣され，享保改革での米価引上げ策にそって積極的な買米を行っていたため，米価高騰の元凶とみなされたのであった。

　天明の大飢饉は，老中田沼意次が政治を主導した天明期，1783〜87年に発生した飢

饉で，冷害や浅間山噴火による降灰をきっかけとして東北地方で30万人を越す多数の死者を出した。この時期は，農村での商品生産の進展にともなって百姓の階層分化が著しく，そのため農村では貧農や小作人が増加し，また都市では出稼ぎなどで農村から人口が流入し，貧民が増加していたため，こうした貧困層を中心に被害が広がった。そのため，各地で百姓一揆や打ちこわしが激増した。こうしたなか，11代将軍徳川家斉のもと，**白河**（　カ　）藩主松平定信が老中首座となり，寛政改革が開始される。江戸で七分積金（七分金積立）を行わせたり，新興の豪商を勘定所御用達に登用して米価調整を図らせるなど，都市貧民対策を充実させる一方，旧里帰農を奨励するなど，荒廃した農村の立て直しを進めた。諸藩でも，秋田藩主**佐竹義和**（問(8)）や米沢藩主上杉治憲（鷹山）らによって藩政改革が行われ，農村の復興が図られている。

　天保の大飢饉は，11代将軍徳川家斉の末期，1832～37年に続いた凶作を原因として発生した飢饉である。天明期以降の備荒策が効果をあげ，死者は天明の大飢饉に比べてはるかに少なかったが，それでも甲斐の郡内騒動，三河の**加茂一揆**（問(9)）など，大規模な百姓一揆が激発し，さらに大坂で大塩の乱，越後柏崎では**生田万**（　コ　）の乱が起こり，幕府や諸大名に衝撃を与えた。なかでも大塩の乱は，首謀者大塩平八郎が**大坂町奉行所**（問(10)）の元与力であったこともあり，その衝撃は深刻なものであった。

　なお，江戸時代の百姓一揆は，**代表越訴（代表越訴型一揆）**（　キ　）に始まり惣百姓一揆へと展開していった。代表越訴は，小農民がまだ安定した百姓経営を確立できていない17世紀後半，**村請**（　ク　）制のもと村政運営を主導した名主（庄屋）ら村役人が村を代表して訴えたもので，下総の佐倉惣五郎による越訴などが有名である。惣百姓一揆は小農民の経済的安定が進んだ17世紀末に登場し，18世紀以降，一般化したもので，村役人層の指導をうけつつ，強訴の形態をとって行われた。他方，18世紀後半以降には階層分化の進展を背景として，貧しい百姓らが村役人層に対して不正を追及したり村政運営の改善を要求する**村方騒動**（　ケ　）が頻発するようになっていく。

C　近代の高等教育機関をめぐる問題

　明治維新以降の高等教育は，江戸幕府が管轄した昌平坂学問所（昌平黌）・開成所・医学所といった教育機関が母体となって出発する。明治政府は1868年，それらを接収・改称し，それぞれ昌平学校，開成学校，医学校とした。このうち，昌平学校（のち大学）はまもなく閉鎖され，開成学校・医学校の系譜をひく大学東校（のち東京開成学校）・大学南校（のち東京医学校）を中心として高等教育機関の整備が進められ，医学の**ベルツ**（問(14)）など多くの外国人教師が教育に従事した。そして，1877年，東京開成学校と東京医学校が合併して東京大学となり，さらに**1886**（　サ　）年には帝国大学へと改組された。帝国大学は「国家ノ須要」に応ずる人材を養成する機関と位置づけられ，

1888年からスタートする文官高等試験とともに，官僚制度の基礎となった。なお，文
官は右表のようなランクに分けられ
ていたが，これらの任用資格を定め
た法令が**文官任用令**（問(11)）。1893年
に第二次伊藤博文内閣のもとで定め
られ，奏任官の任用資格が文官高等

高等官	
親任官（首相や各国務大臣など）	
勅任官（各省の次官や局長，府県知事など）	
奏任官（各省の書記官など）	
判任官（警部・警部補など）	

試験合格者と規定された。なお，親任官・勅任官には規定がなく自由任用とされてい
たが，1899年，第二次山県有朋内閣による改正で，勅任官（いわゆる高級官僚）の任用
資格が文官高等試験合格者の奏任官と改められた。

　帝国大学以外に，福沢諭吉の慶應義塾，大隈重信の東京専門学校など，私立の高等
教育機関が存在したが，これらが大学として認可されたのは1918年制定の大学令に
よってであった。そのとき，同時に**単科大学**（　シ　）の設置も公認され，東京高等
商業学校が東京商科大学（現在の一橋大学）になるなど官立専門学校が大学へ昇格し，
高等教育が大幅に拡充された。

　一方，陸軍や海軍は将校養成のための独自の教育機関を設けていた。**陸軍士官学校**
と**海軍兵学校**がそれにあたり（　ス　），さらに陸軍大学校・海軍大学校という上級
教育機関に進んだものがエリート軍事官僚として陸海軍の中枢をになった。なお，彼
ら陸海軍のエリート官僚が政治において大きな発言力を発揮しえた制度的な基礎に**軍
部大臣現役武官制**（問(13)）があった。これは1900年，第二次山県有朋内閣により制度化
され，第一次護憲運動の結果，現役規定が削除され，二・二六事件後に復活するとい
う変遷はあるが，二個師団増設問題を契機とする第二次西園寺公望内閣の倒閣（1912
年），宇垣一成の組閣失敗（1937年），新体制運動が展開するなかでの米内光政内閣の
倒閣（1940年）において威力を発揮した。

　明治末期以降，こうした高等教育機関で徐々に独自の学問研究が登場するようにな
る。東京帝国大学では，国家を統治権の主体とみなして天皇に優越させる**天皇機関説**
（問(15)）を唱えた憲法学者美濃部達吉，政治への民意反映を実現するため民本主義を提
唱した政治学者吉野作造らが活躍し，京都帝国大学では，『善の研究』で脚光をあび
た哲学者**西田幾多郎**（　セ　），『貧乏物語』を著したのち，マルクス主義経済学の確
立へとむかった経済学者河上肇，日本中世の家族制度研究を開拓した三浦周行らが活
躍した。しかし，自由な学問研究が完全に保証されていたわけではなく，1920年に
は無政府主義思想の研究を行った東大助教授森戸辰男が休職処分とされた**森戸事件**
（　ソ　），1933年には京大教授で刑法学者滝川幸辰が鳩山一郎文相（斎藤実内閣）に
より休職処分とされた滝川事件が起きるなど，学問弾圧が幾度となくくり広げられた。

　なお，徴兵制のもとでも，中学校以上の在学者は徴兵を猶予されていたが，アジア太平洋戦争の戦局が極度に悪化した1943年，文系学生について徴兵猶予措置が廃止された。いわゆる**学徒出陣**(問⑿)である。

解答

A　ア　賃租　　イ　浮浪(浮浪・逃亡)　　ウ　荘園　　エ　名　　オ　臨時雑役

　(1)　口分田などを班給した残りの田地　　(2)　庸　　(3)　山上憶良

　(4)　私度僧　　(5)　皇族・有力貴族(の家政機関)の総称

B　カ　白河　　キ　代表越訴　　ク　村請　　ケ　村方騒動　　コ　生田万

　(6)　田畑永代売買の禁　　(7)　米商人　　(8)　佐竹義和

　(9)　加茂一揆　　⑽　大坂町奉行所

C　サ　1886　　シ　単科大学　　ス　陸軍士官学校(海軍兵学校)

　セ　西田幾多郎　　ソ　森戸事件

　⑾　文官任用令　　⑿　学徒出陣　　⒀　軍部大臣現役武官制

　⒁　ベルツ　　⒂　天皇機関説

Ⅳ

解説　論述問題であり，今年度は中世と近代から各1テーマが出題された。**多面的な説明型**と**推移・変化型**の2つのタイプである。

(1)　室町・戦国時代における都市の発達とその要因

　問われているのは，**室町・戦国時代における都市の発達とその要因**である。

　必要なデータを具体的に抽出していく前に，まず「都市」とはどのようなものか，確認しておこう。

　都市とは，土地と直接関係のない産業に従事する人々が主として居住する地域であり，統治機能を中心とする政治・行政都市，寺院・神社という宗教施設に関係する人々によって構成される宗教都市，商業や交通，手工業に従事する人々が居住する経済都市，という3つのパターンに分類できる。もともと古代日本においては，都城(藤原京・平城京・平安京など)という形で政治・行政都市が建設されており，そのなごりが奈良や京都という都市である(なお，奈良は平安遷都後，興福寺などを中心に宗教都市として展開する)。さらに鎌倉時代になると，幕府のおかれた鎌倉が政治・行政都市として整備されていく。では，室町・戦国時代はどうか。

　設問文では「新たに各地で都市が成立するとともに，伝統的な都市でも新しい展開がみられた」と説明され，都市の発達について2つの観点が明示されている。これを

手がかりとして考えていこう。

　「伝統的な都市」が京都や奈良を念頭においた表現であることは，すぐに了解しえると思うが(鎌倉は「伝統的な都市」と呼ぶにはやや新しい)，では，室町・戦国時代に新しく成立した各地の都市とはどのようなものか？　具体的な都市名もさることながら，都市の類型を思い浮かべてみよう。

　港町，宿場町，門前町，寺内町，城下町

　こうした類型が思い浮かんだら，次に考えることは，こうした都市が成立した要因である。表にしながら整理してみよう。

港町	海上・水上交通の要所に成立
宿場町	陸上交通の要所に成立
門前町	大寺社の門前に成立
寺内町	浄土真宗本願寺派寺院の内部に成立
城下町	戦国大名が領国の政治・経済の中心地として建設

　先ほどの３つのパターン分けでいえば，港町と宿場町は経済都市，門前町と寺内町は宗教都市，城下町は政治・行政都市，と分類できそうだが，これらの諸都市の成立・発展に共通した要因はないものか－それは経済流通の発展(手工業や貿易，それらを基礎とする商品流通の活発化)であり，すなわち，これらの諸都市はすべて経済都市としての共通性をもって，室町・戦国時代に大きく発展していくのである。

　では，設問文に言う「伝統的な都市でも新しい展開がみられた」とは，どのような事態をさすのか。

　先ほど確認したように「伝統的な都市」とは京都や奈良である。上掲の諸都市が室町・戦国時代における経済流通の発展を背景として成長したのだから，天皇家や公家，大寺社など権門が集中する京都や奈良において同様の事態が生じていてもおかしくはない。実際，京都や奈良でも富裕な商工業者が成長したことが教科書でも説明されている。古い政治・行政都市にあっても，商工業者が大きく成長するという「新しい展開がみられた」わけである。それだけではない。京都では，富裕な商工業者が地縁的な自治組織として町を組織し，町衆とよばれるようになった。

　とはいえ，このような自治組織を形成する動きは京都に限られた事態ではなく，港町として発展した堺や博多，桑名などのほか，大坂(石山)のような寺内町でも見られ，室町・戦国時代における「都市の発達」の特色の一つと言える。

　さらに，こうした諸都市は自由な商業取引を原則とし，楽市として存在するものが多く，これも特色の一つであった。

(2) 日清戦争終結時から日露開戦までの日本の外交

　問われているのは，**日清戦争終結時から日露開戦にいたる日本の外交**である。いくつかに時期を区分し，時期による違いを表現したい。

　まずは年表を作ってみよう。

1895	下関条約＝台湾・遼東半島の領有，朝鮮から清の勢力を排除など
	台湾植民地経営の開始
	三国干渉→遼東半島を清へ返還
	朝鮮で閔妃殺害事件→日本の勢力後退・ロシアの勢力拡大
	ロシアが旅順・大連を租借
	山県・ロバノフ協定や西・ローゼン協定によりロシアと協調
	北清事変（義和団事件）に際してイギリス・ロシアなどと共同出兵→鎮圧
	北京議定書で北京・天津への駐兵権を獲得
	北清事変終結後もロシアが満州を軍事占領
	日英同盟の締結＝イギリスの力でロシアを制御することを意図
1904	ロシアと満州・韓国での勢力分割を交渉→決裂＝日露開戦

　ここで注意したいのは，対象時期以外のデータを混入させないことである。日英通商航海条約の調印，日韓議定書や日韓協約，桂・タフト協定などを書き出した人はいないだろうか？　領事裁判権の撤廃などを実現させた日英通商航海条約の調印は日清戦争開始前のことであり，日韓議定書や日韓協約，桂・タフト協定は日露開戦後のことである。こうした対象時期以外のデータが答案に書き込んであれば，評点は相当に低くなる。覚悟しておいてほしい。

　さて，データを書き出して年表を作成できたとしても，こうしたデータをそのまま答案に書き込もうとすると，単なる事項の羅列に終始してしまい，さらに字数も足らない。そこでやるべき作業は，先ほど書いたように時期区分を行うことであり，それにより答案の論旨を確保することである。

　外交の展開をいくつかの時期（段階）に区切ってみよう。

　たとえば，次のような３つの時期（段階）に区分することができる。

　ア　日清戦争終結時：植民地を獲得するなど帝国主義外交に着手した

　イ　ロシアとの対立が顕在化：三国干渉と朝鮮でのロシアの勢力拡大

　　　→ロシアとの協調

　ウ　北清事変を契機とするロシアとの対立激化：日露開戦へとつながる

　あとは，それぞれの段階での日本の外交政策を具体的に説明すればよいが，イの段階における日本外交(山県・ロバノフ協定や西・ローゼン協定)は細かく，ロシアとの協調により朝鮮(韓国)での影響力を確保しようとしたことが書ければよい。そのうえで，ウの段階での日本外交，つまり日英同盟の締結，その意図とその後の外交交渉の過程はきちんと書き込んでおきたい。

解答例

(1) 室町・戦国時代には農村手工業や商品流通の
　　成長，対外貿易の活発化などにより，各地で
　　都市が発達した。遠隔地取引の拠点では港町
　　や宿場町が，各地の寺社では門前町が発達し
　　，戦国時代には本願寺門徒による寺内町や戦　　　*5*
　　国大名の城下町が形成された。これらの都市
　　の多くは戦国時代には楽市として存在し，ま
　　た，堺・博多などの港町だけでなく京都のよ
　　うな伝統的な都市でも，富裕な商工業者が中
　　心となり町と呼ばれる自治組織が生まれた。　　　*10*
　　　　　　　　　　　　　　　　　　　(200字)

(2) 日本は日清戦争により台湾など植民地を獲得
　　し，帝国主義外交に着手した。しかし三国干
　　渉をうけ，朝鮮でロシアの勢力が拡大したた
　　め，ロシアと対立関係が生じた。当初，ロシ
　　アとの協調政策を進め，韓国での勢力の確保　　　*5*
　　をめざした。しかし北清事変に際してロシア
　　が満州を占領すると，イギリスの力でロシア
　　を制御しようと日英同盟を締結した。それを
　　背景にロシアと満州・韓国での勢力分割を交
　　渉したが妥結せず，日露開戦に至った。　　　　*10*
　　　　　　　　　　　　　　　　　　　(198字)

解答・解説

解説 古代・中世・近代の史料問題。出題形式は例年通りの空欄補充・下線部関連設問である。

A 大化改新の詔

この史料はたいていの教科書に掲載されており，すぐに**（大化）改新の詔**（問(1)）だと判断できる。

改新の詔では，まず第1条で王族や諸豪族の土地・人民に対する私的な支配を排除することを宣言した。史料の「臣・連・　ア　・国造・村首」という表現は諸豪族を総称したもので，　ア　には**伴造**（問(2)）が入る。大王のもとで伴や品部を管轄し，職務を世襲的に分掌した人々で，広義には大伴・物部など連姓の有力豪族も含むが，一般的にはそれより下の諸豪族を指した。

そして，第2条で評の設定など，各地の土地・人民を政府が支配するための新たな地方行政のあり方を規定したうえで，第3条で戸籍や**計帳**（問(3)）といった人民を戸別に編成・登録するための台帳づくりと，新たな土地制度（班田収授法）の実施を宣言する一方，第4条で新たな税制の確立をめざした。

もっとも，こうした施策が改新当初，どの程度まで実施されたのかは不明な部分が多く，大化改新と称されるような画期的な政治変革の実在を疑う学説も存在する。しかし，第2条では畿内国の領域が定められているが，これは律令制下の五畿，つまり**大和・山背・摂津・河内・和泉**（問(6)）とは微妙に異なっており，また第4条で規定された新たな税制では田地に対しては租ではなく**調**（問(4)）が賦課されており，律令制下とは異なった税制が存在していたことがうかがえ，乙巳の変（645年）にともなって孝徳朝で一定の政治変革が実施されたことは疑いえない。

さて，改新の詔に示されたような中央集権策は，白村江の戦（663年）以降，より具体化していく。その第一歩が天智朝における庚午年籍の作成（670年）であり，天武朝における部曲の全廃，持統朝での飛鳥浄御原令に基づく**庚寅年籍**（問(7)）の作成と班田の実施（690年）などといった経過をへて，大宝律令の制定された文武朝に一定の完成をみる。それが公地公民制を基礎とした律令体制であるが，そのもとで諸豪族は貴族・官人へと編成替えされ，食封（封戸）が**3位**以上の位階をもつものに（問(5)），布帛（禄）が4・5位の位階をもつものなどに給付された。

B　鎌倉幕府のしくみ

　史料を一読して何についての史料か，判断できただろうか。未見史料が出題された場合，①史料，②脚注，③出典，④設問文のなかからヒントを探し出し，それらを手がかりとして史料の内容を判断していけばよいのだが，史料Bの場合，まず，出典に『吾妻鏡』とあるところにまず注目したい。

　『吾妻鏡』とくれば鎌倉幕府についての史料だ。

　このことを念頭において史料を読み進めていけば，「前の右大将家政所」が「家人」（御家人）に対し，「相模守惟義の催促」に従って「上洛」して　エ　を勤仕することを指示している史料である，と読み取ることができ，そして，　エ　に**京都大番役**（問(8)）が入ること（史料原文では「大番役」とある），下線部(e)「相模守惟義」が**守護**（問(11)）であることも同時に判断できるだろう。

　さて，京都大番役とは内裏や院御所の警備を勤めたもので，鎌倉幕府の御家人に課せられた奉公の一つであり，これを勤めることが御家人であるか，「家人たるべからざるの由を存ずる者」（下線部(g)），つまり**非御家人**（問(13)）であるかを区別する基準ともされていた。この京都大番役が御家人に課せられたのは，治承・寿永の乱のなかで源頼朝が全国の軍事・警察権を掌握したことを背景とするが，そうした源頼朝の地位は建久新制において朝廷のもとで公認されていた。建久新制は，源頼朝が右近衛大将に任じられた翌年（建久2＝1191）に定められたもので，京都の支配制度（治安維持や民政）を**検非違使庁**（問(12)）を中心に整える一方，源頼朝に諸国の軍事・警察権をゆだねていた。史料Bは，この翌年，前右大将家の家政機関である政所から御家人に対して出された文書，すなわち**政所下文**（問(14)）で，別当**大江広元**（問(9)）以下の職員が連署していた。

　なお，律令制下に畿内防衛のために設けられた三関は鈴鹿関・不破関・愛発関で，このうち，美濃国に置かれたのは**不破関**である（問(10)）。

C　国際協調体制の展開

　この史料も未見史料のはずである。しかし，史料から注意深くヒントを探り出せば，内容把握は難しくない。

　軍縮，華府（ワシントン）会議，倫敦（ロンドン）会議とくれば，史料Cが第一次世界大戦後に展開した国際協調体制（外交）に関するものであることが判断できる。

　さて，国際協調体制（外交）はどのように展開していったか。

　その出発点は，第一次世界大戦の終結に先立ってウィルソン米大統領が掲げた14か条の平和原則であった。ドイツと連合国の講和会議であるパリ講和会議は，この原則を理念の一つとして開催され，その結果，結ばれたベルサイユ条約では，国際平和維

持の機関を設立することが定められ，それに基づいて翌1920年，**国際連盟**(問(16))が発
足した。さらに，1921年，ハーディング米大統領の提唱によりワシントン会議が開催
される。この会議では，太平洋及び極東の安全保障を確保するため，太平洋に関する
四か国条約と中国に関する九か国条約が締結されるとともに，主力艦の保有量制限な
どを規定したワシントン海軍軍縮条約が調印された。そして1927年にはジュネーヴ海
軍軍縮会議が開催され(条約締結は実現せず)，翌28年には戦争の放棄を宣言した**不戦
条約**(問(17))が締結された。

　このように世界大戦の再発を防止し，国際紛争の平和的な解決をめざそうとする努
力が進むなか，1930年，補助艦艇の保有量制限などを規定したロンドン海軍軍縮条約
が結ばれた。この条約が，史料Cにいう「今日倫敦会議に於て実現し得るに至った」
ものである。このときの日本の内閣は，立憲民政党の浜口雄幸内閣であり，外務大臣
は**幣原喜重郎**(問(15))である。首席全権としてロンドンに赴いた若槻礼次郎と間違わな
いようにしたい。

　ところで，ときの浜口雄幸内閣はなぜロンドン海軍軍縮条約の締結に踏み切ったの
だろうか。

　もちろん，アメリカやイギリスとの協調関係をより一層深めるためであったが，こ
の内閣が断行していた国内政策とも大きく関係していた。**金輸出解禁(金解禁)政策**で
ある(問(19))。ときの大蔵大臣井上準之助は，国際金本位制へ復帰して円為替相場を安
定させ，その際，事実上の円切上げを行うことによって経済界の整理・再編を推し進
めようとしていた。このためには，予算の引き締め(財政緊縮)をはかって物価を引下
げ，円の価値を引き上げることが必要であり，そのためにもロンドン海軍軍縮条約を
実現させて軍事費を削減することが求められていた。だからこそ，海軍軍令部の反対
を押し切って条約に調印したのである。しかし，そのことがかえって海軍軍令部・立
憲政友会などによる内閣攻撃を招いた。**統帥権干犯問題**(問(20))である。浜口内閣はこ
れらの攻撃をのりこえて枢密院での条約批准に成功したが，金解禁政策が不況をもた
らしただけでなく，世界恐慌の影響もあわさり，**昭和恐慌**(問(18))とよばれる深刻な恐
慌状態を招いたことともあいまって，政党内閣への不満を高める結果となった。

解 答

A　(1)　改新の詔　　(2)　伴造　　(3)　計帳　　(4)　調　　(5)　三位
　　(6)　大和・山背(山城)・摂津・河内・和泉　　(7)　庚寅年籍

B　(8)　(京都)大番役　　(9)　大江広元　　(10)　不破関　　(11)　守護
　　(12)　検非違使庁　　(13)　非御家人　　(14)　政所下文

C　⒂　幣原喜重郎　　⒃　国際連盟　　⒄　不戦　　⒅　昭和恐慌

⒆　金解禁（金輸出解禁）政策　　⒇　統帥権干犯

Ⅱ

解説　原始から現代の諸事項についての空欄補充問題である。短文が10題あるが，テーマに全体としての系統性はなく，単純に知識の有無を問う問題である。

①　縄文時代は新石器時代とも称され，土器・磨製石器・弓矢が登場したが，弓矢が使われていたことは矢の先端に取り付ける**石鏃**（　ア　）が多く発見されていることから推定されている。また，漁労活動も盛んで，動物の骨や角を使った**骨角器**（　イ　）が用いられた。

②　本格的な水稲耕作は紀元前5世紀頃，九州北部で始まり，その時期の水田遺構としては福岡県板付遺跡，佐賀県**菜畑**（　ウ　）遺跡が有名である。この新しい文化の伝播ルートとしては，地上に巨石，地下に埋葬施設を設けるという構造の**支石**（　エ　）墓，大陸系磨製石器や石包丁などの共通性から，朝鮮半島南部から伝播したものと考えられている。

③　厩戸王子（聖徳太子）が編纂したとされる著作は，法華経などの注釈書である『三経義疏』，歴史書である『天皇記』・『国記』が有名だが，『古事記』・『日本書紀』との関係が問題になっているのだから，ここでは後者の『天皇記』・『国記』のどちらかが　カ　に入ることが分かる。ともに**蘇我馬子**（　オ　）と協力して編纂されたとされるが，これらのうち，「645年の政変」（乙巳の変）の際に「からくも焼失を免れ，中大兄皇子に献上されたと伝えられる」のは『**国記**』（　カ　）である。これは**難問**。

④　8世紀に留学生として渡海し，そのまま「彼の地に没した」人物（　キ　）としては，普通，**阿倍仲麻呂**しか思い浮かばないだろう。彼は唐の玄宗皇帝に仕え，朝衡と改名した。また，渡日を要請された唐の僧侶（　ク　）といえば，日本に戒律を伝えた**鑑真**である。特に「753年」（大仏開眼供養の翌年）という年代を考えれば，他に該当する人物はいない。

⑤　院政期，京都郊外・白河の地に白河天皇の発願による法勝寺を始めとする**六勝寺**（　ケ　）が建立されるなど，天皇や上皇，女院の発願によって造寺・造仏事業が盛んに行われた。さらに，白河や鳥羽に離宮が造営されたりしたため，これらの費用を調達するため，経費を私財で負担した者にその代償として国司などの官職に任ずる**成功**（　コ　）がますます盛んになっていった。

⑥　鎌倉時代以降，肖像画の制作が広まるが，俗人を描く似絵と禅僧を描く**頂相**（　シ　）がある。前者では，画家として**藤原隆信**（　サ　）・信実父子が有名である。

⑦　室町時代に盛んに催された茶寄合では，茶の味を飲み分ける一種のバクチである**闘茶**（　ス　）が流行する一方，将軍家や有力守護家たちが唐物を用いて行った豪華な茶の湯もあった。それに対し，15世紀後半に村田珠光により創始された侘び茶は，それらがもっていた世俗性をそぎとり，禅の影響のもとで深い精神性を追究したものであり，その後，16世紀前半に堺の**武野紹鷗**（　セ　）に継承され，16世紀後半に千利休により大成された。

⑧　室町〜戦国時代に繁栄した港町としては，日明貿易で栄えた堺（和泉）や博多（筑前），日明貿易や琉球との貿易で繁栄した坊津（薩摩），日本海海運の拠点として繁栄した小浜（若狭）や敦賀（越前），日本海海運と蝦夷ケ島を結ぶ拠点であった津軽の**十三湊**（　タ　），東国との貿易で栄えた伊勢湾沿岸の桑名や大湊（ともに伊勢）などが有名である。　ソ　は「伊勢国南部」とあるので，伊勢国北部の桑名ではなく，伊勢神宮の外港として繁栄した**大湊**が正しい。

⑨　明治期における日本語改良運動に関する出題であるが，そのようなテーマにとらわれず，既知のデータにしたがって解答すればよい。　チ　は初代文部大臣であるから**森有礼**，　ツ　は『浮雲』という小説を書いた人物だから**二葉亭四迷**が正しい。

⑩　日米相互協力及び安全保障条約の自然成立をうけて岸信介内閣が総辞職したあと，同じく自由民主党を与党として**池田勇人**（　テ　）内閣が成立する。池田内閣は「寛容と忍耐」を掲げて野党勢力との対決を避ける一方，「国民所得倍増計画」を掲げて高度経済成長を促進した。さらに昭和戦前期までの日本にとって大きな市場であった中国との間でも，政経分離の方針で貿易を拡大した。これは，1962年に経済使節団長として訪中した高碕達之助と中国の廖承志が調印した覚書に基づく準政府間貿易で，調印した両当事者の頭文字をとって**LT貿易**（　ト　）と称されている。

解答

ア　石鏃	イ　骨角器	ウ　焼畑	エ　支石	オ　蘇我馬子
カ　国記	キ　阿倍仲麻呂	ク　鑑真	ケ　六勝寺	コ　成功
サ　藤原隆信	シ　頂相	ス　闘茶	セ　武野紹鷗	ソ　大湊
タ　十三湊	チ　森有礼	ツ　二葉亭四迷	テ　池田勇人	ト　LT貿易

Ⅲ

解説　例年通りの形式によるテーマ問題。本年度は，古代・中世・近世から各1テーマとなっている。

A　藤原道長・頼通の時代

　中央政界では，摂政・関白を独占した藤原北家が政治を主導する摂関政治の全盛期で，藤原彰子ら藤原道長の娘が3代の皇后を独占していた（三后冊立）。こうした道長の繁栄ぶりは藤原実資の日記『**小右記**』（問(1)）に描かれているが，道長が摂関に就任していたのはわずかの期間に過ぎず，後一条・**後朱雀**（　イ　）・後冷泉の3代の天皇のもとで約50年間にわたって摂政・関白をつとめたのは，道長の子**藤原頼通**（　ア　）であった。なお，後一条ら3代の天皇は道長の外孫であり，頼通は彼らの**外戚**（　ウ　）であっても**外祖父ではない**ので注意したい。

　地方では，10世紀半ばに律令制的な地方支配方式が大きく転換して以降，国司に定額の税物の納入を請け負わせる代わりに地方支配がゆだねられるようになり，国司は徴税請負人の性格を強めていた。こうした国司のなかには，苛酷な徴税を行って国内の**郡司**（　オ　）や百姓たちから訴えられる者もおり，988年の尾張国郡司百姓等解文で罷免を求められた尾張守**藤原元命**（問(4)）が有名である。また，国司は国衙の機構を整えて地方豪族たちをその役人，すなわち在庁官人に登用する一方，次第に自らは赴任せず，代わりに**目代**（問(3)）を派遣して国衙行政を指揮させることが一般化していった。

　また文化では，かな文字の成立を基礎として文化の国風化が進展した時代であった。清少納言の随筆『枕草子』や，**光源氏**（　エ　）を主人公とする紫式部の長編物語『源氏物語』が有名で，また勅撰和歌集が編纂されて和歌が公式の場でもてはやされた。とはいえ，漢詩文など漢文学が衰えたわけではなく，**藤原公任**（問(2)）は和歌や漢詩文を集めて『和漢朗詠集』を編纂している。宗教面では，政情不安や治安の乱れ，末法思想の広がりを背景として，死後の幸福を説く浄土教が広がり，貴族や地方豪族たちにより各地で阿弥陀堂が建立され，**阿弥陀如来像**（問(5)）が数多く作られた。

B　室町〜戦国時代の東国

　室町幕府のもとでは東国支配機関として鎌倉府が設置され，相模・武蔵・安房・上総・下総・上野・下野・常陸の関東8か国と**甲斐・伊豆**（問(6)）の計10か国（のち陸奥・出羽が追加）を管轄した。長官・鎌倉公方は足利尊氏の次男**足利基氏**（　カ　）の子孫が世襲し，室町幕府から強い独立性を有したために幕府の将軍としばしば対立したうえ，公方の補佐役・関東管領の補任権を幕府がもっていたこともあり，鎌倉公方と関東管領が対立することも多かった。これらを背景（の一つ）として起こった事件としては，応永の乱（1399年），上杉禅秀の乱（1417年），永享の乱（1438〜39年），結城合戦（1440年），享徳の乱（1454〜82年）があった。

　そして，享徳の乱以降，鎌倉府による東国支配は解体する。鎌倉公方は足利成氏を

初代とする**古河公方**(問(10)),京都から派遣された足利政知を初代とする堀越公方に分裂し,また関東管領上杉氏も弱体化し,堀越公方を滅ぼした後北条氏の関東への進出により衰退した。そして関東管領の職は,**春日山**(問(11))を本拠として越後を統一した長尾景虎(のち上杉謙信)に対し,山内上杉家の家督とともに譲られた。

応永の乱	大内義弘が挙兵・鎌倉公方足利満兼が呼応を計画(未遂)
上杉禅秀の乱	前関東管領**上杉禅秀**（　キ　）が鎌倉公方足利持氏に対して反乱
永享の乱	鎌倉公方足利持氏が挙兵し,将軍義教の支援をうけた関東管領上杉憲実により敗死
結城合戦	結城氏朝が持氏の遺児を擁して挙兵し,関東管領上杉憲実に反抗
享徳の乱	鎌倉公方足利成氏が関東管領上杉憲忠を謀殺し,下総国古河へ移って幕府へ対抗

なお,今川了俊(貞世)は『**難太平記**』(問(7))を著し,『太平記』の記述に誤りが多く事実と違うことを指摘し,今川氏の由緒や勲功を伝えようとした。足利義持が死去し,義教の将軍継嗣が決定した1428年には京都周辺で正長の土一揆(徳政一揆)が発生し,その影響もあり,翌29年には播磨国守護**赤松氏**(問(8))の家臣追放を掲げた播磨の土一揆がおこった。永享の乱にかかわった関東管領上杉憲実は,乱後,足利学校を再興したが,その所在地は下野国,今の**栃木県**(問(9))である。後北条氏の初代早雲(伊勢長氏)が定めた家訓は「**早雲寺殿廿一箇条**」(問(12))とよばれる。

C　近世の出版文化

近世は出版物が文化の中心的な媒介(メディア)となった時代であるが,出版には活字本と木版本(整版本)の2種類があった。活字本は,16世紀末にキリスト教宣教師ヴァリニャーニがもたらした活字印刷機による**キリシタン版(天草版)**(問(13))や豊臣政権による朝鮮侵略の際に朝鮮から持ち込まれた活字を使った慶長勅版,徳川家康の命による伏見版などがあったが,キリシタン版(天草版)はキリスト教禁制により途絶え,それ以外のものも国内技術の未熟さから衰退し,中世以来の木版本(整版本)が主流となって商業的な大量出版を支えた。

17世紀前半の寛永期には,儒教・仏教の教義書や中国説話の翻訳物,名所記など,仮名で書かれた多様な通俗書が出版され,**仮名草子**(問(14))と総称された。

17世紀後半から18世紀初めの元禄文化期には,『**好色一代男**』（　ク　）を初作とする井原西鶴の浮世草子,**人形浄瑠璃**（　ケ　）の脚本家・近松門左衛門の作品などが出版された。また,**吉田光由**（　サ　）が著した和算の入門書『塵劫記』や宮崎安貞の農書『農業全書』なども再版が繰り返され,各地で数多くの読者を獲得した。

　18世紀後半以降になると，戯作と総称される小説が江戸を中心として出版され，庶民の間で流行した。戯作は寛政期を境として前後2つの時期に分けることができ，18世紀後半の宝暦・天明期には洒落本や黄表紙，19世紀前半の文化・文政期には滑稽本や人情本，合巻などが盛行する。洒落本や黄表紙は，うがちや茶化しをねらい，それらを理解することのできる仲間内の文芸としての性格が強かったが，寛政改革で洒落本『**仕懸文庫**』などを著した山東京伝が手鎖50日の刑をうけ，版元の**蔦屋重三郎**(問(17))が財産の半分を没収される(身上半減)など，厳しく取り締まりが行われたために衰退する。代わって文化・文政期には，広範な階層の読者に楽しみを提供するという性格が顕著になっていった。

　こうした読者層の広がりは，**寺子屋**(　コ　)と称される文字教育を中心とする民間の手習塾の普及にともなう民衆の識字率の向上を背景としていた。寺子屋は寛政期以降，江戸・大坂などの都市だけでなく農漁村でも急激に増加し，『**庭訓往来**』(問(15))など往来物と総称される書簡形式の教材を使って日常生活に密着した教育が行われた。

　なお，貝原益軒(下線部(P))は本草学書『**大和本草**』を著しただけでなく，『**和俗童子訓**』『**養生訓**』など通俗的な教訓書を出版したため，享保期以降に盛んに出版された『**女大学**』(問(16))と総称される女子教訓書の編者に仮託された。また，林子平の著作で寛政改革の出版取締により版木を没収されたのは『三国通覧図説』と『海国兵談』であるが，『三国通覧図説』は朝鮮・琉球・蝦夷地などの地理・風俗を著した地理書であり，問(18)の設問文にある「林子平の兵書」との条件にあうのは，海防論を説いた『**海国兵談**』である。

解 答

A　ア　藤原頼通　　イ　後朱雀　　ウ　外戚　　エ　光源氏　　オ　郡司

　(1)　小右記　　(2)　藤原公任　　(3)　目代　　(4)　藤原元命

　(5)　阿弥陀如来像

B　カ　足利基氏　　キ　上杉禅秀(氏憲)

　(6)　伊豆・甲斐　　(7)　難太平記　　(8)　赤松氏　　(9)　栃木県

　(10)　古河公方　　(11)　春日山　　(12)　早雲寺殿廿一箇条

C　ク　好色一代男　　ケ　人形浄瑠璃　　コ　寺子屋　　サ　吉田光由

　(13)　キリシタン版(天草版)　　(14)　仮名草子　　(15)　庭訓往来

　(16)　女大学　　(17)　蔦屋重三郎　　(18)　海国兵談

Ⅳ

解説　論述問題であり，今年度は近世と近代から各1テーマが出題された。2つとも**推移・変化型**である。

（1）18世紀以降における江戸幕府の農村・農民政策の展開

　問われているのは，**18世紀以降，江戸幕府における農村・農民政策の展開**である。

　まず，〈18世紀以降〉という指定条件にあてはまるのは，どのような時期が含まれるのか，確認しよう。

　正徳の治，享保改革，田沼政治，寛政改革，化政時代，天保改革，幕末期が対象だ。

　次に考えることは，これら指定条件にかなった時期のうち，**「農村・農民政策」**が**実施されたのはどの時期で，どのような政策が行われたのか**，である。このとき，すぐに時期や政策を特定できそうになかったら，すべての時期について，どのような政策が行われていたかを思いつく限りリスト・アップしてみるとよい。そのうえで**「農村・農民政策」に該当するものだけを抽出し，**関係のないものをカットしていこう（都市政策を書き込んだ答案は0点だと覚悟しよう）。そうすれば，次のようなデータを引き出すことができるだろう。

享保	年貢増徴（定免法採用など） 質流し禁令→すぐに撤回
寛政	旧里帰農令 囲米や義倉・社倉
化政	関東取締出役の設置と寄場組合の編成
天保	人返し令（人返しの法）

　これらを書き出せば答案ができあがりそうだが，少し待ってほしい。設問では「江戸幕府による農村・農民政策の展開」を説明することが求められている。**「展開」が問われているのだから，**単に「農村・農民政策」を羅列するのではなく，〈推移〉のあり様とその背景についても説明を施しておきたい。

　京大では，この設問のように＜展開過程＞を問う出題が多いが，**自分なりに時期区分を行い，それぞれの時期をしっかりと特徴づける**ことで，「展開」つまり〈推移〉のあり様を表現することが可能となる。そのことを意識しておいてほしい。

　さて，享保～天保期をどのように時期区分するか。

　しばしば享保期・寛政期・天保期に行われた政治改革は三大改革と総称されるが，**実は享保改革と寛政・天保改革には大きな性格の違いがある。**

　そこで，享保期と寛政～天保期で時期を分けるとよい。

　享保期（18世紀前半）は，**農村で商品作物栽培が普及するなど商品経済が発展し，一方では幕府財政の窮乏が進むという状況を背景として，それに対応した幕政が本格的に展開した時期**であった。つまり，質流し禁令（質地禁止令）を発して田畑の移動を抑制したり，商品作物の栽培を奨励したりして年貢負担能力を確保しようとする一方，農村に富が蓄積されるという状況に注目して，定免制を採用し，**年貢増徴**を図るなど，財政再建をめざして徹底した年貢収入の増大を図った。

　ところが，年貢増徴は農民の疲弊を招き，さらに**質流し禁令がすぐに撤回**されて田畑の移動が黙認された。つまり，**小農を主体とする本百姓経営の維持を図ろうとする姿勢が後退し**，地主・豪農重視の農政へと転換することとなったのである。

　このことは，農村での商品作物栽培の担い手であった地主・豪農の成長を促進し，**農村での商品経済の発展を助長する一方，農民の階層分化をより一層進展**させる結果を招いた。そして，地域市場が形成され，農村と都市の間の商人などの往来が活発化したものの，**民衆支配の基本単位であった村の共同体秩序を動揺**させていった。つまり，**近世社会の基礎構造を大きく変動**させたのである。このことが天明・天保期と相次いだ飢饉の被害を大きくし，農村の荒廃と貧農の都市流入，百姓一揆や打ちこわしの激発の遠因となっていた。

　こうした状況に対応したのが**寛政〜天保期**の幕政であり，農村政策に限定すれば，**荒廃・混乱した農村秩序の再建・安定が図られていった**。天明の飢饉直後に実施された**寛政改革**（18世紀末）では，**旧里帰農令**を発して都市に流入した貧民に資金を与えて帰村を奨励し，農村人口の確保を図るとともに，凶作に備えて囲米制を導入し，義倉・社倉の整備を進めさせた。**文政期**（19世紀前半）には，横行する博徒や無宿人を取締るため，**寄場組合**を編成して農村の治安と秩序の回復を図った。また，天保の飢饉後に実施された**天保改革**（19世紀半ば）では，旧里帰農令を強化して**人返し令（人返しの法）**を発し，貧民の江戸流入をシャットアウトし，農村人口の確保を図ろうとした。

　このように18世紀以降を2つの時期に区分したうえで，それぞれの時期に実施された農村・農民政策をその背景とともに構成すれば答案が完成する。

> **(2)　近代日本の貿易の推移**

　問われているのは，**近代日本の貿易の推移を貿易収支を中心に述べる**ことで，開港期，産業革命期，第一次世界大戦期，1920年代の4つの時期に限ればよいとの条件がついている。まず4つの指定時期の＜貿易収支＞を整理するところから考察を始めよう。

　まず最初に，それぞれの時期の貿易収支を整理しよう。

2004年　　解答・解説

①開港期　　　　　　輸出超過
②産業革命期　　　　輸入超過
③第一次世界大戦期　輸出超過
④1920年代　　　　　輸入超過

　続いてやらなければならないのは，輸出超過なり輸入超過なりが生じた背景を整理することである。まずは自分の持っているデータを羅列してみよう。

　①開港期　当初は**輸出超過**で，イギリスを中心とする欧米諸国を主要な貿易相手とし，生糸や茶，海産物などを輸出し，毛織物や綿織物などを輸入していた。

　なお，改税約書が調印されて関税が従価5％を基準とする従量税へ変更されると，綿織物を中心とする欧米商品の日本への販売がきわめて有利となり，輸出超過から輸入超過への転換を招いた。そして，明治初期には輸入の中心が綿織物から綿糸へと転換し，また松方財政期にはデフレ政策のもとで再び輸出超過へ転じた。

　②産業革命期　銀本位制が確立して通貨の信用が安定した1880年代後半以降，機械制生産の普及する産業革命が展開する。**その中心は綿糸紡績業**で，1890年代には輸入綿糸に対抗して国内市場を回復し，さらに輸出産業へと転換していたが，**原料綿花と機械を輸入に依存した**。また重工業分野でも日露戦争前後に基礎が整ったものの，国際競争力が不足していたため，産業革命の進展や軍備拡張にともなって機械類・鉄類など**重工業製品の輸入が増大**していった。そのため，産業革命期の貿易収支は**慢性的な輸入超過**だったのである。

　③第一次世界大戦期　**第一次世界大戦の勃発**にともなって世界の市場構造が大きく転換した。ヨーロッパ諸国はアジア市場などから後退し，またロシア・イギリスからの軍需が生じたのである。また，アメリカは戦争景気で好況であった。それにともなって，戦場から遠く離れた日本では，輸出が飛躍的に拡大し，貿易収支は**大幅な輸出超過へと転換**した。その結果，国内経済は大戦景気と呼ばれる空前の好況を迎えた。

　④1920年代　第一次世界大戦の終結にともなって再び輸入超過へ転換し，1920年には戦後恐慌が発生する。このときに政府が経済界救済のために日本銀行に特別融資を行わせたことは，かえって景気の回復を遅らせることになる。大戦景気のもとで過度に膨張した経済界の整理・再編が遅れ，生産性の低い企業が多数残されてしまい，ヨーロッパの復興が進んで国際競争が復活するなか，工業の国際競争力の不足をもたらしたのである。これに追い打ちをかけたのが関東大震災である。被災により決済不能に陥った手形を日本銀行が再割引に応じて企業倒産の拡大を防いだものの，かえって経済界の整理を遅らせてしまった。このように1920年代は**工業の国際競争力が不足**したため，**輸出が伸びずに輸入が増加**し，**慢性的な輸入超過**を招いた。

　4つの時期の国内経済や貿易(輸出入)と貿易収支のあり方との関連は，このように整理できる。しかし，これらのデータをそのまま書き込んでいては200字という指定字数を軽く超えてしまう。

　設問の要求に従ってデータを取捨選択しよう。その際，設問では貿易(輸出入)のあり様全体ではなく貿易収支を中心に説明することが求められている点に着目すれば，**貿易収支のあり方に直接影響を与えた要因に限定**して答案を構成すればよいことがわかるだろう。

解 答 例

(1)　享保改革では，商品作物栽培が普及して農村
　　に富が蓄積される中，年貢増徴を図る一方，
　　質流し禁令を発して小農維持を図ったが失敗
　　し，地主・豪農重視の農政へと転換した。そ
　　の結果，階層分化が助長され，相次ぐ飢饉と　　　*5*
　　あいまって農村を荒廃させた。そのため，寛
　　政・天保改革では，都市に流入した貧民の帰
　　郷を促し農村人口を確保するなどして農村の
　　再建を図り，文政期には寄場組合を編成して
　　博徒や無宿を取り締まり治安確保に努めた。　　*10*
　　　　　　　　　　　　　　　　　　　(200字)

(2)　開港期は，生糸などが大量に輸出され，輸出
　　超過であった。産業革命期は，産業革命の進
　　展により綿花や機械類・鉄類の輸入が増加し
　　，輸入超過であった。第一次世界大戦期は，
　　英露からの軍需が生じたうえ，ヨーロッパ諸　　　*5*
　　国の後退したアジア市場や戦争景気のアメリ
　　カ市場などへ輸出が激増し，輸出超過となっ
　　た。1920年代は，ヨーロッパ諸国が復興して
　　国際競争が復活するなか，経済界の整理が遅
　　れて競争力が不足し，輸入超過であった。　　　*10*
　　　　　　　　　　　　　　　　　　　(199字)

Ⅰ

解説 古代・近世・現代の史料問題。出題形式は例年通りの空欄補充・下線部関連設問である。

A 平将門の乱

史料は『将門記』。初見史料であっても，史料中の「新皇」や「兵の名を坂東に揚げ」などの語句から，平将門の乱に関する史料であることは明らかである。

(1) **平将門**は桓武天皇の曾孫で関東に土着した平高望の孫にあたり，下総猿島を拠点に私領を形成していた。当時，諸国では，土着した前任国司やその子孫どうしで私領確保をめぐる紛争が繰り返され，さらに，権限を強化された受領（赴任する国司の最上席者）とそれ以外の下級国司の対立，受領やその郎党らによる収納・徴税に対する田堵の抵抗など，さまざまな対立が複合し，在地はきわめて不安定な情勢であった。そうした状況のなか，一国規模をこえて紛争解決の仲裁者としての活動を展開する有力武士が現れ，平将門もその一人であったと言える。ところが将門は，そうした複合的な対立状況のなか，939年，常陸の国衙を攻め落とし，国家への反逆へと向かった。そして坂東諸国の国衙を制圧して受領を放逐し，みずから「新皇」と称して弟などを国司に任じたが，940年に討伐された。

(2) 史料の注に「大赦契王」が「契丹国王の耶律阿保機のこと」とあるのがヒントとなり，□ **イ** □には926年に契丹（遼）によって滅ぼされた**渤海**が入る。

(3) **やや難問**。碓氷関は9世紀末に群盗化した坂東の俘馬の党を押さえるために東山道の信濃国（長野県）と**上野国**（群馬県）の境に置かれ，近世にも中山道の関所であった。

(4) **やや難問**。この史料では「新皇，勅して云わく」とあるが，もともと「**勅**」とは天皇の命令に対して用いられた言葉である。ところが，将門は京都の朝廷に対抗して坂東に独立した政権を樹立しようとした人物である。つまり，この史料では，国家の反逆者の発言に対して「勅」が使われている。ここに将門の行動とその政権を正当化しようとする史料の筆者の意思を読み取ることができる。

(5) **やや難問**。将門の乱の起きた朱雀朝に摂政太政大臣をつとめ太政官の実権を握っていたのは**藤原忠平**である。将門は若いころ忠平と主従関係を結び，新皇と称した後も自らの立場を弁明する手紙を忠平に送っている。

(6) 940年，平将門はいとこにあたる**平貞盛**と下野国押領使の藤原秀郷によって討たれた。

B　生類憐みの令

　史料は『江戸町触集成』に収録されている生類憐みの令に関する江戸町触である。史料冒頭の「犬など引損じ候」を禁じている文言や「あわれみ」の語句，問(7)に示された「貞享4年(1687)」の年号などから生類憐みの令であることが推定できる。生類憐みの令は，従来，綱吉個人の性格に起因する悪法とされてきたが，近年，その政策的意図を，生類憐みの志を軸として全人民を幕府の庇護・管理下に置くとともに，戦国の遺風を根絶しようとしたもの，とする再評価がなされている。

(7)　史料Bが生類憐みの令だと判断できれば，発令時の将軍は当然**徳川綱吉**である。

(8)　　ウ　の直後に「あわれみ」とあることから，　ウ　には**生類**が入る。

(9)　江戸では，町奉行の下に樽屋など3家が世襲する町年寄が置かれ，その支配下の**名主(町名主)**が町の行政と自治の中心となった。

(10)　町人とは，狭義には都市に**町屋敷**(土地と家屋)(い)を持つ**家持**(あ)のことをさし，町政に参加し，上下水道の整備・防火などの都市機能を維持するために町人足役をつとめたり，金銭を負担したりした。一方，町には宅地を借りて家を建てる地借りや，家屋ごと借りて住む借家・店借，また商家の奉公人など多様な階層が居住したが，町政には参加できなかった。

(11)　1657年に起きた**明暦の大火**(あ)では，江戸城も類焼し市街の大半が焼失した。復興に際して火除地を設けるなど大幅な都市改造が行われたが，多額の費用を要し，幕府の財政破綻の一因となった。(い)の木版画の手法で普及した絵画は**浮世絵**である。元禄期に菱川師宣が始めた浮世絵版画は，18世紀に鈴木春信が多色刷りの技法(錦絵)を創始した後，庶民にも入手可能な絵画として江戸を中心に大いに隆盛した。

C　サンフランシスコ平和条約

　史料は雑誌「世界」の1952年9月号に掲載された南原繁の論文「世界的危機と日本の独立」である。冒頭の「講和条約が，いよいよ発効」や「1952年」という文言から，サンフランシスコ平和条約に関する論説だということは明らかである。1950年の朝鮮戦争の勃発により，アメリカは日本を軍事拠点として自由利用することをめざし，連合国軍による日本占領の終結を急いだ。その結果，1951年9月にサンフランシスコ平和条約が調印された。

(12)　史料の第4段落で連合国の全部との講和でない点(単独講和である点)が問題視されている。すなわちこの文章の著者は，ソ連・中国を含む全交戦国との**全面講和**(あ)の方式を理想としている。平和条約の調印から1952年4月の発効にいたる時期に総理大臣をつとめていたのは，**吉田茂**(い)である。

(13)　平和条約第2条では，日本の領土について厳しい制限が加えられ，朝鮮の独立，

台湾・**千島**列島・南樺太などの放棄が定められた。

⑭　**難問**。日本は，**フィリピン・インドネシア・ビルマ（現ミャンマー）・南ベトナ**ムと賠償協定を結んで賠償を支払ったが，「八十億ドル」という要求額だけでフィリピンを答えるのは，無理である。

⑮　平和条約第6条では占領軍の撤退が規定されたが，「外国軍隊の日本国の領域における駐とん又は駐留を妨げるものではない」との但し書きがつけられていた。この条項を根拠に平和条約と同日に**日米安全保障条約**が調印され，独立後も米軍が駐留を続けることとなった。

⑯　敗戦後，琉球や小笠原諸島は米軍の直接統治下に置かれていたが，平和条約第3条により，琉球並びに小笠原諸島は**アメリカの施政権下**に置かれた。

⑰　1950年の朝鮮戦争勃発直後，GHQの指令に基づき警察予備隊が新設され，再軍備が始まった。1952年のサンフランシスコ平和条約の発効とともに，警察予備隊が**保安隊**に改組され，さらに1954年，MSA協定締結により自衛隊が創設された。そして，保安隊は陸上自衛隊に改組され，海上・航空自衛隊とともに防衛庁の統轄下に置かれた。

解 答

A　(1)　平将門　　(2)　渤海　　(3)　上野国　　(4)　勅　　(5)　藤原忠平
　　(6)　平貞盛

B　(7)　徳川綱吉　　(8)　生類　　(9)　名主（町名主）
　　(10)(あ)　家持　　(い)　町屋敷　　(11)(あ)　明暦の大火　　(い)　浮世絵

C　(12)(あ)　全面講和　　(い)　吉田茂　　(13)　千島　　(14)　フィリピン
　　(15)　日米安全保障条約　　(16)　アメリカの施政権下　　(17)　保安隊

Ⅱ

解説　原始から近代の諸事項についての空欄補充問題である。短文が10題で，テーマに全体としての系統性はなく，単純に知識の有無を問う問題である。

①　縄文文化が今日の日本列島全域に及んだのに対して，弥生文化は北海道や琉球諸島には及ばず，北海道では**続縄文文化**（　ア　），琉球諸島では**貝塚（南島）**文化（　イ　）とよばれる食料採取文化が続いた。

②　**塔**（　ウ　）はインドのストゥーパ（墳墓）を語源とし，仏舎利（釈迦の骨に擬される玉類など）を奉安するための建造物である。一方，**金堂**（　エ　）は本尊（最重要の仏像）を安置する建物である。飛鳥文化から天平文化のころの伽藍配置の変遷をたどると，寺院の中心となる建物が，塔から金堂へと推移していったことがわかる。

③　江戸後期には教育の普及により庶民の識字率も高まった。しかし，数多く出版される書物は高価であったため，**貸本屋**（　オ　）が隆盛した。洒落本『仕懸文庫』の著者は**山東京伝**（　カ　）で寛政の改革で処罰された。

④　佐賀藩主の**鍋島直正**（　キ　）は，均田制により本百姓体制の再建を図るとともに，陶磁器の専売で利潤をうみ，洋式軍備の採用につとめた。佐賀藩・薩摩藩などでは熱反射を利用した**反射炉**（　ク　）を用いて，金属を溶解させ大砲を鋳造した。

⑤　長崎のオランダ商館医として来日した**シーボルト**（　ケ　）は，鳴滝塾で医学を教授した。1828年に国禁の地図を持ち出そうとしたため国外追放となり，帰国後『日本』を著した。オランダ商館長は，オランダ船が入港するたびに海外情勢報告書を幕府に提出することを義務づけられていた。この文書を**オランダ風説書**（　コ　）という。

⑥　江戸時代前半から農村家内工業の形で多様な手工業生産が行われたが，19世紀になると，都市の問屋商人から資金や原料の前貸しを得て生産を行う問屋制家内工業や，地主や問屋商人が設けた作業場でさまざまな工程を分業して商品を生産する**マニュファクチュア（工場制手工業）**（　サ　）が発達した。開港直後から昭和初期まで，生糸を製造する**製糸業**（　シ　）が最大の外貨獲得産業であった。

⑦　明治民法では，家族の婚姻の同意権や居所指定権など，家長である**戸主**（　ス　）の権限が制度化された。戸主の地位と財産の継承を**家督**相続（　セ　）という。

⑧　**住友**（　ソ　）家は大坂で銅精錬業を営んでいたが，元禄年間に伊予の別子銅山を発見し巨富をたくわえた。土佐出身の**岩崎弥太郎**（　タ　）は，1873年に三菱商会を創設し，台湾出兵や西南戦争の軍事輸送を一手に引き受け，発展の基礎を築いた。

⑨　チ・ツとも**難問**。日清開戦直後の1894年8月に日朝暫定合同条款で，日本は京仁鉄道（漢城〜仁川）と**京釜**（　チ　）鉄道（漢城〜釜山）の敷設権を獲得した。（　ツ　）については，「基隆」や「高雄」が**台湾**の地名だと知っていればすぐに解答できるが，それは無理。問題文の最初に「植民地支配」とあることから，朝鮮以外の植民地として台湾を思い浮かべるしかない。

⑩　**南方熊楠**（　テ　）は，明治末の神社合祀令に反対し，古来，神社と一体化してきた森林・生物・風習を守ることを訴えた。知の巨人としても環境保全運動の先駆者としても近年評価が高まっているが，大半の教科書には記載されておらず，**難問**。（　ト　）は「日本民俗学の基礎を確立」という部分から**柳田国男**を想定してほしい。

|解| |答|

ア　続縄文　　イ　貝塚（南島）　　ウ　塔　　エ　金堂　　オ　貸本屋

カ　山東京伝　　キ　鍋島直正　　ク　反射炉　　ケ　シーボルト

コ　オランダ風説書　　サ　マニュファクチュア(工場制手工業)　　シ　製糸業
ス　戸主　　セ　家督　　ソ　住友　　タ　岩崎弥太郎　　チ　京釜　　ツ　台湾
テ　南方熊楠　　ト　柳田国男

Ⅲ

(解説)　3つのテーマによる問題であり，今年度は古代・近世・近代から出題された。

A　武士の台頭

　地方政治が大きく変化していった10世紀ころから，開発領主や地方豪族の中には国衙で政治の実務をとる在庁官人となって土地・農民支配を強化し在地領主化したり，また同時に，その勢力を維持・拡大するために日常的に武装し，一族や郎党を率いて戦に従事する武士団を形成する者が現れた。一方，地方に土着した国司などの有力官人の中には，これらの在地領主を統制して，より大きな武士団として成長していくものもあった。こうして次第に形成されてきた武士団は，その有する軍事力ゆえに押領使や追捕使に任命されて地方の反乱鎮圧の任などに当たり，あるいは滝口の武士となって朝廷の警備を担当し，さらには摂関家や院との結合を深めるなどして徐々に中央政界へも進出していったのである。

　　ア　　桓武平氏が関東の地に早くから土着して勢力を強めていたのに対し，清和源氏は畿内に本拠地をかまえ，969年の安和の変で源満仲が源高明を密告するなど摂関家との関係を深めていった。源頼信は藤原道長に仕え，1028年に房総半島で起きた**平忠常の乱**を平定し，源氏の東国進出のきっかけをつくった。

　　イ　　11世紀半ばに起きた前九年合戦では，陸奥守・鎮守府将軍に任命された源頼義とその子義家が苦戦を強いられたが，**出羽**の豪族清原武則の参戦を得て，安倍氏を滅ぼした。

　　ウ　　院政を開始した白河上皇は，摂関家と結ぶ源氏よりも伊勢平氏を重用し，平正盛を院の警備にあたる**北面の武士**に抜擢した。なお，文脈的には**院の近臣**でも正解。

　　エ　　平正盛は，義家の子で出雲で反乱を起こした**源義親**の追討に成功した。これにより中央での源氏の地位はしばらく劣勢となった。

　(1)　桓武朝に軍団が廃止され健児の制が採用されたが，律令体制の衰退とともに健児も形骸化していった。そこで地方で反乱などが起きると，武士が**追捕使**や**押領使**に任命されて治安維持に当たるようになった。盗賊や反乱者を追捕するために派遣されるのが追捕使で，内乱などに際して兵士を統率するのが押領使とされるが，その差は明確ではない。いずれも初めは臨時に置かれたが，平将門の乱ののち，10世紀中葉には諸国に常置されるようになった。

(2)　下線部(b)の反乱は前九年合戦であり，これを描いた軍記物は『**陸奥話記**』である。『陸奥話記』は11世紀後半の成立で日本的な漢文体で書かれている。

(3)　藤原(清原)清衡は，後三年合戦に勝利した後，陸奥の平泉を拠点に奥州藤原氏の基盤をかためた。清衡は浄土教を信仰し平泉に**中尊寺**を建立したが，現存する金色堂にはふんだんに金や螺鈿が施され，砂金や名馬の産地であった奥州の経済力を今に伝えている。

(4)　『源平盛衰記』に記された白河上皇の天下三不如意のエピソードである。**賀茂川の水**(あ)とは，しばしば氾濫を起こす賀茂川の流れを制御できないという意味である。「鴨川」でも可。**山法師**(い)とは延暦寺の僧兵のことで，興福寺の僧兵とならんで院政期にたびたび強訴を行った。天下三不如意のエピソードは院政期の治天の君の専制的性格をよく示しているが，同時に，当時，巨大荘園領主でもある寺社勢力が，宗教的権威を背景に院に圧力をかけ，重大な問題となっていたことを読み取ることができる。

(5)　平清盛は摂津の**大輪田泊**を修築して瀬戸内海航路の整備につとめ，宋の商人を畿内まで招来し貿易を推進した。大輪田泊は中世には兵庫とよばれ，瀬戸内海水運の要衝として栄えた。

B　江戸幕府の職制

　江戸幕府の政治機構は初め簡単なもので，三河以来の徳川氏の家政機構を必要に応じて拡充していったために「庄屋仕立て」といわれ，3代将軍徳川家光のころほぼ整備された。幕府の重要な役職に就くのは原則として譜代大名と旗本であり，外様大名は幕政から疎外されていた。また戦時の体制を整備したものであったから，役方(行政)と番方(軍事)とが完全に分離せず，三権分立など問題外で，大半の役職が行政と司法を兼ねていた。月番制・合議制がとられたことも幕府の政治機構の特色の一つで，これによって特定のものに権力が集中するのを防止した。

　　オ　　**三奉行**とは，寺社奉行・町奉行・勘定奉行の三職の総称であり，寺社奉行は将軍直属で三奉行中最大の権限をもち，譜代大名から選ばれ寺社の取り締まり・宗教統制を管轄し，関八州以外の私領の訴訟も扱った。町奉行は江戸町奉行のことで，老中に属し江戸市中の行政・司法・警察などに当たった。旗本から選出された南北両奉行が月番で執務した(勘定奉行については(7)の解説を参照のこと)。

　　カ　　徳川家康は関ヶ原の戦い直後の1600年に京都に**所司代**を置き，朝廷の監察，京都町奉行の支配，畿内周辺8国の幕領の訴訟，西国大名の監視等に当たらせた。「京都所司代」でも可。

　　キ　　江戸幕府では特定のものに権力が集中するのを防止するため，大半の職には複数が任じられ，1ヶ月交代で勤務に当たる**月番**制がとられた。

　　ク　　**評定所**は江戸幕府の最高政務訴訟機関で，三奉行が独裁できない重大事や管轄のまたがる訴訟などを扱った。三奉行・大目付などの合議で決し，月に３度は老中も出席した。

　(6)　旗本・御家人は石高１万石未満の将軍直属の家臣で幕府の軍事力の基盤である。**御目見得以上**(将軍に謁見できる資格をもつ)を旗本，**御目見得以下**(将軍に謁見できない)を御家人という。

　(7)　勘定奉行は，旗本から選ばれ老中に属し，**幕領の財政と訴訟**を主要な職掌とした。享保年間，公事方(関八州公私領・八州外幕領の訴訟を担当)と，勝手方(租税出納・財政)に分けられた。

　(8)　京都・大坂・駿府に置かれた町奉行や，長崎・佐渡・日光・山田など各地の要地に置かれた奉行を総称して**遠国奉行**という。その地の民政に当たるほか，特別の任務をもつものが多く，たとえば，長崎奉行は長崎港の防備と貿易，佐渡奉行は金山の管理に当たった。

　(9)　1590年の家康の江戸入府以降，江戸〜上方間に設置された幕府公用の飛脚を**継飛脚**という。他に大名が江戸と国元間に置いた大名飛脚，三都の商人が置いた町飛脚があった。

　(10)　**難問。巡見使**は，将軍代替わりごとに大名領を含めた諸国に派遣され，政情，民情を視察した。領主の統治の監察に主眼が置かれたが，次第に儀式化した。

┌─────────────────────┐
│ **C　明治天皇の生涯** │
└─────────────────────┘

　明治天皇の生涯というテーマを通じて幕末から明治の政治史を問う形式になっている。

　　ケ　　明治天皇は**孝明**天皇の皇子として生まれ，父の急死により1867年に16歳で践祚した。保守主義者の孝明天皇からまだ少年の明治天皇への代替わりは討幕派に有利に働いたとされている。

　　コ　　**太政官**は律令官制における行政の最高機関であり，形式的には中・近世を通じて存続していた。明治政府は1868年閏４月に政体書を発し，太政官を立法・行政・司法の三権を統轄する最高官庁として設置した。その後，幾度もの官制改革を通じて薩長を中心とする藩閥勢力の強化が図られていった。1881年の国会開設の勅諭発布により天皇を中心とする立憲政体の準備が進められるなか，1885年に内閣制度が発足し太政官制は廃止された。

　　サ　　**統帥権**とは軍隊の最高指揮権である。1878年の参謀本部の設置により，軍の作戦をつかさどる軍令が軍政から切り離され，統帥権を天皇に直属させる方向が打ち出された。大日本帝国憲法では統帥権は天皇大権の一つとして規定され，それに伴い，軍令機関の長と陸・海軍大臣が軍令(統帥)事項について閣議を経ずに天皇に直

接上奏する帷幄上奏権が認められた。

　　シ　　　日露戦争後，個人主義・享楽的傾向の広まりを懸念した第2次桂内閣は，**戊申詔書**の発布を天皇にあおぎ，節約・勤勉による国力の増強の重要性を強調した。

⑾　1868年1月の鳥羽・伏見の戦いに始まった戊辰戦争は，1869年5月の**箱館**五稜郭の戦いでの榎本武揚ら旧幕府軍の降伏によって終結した。

⑿　明治六年の政変で参議を辞職した板垣退助・副島種臣・後藤象二郎・江藤新平らは，1874年に愛国公党を結成し，民撰議院設立建白書を提出し，国会開設を要求した。一方，**西郷隆盛**はこの動きに同調せず鹿児島に隠棲したが，私学校を中心とする旧薩摩士族に推され，1877年に西南戦争を起こし敗死した。

⒀　明治十四年の政変で参議を罷免された大隈重信は，1882年にイギリス流の穏やかな立憲君主制の立場をとる**立憲改進党**を結成した。

⒁(あ)　幕末に長州藩と結び尊王攘夷運動に参加した**三条実美**は，新政府で議定・右大臣・太政大臣などの要職をつとめたが，内閣制度発足後は宮中で天皇を常時輔弼する内大臣に就任した。

(い)　**木戸幸一**は木戸孝允の孫で，1940年に内大臣に就任し，東条英機内閣の成立に中心的役割を果たした。その意図は皇族内閣案をしりぞけ，敗戦となった場合の皇室の安泰を保持する点にあったとされる。

⒂　1890年の第1議会以降，藩閥政府の最大課題は清との戦争を想定した**軍備拡張**であり，予算の成立がめざされた。これに対し衆議院の過半数を占める民党は民力休養・経費節減を主張して対抗した。第4議会開催時の第2次伊藤博文内閣は自由党に接近するとともに，明治天皇からいわゆる建艦詔勅の発布をあおいで海軍を中心とする軍備拡張に成功した。

解　答

A　ア　平忠常　　イ　出羽　　ウ　北面の武士(院の近臣)　　エ　源義親

　(1)　追捕使(押領使)　　(2)　陸奥話記　　(3)　中尊寺

　(4)(あ)　賀茂川の水　　(い)　山法師　　(5)　大輪田泊

B　オ　三奉行　　カ　所司代　　キ　月番　　ク　評定所

　(6)　将軍御目見得の可否　　(7)　幕領の財政・幕領の訴訟

　(8)　遠国奉行　　(9)　継飛脚　　(10)　巡見使

C　ケ　孝明　　コ　太政官　　サ　統帥権　　シ　戊申

　(11)　箱館　　(12)　西郷隆盛　　(13)　立憲改進党

　(14)(あ)　三条実美　　(い)　木戸幸一　　(15)　軍備拡張

Ⅳ

解説　論述問題であり，今年度は古代と中世から各1テーマが出題された。2つとも**推移・変化型**である。

（1）**律令国家の成立から終焉**

問われているのは，**古代律令国家の成立から終焉**に至る過程で，その**法典編纂の歴史**に即して説明することが求められている。

最初に注意しておきたいのは，「法典編纂の歴史に即して」と限定されている点である。律令国家を公地公民制に象徴させ，公地公民制の成立をもって律令国家の成立と捉え，公地公民制の崩壊を律令国家の終焉と考えることも可能であり，それが一般的だろうが，ここでは「法典編纂」に焦点をあてて成立と終焉を説明することが不可欠である。注意しておきたい。

まず，どのような法典が編纂されたのか，時期とともにリストアップしよう。

7世紀後半	近江令
	飛鳥浄御原令
8世紀	大宝律令
	養老律令
9世紀	弘仁格式
	貞観格式
10世紀	延喜格式

ここで墾田永年私財法や延喜の荘園整理令などをあげるのは適切ではない。墾田永年私財法は，弘仁格式に収録されている単行法令の一つにすぎない。また，延喜の荘園整理令は902年に出された土地所有に関する複数の法令を総称したものである。いずれも大宝律令や弘仁格式と並列することのできる法典とは言えない。

なお，近江令については，律令制の形成に向けて出された単行法令の総称であって体系的な法典ではないという見解もあるので，リストアップしなくても問題ない。

次に，これらの法典編纂の歴史をどのような展開過程のなかに位置づけるか，どこに焦点をあてて推移・変化を見るかを考えていこう。

そもそも律令国家がなぜそのように呼ばれるのかを考えれば，律令という法典に基づいた支配体制をもっているからであることに気づく。したがって，法典編纂という観点からすれば，刑罰を定めた律と行政機構や官吏の服務規定，人民負担などを定めた令がそろって法典として編纂された段階をもって「律令国家の成立」と考えてよい。

　一方，弘仁格式などの格式が編纂されたことについては，格は律令の補足・修正，式は施行細則なので，律令国家の再編が進んだことを示すものと判断できる。もっとも，弘仁格式の序に「律は懲粛を以て宗と為し，令は勧誡を以て本となす。格は則ち時を量りて制を立て，式は則ち闕けたるを補ひ遺れるを拾ふ」と書かれていることを念頭におけば（知らない受験生は史料集で確認してほしい），律令格式がそろってはじめて唐にならった律令国家である。この観点から言えば，弘仁格式の編纂によって日本なりの律令国家が本格的に整備されたと評価してもよい。

　このように考えれば，先ほどの法典編纂のメモは次のように構成することができる。

7世紀後半	近江令・飛鳥浄御原令…令が先行して編纂される
8世紀	大宝律令・養老律令　…律令ともに編纂される＝律令国家が成立
9世紀	弘仁格式・貞観格式　…律令格式ともそろう＝律令国家の再編が進む
10世紀	▼延喜格式

　では，律令国家の終焉はどのように表現できるのか。

　法典編纂の歴史という観点に即せば，法典が廃棄された，あるいは編纂されなくなったことが終焉を示すものと言えるだろう。律令や格式は廃棄されてはいないものの，10世紀に延喜格式が編纂されて以降，朝廷では法典の編纂が途絶してしまっている。したがって，法典が編纂されなくなったことをもって律令国家の終焉を示すものと表現すればよいと判断できる。

⑵　日明貿易の推移

　問われているのは**日明貿易の開始から断絶までの過程**で，**貿易の特色に触れること**が条件として求められている。

　まず，日明貿易とは何をさすのかから確認していこう。

　日明貿易とは，日宋貿易と同じように，日本と明との間で行われた貿易をさすと考えることができる。明は1368年に成立し，1644年に滅亡しているが，受験生が一般的に思い浮かべる日明貿易とは，そのうち15世紀から16世紀半ばにかけて行われた貿易をさしているはずである。この設問でもおそらく，同じだろう。そのように判断する根拠の一つが「断絶」という表現である。片方の国家が消滅してしまった時には「断絶」と表現することはない。したがって，この設問では日明貿易と表現されているものの，日明貿易そのものではなく日明勘合貿易についての説明が求められていると判断して対応すればよい。

　では，日明勘合貿易の特色から確認しよう。

　日宋・日元貿易と対比すれば，①正式な国交に基づく，②公的な船舶だけが往来を認められた，という２点が特色になるが，同時代の日朝貿易とも対比することを忘れないようにしたい。この２点に即して日朝貿易と対比すると，次のように整理できる。

	日明勘合貿易	日朝貿易
①国交	朝貢形式 冊封をうけた日本国王が明へ朝貢	対等
②公的な船舶 　→認証	日本国王派遣の船舶のみ →明交付の勘合を所持	多様な人々が派遣 →宗氏交付の文引を所持

　続いて，開始から断絶までの過程を見ていこう。

　最初に開始と断絶から確認すると，次の通りになる。

開始	15世紀初め	足利義満により開始

| 断絶 | 16世紀半ば | 大内氏の滅亡で断絶 |

　次に，間を埋めていきたい。

　その際，注意したいのは，**過程つまり推移・変化は「時期による違い」を表現することで初めて説明できる**という点である。たとえば，大内氏の滅亡でなぜ日明勘合貿易が断絶したのかと言えば，最終的には大内氏が貿易を独占していたからだが，では，開始の頃はどうだったのか？それを補おう。

開始	15世紀初め	足利義満により開始 →幕府が独占

| | | 大内氏が独占 |
| 断絶 | 16世紀半ば | 大内氏の滅亡で断絶 |

　そのうえで，義満が開始してから大内氏が断絶するまでの過程について知識を補えば，次の通りになる。

開始　15世紀初め　足利義満により開始

→幕府が独占

足利義持が中断（朝貢形式を嫌う）

足利義教が再開（利益を重視）

幕府政治の衰退

→有力大名（細川氏と大内氏）が実権を握る

寧波の乱→大内氏が独占

断絶　16世紀半ば　大内氏の滅亡で断絶

解 答 例

(1)　7世紀後半，行政組織や官吏の服務規定，人
民の負担などを規定した令の編纂が先行し，
近江令・飛鳥浄御原令が編纂された。8世紀
，刑罰を定めた律も成文化され，大宝律令・
養老律令が編纂されて律令国家が成立した。　　5
9世紀，律令を補足・修正する格と施行細則
である式を分類・編集して弘仁格式が編纂さ
れ，続いて貞観格式，10世紀に延喜格式が編
纂されて律令国家の再編が進んだ。それ以降
は法典編纂が途絶し，律令国家は終焉した。　　10
（200字）

(2)　日明貿易は15世紀初め，足利義満が明に遣使
し，開始された。明皇帝から冊封を受けた日
本国王が明に朝貢するという外交形式に従っ
て行われ，渡航船は明交付の勘合を所持する
日本国王派遣の遣明船だけに限定された。初　　5
め幕府が独占したが，朝貢形式を嫌った義持
による中断，利益を重視した義教による再開
を経て，幕府政治の衰退にともない有力大名
が実権を握った。寧波の乱後は大内氏が独占
し，16世紀半ば，その滅亡により断絶した。　　10
（200字）

京大入試詳解20年　日本史〈第2版〉

編　　　　者	駿　台　予　備　学　校
発　行　者	山　﨑　良　子
印刷・製本	日　経　印　刷　株　式　会　社
発　行　所	駿　台　文　庫　株　式　会　社

〒101-0062　東京都千代田区神田駿河台1-7-4
小畑ビル内
TEL. 編集　03(5259)3302
販売　03(5259)3301
《第2版①-512pp.》

ISBN978-4-7961-2388-4　　　Printed in Japan

駿台文庫 Web サイト
https://www.sundaibunko.jp